阅读成就思想……

Read to Achieve

传 承

世代家族的财富管理观

［美］丹尼斯·T. 贾菲（Dennis T. Jaffe）——————著

武鑫　王宇佳　吴桢郭——————————译

BORROWED FROM
YOUR GRANDCHILDREN

The Evolution
of
100-Year
Family Enterprises

中国人民大学出版社
· 北京 ·

图书在版编目（CIP）数据

传承：世代家族的财富管理观 ／（美）丹尼斯·T.
贾菲（Dennis T. Jaffe）著；武鑫，王宇佳，吴桢郭译.
北京：中国人民大学出版社，2025. 3. -- ISBN 978-7
-300-33548-3

Ⅰ．F276.5

中国国家版本馆 CIP 数据核字第 20256N8N92 号

传承：世代家族的财富管理观

［美］丹尼斯·T.贾菲（Dennis T. Jaffe）　　著

武鑫　王宇佳　吴桢郭　译

CHUANCHENG : SHIDAI JIAZU DE CAIFU GUANLIGUAN

出版发行	中国人民大学出版社	
社　　址	北京中关村大街 31 号	**邮政编码**　100080
电　　话	010-62511242（总编室）	010-62511770（质管部）
	010-82501766（邮购部）	010-62514148（门市部）
	010-62515195（发行公司）	010-62515275（盗版举报）
网　　址	http://www.crup.com.cn	
经　　销	新华书店	
印　　刷	北京联兴盛业印刷股份有限公司	
开　　本	700 mm×1000 mm　1/16	**版　次** 2025 年 3 月第 1 版
印　　张	28　插页 2	**印　次** 2025 年 3 月第 1 次印刷
字　　数	400 000	**定　价** 139.90 元

本书赞誉

丹尼斯为家族和顾问们打开了一个故事宝库。在这本书中，他展示了几代人如何从相互教导和学习中受益。他分享了家族企业（包括家族理事会、家族办公室和家族基金会）的案例和最佳实践，以说明如何使家族及其企业和财富代代相传。无论你是刚刚开始你的旅程，还是已经有几代人参与其中，你都可以在这本书中找到将家族企业变成家族馈赠的洞察、观点和可操作的方法。

德克·容格（Dirk Junge）

皮特卡恩（Pitcairn）集团退休主席

家族企业的所有者都渴望几代人的传承，他们面临着一项复杂且永无止境的任务：既要追求商业上的成功，又要追求家族成功。丹尼斯和他的团队在全世界范围内寻找成功的典范，这些典范的做法帮助他们获得了非凡成就。对于那些希望追求和完善有效的多代管理的家族企业所有者和顾问来说，这本书是一个非常有价值的灵感来源。

亚历山大·斯科特（Alexander Scott）

FBN 国际第四代家族企业所有者和董事

当我需要关于家族企业的权威、睿智的见解时，我就会向丹尼斯请教，他能解答我所有的困惑。他拥有广博的知识，也很有智慧。这本书就是最好的证明。

米茨·珀杜（Mitzi Perdue）

演讲家、企业主

《如何让你的家族企业持续发展》（*How to Make Your Family Business Last*）的作者

我们都需要对丹尼斯表示认可和感谢，因为他对我们如何能够以一种让世界变得更美好的方式来领导我们的企业进行深入的研究。我相信家族企业是全世界社会的基础，多代同堂的特点也使其成为推动社会变革的最佳方式。我们感谢丹尼斯所做的工作，这些工作也必将得到未来几代人的认可。

查理·勒克（Charlie Luck）

Luck 公司总裁

丹尼斯和他的团队基于从老牌家族企业中总结出的成功因素，为家族及其顾问提供了丰富和实用的见解。他们提出的独特的"世代家族"概念，解释了家族如何重新发展和调整自己及其企业。同时，他们用了 100 多个相关且真实的家族故事来解释各种概念。

杨月林（Yuelin Yang）

IMC 工业集团副总经理（创始人的侄子）

除了丹尼斯和他的团队，没有人采访过这么多来自世界各地的成功的百年家族企业，并将它们的成功秘诀总结成一本如此引人入胜、易于阅读的书！来自世界各地主要商业家族的真实故事，加上丹尼斯在这本结构严谨的书中的洞察和展示的最佳实践，使这本书成为世界上每一个家族企业的宝贵资源，无论是小型企业还是大型企业，无论是第一代家族企业还是第五代家族企业。我迫不及待地想将这本书作为我未来所有子孙的 18 岁生日礼物！

爱德华·蒂森（Edouard Thijssen）

家族企业在线治理平台 Trusted Family 首席执行官，第五代家族成员在过去的 20 年里，我一直是丹尼斯的忠实追随者。作为一家拥有 100 多年历史的企业的第四代家族成员，他的工作在帮助我们家族和其他很多人把握未来的发展机遇和迎接挑战方面是不可或缺的。

这本书也不例外。丹尼斯清楚地定义了其他家族是如何生存和发展的，从而使其他人有可能追随它们的脚步。我一直认为，要想拥有一家成功的家族企业，人们就必须有幽默感和短期记忆力，或者用丹尼斯的话说就是要有适应力。在家族企业中，人们很容易只关注企业而忽视了家族。然而，丹尼斯的研究证明，人们必须关注家族的回报，即传承、社会、人力、财务和资本。如果在这些方面都不成功，企业就无法在家族中打下坚实的基础，以吸引和留住企业在第二个 100 年中取得成功所需的顶尖人才。受到丹尼斯的启发，我们家族比以往任何时候都更加关注培养我们的思维方式，照顾我们的家人。很多关于家族企业的研究为我们提供了关于第一代、第二代和第三代的观点；然而，对第四代及以后的企业进行的研究却不多。四代人的生存和繁荣非常了不起，也非常困难。这是一种相当孤独的体验，因为很少有同行可以分享关于成功的经验和潜在的陷阱。丹尼斯在这本书中提供了一条清晰的路径，将那些正处于成为第五代家族企业的孤独旅程中的家族联系了起来，并为那些想要到达目的地的人铺平了道路。

梅根·朱迪（Meghan Juday）

理想工业公司（Ideal Industries）非执行副主席

随着世界变得更加互联和复杂，世代家族需要共同发展和相互适应。丹尼斯为未来写了一本内容丰富的书。他在强调家族价值观和家族宪章的核心支柱作用的同时，也强调了建立一种有弹性的文化，以及能够预测未知领域并变得更强大的重要性。

彼得·K. 斯卡特罗（Peter K. Scaturro）

花旗集团全球私人银行前首席执行官

美国信托公司前首席执行官

丹尼斯在这本书中推翻了家族企业"富不过三代"的观点。他和他的研究团队对蓬勃发展的多代家族的成员进行了采访，找到了家族战胜困难、实现长久发展的秘诀。这本书注定会成为每一个渴望实现家族兴旺的家族及其顾问的必读佳作。

汤姆·麦卡洛（Tom McCullough）

诺斯伍德家族办公室（Northwood Family Office）主席兼首席执行官

《智慧的财富：富有家族最常问的 50 个问题》

（*Wealth of Wisdom: The Top 50 Questions Wealthy Families Ask*）合著者

对于几代同堂的商业家族和为他们提供建议的专业人士来说，这本书是一本必读书。与其关注所有可能出错的事情，不如试着多向那些已经成功的百年家族学习。这些故事是鼓舞人心的。每个家族显然都是独一无二的。同时，能了解成就如此多的家族传奇的通用做法也很吸引我。这本书令我爱不释手。

J. 理查德·乔伊纳（J. Richard Joyner）

托勒森财富管理（Tolleson Wealth Management）公司总裁

跨代成功可能难以理解，但这本书揭示了那些已经获得成功的家族背后的真实模式。丹尼斯以研究为基础进行的讲述可以为那些希望吸取前人经验教训的家族提供参考。

吉姆·库特（Jim Coutré）

家族办公室和慈善事业专业人士

丹尼斯是我们这个时代最知名、最有影响力的家族企业顾问之一，这本书展示了他的又一项开创性研究的成果——百年家族企业能够长久发展和富有创造力的本质。

吴艾平（Aik-Ping Ng）

汇丰私人银行亚太区家族办公室咨询、家族治理和家族企业继承联席主管丹尼斯对家族企业能够通过时间的考验的原因进行了深入的定性研究，为家族及其顾问提供了有价值且有操作性的见解。这是一本必读书。

阿恩·鲍德温（Arne Boudewyn）博士

Abbot Downing 家族文化研究所所长

通过几十年艰苦的研究，丹尼斯积累了丰富的经验，并创作了关于多代人财富的权威著作。在这本书中，他为家族及其顾问提供了关于如何成功管理与大量财富有关的挑战的见解和实用指导。这是一部经典之作，是我们这些与超富裕家族打交道的人的必读之作。

约翰·齐默尔曼（John Zimmerman）

美国银行 Ascent 私人资本管理公司总裁

丹尼斯一直在研究那些成功的百年家族企业，在这个过程中，他采访了很多相关人士，这本书就是以这些采访为基础撰写的。现在，他转向家族本身：是什么成就了一个成功的百年家族？他列出并解释了使这些家族区别于其他家族的因素。我特别喜欢他对"家族"颇具包容性的定义。这些伟大的家族并不是家族意义上的家族，而可以被视为部落或宗族。虽然成员可能分散在世界各个角落，但作为商业和金融伙伴，他们有共同的价值观和目标。他们对家族的定义具有包容性和扩展性，往往可以延伸到包括他们的员工、主要顾问，甚至他们的家族社区。对于那些对伟大的家族如何取得成功感到好奇的人来说，这本家族故事集是一个宝贵的资源。

芭芭拉·R. 豪泽（Barbara R Hauser）

《国际家族办公室》（*International Family Offices*）杂志主编

没有人比丹尼斯更了解成就一个成功的百年家族的复杂过程。丹尼斯有幸采访了多位百年家族的家族成员，总结出了他们成功的基本要素。强烈的使命感和价值观，加上强有力的治理和下一代的协调发展，是这些家族的特征。无论你的企业是刚刚起步，还是已经经过了几代人的发展，这本书都是一份令人兴奋的路线图。对于我们这些与这类家族打交道的人来说，这同样是一部非常棒的作品。研究人员总是在寻找某些模式来帮助进行预测。当每一代人过渡到领导家族或企业，或者领导家族和企业时，丹尼斯发现的规律都值得重新审视。

马德琳·莱文（Madeline Levine）博士

《准备好了没有》（*Ready or Not*）、《特权的代价》（*The Price of Privilege*）

和《教好你的孩子》（*Teach Your Children Well*）等纽约时报畅销书作者

丹尼斯以一种不加评判和评价的方式对 100 多家成功的家族企业进行了很好的研究和回顾，以确定是什么让他们几代人都获得了成功。对那些希望逃离"富不过三代"怪圈的家族及其专业顾问来说，这是一本非常好的指南。

帕特·索尔达诺（Pat Soldano）

美国家族企业（Family Enterprise USA）公司总裁

家族和企业一直是世界各地成功社会的基石。它们有自己的文化建构、属性和功能。丹尼斯和他的同事们讲述了丰富的经验故事，形成了一个说明世代家族的标志的案例库。关键要素是管理。这些家族与我们分享了成为家族财富伟大管家的重要性和必要技能。

在过去的 30 年里，有很多关于家族、企业、所有权和财富的文章。这本书使读者能够通过历史分析、组织分析和实践分析，来了解成功的财富家族的关键组成部分。事实上，这些家族不仅讲述了它们自己的故事，而且突出并强调了研究、研究结果和结论的相关性和重要性。这是一本面向所有人的入门读物，是一个学习工具，是反思和智慧的来源。

劳伦特·鲁克斯（Laurent Roux）

Gallatin 财富管理公司创始人和首席执行官

Willow Street 集团合伙人

对于任何想要了解成功的多代商业家族的 DNA 的专业顾问来说，这是一部研究和叙事社会学的杰作。丹尼斯的作品展现了一幅关于不同的多代家族成员如何看待他们的财富、他们的价值观和对他们社区的责任的色彩丰富的画卷。正如丹尼斯所做的那样，用富有色彩的文字记录这些成功家族的演变和结构，将为所有顾问提供一个独特的框架，帮助他们了解如何为自己所服务的家族增加更多价值。关于家族慈善事业的章节读起来既让人耳目一新，又引人入胜，在今天尤其具有现实意义——丹尼斯描绘了一幅清晰的画面，不加评判地描绘了他们对回馈社会的责任的理解和道德承诺。

罗伊·P.科祖斯基（Roy P. Kozupsky）

Rimon Law 律师事务所律师

我们可以称这本书为大作。丹尼斯和他的专业研究团队从"精英中的精英"那里获得了宝贵的经验和教训。在本书中，他们一直都在强调这些世代相传的家族企业的顺应力、坚韧和企业家精神。重要的是，他们还介绍了其他家族企业可以采取的行动。这不仅是一部文学作品，还是为庞大且重要的全球创业家族社区准备的一份礼物。

贾斯汀·B.克雷格（Justin B. Craig）

美国西北大学凯洛格商学院家族企业客座教授

这是一本具有里程碑意义的、姗姗来迟的必读书，所有在家族企业中工作和参与其中的人都应该阅读，以了解是什么让家族企业变得复杂，有时甚至具有挑战性。他提出的"世代家族"这一概念为我们理解家族企业的多代增长和发展提供了坚实的概念框架。

后藤俊夫（Toshio Goto）

日本经济大学（Japan University of Economics）研究教授

丹尼斯创作了一部极具洞察力和现实意义的作品，不仅适合家族企业的管理者和顾问阅读，还适合所有对家族企业世代相传感兴趣的学生阅读。在如今这个企业高管崇尚机会主义、受收益驱动的大环境中，不断发展的企业管理的长期方向代表着更有希望的前进方向。丹尼斯以令人信服的论据和精彩的案例为我们指明了道路。我极力推荐这本书。

丹尼·米勒（Danny Miller）

研究教授

《永续经营》（*Managing for the Long Run*）的合著者

丹尼斯写了一本发人深省的书，让人大开眼界，这本书非常有趣，而且对我很有帮助。他运用他的社会学背景，带领我们走进富裕家族的生活，了解这些家族在管理继承权方面所面临的挑战。书中的真实案例将帮助家族建立起成功的工作关系。我强烈推荐这本书！

安妮特·拉鲁（Annette Lareau）

宾夕法尼亚大学社会学教授

从我们为自己的家族工作开始，我们就开始从故事中学习，这些故事帮助我们回忆过往、珍惜当下和展望未来。在这本书中，丹尼斯讲了很多了不起的故事，能帮助读者更深入地了解多代家族企业的复杂性、面临的挑战以及获得的成功。

帕特里夏·M. 安格斯（Patricia M. Angus）

律师

安格斯（Angus）咨询集团有限责任公司首席执行官

哥伦比亚商学院家族企业项目创始人和副教授

哥伦比亚商学院创业家族高管学院主任

创建兴旺的多代商业家族并非易事。这本引人入胜的书提供了关于如何实现这一目标的实用知识和关键见解。丹尼斯在这一领域拥有数十年的咨询经验，他还采访了全球大部分商业家族。对于所有试图达成这样一个艰难而又有价值的目标的人来说，这是一本必读书。

弗洛伦斯·蔡（Florence Tsai）

《凤凰涅槃》（*Phoenix Rising*）的作者

Centerprising 公司创始人

在这本书中，世界知名的家族企业顾问之一 ——丹尼斯对一些家族如何设法将家族和企业（通常被视为不同的社会系统）结合起来，形成为掌权家族及其利益相关者创造长期价值的组织提出了独特的见解。极其丰富的原创案例、思考和概念模型使这本书非常有可读性。这本书也是你规划自己发展之路的灵感来源，它将引导你创建自己的长期发展的家族企业。

托马斯·泽尔维格（Thomas Zellweger）

瑞士圣加仑大学（University of St. Gallen）管理学教授

不同的家族企业，其治理机制是不一样的，因为所有者之间有血缘关系，并且有某些共同的价值观。这本书概述了家族企业的治理，以及在长期共同拥有大型企业的家族中，这种差异带来的潜在利益。这些商业家族不仅利用治理实践来创建强大且专业化的企业，还让这些实践服务于它们的社会和家族议程。这些家族的经验表明，这两个议程可以协调一致地发挥作用。

马丁·希尔伯（Martin Hilb）

教授、博士生导师

董事会基金会（the Board Foundation）公司及其国际公司治理中心主席

祝贺丹尼斯的新书上市，书中展示了他对世代家族进行研究以及为这些家族提供咨询服务的成果。丹尼斯展示了这些家族是如何成功地从家族企业发展为商业家族、如何为家族部落建立起共同学习和治理的机制，以及如何在不同的大环境中培养顺应力的。他借鉴了全球商业家族领导人的智慧，在每一章的结尾处都提供了实用的工具，家族及其顾问可以运用这些工具来实现跨越式发展，并实现多代人的目标。这本书的观点与我的经验和研究成果高度一致，我强烈推荐这本书给那些想要远离"富不过三代"怪圈的家族。

罗杰·金（Roger King）

教授

香港科技大学陈江和亚洲家族企业与创业研究中心创始人

富真的可以过三代

人们常说，富不过三代。在不同的文化中，这句谚语描述的都是家族的兴衰在三代人中的循环方式。这样的谚语还有很多，据我所知，每种文化中都有一句。从我四岁第一次听到母亲说这句谚语开始，我就每天都在问自己两个问题：为什么一个家族会有如此悲惨的结局？怎样做才能摆脱这句谚语的魔咒，并至少再兴旺三代呢？虽然我一直在努力寻找这些问题的答案，但到目前为止，我也只能借助自己的经验、一些同事的经验以及一些精心撰写的学术论文来试图找到答案。

现在，随着丹尼斯的《传承：世代家族的财富管理观》一书的问世，我有了确凿的证据来肯定，一个家族是可以实现长期繁荣的。丹尼斯的深入访谈提供了我所知道的第一个有力的证据，解释了那些在一起生活超过100年的家族是如何发展到第三代、第四代、第五代，甚至在极少数情况下是第六代，并且继续繁荣下去的。丹尼斯和他的同事们愿意深入研究这些家族的发展，这是对我们这个领域的重大贡献。在这个专业实践领域中，我们想要帮助那些想要实现繁荣发展，那些愿景和使命以及最高目标是避免谚语的悲惨预言的家族。在实践中，我们试图帮助它们避免被列入破产家族名单，避免它们的故事以谚语预言的结果结束。如果说我们的家族和我们所服务的人会受到作者提出的观点和讲述的家族故事的积极影响，那就低估了这本书的意义。在我看来，这本书将深刻地改变一个家族的命运，只要家族成员承诺不将这句谚语作为他们最高的共同意向，并采用书中介绍的成功家族的做法来实现这个目标。如果一个家族做到了这两点——承诺避免使用这句谚语，使用本书中概述的做法——就可以大大增加其至少再繁荣发展三代的可能性。是的，这本书对一个家族实现繁荣发展做出了巨大的贡献。

序言并不是书评，而是一种让读者与他们即将阅读的书中的要点联系起来的途径，它应该设法为读者提供一些需要他们思考的要点，帮助他们深入了解书的内容。那么，在丹尼斯的主要发现中，我应该提醒你们注意哪些呢？其中哪些发现可以让你对你的家族以及你所服务的家族如何成功地度过100岁生日有更深入的了解？在100岁生日庆典上，所有成员仍然保持联系，仍然坚定地致力于家族的繁荣，并重申他们对彼此的承诺，努力帮助家族实现另一个100年的成功吗？

首先，根据我的经验，一个寻求百年繁盛的家族，并且正如丹尼斯的研究所表明的那样，一个寻求世代相传的家族几乎总是凭直觉认为，其最终目标是成为一个亲缘家族。虽然这个概念有很多要素，但描述这种直觉及其所产生和促成的机制的最简单方式是，其成员完全致力于在每位家族成员的一生中增强他们的个人幸福感，以实现整个家族繁荣的目标。这就是家族世代相传的梦想，而家族的实践也反映了这种如何更好地帮助家族系统实现繁荣的方式。或者，如果你愿意，家族可以致力于让所有家族成员的小船齐头并进，使整个家族成为一支强大的舰队，实现长期繁荣。通过这种方式，家族就成了一个家族系统，能够直面它将面临的所有风暴，因为它想努力过它的100岁生日，并在接下来的100年中通过让其成员拥有相同的直觉而继续世代相传。亲缘家族实在太少了，但丹尼斯的这本书证明确实有这样的家族，而且它们是可以被模仿的。

正如丹尼斯所描述的那样，亲缘家族从其第二代人身上学到，要想让后代继续家族的繁荣之旅，变得更有创造力，并且摆脱"富不过三代"的悲惨预言，家族就必须创建具有积极吸引力的家族系统。这是因为家族成员都清楚，这是保证后代被吸引并加入的唯一途径，否则家族就会走向衰败。第二代家族成员意识到，他们必须创建这样一个具有积极吸引力的家族系统，并明确这些家族成员随后为使这一认识成为现实而采取的行动。丹尼斯的百年家族就是这样诞生的。

一个世代家族会在自己身上发现什么并唤醒什么直觉，进而引导家族成员梦想自己的家族成为一个繁荣的家族？其中最重要的是家族成员要意识到，"财富"这个词在家族中意味着每位家族成员和整个家族的福祉，而不仅仅是家族财力的成功。在这一重大觉醒中蕴含着家族未来的繁荣、创造力和社会责任感。有了这种意识，家族成员逐渐认识到家族是由多种资本组成的，其中最重要的是高质量资本，而且高质量资本的增长是未来家族繁荣的关键。正是有了这种觉醒和意识，家族才能世代传承，其成员和后代才能真正开始其幸福的长期旅程。家族成员现在正变得越来越亲密，他们还获得了幸福。

这些高质量的资本包括以下资本。

- 人力资本：所有家族成员都在茁壮成长吗？

- 智力资本：家族是一个不断促进个人和集体学习的学习系统吗？家族成员是否分享他们所学的东西，从而提高整个家族应对可能的挑战的能力？

- 社会资本（即丹尼斯所说的关系资本）：家族是否有能力做出非常好的有战略性的联合决策或管理自己？家族是否在努力培养一种长期能力，以避免出现以下情况。

  - 内部隔离，即因成员彼此间关系不佳和孤立而产生隔阂（通常，家族成员之间不会因关系过密导致决裂，更多时候是因关系不佳和冷漠而疏远）；

  - 外部隔离，即无法应对外部世界对自身的攻击：家族的社会关系是否创造了融合？也就是说，家族关系是否促进了积极的成长，从而使1+1=3？这些关系是否能通过慈善事业与非家族成员建立积极的联系？

- 精神资本：家族形成共同发展的愿景的能力，力求使每位家族成员获得发展、使家族本身长期繁荣；一起形成所有成功家族都会学习的七代生成性思维的能力；以及提供足够吸引未来家族成员的愿景和实践，使他们加入家族长期旅程的能力。

我相信你能感觉到和看到，这四种高质量资本及其不断积极的发展和演变，是一个成功家族的发展之旅的核心。它们是丹尼斯的研究成果，也得到了我的生活经历的验证。这些资本的增长是家族繁荣的关键，它们及其演变将决定一个家族能否成为一个亲缘家族。

第二代家族成员深刻地意识到了这一点，他们创建并发展了一个共同决策的系统。这个系统建立在持续发展每一种资本的基础上，致力于使所有家族成员齐头并进，将成为对未来两代潜在家族成员极具吸引力的系统。这种觉醒将使家族成为丹尼斯发现并定义的繁荣的世代家族。

当然，这样的家族将继续发展和积累其高质量资本，无论它们经营的是商业企业还是金融企业。它们都知道（而那些落入"富不过三代"怪圈的家族似乎没有发现），它们为增加数量资本所付出的努力必须为增加更重要的长期资本（即高质量资本）提供支持。它们由于了解高质量资本和数量资本之间的关系，因此取得了我认为的伟大成就。这些成就引领它们实现了生生不息的繁荣以及长期成功，引领家族成员成长为敏捷、清醒、有觉悟的人，能够参与伟大的合作来发展一个繁荣的家族，同时完全成为他们作为个人所应该成为的人。

现在，我要谈谈这些历史上成功的亲缘家族所发现的重要原则，这些原则已经被纳入它们的共同愿景，并为它们未来的发展之旅提供了指导。

首先，正如纳西姆·尼古拉斯·塔勒布（Nassim Nicholas Talib）在其著作《反脆弱：从不确定性中获益》（*Antifragile: Things That Gain from Disorder*）中所写的，它们成了更有灵活性、更敏捷的家族系统，这是为了应对和解决那些可能会攻击其系统的内部和外部隔离事件。它们学会了如何发展它们的系统，使其获得对抗所有困难的巨大耐力。

其次，它们是家族的管家、捍卫者和长者智慧的守护者，领导发展亲缘家族的工作。它们寻找那些拥护七代人的愿景和意识的家族成员，并使这些家族成员能够引领家族发展的进程。它们寻找那些懂得家族财富取决于每位成员的幸福的家族领导人，以及那些试图让每位家族成员的事业都蒸蒸日上的家族领导人。

再次，它们构建起了反脆弱的保守生成性结构。这些结构有助于家族保持持久的生命力，因为它们使联合决策系统得以形成和发展，从而使制定长期战略计划，并在长期内执行这些计划成为可能。这些联合决策系统鼓励前辈种树，这样他们的子孙就能在树下乘凉。这些系统鼓励现在就种植需要 150 年才能成熟的铜山毛榉树，因为成长没有时间可以浪费。这些系统鼓励用类似上述两个比喻来思考家族的发展，鼓励家族成员思考家族的长期潜力，想象后代的繁荣。

最后，也是最重要的是，这些家族明白，如果它们要坚持下去，就必须让第三代、第四代、第五代和第六代这些未来一代成员下决心加入进来。它们清楚，在我们每个人的一生中，可能只有三四次需要做出生死攸关的决策，以决定加入一个群体而不是另一个群体。这些家族，尤其是其中的长者，知道作为人类社会中的明智长者一直都知道的事情：人类不能独自生活。我们生活在社会中，我们不是隐士。然而，社会要求我们放弃个人自由来帮助社会中的其他成员，希望他们能帮助我们。这似乎已经很清楚了。但是在我们的一生中，我们有多少次是自愿放弃自由的呢？这是最艰难的抉择时刻。我们知道这样做的风险，因此我们几乎从不会冒险。那些繁荣发展的家族和有创造力的家族知道，它们的未来取决于未来成员加入它们的决心有多大，而且它们知道做出这个决定对这些成员来说是多么困难。因此，它们寻求创建能吸引后代积极加入的系统。它们知道，家族的未来至少取决于新一代成员中那些愿意冒着生存风险、放弃个人自由而加入进来的成员。

为什么有些家族的年轻一代成员会敢于冒险？因为他们发现获得加入家族的邀请是一种鼓励，他们认为家族的世代愿景、家族的精神自我、家族的核心信仰和美德都让他们有了更多的个人自由，帮助他们发现自己、成为自己，而且比起其他邀请他们加入的群体，家族提供了更多的机会，让他们可以成为独一无二的自己。这些新一代的家族成员决定放弃自由，以另一种方式获得更大的自由。只有最具吸引力的家族系统，即致力于新一代家族成员成长和发展的家族系统，才能发出这样的邀请，并有信心让这些成员加入。我相信，这种伟大的认知使这些重要的邀请成为现实的行动，这也是有些家族能够传承和基业长青，而其他家族无法做到的核心原因。这些家族明白，当它们的新一代成员愿意遵循这些原则，并向下一代发出同样的邀请，达成新的契约时，它们就成功了。每一代都能形成新的横向社会契约（致力于上述每一项原则，特别是致力于构建吸引那些认为放弃自由就能获得自由的新成员的家族系统）足以证明这个家族具有持续耐力，能够在接下来的两代人的努力下繁荣发展。

因此，我们要感谢丹尼斯为我们提供的研究，这些研究证实了我们的猜想，即为什么一个家族会繁荣，为什么它能够代代传承，以及它是如何做到的。他的这本书是一份礼物，为我们提供了证据，证明了谚语不一定是有预测性的。他讲述的家族故事使我们确信，如果我们从这些故事中有所收获，我们的家族就不会成为另一个被谚语预言成真的家族。我希望你的家族和那些你作为顾问指导的家族能够牢记丹尼斯的伟大发现，并据此采取行动，成为一个亲缘家族，实现永续发展。

愿你们的旅程充满祝福。愿你和你的每位家族成员幸福美满。愿你的家族繁荣昌盛。

衷心祝愿！

小詹姆斯·艾略特·休斯（James Elliott Hughes）

　　家族企业是世界上最持久和最普遍的生态和社会机构之一。它们是社会关系和社区的基础；随着人类从狩猎进化到农业、贸易和工业化，家族企业的发展使这一切成为可能。它们有很多形式。我们作为人类的本性体现在我们在经济生活中如何行事，而家族企业是其中最常见的表现形式。尽管商业的市场观强调经济行为是个人的选择和理性的自我利益，但我在这本书中提出的观点是，经济的核心是那些生生不息的家族，它们追求和代表的远不止经济利益。

　　本书介绍了一个在全球范围内实施多年的项目的研究结果，该项目旨在了解几代人都获得了成功的大型全球家族企业的演变和本质（本书所用术语的词汇表在第1章末尾）。研究团队采访了100多个全球大型家族的不同世代的家族领导人，每个家族都作为一个共同的经济实体繁荣了三代以上。这些家族无论是作为大家族还是作为企业都很成功。通过研究最大和最成功的全球家族的演变和历史，通过回顾和展望，我们可以了解社会进化的本质。我们还可以观察到全球商业的人类基础，这在很大程度上被隐藏在人们的视线之外。通过聆听拥有巨额财富和长寿的家族的讲述，我们可以超越个体企业，了解财富的积极基础和用途。

基业长青的商业家族

　　我的目的是向最优秀的家族企业中的佼佼者——经营企业超过三代人的

大家族——学习，揭示它们成功的内在秘密。它们的智慧可以帮助那些刚刚开始走上这条路的家族——那些步入第二或第三代并面临重大挑战的家族。它们的故事对数以百万计的律师、会计师、银行家、教练、顾问、董事会成员和其他值得信赖的顾问也具有指导意义，他们为家族提供资源，以保证家族一直在正确的方向上前进。虽然我和我的研究团队所采访的家族都拥有复杂的企业和其他资产，但我首先将它们视为家族，因为它们的所有者就是家族。作为家族成员，所有者们有着私人关系，而这些关系的意义远不止于经营一家盈利的企业。这样的家族不仅仅拥有一家企业，因为它可以在几代人适应和发展的过程中创建、购买和出售很多企业，也因为它是由很多彼此相关、关心彼此未来的家庭组成的。

我对基业长青的家族企业特别感兴趣，因为就性质而言，家族企业与上市公司有着根本的不同。上市公司的所有者除了希望公司盈利外，没有任何共同点，也没有任何关系。而在家族企业中，所有者们相互了解，相互关心，拥有共同的价值观，都希望盈利。这对企业产生了巨大的影响。

家族关注的不仅仅是利润，还有生意之外的事。家族企业表达了家族的灵魂和身份的一个核心方面。在经营企业的过程中，家族需要考虑它们的价值观、声誉、在社会上的作用和影响。由于家族企业起源于家族，它也体现和反映了所属家族的性质和个性。所有这一切创造了一种不同的企业形式，可以说是一种更复杂、面临更多事务的企业。如果一个家族企业久盛不衰，家族性质就是其经营方式的核心特征。

爱马仕家族的一位第五代成员曾说，你并不是真正拥有一个家族企业，这家企业是从你的孙辈那里借来的。当我第一次听到这种表述时，我被吓了一跳。专业人士花了大量时间帮助老一辈考虑他们要把家族企业和财富"交给"谁；而这种观点正好相反，将家族的企业和财富视为来自未来的礼物，现在的家族成员只能在有条件的情况下使用。这种观点抓住了家族企业和非家族企业之间最重要的区别：意识到当前的家族成员在做决策时要考虑到未来的几代人。我后来了解到，这种世界观是从美洲原住民和其他全球原住民文化中改编而来的，他们不认为土地和自然资源可以归个人所有，而应该被分享、珍视和保护，以备未来之需。这种心态对那些已经获得了大量财富的家族的性质，以及它们如何看待家族担任家族财富管理者的角色产生了很大的影响。

我的研究之旅

这个项目是我的一个梦想，也是我的心血。经过近 40 年的教学、研究和实践，自家族企业成为一个研究领域之初，我就想做这个项目。我一直只在美国国内工作，十几年前，我开始想知道来自其他文化的家族有什么相似或不同之处。我知道世界各地都有家族企业，我想看看专业人士为它们提供的实践建议和工具是否适用于其他文化。由于我只接触过美国的商业家族，因此我想更多地了解这些基础性社会机构的性质。六年来，我游历世界各地，会见了很多家族，这些家族中的很多人成了我们的采访对象。

50 年后的今天，我回头看，是年轻时的激情促使我从事了现在的工作。20 世纪 60 年代末，我在大学毕业后发起了一个帮助离家出走的青年的项目，名为九号（Number Nine），灵感来自披头士乐队的一首歌。我们帮助离家出走的年轻的"街头流浪者"给他们的父母打电话，在一个安全和中立的层面建立代际对话，谈论他们之间的分歧。这些对话让我第一次体验到价值观和行为是如何在一个家族中引起如此大的争议和伤害的。我还了解到，父母必须允许他们的孩子以自己的方式成长，但也必须教孩子学习长辈的一些价值观。

后来，我的职业生涯把我带入了商界，我研究了企业文化深刻变革的影响。这一研究领域关注的是企业如何发展自己的文化，而企业文化通常源于创始人的价值观和愿景。随着企业的发展，企业文化面临的压力越来越大，企业必须适应，但也要保留创始文化的重要特征。这些企业中有很多是家族企业，尽管当时我并不真正了解这一事实。

20 世纪 80 年代初，由组织顾问、家族顾问、律师、会计师、财务顾问和家族企业领导人组成的几个团体开始了一场具有开创性的联合对话。跨越专业界限的对话是不寻常的，它使每位专业人士都开始通过他人的视角，以不同的方式看待自己的工作。跨越学科界限，这些团体发现它们对家族企业有着共同的兴趣。我们意识到，在专业的商业文献和实践中，家族企业的性质、存在和影响在很大程度上被忽视了。这意味着在我们眼皮底下，有一个非常重要的研究领域被我们忽视了。我参加了其中的一些会面，我生活中两个以前不相关的部分被联系在了一起。我明白了，家族的性质和关系是家族企业的根源，解决家族问题是家族企业基业长青的必要条件。

为了进行研究，我组建了一个由优秀的研究人员和顾问组成的团队，他们每个人都贡献了时间和想法，同时进行了访谈和数据的收集。我们的研究得到了两个全球家族企业组织的支持：美国家族办公室交流中心（Family Office Exchange）和国际家族企业协会（Family Business Network，FBN）。它们的支持使我们得以开发我们的研究模型，并与那些实现了多代传承的家族建立起联系。在发布了第一份研究报告后，我们幸运地获得了美国银行（Bank of America）、美林家族财富中心（Merrill Center for Family Wealth）的支持，后者每年都会为我们的研究提供支持。

研究视角

这个项目的视角与其他家族企业研究的视角有些不同。它源于一种被称为行动研究的做法，这种研究不是基于发现家族和企业之间的因果关系，而是基于探寻如何帮助家族企业更成功和避免陷入困境而进行的。这个项目不仅可以为其他研究人员提供支持，还可以为这些家族及其顾问提供支持，以帮助他们做得更好。该项目以下几个基本假设为前提。

1. **研究最好的，而不是一般的或最有问题的。**心理学家亚伯拉罕·马斯洛（Abraham Maslow）是我的导师之一。他指出，如果你只研究那些患有精神疾病的人，那么你永远都无法更多地了解健康人。同样，人们可以从研究那些在冲突和商业困境中失败或倒闭的家族企业中学到的东西也很有限，并不一定有助于了解如何为成功创造条件。如果你逃避失败，那么你不仅不会获得成功，可能还要面对更多的问题。

你很容易就能找到一篇关于如何毁掉家族企业的文章。如果利用商业关系来纠正家族过往的错误或满足无休止的家族财务需求，那么即使是最强大的企业也会受到破坏。商业成熟和创新的自然力量会击垮更多的企业。在几代人之间维持家族企业的繁荣要困难得多。一个家族如何才能让自己保持长期成功？

研究最成功的企业使管理领域受益匪浅。有很多商业领袖出版了书籍。这些书是鼓舞人心的，但也有点令人怀疑，因为这些商业领袖只分享了他们故事的一个方面，而且是以回顾的方式。个人的成功故事是商业文学作品和有关家族企业的文学作品的主要内容，它们虽然引人入胜，但我们也需要一种更冷静的观点。很多基于研究和理论的书籍也试图提炼出长期商业成功的智慧，比如托马斯·J.彼得斯（Thomas J. Peters）和罗伯特·沃特曼（Robert Waterman）的《追求卓越》（*In Search of Excellence*）①、吉姆·柯林斯（Jim Collins）和杰里·I.波勒斯（Jerry I. Porras）的《基业长青》（*Built to Last*），以及很多后续作品。这些书是我研究一种被称为欣赏式探寻的方法的指南，因为这种研究形式着眼于商业的优势以及如何加强它。

欣赏式探寻是大卫·L.库珀里德（David L. Cooperrider）和黛安娜·惠特尼（Diana Whitney）设计的一种研究方法。研究人员或商业顾问使用这种方法对成功企业的特质进行了一些最有用、最实用的研究。他们从企业或实体做得好的地方开始，并在此基础上进行扩展，而不是解决问题。家族认为这种观点既吸引人又有用。这就是我们整个项目所采取的观点。

这项研究可以被称为叙事社会学。通过不加评价地呈现它们的故事和经验，我揭示了全球不同世代家族企业的经验，这些家族企业和财务经营经过几代人的运作获得了成功。在整本书中，我介绍了这些家族的实际做法。这是非评判性和非评价性的。但由于我研究的是那些最成功的家族，因此我无

---

① 回顾和反思一下这本书中提到的企业是一件很有趣的事情。这些企业中的大多数实际上都是家族企业，但这一事实没有被提及，也没有被认为重要到需要记录。这一观察结果支持了这样一个观点，即在20世纪后期，家族企业的存在及其影响被忽视或忽略了。

法逃避某些方面的价值判断。通过关注那些基业长青的家族，我必须呼吁人们反思，在他们的经历中有哪些因素使家族成员懂得了如何长期生存下去，并帮助他们预测甚至避免了灾难。

2. 家族是研究的基本单位，而家族企业是支持家族目标和价值观的载体。 可以预见的是，商业研究人员会将企业作为他们的基本研究单位。企业的兴衰是他们关注的重点，包括家族作为所有者和经营者的作用。但如果家族卖掉企业并转向其他事业呢？这就是结局吗？在本书中，我将家族视为研究的基本单位，研究企业和其他资产如何在家族的发展过程中为其创造资源。我关注的是几代人的旅程，因为虽然家族成员追求的是不同的机会和发展之路，但他们仍然能够作为目标一致的伙伴团结在一起。从这个角度看，很明显，他们的目标不仅仅是经营一家有效率的企业，而且这些更广泛的目标对于了解这些家族至关重要。

3. 成功是随着时间的推移而发生的，必须被视为一个进化的过程，一个适应和重塑的过程。 大多数研究都是"快照"，即在某一时刻拍摄的一个家族或企业的照片。但是，一个家族的发展和演变是随着时间的推移和几代人的努力而发生的，在这个过程中，家族面临着传承家族智慧、适应和寻找新的发展道路的持续挑战。要了解家族，研究就必须着眼于它的演变，以及企业如何在不同的发展阶段解决相继出现的问题和迎接挑战。家族企业是充满活力和不断发展的，它们的故事是电影，而不是快照。

我讲述了这些世代家族及其企业和其他家族企业的发展故事。我的重点是展示世代家族如何通过多种方式应对几代人面临的共同挑战。由于每个家族都不同，因此我无法进行定量比较；相反，我会不加评判地介绍这些家族的所作所为，并试图找出共同的模式。然而，我的目标不仅仅是讲故事，我还想记录一个独特的社会机构的演变和特征—— 一个不仅有血缘关系，还有传承关系的大家族，这些关系使其成为大型企业和金融集团的所有者和管理者。虽然我们可以在它们的企业中看到其影响力，但我们将深入企业背后，研究大家族是如何创造、维持和影响它们的企业和社会角色的。

4. 一个家族企业只是一个个例。 遗憾的是，很多研究都急于归纳和建立因果关系来理解家族企业。但我认为，全球的家族企业是如此不同，以至于我们没有办法将所有家族企业作为一个整体来讨论。我们可以明确地表述它们共同的模式，但无法真正找到一个特定的可以"导致"成功的具体行动。但如果我们听听更多的家族故事，我们就会明白，如果这么多成功的家族都做了某件事，那么一个处于发展初期的家族尝试做一下这件事可能非常有好处。

本书概述

这本书介绍了我和我的研究团队所研究的全球世代家族的演变和特征，共分为四个部分。

在第一部分中，我概述了家族企业的悠久历史。我认为，家族企业最近面临的挑战是独特的、前所未有的。此外，我还介绍了世代家族的概念和特征，这是本书的重点。

在第二部分中，我关注的是家族如何在几代人之间演变为一个共有的企业。我展示了一部"电影"，讲述了世代家族是如何在四代或更多代人中发展的，然后重点介绍了家族企业；这些家族是如何代代相传的；世代家族特有的家族企业文化的要素；以及管家角色的起源，这种角色出现在管理多种企业组合的家族中。

在第三部分中，我重点关注的是家族企业特有的活动领域：独立于企业的家族的组织、治理和活动。我们介绍了家族治理的关键要素，包括家族大会、家族理事会、所有者小组和董事会，以及它们是如何在家族宪章中被联系在一起的。家族宪章是一份定义了家族是谁、家族做什么以及家族如何运作的主要协议。

在第四部分中，我介绍了家族如何承担起培养家族领导人的特殊任务，以维持企业发展并将其顺利地交给新一代。

致读者

这个研究项目旨在帮助那些正在开始跨代发展旅程的家族，或者那些发现自己被日益复杂的家族内部分歧和外部全球变化所包围的家族。当你展望未来时，世代家族的经验可以帮助你规划自己的道路，同时你可以从其他家族的做法中选择适合自己的。

本书还旨在帮助专业的家族顾问从更多的角度了解他们所服务的家族，并在此过程中倡导并帮助这些家族适应为它们的未来而设计的新做法。

本书的每一章都包含研究中所涉及家族的故事和家族成员的叙述。这些故事和叙述解释了世代家族行动、成长、改变和繁荣的多种方式。虽然途径有很多，但我坚信关于使命、价值观、治理和下一代发展的主题是多代人成功的重要基石。

我希望这本书中的故事能指导那些渴望实现世代传承的家族的实践。如果你是这样一个家族的成员，那么这本书可能会帮助你在前几代做出决策并付诸实践，使你的家族有可能成为基业长青的世代家族。为了帮助你做到这一点，我在每一章的结尾处提供了一些内容，其中包括一些工具和活动，标题是"在你的家族企业中采取行动"。每章都提供了将本章中提到的实践应用于你自己的家族企业的方法。家族顾问也可以使用这些工具和活动。

无论你是一个新家族企业的成员、一个已经成功了几代人的家族企业的继承人，还是一位家族顾问，了解世代家族都将帮助你展望未来。我很高兴邀请你和我一起踏上这段旅程，向最有价值、最成功、最有影响力的家族企业致敬和学习。

目录

第一部分

世代家族的智慧

第 1 章

择善而从：研究长盛不衰的家族企业

世界各地都有家族企业。当我们走进一家餐馆时，我们可能会发现父母在烹饪和招呼客人，孩子们在一旁做功课；当我们购买服饰或汽车时，当我们住酒店或走进便利店时，我们经常是在与家族企业打交道。当得知这家由个人代表经营的企业是一个家族企业时，我们可能会对它刮目相看，因为家族的承诺和知名度似乎保证了产品的质量。我们的食品供应公司、产品生产公司以及服务公司背后都有家族的身影。

一些家族企业已经成长为国际大型企业，还有一些家族企业虽然仅由几位家族成员经营，规模小，但发展稳定。我们钦佩和羡慕那些长盛不衰的家族的成功，它们的成员凭借商业和财务上的成功过上了享有特权、地位和权力的光鲜生活。但我们也看过一些家族企业因经营不善或者家族成员炫富、大肆挥霍财富而破产的案例。我们为这些家族感到难过，但或许也对它们的不幸感到幸灾乐祸。这些家族虽然起点很高，但为什么最终会一无所有？尽管存在一些陷入困境的家族，但很多成功的家族不仅实现了世代繁衍，而且培养出了不少优秀的后代，他们在享受财富的同时从事着慈善事业，经营着有很强社会责任感的企业。这些家族企业似乎被上天眷顾着。我们好奇的是到底是什么让一些家族变得伟大，而让另一些家族陷入困境。

就全球商业而言，家族企业的影响不可估量。很多商业家族网络已经发展了好几代人，并且构成了其所在国家的经济、社会和政治基础。定义这类企业的方法有很多种，但每个国家的大多数企业和经济似乎都是以家族为基础的。在发展中国家，大部分大企业都是家族企业。正如我将要展示的，这些企业不仅仅以获得经济回报为己任。虽然有些企业信奉利己主义甚至出现腐败现象，但社会价值观和责任感的主旋律回荡在大多数全球商业家族中，它们希望看到自己的企业能为社区和国家的福祉做出贡献。

在世界各地，无数的家族创建了成功的企业，它们希望企业能基业长青，使继承人受益。但很少有家族能够让第二代拥有同样的财富和成功。如果将这种成功比喻成一场马拉松，那么这些最成功的长盛不衰的家族企业是如何为应对各种严峻考验做好准备的呢？一些家族从社区的羡慕和钦佩中学习，努力不辜负自己的声誉。它们还想向成功的家族学习如何表达自己的价值观，并将价值观成功地代代相传。专业的家族顾问也想了解这些家族是怎样做的，这样他们就可以指导客户使用同样的方法继续发展壮大。

每种文化中都有一句类似于"富不过三代"的谚语。为什么这种观点如此普遍？家族财富真的转瞬即逝吗？虽然这可能并不意味着家族的第三代成员会陷入贫困，但这的确表明，在第三代之后，共享家族财富的可能性极小且非常困难。每一个新崛起的财富家族都希望能打破这个谚语的魔咒，但只有少数家族成功了。一旦这样做了，它们在很大程度上就已经进入了一个未知的领域。

很多智者为这些家族提供了多种避免失败命运的可选方法。本书增加了一个新的视角，100多家全球大型家族企业的成员讲述了其家族的实践和故事，这些家族在一个世纪甚至更长的时间里，成功地将企业或金融财富传承了至少三代人。他们过着令人羡慕的生活，他们的生活也是人们茶余饭后的谈资。他们的故事是那些认识到了"富可过三代"的可能性并说"三代还不够"的家族的故事。

家族企业是什么

家族企业很常见，但我们发现很难给家族企业下一个定义。在规模较小的家族企业中，家族成员作为所有者和运营者世代合作。他们是如何将技能和敏锐度传承给每一代，使继承人能够自我成长和持续发展的？当家族壮大时，并不是所有成员都可以在这家企业中工作。随着时间的推移，很多家族将企业交给非家族成员管理。但大家族中的成员之间有亲属关系，他们仍然是大股东，并积极参与企业经营。

- 家族企业的第一个特征是，多数所有者拥有共同的个人关系，这通常包括与盈利同等重要的共同价值观和非财务目标。所有者之间的这种联系使家族企业与股东之间没有个人关系的上市公司截然不同。
- 家族企业的第二个特征是，尚未成为所有者的年轻的家族成员正在准备成为所有者。他们未来会拥有所有权，这使他们觉得自己与企业有某种联系，并且必须纳入考虑范围。目前的所有者关心他们的未来，并积极采取措施为未来的所有者管理企业做好准备。所有者关心的不是今天，而是未来；他们的私心是将企业以"礼物"的形式留给自己的孩子，并让这些孩子做好接受礼物的准备。

随着时间的推移，一个家族可能会出售其最初的传统企业，然后选择合并剩下的企业成为一个家族金融实体，或者收购和共同享有多家企业的所有权。这可以积累财富和建立慈善基金会。因此，一个拥有单一家族业务的家族可能会发展成我所说的家族企业，其中包含共同拥有的资产组合。在本书中，我不仅研究了家族企业，还研究了由多个家族共同拥有的企业，这些企业从拥有单一业务的单一家族企业发展成不断成长、多元化和扩张的由多个家族共同所有的大家族企业。

我关注的是发展跨越了几代人的大家族。在发展的过程中，这样的家族可能会拥有多种家族资产，包括：

- 私营企业；
- 家族控股的上市公司；
- 由家族成员创办的新企业或家族收购的新企业；
- 拥有多个家族企业和多项资产的控股公司；
- 管理和协调家族资产和活动的家族办公室；
- 代表受益人持有资产的信托；
- 为慈善事业设立的家族基金会。

这些资产类型经常重叠。例如，私人控股的家族企业可能有一些非家族成员所有者或投资者；上市公司的股票可以由家族信托或家族控股公司持有。家族企业可能拥有多个企业实体，每个企业实体都成立了自己的董事会，但重大决策都由家族所有者做出。

家族企业的特点是由希望将其继续经营到下一代的相关家族共同领导。在拥有所有权的同时，家族还对各种资产的使用和开发行使自由裁量权和控制权。

在世界各国大大小小的企业中，家族企业占大多数。由于涉及相关家族的成员，因此它们不应仅仅被视为单独的企业，而应被视为拥有和经营它们的家族的意图、身份和传统的体现。它们是纪律严明的企业，也是互相关心的家族。那么，这个复杂合成体的本质是什么？

企业对家族的影响可以是积极的，也可以是消极的。家族企业可以解决几代人的生计问题，也可能引发争斗，并导致永久性的家族分裂。家族企业可以成为高品质的象征，为社区和国家提供就业机会，但也可能会剥削员工、破坏环境。家族企业不可能永远独立经营，它们需要定期重新审视自我，补充新鲜血液。下一代家族成员的作为和不作为会大大提高家族企业的竞争力和破坏性。

成功的家族企业是创造财富和表达家族对人类、企业和社区的价值观的不可思议的引擎。这些价值观是保证其商品和服务质量的基础，是其维系与员工、其他企业和整个社区的关系的基础，也是其慈善事业的基础。

但是，只有一小部分家族创建的企业能维持一代人以上。少数幸存下来的企业规模庞大，它们对社区、全球商业和环境，以及家族成员和所有与其有过接触的人产生了深远的影响。我们可以从它们身上学到很多东西。

成功的家族企业会长盛不衰。在全球最大的700余个家族企业中，有230家的历史超过了100年，还有大约100家的历史超过了75年。在230家历史超过100年的企业中，有90家是上市公司，大部分所有权或控制权归家族所有。它们遍布世界各地，但日本、德国等国家更多一些。据估计，在每个国家，家族企业的净资产总和占该国经济财富的绝大部分。因此，成功的、长盛不衰的家族企业规模庞大、盈利能力强、影响力大。

四代之后

有关家族企业的文献和关键模型描述了第一代、第二代和第三代，但仅此而已。那描述第四代的模型在哪里？是因为第四代与前三代一样，还是因为少有第四代而懒得去研究？我们知道它们的存在，而且数量庞大，非常重要。据我所知，这是第一次有人研究他们是谁，他们做了什么。研究长盛不衰的家族及其商业和金融企业很重要，因为这是很多尚未达到这一里程碑的家族的奋斗目标。如果它们实现了兴盛 100 年的目标，那么等待它们的是什么？这种研究能够使长盛不衰的家族回顾其前三代的所作所为，并展示他们所做的有益或无益的事情。

第四代不同于第三代或者更早的几代。当一个商业家族发展到第三代时，内部和外部的力量会威胁到家族成员继续作为合作伙伴的能力。达到这一里程碑的家族面临的一个选择是：应该作为一个金融或商业实体继续发展，还是分配现有资产，让每个家庭以自己的方式发展？一部分有胆量的家族成员决定继续团结在一起。通过分享成功突破这一障碍的家族的经验，我提供了完成这项艰苦工作的路线图以及由此产生的广泛影响。

案例分享

从小企业到家族企业集团

我会从一个故事开始说起。在本书的每一章中，我都将分享一个故事，这些故事都是家族领导人自己讲述的。现在我要讲第一个故事了。与接下来的故事不同，这个故事中的家族是组合起来的，旨在介绍贯穿全书的主题和发展模式。这个故事展示了家族企业的每一代人是如何将企业做大，以及家族是如何在内部和外部挑战中发展壮大的。

曾祖父艾伯特创办了一家工厂，并制造出了一款人人都需要的建筑产品，该产品还获得了专利。20世纪初，随着摩天大楼的出现，新兴工业城市崛起，工厂的业务也不断扩大。艾伯特有一个儿子，名叫克劳德，还有一个女儿，名叫索菲。按照家族传统，年仅30岁的克劳德开始在工厂工作。

艾伯特花钱买了一个农场，索菲和她的新婚丈夫雷蒙德在那里住了下来，并负责打理农场事务。一切都很完美，直到族长突然在他50岁生日前去世。克劳德发现艾伯特的财务状况一团糟，生意也因为他松散的管理开始走下坡路。

在克劳德、索菲和雷蒙德的努力下，这两家公司最终都实现了盈利，制造业务的表现尤为突出。克劳德和索菲各有两个孩子，共同享有工厂和农场的所有权。

第三代人在衣食无忧的环境中长大，他们吸取了父辈的教训，有着良好的工作态度。全家人会定期在他们位于农场的大度假屋聚会。

随着第三代渐渐长大成人，一系列的变化席卷了整个家族及其企业。首先，克劳德和雷蒙德开始在他们的家乡购买房产。雷蒙德和索菲的儿子从商学院毕业后加入了他们。克劳德收到了一家大型企业集团的天价报价，并出售了制造业务。除了在市中心购买更多的房产，克劳德的儿子还发现了一家要出售的跨国运输公司，并说服家人买下了它。在经历了艰难的转型之后，这家新公司——与他们的其他公司一样——开始逐渐发展壮大。在收购结束后，雷蒙德和索菲的女儿嫁给了她在旅行中认识的一个男人，他们搬到了澳大利亚。他们想从公司的销售盈利中拿到他们应得的钱，开始新的生活。最后，考虑到什一税，家族成立了一个基金会，每年将4%的利润捐给这个基金会。

随着第四代开始长大，他们也成了这个庞大而复杂的家族企业的一部分。他们的生活充满了无限的可能性，但同时也出现了很多问题：他们还想继续作为生意伙伴团结在一起吗？他们的财富将被用来做什么？谁将掌管生意和正处于筹备阶段的家族办公室（用于管理家族不动产和其他投资）？下一代人已经都准备好了吗？

世代家族：持续的跨代际价值创造

威胁和危机可能会随着家族企业的传承出现。成功很快就会带来超越前几代人经验的新挑战。在本书中，我研究了商业家族是如何面对成功并实现跨代际传承的。我展示的不是这些家族如何获得高光时刻，而是它们如何在几代人起起落落、变化和更新的过程中获得成功并实现跨代际传承的。虽然只有相对较少的家族能够在传承几代之后存活下来并持续繁荣，但这些家族成员的智慧和行动力是非常令人钦佩的，它们是每个梦想着能实现跨代际传承的新家族企业的榜样。

我称这样的家族为世代家族，因为它们在维系家族关系和保持家族企业或一系列家族产业的营利性和生命力等方面取得了创造性成就。它们有凝聚力，维护伙伴关系和家族关系，反对分散和分离的趋势。我估计，只有不到1%的家族企业能够以这些方式变得富有生产力，但它们的影响是巨大的，因为这些家族共同拥有全球财富的很大一部分，并为社会发展做出了很大的贡献。

世代家族是罕见、独特且重要的。在企业生命周期不断缩短的时代，这些家族企业能在很长一段时间严于管理更是少见。事实上，如果一家企业在两代人后仍在经营，那它很可能是家族企业。这些企业之所以重要，是因为它们与很多只关注眼前利益的企业不同，它们秉持不只追求盈利的价值观实现了长期发展。它们非常具有代表性，不仅为第一代家族企业提供了宝贵的经验，也值得那些希望以不只追求业绩的价值观经营的非家族企业学习。

世代家族是一种特殊而独特的家族/企业混合体。它们只是众多家族企业中的一小部分，但它们对社会和经济发展的重要性令人难以置信。它们构成了每个国家社会经济活动的基础。我的研究项目着眼于它们如何成为现在的样子，以及它们如何将家族和企业结合起来，并产生了这样的影响。正如我将展示的那样，这些家族具有自人类文明诞生以来就一直存在的古老建筑的特征。在现代工业世界，它们不断发展壮大，呈现出现代特征。当我们研究面向未来的企业的成功模式时，世代家族是商业成功如何造福社会的典范，其家族所有者扮演的角色就是负责任的管家。

很少有家族能在拥有经济财富的同时保持家族关系和谐，我想知道这些成功的家族是如何获得这个了不起的成就的。虽然这些家族是从传统企业开始的，但我将它们视为不断发展的家族，而不仅仅是企业，它们都面临着不断变化的资产组合和商业风险。

这本书赞美了世代家族的适应力和灵活性。它们是有生产力的，因为它们不是单纯地消耗资源，而是增加和拓展各种形式的家族财富。它们不仅利用其资源来维持现有的东西，还创造新的东西。这是在将家族传统（家族成员的价值观和实践）向新的方向延伸，不仅增加了家族的经济财富，还增加了家族的人力、社会、关系和精神"资本"。

正如我将要展示的，它们成功的要素之一就是平衡。它们能够在企业和家族、传统价值观和创新实践以及个人主义和团队合作这些看似对立的两极之间取得平衡。在第6章中，我提出了世代联盟的概念，作为平衡家族内部意见并获得支持者，以建立一个成功的世代家族企业的模式。

这些家族不仅仅有强大的商业实力，它们还共同拥有一种关于关系、价值观、传统、尊重和学习的家族文化，这些都是其商业能力的基础。它们的家族文化是其商业头脑的基础。它们在很多国家的经济中占主导地位，因为它们有能力用持续的承诺和大量资源进行创新和寻找机会。除了商业活动之外，它们还对其国家的社会结构产生了巨大的影响。

20世纪80年代，当家族企业最初被视为一个研究领域时，人们认为家族与其传统企业密不可分。当时的假设是，没有生意，一个家族不仅会失去生计，还会失去身份和地位。然而，百年家族的经历却截然不同。这些家族企业与其说是由一个家族拥有的单一企业，不如说是不断变化的商业伙伴关系。在动荡的环境中，这些合作伙伴有着共同的商业传统、价值观和文化。一家成功的企业可能会提供最初的推动力，但维持和增加家族财富需要多年的实践。这并非易事，从家族继承人挥霍家族财富的故事中就可以看出这一点。将创始一代的奉献精神、创造力、活力和创新精神传递给下一代是最大的挑战。这更多的是与大家族作为一个家族的性质有关，而不是与任何特定企业创造的财富有关。

在面对挑战和逆境时，既能适应、更新和重塑，又能保持一致的文化和价值观，这就是传承的精髓所在。在传统企业获得成功之后，每一代人都会在这个基础上继续前进，通过创新、新的冒险以及为家族和商业成功树立愿景来增加价值。商业家族通过鼓励和培养每一代新人的创造力来做到这一点。

我的书架上有 40 多卷与我们的研究相关的家族史。这些书着重讲述了一些鼓舞人心的故事。男主人虽然出身卑微，但他看到了机会；强大的女主人帮助家族创建企业，她们是孩子们的老师，是孩子们在培养价值观过程中的榜样；敬业和满怀激情的家族成员和员工创造出新产品和服务。这些书以严厉的夫妇和顽皮的孩子的家庭背景为特色，展示了每一代新人如何为企业做出贡献。企业被出售或在全球扩张会将家族的价值观和愿景带入一个更广阔的竞争环境。然而，无论企业变得多么有纪律性和专业，它都会在其商业实践中展现出家族精神和家族的价值观。

传承既是一种公众行动，也是一种私人行动。如果没有创建一个伟大家族的个人和私人项目，那么一个商业家族就无法维持其公开成就。一个大家族包含很多家庭，这些家庭会形成几个分支，这些分支联合起来管理着共同资产的投资组合，如家族企业、家族办公室或家族基金会。这些传统的家族坚持共同的价值观和积极承诺，激励、培养、教育并在适当的时机将领导力传递给每一代有能力、有奉献精神的年轻人，同时利用自己的资源来培养他们的能力。

我们的研究着眼于家族，而不是企业。在本书中，我研究了那些不断扩大的大家族，展示了企业是如何为家族、企业、社区和社会创造价值的。但企业是家族的产物，有自己的价值观、愿景和责任。创造财富本身并不是目的，有时它看起来更像一个有用的副产品，而不是核心意图。很多家族已经出售了它们的传统企业，但它们仍然是合作伙伴，有时会分享其他资源。企业是家族成功的载体，家族文化与身份认同在家族的商业活动中得以延续。

当我们听到这些家族故事的时候，我们很难不去钦佩和尊重他们的所作所为。在这个人们对"财富集中在那 1% 的人手中"格外关注的时代，这项展示了这些家族如何利用其财富的研究是了解它们的一个重要补充。虽然我们的研究不应被视为对财富集中的辩解，但它确实提供了一个关于如何使用巨额财富的正面叙述。成功的百年家族不一定是一群自私的、过度购买奢侈品的消费者组成的；相反，它可以成为一个对社会负责的实体，负责任地利用其大量的资源去改变世界。

当我们将家族企业的活动与上市公司的活动进行比较时，我们看到了家族的特殊性，它们共同拥有的不仅仅是资源，还有一种基于价值观的联系。在新一代面临严峻的全球挑战时，这种联系可以带来巨大的好处。

我和我的研究团队做了什么

我和我的研究团队找到了一些成功的家族企业，这些家族企业至少有三代人获得了成功，并且能够在一个庞大的所有者家族中协调目标，建立积极的家族关系。我们称这些家族为世代家族。我们是如何定义和挑选出"最佳"家族的？由于缺乏关于结果的良好数据，而且我们也希望抛开财务结果来思考，因此我们提出了成功家族的三个客观评价标准。

- **商业/财务上的成功**。这些家族创建了一家成功的企业或一系列家族企业，目前的年收入超过 2.5 亿美元（普通家族的净资产要高得多）。一半的家族已经卖掉了它们的传统企业，转型为家族办公室，通常还有一只家族基金。
- **跨越世代的适应性**。这些家族成功地完成了共同所有权在至少两代人手中的更迭，控制权已经被传给第三代或更新一代。
- **共同的家族身份**。这些家族保持着共同的联系和身份，实践及其过程维持了它们作为一个大家族的价值观和个人关系。

我们是如何找到这些家族，并说服其成员接受我们访问的？最初，我们通过两个领先的全球性组织（即国际家族企业协会和美国家族办公室交流中心）来邀请它们，这让我们接触到了那些符合我们三个标准的家族的成员。我们与他们取得了联系，请他们以匿名的方式分享他们的经验和家族史。这本书中记录了我们访谈的内容，但没有透露他们的确切位置和身份。

迄今为止，"百年家族企业研究项目"已采访了来自 20 个国家的 100 多个家族的老一代和年轻一代的家族领导人。我们正在进行的研究项目揭开了历史最悠久、最成功的全球家族企业的面纱。这项研究以这些家族为研究对象，帮助其他成功的家族学习如何跨世代保持成功和联系。

我们采访的人坦率地谈论了他们是如何建立一个拥有持续的财富以及积极、负责、敬业和高效的继承人的伟大家族的。由于巨额财富往往导致家族被孤立，因此直接学习既有经验是一个难得且宝贵的机会。他们的描述是我们的研究团队了解他们成功背后的家族动态和活动的重要途径。

我和研究团队对每个家族的一位家族领导人进行了细致而深入的访谈（在大约 20% 的家族中，我们采访了来自不同世代的两位家族成员）。我们请他们描述他们几代人是如何传承的，并讲述一些故事，不仅要描述他们做了什么，还要描述他们是如何做到的。在我们研究的家族中，有来自不同国家的知名家族，其中很多家族的名字家喻户晓。

为了尊重那些名声显赫的家族的隐私，我们没有公开任何一个家族或公司的名字。我隐去了他们家族和企业的详细信息，但没有改变他们所述内容的意思和真实含义。由于我使用的是他们的原话，因此读者不仅能够了解他们做了什么，而且能够了解他们如何看待自己的行为以及如何解释某些行为。

访谈的重点是代际转换，包括以下问题：

- 家族如何影响其业务和金融资产并与它们相互作用？
- 作为一个家族，你如何与其他几代人保持团结和联系？
- 家族所有者如何管理他们的业务和财务关系？
- 家族如何教育和培养下一代？
- 这些实践是如何演变的？
- 作为一个家族，你如何定义成功？

在整本书中，我主要通过直接引用采访内容来分享这些家族的故事。我还加入了很多较长的叙述性案例研究或故事。他们的故事和直白的话语说明了他们作为一个关系和谐、充满爱的家族是如何茁壮成长的，以及他们为了将新一代培养成有能力、积极的创新者，并为不断发展壮大的家族提供新的方向做了什么。由于这些受访者是第三代或更晚一代的领导者，因此他们可以从不一样的视角来回顾前几代人的成功。我相信，这将帮助那些在公众眼中取得成功的家族，在培养下一代并赋予他们权力这件事上也获得成功。

虽然这些家族是一个多元化的全球群体，但它们在如何将自己组织成大家族，以及如何为完成这项任务投入时间和精力方面有很多共同点。我讲述它们的故事，并分享它们关于如何成长为充满爱心、联系紧密的家族和企业的观点，是为了激励和引导那些想要追随他们的人。这些故事还展示了它们培养新一代忠诚、积极的创新者的举措，这些创新者为不断扩大的大家族增加了活力和多样性。

虽然这些世代家族都已经过了第三代，但它们的故事与更多正在进入第二代的家族有关。当它们第一次决定创建一种纪律严明、以价值观为基础的商业文化，并培养下一代的能力和兴趣时，这些家族就已经具备了成功的条件。第二代做出的选择让这个家族走上了生生不息的道路，他们为定义目标和价值观、适应重大变化、举行年度家族会议、培养其第三代年轻成员成为领导者以及回馈社区而开展的活动，都有助于为第一代或第二代商业家族过渡到第三代。

本书中所涉及家族的简介

本书中涉及的家族包括共同家族企业的第 3 代到第 14 代，这些家族几乎每一代人都呈现出新的形态。这些家族遍布于世界各个地区（如图 1-1 所示），其中 62% 的家族来自北美地区（美国和加拿大）。

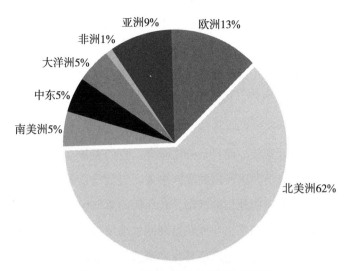

图 1-1　本书中所涉及家族的分布情况

超过 80% 的家族仍然拥有它们的传统企业，但很多企业已经从家族领导转变为非家族领导、上市公司，或者收购了其他企业。大多数企业都接近百年大关。它们规模庞大，平均净资产远高于 10 亿美元，其中大部分仍为私人所有。这些传统企业构成了发展家族企业的基础，使家族得以发展或多元化发展其他业务，如基金会、家族办公室、房地产或其他投资（如图 1-2 所示）。

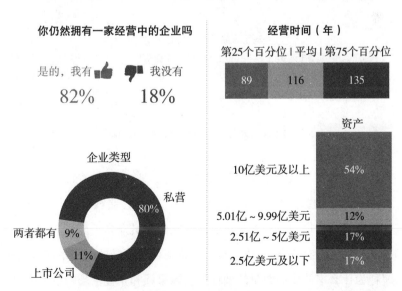

图 1-2　企业所有权

传统的家族企业几乎涉及所有行业类别，包括制造业、度假、金融、餐饮服务、工程、交通运输、媒体、林业、农业和服务业。很多家族拥有不止一家企业，或者一家企业已经扩展到多个领域。这些家族还拥有家族房地产、各种投资、家族银行、风险投资基金、家族理财办公室和慈善基金会。参与我们研究的家族会尝试任何有可能行得通的商业模式。

它们不仅是商业家族，而且是家族企业。它们通常会建立一个家族理事会，在那里，家族成员管理所谓的家族事务，也就是发展关系、与每一代新家族成员建立关系并培养他们的活动。在后面的章节中，我将详细介绍家族理事会。随着家族通过出售企业或获得利润来增加财富，家族通常会成立一个家族理财办公室。通过创建家族基金会或其他慈善机构，家族非常重视对社区做出贡献。图 1-3 展示了这些新的实体在每一个世代家族中都非常普遍，而且事实上，到第四代时，世代家族往往已经拥有这三个实体了。

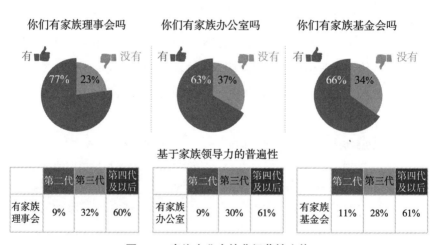

图 1-3　家族企业中的非经营性实体

我给家族的每一代都贴上了与创始一代（即 G1）相关的标签。在我们的研究中，62% 的家族在第四代或更晚一代拥有控制权和领导权，31% 的家族在第三代拥有控制权和领导权。这些家族成员众多，而且成员还在不断增加。第三代平均有 42 位家族成员，而第四代或更晚的一代平均有 130 位。我将解释为什么家族成员数量的增加是实施家族和企业治理的触发因素之一

（如图 1-4 所示）。

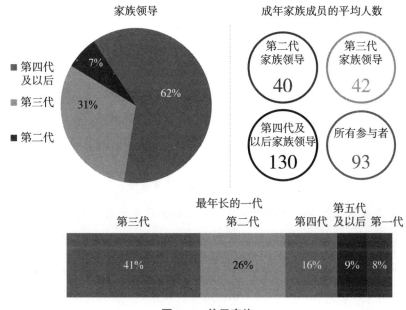

图 1-4　关于家族

我重点关注的是这些家族几代人的转变和发展。在研究中，很多家族正在从第三代向第四代过渡。基于这些家族的生生不息，研究中的受访者报告了超过 250 次代际转换！我和我的研究团队采访了新一代中那些活跃且有影响力的成员，他们最近刚进入家族企业或正在准备担任领导角色。

我们的研究重点关注的是世界各地世代家庭的共同特征。然而应该指出的是，在比较来自北美洲的 58 个家族与来自世界其他地区的 37 个家族时，我们发现了一些有趣的差异。遗憾的是，我们的样本不够大，也不够随机，无法得出任何结论，我们只能在这里指出这些差异。

北美洲以外的家族规模更大，年龄更大，家族成员更多。在全世界的家族中，82% 的家族资产超过 10 亿美元，而在北美洲，这一比例仅为 37%；88% 的北美传统企业是私营企业，而在其他地区，只有 69% 的传统企业是私营的；全球 77% 的家族拥有家族办公室，而在北美洲，这一比例为 54%。跨国家族大多经历了多年发展，但其中拥有家族理事会或拥有独立董事的董事会的家族较少。我怀疑这是由于抽样调查而不是地区差异所造成的，但也有一种印象，即北美洲的家族是应用本书介绍的治理机制的先行者。

词汇表：关键术语的定义

以下是你将在每章中遇到的一些术语和关键概念。其他关于此类家族的研究可能会使用稍微不同的术语。

董事会：一个正式的团体，在法律上代表家族企业或资产的所有者，监督家族企业的业绩，聘用和解雇 CEO，并指导家族企业应对挑战和危机。成员可以包含一些家族所有者和独立的非家族成员董事。

世袭家族：生生不息的大家族，家族成员联系紧密，有很强的责任感，但不一定由财富以外的价值观联系在一起。其中只有一部分世袭家族能被称为世代家族。

退出策略：一项用于规定家族所有者如何要求其他所有者购买其所有权份额，以及如何对这些份额进行估值的协议。

家族性：来自能够为家族企业增加价值的个人关系和家族网络的品质和资源。

家族：财富创造者的后代和已婚亲戚组成的大家庭，他们创办了成功的企业，并将其所有权和控制权传给了后代。

家族会议：所有家族成员的多用途聚会，通常每年举行一次，报告家族企业的经营情况、商讨教育和家庭等问题以及开展各种娱乐项目。

家族宪章：正式的家族协议，它整合和扩展了法律协议，表达了家族的主张、价值观，解释了各种家族实体和结构如何运作和相互作用。章程中包括指导家族成员行动的规则（通常包含关于家族企业宗旨和目标的个性化信息）。

家族理事会：通过选举产生的工作小组，代表家族成员协调和开展家族活动，管理家族内部的沟通，解决分歧，向企业董事会汇报，以及管理家族资产和资源。

家族企业：一个共同拥有和控制各种资产的家族，这些资产包括传统企业、新企业、家族办公室、度假和投资地产以及家族基金会。到了第三代，企业有很多元素，可能包括也可能不包括原来的传统企业（即家族财富的来源）。

亲缘家族：仅包含对其投资具有共同价值观或愿景的家族成员的家族。当一些有血缘关系的家族成员决定不再继续留在家族企业中，并要求买断他们的所有权时，就出现了一个亲缘家族。

家族联盟：世代家族平衡三种文化取向，即家族的传统价值观和文化、发展强大且高效的企业应具备的专业的商业知识和技能，以及帮助家族企业不断寻找新的发展途径，并使家族能够在几代人之间不断地自我改造的创新的方式。这三种文化取向结合在一起，使家族企业具有灵活性。

世代（或传统）家族：创办了一个蓬勃发展的家族企业，意图使家族代代相传，并保持价值观和家族责任具有连续性的一整个家族。世代家族由多个独立的家庭组成。这些家庭也被视为家族分支，源于它们与第二代兄弟姐妹保持联系。

治理：包括协议、技能和结构，使成长中的家族能够：①定义价值观、使命和政策；②保持联系；③监督企业和家族成员参与其中；④一致、公平地分配经济和其他奖励。

家庭：父母和孩子住在同一屋檐下的核心家庭。

传统企业：家族起步最初经营的企业。

下一代（或新生代）：随着每一代人的成长，我把他们称为"新生代""下一代""新一代"，这些词语可以互换使用。正在成长的子女是继承人还是接班人，这取决于我视他们为继承人还是新的家族和企业的领导者。

非所有者的家族成员：不是家族企业所有者或股东的家族成员。他们是未来有望继承所有权的年轻人，或者可能是其配偶，也可能不是现任所有者的已婚家庭成员。

为世代编号：按照惯例，财富创造者是创始一代，或称 G1。每一代都有一个新编号，即 G2、G3、G4 等。

未来的所有者（或待任所有者）：目前没有与家族成员共同拥有家族财富或资产所有权，但由于其家族角色，有希望在未来继承所有权的家族成员。

所有者委员会：由对家族企业拥有一定程度所有权的家族成员组成，他们开会选举董事会成员，向董事会和家族企业介绍他们的目标和愿望，并确保家族成员解决业务分歧并达成一致。

管家：在家族企业中以负责任的态度看待家族资产的使用，并关心如何维持这些资产以造福后代的家族所有者。

企业：由家族企业拥有或创办的个体企业和金融实体。

第 2 章

创建大家族：家族与企业的良性循环

世代家族是一个独特的概念，它代表了两种不同的社会体系——家族和企业——的成功联结。家族和企业都在不断发展，它们在几代人的时间里不断扩大，并且变得越来越复杂。几乎所有的家族企业都会在努力维护家族与企业的关系时遇到很多困难。随着家族成员各走各的路，随着企业的兴衰，他们的关系也越来越疏远。世代家族能够乘风破浪，世世代代团结在一起，而其他很多家族却无法做到这一点。

世代家族拥有巨大的经济资源（本书所涉及的家族企业的中位数为 7 亿美元）。它们总共控制着超过 1000 亿美元的资源——大致相当于一个小国的全年 GDP。它们已经开始更广泛地看待自己的真实财富，而不仅限于金融财富。

我在本书中探讨了它们成功的本质。这种成功在于培养了重视家族的积极方面（即着眼于长远未来的个人关系）的能力，并充分发挥这些能力，以创造有效的商业和家族财富。世代家族是一个复杂的多功能组织，它建立了并维持着一个庞大的家族和一个庞大的商业／金融实体。家族和企业虽然有不同的目标，但也要相互作用和合作。世代家族企业建立了一个既能为家族又能为家族企业提供支持的组织。

很多家族和顾问对这些家族如何取得如此成就很感兴趣。世代家族擅长融合企业和家族的最佳特征。它们的家族性质不仅会对其在商业和金融领域的业务产生有益的影响，而且会影响企业的价值观和文化，使其能够从更长远和更广泛的角度看待其宗旨和政策。企业反过来会影响很多家族成员，不仅为他们提供财富，还通过提供机会，帮助他们在社会上承担获得更大利益的角色。在世代家族中，家族和企业的影响是良性循环的。

本章介绍了传承的核心要素，我们将在后面的章节中详细介绍其他要素。世代家族逃过了"富不过三代"的诅咒，通过培育一种能使后代受益的文化，从而实现了不同代际的繁荣。我将说明保持一个家族企业的团结不仅仅是良好意愿和好运的问题。世代家族之所以能够成功，是因为它们建立了一系列复杂的实体，这些实体共同努力，以维持适应社会和经济变化的家族愿景。

仅仅依靠财富并不能保证成功。成功源于家族如何看待自己的财富，并利用这些财富发展家族企业。世代家族不仅建立了一家强大的商业企业或金融企业，还建立了一个强大、充满活力、成员关系密切的家族，以多种方式利用其财富对家族、企业和社区产生积极影响。

大家族是家族企业的核心

关于世代家族，我们的研究有一个重要发现：当一个家族创造了巨大财富并准备进入第三代时，它的关注点就从如何创造财富转移到如何使用这些财富。这些家族将它们的一部分财富用于创建一个强大的、支持性的、富有创造力的世代家族。我们认为这种投资并不是一种使企业更高效的方式；这个家族希望投资建立一个大家族，因为这正是它想用自己的财富做的事情，符合它的核心价值观。

商业上的成功使世代家族有可能做很多事情，而它选择做的是投资于它现在和未来的家族。成为一个大家族与管理一个家族企业有很大的不同。这是一个个性化的过程，是通过在每一代家族成员之间重建积极、信任的关系来完成的。家族形成了一种愿景、一种文化和一套价值观，反映了其对财富的使命感。家族拥有大量财富，而且它清晰地定义了这些财富的用途。

家族核心家庭的成员生活在一起，成员之间有明确的等级制度，父母在顶端，兄弟姐妹按年龄大小排列。家庭成员中可能会有人离婚，就形成了更复杂的重组家庭，但一般家庭都是由联系紧密的人组成的小网络。一个成功的家庭希望每个人都能茁壮成长，享受在一起的时光，互相关心，共享财富和资源。

近年来，核心家庭的规模越来越小，一人或两人家庭很常见，因为孩子们长大后会离开家，单身、离婚和未婚家庭也越来越多。

世代家族是一种非常不同的家庭类型。在某种程度上，它们是早期时代的一种倒退，而在其他方面，它们又是一种新型的家庭，诞生于其财富、商业和金融相互关联时所提供的新的可能性之中。

"家庭"一词在共同经营企业或共享其他金融资产的家族的第三代人中具有广泛而不寻常的含义。这样的家庭不再是一个成员共同成长的家庭。第三代"家族"企业是一个由几个家庭组成的大家庭，成员数量以指数级的速度增长。我将这种家庭类型定义为一个由财富创造者的后代和已婚亲戚组成的大家庭，这位财富创造者创建了一家成功的企业，并将这家企业的所有权和控制权交给了后代。

到了第三代，一个创始家族包含几个分支，通常与第二代的每个兄弟姐妹有关。在尊重和认同创始人的价值观和目标的同时，每个分支都有自己的文化个性，所以家族内部出现了差异。由于新兴的大家族联盟共同拥有庞大的企业和巨额投资的所有权，因此它必须创建一个流程来协调不同的议程和目标，共享资源，共同做出决策，并为不断增加的新一代家族成员寻找合适的角色。此外，受益人可能不希望与亲戚一起生活，所以家族必须提供一条公平的"分道扬镳"之路。

家族企业是拥有共同家族传统的所有者大家庭的工具和产物。这些家族所有者既构成了企业，也构成了家庭。他们面临的挑战是如何在这个可能分散到几个地方的更大社区中建立深厚、亲密、和谐的家庭关系。除了共同拥有企业和财富，作为一个家族，他们还想一起做什么？他们有什么共同之处？他们的家族身份是什么？

家族财富为新一代家族成员带来了机遇和挑战，他们是幸运的。他们可以选择以多种不同的角色加入家族企业，而不仅仅是作为员工。这是一个机会，也是一种责任。每位新的家族成员也可以放弃所有权，不再进一步参与家族企业的经营。这些家族成员经常接受收购并出售其在家族企业中的股份。他们现在只是家族成员，而不再是所有者。他们退出了家族企业。

那些选择留在家族企业中的人是所有者，他们是一个家族。世代家族不仅将所有权视为一种权利，而且将拥有所有权视为一个服务后代和社会的机会。这种长期和服务的观点被称为治理，是一种特殊的所有权哲学。要成为优秀的管家，家族所有者必须培养和提升自己的能力，明确自己的愿景和价值观并将其付诸行动，与家族成员共同努力，不断适应环境，为企业发展做出贡献。虽然这些家族的成员可以享受财富带来的快乐，但他们也希望用他们的财富有所作为。

 延伸阅读

家庭与企业：不同的社会制度

对很多人来说，家庭和企业属于不同的领域，占据主导地位的标准和价值观不同。家庭和企业的定义如下。

- 家庭扮演着提供关怀和爱、抚养后代长大成人，并且无条件提供支持的角色。你永远是你家庭中的一员，你可以与你的家人分享一切。家庭关乎你是谁。
- 企业有交易属性，人们对彼此负责。他们的服务是有偿的，而且服务可以随时终止。企业与你喜欢做什么有关，如果你不喜欢，那么你可以选择退出。个人关系无关紧要。

但只要我们仔细观察就会发现，家庭与企业之间的界限并不像我们最初想象的那样固定。工作场所是人际关系的网络，其中一些关系是深刻而持久的。家人之间可以有交易，爱可以变成冲突和怨恨。

家族企业是将家庭的积极方面融入企业的一种尝试。在家族企业中，一部分家庭价值观以及关怀和支持的美德被转化成了对绩效和经济回报有条件的期望。

正如我们将在后面章节中看到的，世代家族面临的一个核心挑战就是将家族问题与商业问题区分开。在早几代人中，这些问题常常混在一起。随着时间的推移，家族必须认识到，如果它们有很多需要关注的大型、复杂的家族投资，它们就必须区分对待这些问题。

一个第四代欧洲家族在第三代的最后一位成员去世后开始举行家族会议，它们吸取了以下教训。

我们的家族企业每个月都会召开会议。这与那些提前安排好的讨论"这些是我的个人问题""这就是我想提出的问题"的会议完全不同，有时这些会议的内容可能会有重叠。有人会说："我的个人问题是，我的收入来自我的房地产业务。但现在我的收入受到了影响，是因为你的团队没有尽职尽责地做好宣传和推广工作。"商业问题和家族问题有时候很容易被混为一谈。

我们需要从每天的会议中抽出时间，来讨论各种各样的事情，来安排一个与家族无关的商业会议，来享受不必处理商业问题或家族问题的家庭时间，或者只是为了吃一顿普通的午餐，在过去的25年里一直如此。我们每周五一起吃午餐。后来出生的人就是这样长大的。这就是我们能保持联系的原因。

将家族事务和企业事务混为一谈也会导致冲突。家族角色或无条件的支持可能与履行职责和帮助企业完成工作的需要发生冲突。个人关系不能完全转移到企业中，因为企业的人才并不总能理解家族的等级制度。

家族企业面临的很多挑战和功能失调源于家族行为和规则凌驾于企业需求之上，或者源于企业是为了当前家族成员的个人利益而经营，而没有充分考虑企业的责任和未来。在某种程度上，家族必须决定是优先考虑眼前的家族消费，还是优先考虑持续的商业效益。为了更好地服务于不断成长和壮大的家族，家族必须按照良好的商业惯例来经营企业，而不是将其作为家族成员的职业介绍所、游乐场或资金来源。在某个时候，在第一代或下一代中，家族必须做出选择，从家族至上过渡到企业至上。这种转变引发了很多变化，这些变化在长盛不衰、成功的多代家族企业的发展过程中都可以看到。

重组家庭／企业社会系统

家族企业是一个复杂的社会系统。在家族企业中，家族成员既是亲戚，又是商业伙伴，一些家族成员也可能是企业的员工。经过几代人的努力，"家族"变成了一个不断扩大的家庭群体（或者说像一个部落），家族成员通过继承各种家族企业的共同所有权而团结在一起。

家族在很多方面受益于家族企业，但越来越多的家族成员共同拥有所有权也会带来挑战和压力，这些挑战和压力只能通过创建家族组织来管理。家族企业涉及的不仅仅是财务或商业资源。

一个成功的多代同堂的家族企业建立在两个重要成就的基础上——一个是人人皆知的，另一个是不为人知的。

- 人人皆知的：家族企业是一个社区标志。创始人被誉为富有创造力的社会领袖，而他们的子女则因如何使用自己的特权而备受关注。
- 不为人知的：建立一个拥有信任关系的伟大家族所带来的隐性成功，能够让正在崛起的一代做好准备，使他们愿意并有能力应对新出现的挑战。

商业家族的公开成就得以维持，离不开建立一个伟大家族所付出的不为人知的努力。我们看到的是它们的公众形象，而对构成其成功基础的个人关系、私下的交流和争论知之甚少。参与我们研究的匿名受访者提供了了解这些的途径，使其他人能够了解这类家族是如何获得这些人人皆知的成就的。

一个大家族包含很多家庭，这些家庭形成了几个家族分支，管理着共同资产（如家族企业、家族办公室或家族基金会）的投资组合。这些世代家族的成员拥有共同的价值观，并积极致力于激励、培养、教育每一代有能力、有责任心的年轻人，让这些年轻人都能发挥领导作用。我们将看到他们如何在几代人中保持这种紧密的关系，并维系他们作为一个家族的身份。

百年家族企业从来都不是家族财富的旁观者。虽然企业会从获得巨大的财务成功开始，但这不是终点，而是本书中强调的成功家族的起点。在第一代人成功之后，本书中的百年家族决定利用它们在物质上的成功来创造第二个成功的实体：一个拥有共同价值观的相互联系的家族，一个致力于最大限度和最好地利用其特殊资源和机会的家族。这些家族成员决定创建一个这样的家族，即一群人通过传承和承诺成为自己和后代的管家而彼此联系在一起。这些家族从继承家族转变为拥有共同愿景、共同价值观和积极共建承诺的亲缘家族。

这些家族期望很多家族成员承诺参与家族企业的管理活动。一些家族成员可能在企业工作，但其管理权限远超出其他管理者。他们的工作通常包括作为董事会或社区成员创建共同家族活动的有偿和无偿工作。一代又一代，世代家族提供了很多参与家族企业管理的机会，每一代都有一些成员必须选择成为各种家族活动的积极领导者。

维持和更新共同的目标和价值观

世代家族发现，拥有家族财富只是漫长而复杂的旅程的开始。每一代人都必须回答这样一个问题：我们想用家族财富做什么？每一代人都会树立自己共同的目标，这个目标将激励家族成员成为家族财富被动的、无私的消费者。每一代家族成员都找到了参与并致力于规划和使用家族资源、保持资源持续稳定的方法。他们聚在一起考虑和计划如何使用他们的财富来培养下一代，为彼此和社区提供帮助，并对家庭、社区，甚至整个世界产生积极的影响。这个特殊的家族建设任务并不适合每个人。与血缘家族不同，世代家族允许每一代的家族成员自由选择是成为家族企业的一部分，还是放弃属于他们的那部分家族财富。

每一代新所有者都必须明确他们想继续经营家族企业。他们可能会受到信托和实体的约束，这使得他们很难或无法离开。但每个家族都必须重申和重新定义他们团结在一起的目的，以及他们对其企业和财富做出决策时所依据的价值观和原则。这些不仅仅是商业决策，还涉及家族及其成员想要共同实现的目标。共享财富的可能性和机会往往比每个人自己所能取得的成就更大、更令人兴奋，因此每一代人都能找到团结在一起的理由。但要一起做一些重要而困难的事情，家族需要关于如何合作的原则和协议。每个家族企业都必须定义其宗旨和实践、使命、价值观和管理方法。为了实现这一目标，家族成员创建了一套平行的流程，以及一个与企业并行的结构。正如家族所有者需要对其传统企业和其他投资进行治理一样，他们也需要创建一个治理体系来组织和管理家族活动。随着家族扩展成一个大家族"部落"，家族治理也变得越来越关键和重要。

由于这些家族已经意识到它们积累的人力资本和社会资本才是它们真正的财富，因此它们已经采取了积极的措施，通过沟通、教育和明确的决策或管理方法来培育和增加这些资本。在几代人的坚持下，他们不断将注意力从积累更多的金融资本上转移开。他们的关注点几乎完全是定性的，而不是定量的。

世代家族为其他人提供了经验教训，以下这些经验教训已经得到了检验。

- 所有的家族首先创建了一个伟大的企业，然后决定成为一个伟大的家族。后一项成就需要更长的时间和更多的集体努力。

- 这些家族始终能够意识到并努力实现一个共同的核心目标，这个目标是基于每一代新成员重新做出的承诺确定的。

- 这些家族尊重它们的传统和核心价值观，但在面对家族内部和商业环境中的新现实时，它们会不断适应、创新和改变。

- 从亲力亲为的所有者／经营者开始，这些家族采取了所有者的思维方式，即家族企业可以为家族成员提供特殊的机会，家族成员作为负责任的所有者团结在一起，以专业的方式经营企业，并在企业的价值观范围内创造家族财富。

- 这些家族重视人力资本的发展，包括后代人的生活、经验、技能和知识。人力资本还包括这些家族对员工、客户和社区产生的积极影响。

- 这些家族作为基于价值观行事、对社会负责的实体，利用其丰富的资源在其所在社区中产生了积极的影响。它们做慈善的承诺源于并强化了其对人力资本的关注。

延伸阅读

世代家族的六个核心特质

我和研究团队要求每个家族分享其成功的最重要的因素。尽管家族及其企业各不相同，但它们都有以下六个核心特质（根据这些特质对家族的重要性进行排列，如图 2–1 所示）。每一个核心特质体现在本书的不同部分。

图 2–1 世代家族企业的六个核心特质

1. 共同的价值观和核心目标（全部章节）。最常见的特质是家族共同的价值观，这些价值观适用于家庭的事业、行为以及对其社区的行为。家族前几代的传统来自一个价值观框架，家族成员会学习、分享并在家族的所有交易中坚持这些价值观。这些价值观是关于如何使用家族财富的。

2. 跨代参与和支持（见第 4 章和第 8 章）。大家族谈到了如何在几代人之间建立亲密、尊重和信任的关系，并保持成员之间的联系。它们花时间倾听每一代成员的讲话。由于每个家庭分散居住，因此这些家族积极建立了一个社区，定期召开会议，让各代人都参与到共同学习中来。

3. 长期的业务弹性、增长和发展（见第 5 章和第 6 章）。这些家族会从长远的角度看待它们的企业，并将企业视为它们其他活动的基础。从长远的角度看，这些家族不断地重新定义和更新它们的每一笔投资。因为它们在商业上获得的成功使它们与众不同，并且为它们提供了独特的机会，所以家族中的每个人都非常关注那些不断壮大和增长的企业组合。

4. 指导家族和企业发展和决策的治理政策和结构（见第 8 ~ 12 章）。为了实现它们的价值并在新一代中保持成功，这些家庭发展了清晰、明确且复杂的结构来规范家族活动和商业活动。很多家族成员积极参与治理，他们在整个家族中共享信息。为了用清晰的角色和界限组织他们的参与、互动和决策，他们开发了以下工具：管理家族协调、教育和发展事务的家族理事会；监督其商业企业和金融企业运营的董事会；以及家庭协议（以章程、协议和股东协议的形式）。

5. 对新生代进行关于责任、管理和价值观的教育（见第 13 ~ 15 章）。这些家族将下一代视为延续和巩固其成功的人力资本。下一代是一种资源，他们必须视家族企业的目标和承诺为生命。当下一代成员还是孩子的时候，这些家族就已经开始为大家族中每一代新成员的教育和发展投资。

6. 对家族以外的社区的承诺（见第 7 章和第 15 章）。这些家族的财富是与非家族成员员工、供应商、客户和他们的社区分享的礼物。每个家族都在价值观的指导下发展慈善事业和影响社会政策，以支持对员工和社区的长期承诺，以及环境的可持续发展。

家族资本：实现家族财富的承诺

为了发展一个有意义的社区，世代家族必须设计有意义和有影响力的活动，具体推进其共同目标，这些目标比盈利更重要。家族希望为彼此、为世界增加价值。由于在商业上获得了巨大的成功，因此它们认为自己应承担起更多的社会责任。

对于已经创建起规模庞大且成功的企业，并且拥有大量家族财富的世代家族来说，它们可以进行哪些特殊的活动、获得哪些特殊的成就？看待这个问题的一种方式是借助不同类型的"资本"的视角，即家族为了证明其行为的合理性而可以共同开发的价值来源。这些额外的资本来源使新的家族成员愿意将他们的时间和精力投入彼此和共同的项目中，而不是各走各的路。

虽然我们认为资本主要指的是金钱，但事实上还有很多非金融的价值来源。从广泛的意义上讲，世代家族通过家族治理来增加家族资本，它们专注于积累五种类型的家族资本，如图 2–2 所示。

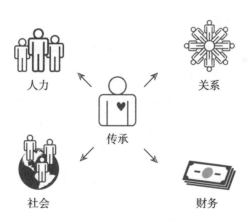

图 2–2　家族资本的类型

传承资本。当家族宣布和更新其有助于创造家族财富的价值观和灵感，并允许家族开展新活动时，传承（有时称"精神"）资本就产生了。家族还会表达其价值观，并将价值观与家族的整体愿景和使命联系起来。当一个家族开展治理活动时，首先要做的就是与年轻一代分享家族的故事。负责家族治理的人会收集关于家族历史和传统的文献、文物、图片和故事，以录像、展览、画册、历史课程等形式呈现出来。这激励着新一代家族成员以这类资本为基础去走自己的路，并利用家族资源将家族带往新的方向。年轻的家族成员经常与其父母和祖父母聊天，并从他们那里了解家族历史以及前辈所坚持的价值观。这些价值观与成功息息相关。如果前辈还活着，就可以请他们亲自分享他们的故事。家族治理通常从定义家族传统开始，然后请继承人询问他们如何进一步继承这些传统。受到祖父母的启发，继承人可能会问："我们需要做些什么来履行我们的责任，慎重且妥当地使用他们留给我们的东西？"

财务资本。第二种形式的资本与开发和关注家族的金融和商业资源（即财务管理）有关。家族的老一代要教家族的新一代如何进行监督，以保护家族的资源。首先要确保企业反映了家族的价值观、计划和目标。家族通过制定政策和实践来做到这一点，这样，参与企业经营的家族成员就可以与整个家族的议程保持一致并为之努力。家族也为家族成员就业和担任其他角色（如在家族董事会任职）制定了指导方针和政策。最后，家族必须通过制定家族财富分配规则和使用规则来保护其财务资源，同时对企业进行再投资，为未来积累财富。这些规则和政策必须得到家族成员的理解、认同，并被认为对所有人都是公平的。这可能是一种挑战。

关系资本。家族通过发展积极、互相关爱、公平、和谐的家族关系来投资自己。由于家族成员不仅有血缘关系，而且他们选择继续团结在一起来努力建设他们的家族，所以家族治理活动包括培养积极和互相关爱的亲情关系。家族希望帮助每个人生活得更好，并利用家族资源在家族内部建立一个互相关爱的社区——他们希望这样做的同时能展望子孙后代的未来。家族成员必须学习和培养一起工作的技能。团结和信任让他们能够更好地做出决策和采取行动，以实现他们的目标。

人力资本。每一代家族成员都在培养各自的能力。家族是一个旨在培养每位家族成员的技能和品格的社区。有能力的家族成员可以帮助家族积累资源，并监督这些资源的使用。参与家族治理是一种方式，家族成员可以帮助彼此发展领导力，并为彼此提供为家族服务、为世界做出其他贡献的机会。
这是第 13 章和第 14 章的重点。

社会资本。社会资本是指家族的使命如何在更广泛的社区中体现出来。
家族治理为家族创新制定了政策和目标，表现为鼓励家族成员帮助家族企业
开展新业务并创造财富。它还包括通过慈善和社会投资回馈社区。作为家族
治理的一部分，家族可以创建一家"家族银行"，家族成员可以在那里申请
资金和为新企业提供支持，其中一些"银行"以营利为目的，而另外一些
"银行"则代表了家族可以利用其财富为社区和地球的未来带来改变的方式。
这是第 7 章和第 15 章的内容。

表 2–1 列出了这五种资本的定义及其表现形式。

表 2–1　　　　　　　　　　　　　**五种类型的家族资本**

资本类型	定义	表现形式
传承资本	使命、价值观、核心目标和共同愿景，所有这些构成了家族的基础、获得财富的方式及其成员之间的关系	• 理解家族财富的深层含义和目的 • 创建家族使命和价值观的声明 • 为下一代讲述家族故事 • 一起讨论
财务资本	再投资和支持舒适的生活方式的资源，以及高效地做出决策、管理和维持投资的能力	• 在继承人中确定明确且现实的期望 • 传递管理财富的价值观和责任 • 培养支持长期战略的责任感和能力 • 对家族资源进行有效监督
人力资本	培养每个继承人的性格、技能，形成身份认同，帮助他们了解如何管理财富、如何找到重要的工作，以及如何在复杂的社会环境中生活	• 与继承人讨论有关金钱的问题 • 建立自尊，形成与金钱无关的身份认同 • 帮助继承人培养生活目标感 • 培养继承人的技能和能力，帮助其独立发展
关系资本	在家族中保持联系的能力，协调和合作的能力，创建互相关爱、积极和富有成效的关系的能力，以及建立决策和管理家族资本的结构的能力	• 通过定期沟通形成尊重和信任 • 发展家族社交网络 • 制定家族宪章 • 定期召开家族理事会会议和董事会会议 • 对受益人负责并与受益人保持清晰的沟通 • 相互倾听和学习
社会资本	承诺和尊重，同情和担忧他人的痛苦，承担服务社区的责任，合理利用资源支持地球的未来	• 在社区中通过行动阐释家族的价值观 • 让所有家族成员参与服务和慈善事业

世代家族企业的两个平行组织

每一代人都撰写了一个新故事，开辟了一条新道路，他们不仅延续了之前的历史，而且找到了新方向、开启了新篇章。创新和创业不会随着最初的财富创造者的离开而结束；相反，每一代人都通过不同的途径到达新的里程碑。每一项新举措都为家族企业下一阶段的发展奠定了基础。

到了第三代，大多数世代家族都会从拥有单一的传统家族企业（优先考虑家族的需求和动力）转变为管理着强大的专业商业和金融企业（这些企业遵循明确、坚定和有效的商业原则）的家族企业。要做到这一点，家族就必须适当放弃积极管理，坚持一种新的规则。这可能会带来一些困难。例如，应该如何对待那些习惯于津贴和福利的家族成员？当企业变得不讲人情和专业化时，家族如何才能维持它所代表的价值观，即家族企业精神？

随着一个家族进入第三代，它的未来可能会出现问题。一部分家族成员及其顾问必须帮助家族了解未来可能会发生什么，并制订计划和建立联盟来应对。家族面临的挑战使其发展超越了现有的组织，在现有的组织中，家族活动和商业活动交织在一起，而且这些活动基本由同一批人进行。到了第三代，家族已经开始区分商业活动和家族活动，并创建不同的实体来管理它们。此时的家族企业有两个"支柱"：家族组织和商业/金融组织。每一个"支柱"都很重要，而且每一个都必须相互交叉和相互影响，这就给保持家族和企业之间的协调和合作带来了挑战。

每个"支柱"都创建了团队和运营原则来组织自己的工作。企业有董事会和某种形式的所有者委员会，两者都会监督每项业务和金融实体的管理和运营。这就形成了家族企业的监督和治理。此外，家族出现了一个完全独立的组织结构。作为一个大家族，为了团结在一起，家族本身必须确定和完成其使命任务和目标，以赢得每一代新成员的忠诚。家族会举行家族大会，将整个家族聚集在一起，建立一种共同的文化，并确定家族的价值观和利益。家族理事会将家族作为一个社区进行协调和组织，并兼顾其利益。在家族社区内，家族将开展活动，以开发新一代的人力资本、关系资本和社会资本。这两个"支柱"各自提供角色、活动、责任和互动，这些角色、活动、责任和互动都是由一个全面的家族协议所定义的，该协议被称为家族宪章。

因此，治理是家族为实现其承诺和发挥其潜力而创建的平台。它通过吸引后代中才华横溢的家族成员，帮助他们发挥创造力和奉献精神，并承诺用其财富做一些有用和重要的事情来管理家族。它是保守的，因为它旨在保护传统的价值观和文化，但它也是生成性的，因为它随着家族的发展壮大创造和发展了各种可能性。

第三代和后代家族企业的愿景远不止于金钱。这些新出现的家族愿景明确了家族企业如何运营以及如何对待员工、客户和供应商的价值观，即家族将如何体现以价值观为基础的经营理念。世代家族选择将利润再投资于它们的企业，以及通过创建家族基金会和开展慈善活动投资于社会事业。它们也会对自己进行投资——开发家族成员的人力资源，使他们有思想、有责任心、有创造力。家族治理是指家族如何组织其资源，以更好地实现其价值，并投资于人力、社会和家族资本。

家族治理是治理的支柱，包括协议和共同活动，这些协议和活动将不断壮大的家族组织起来，使其保持一致和协作，并在几代人之间维持其多项业务和投资的正常进行。家族治理不仅仅是一种防御措施，还是一种朝着这样一个特权家族可能实现的伟大目标前进的渴望。大家族意识到，它的财富为下一代提供了无限的可能性。为了共同合作而不是分割财富，家族必须创建自己的愿景，即一个关于它想成为什么、想做什么的梦想。家族成员意识到，他们可以一起做他们无法单独做的事情。

但是，如果家族希望成员们团结在一起，那么每位成员都必须为家族联盟放弃一些个人权力和自主权。一些家族成员选择离开，而另一些成员则通过出生或婚姻进入家族。因此，在每一代人中，家族成员必须重申他们对彼此的承诺。大家族创建了一个家族组织，以实现其共同愿景。这是它的治理结构。家族理事会、家族大会和家族宪章共同确定了家族的共同议程，以及大家族与其企业和财富的关系。

在第三代或第四代，共同财富的规模可能是巨大的，家族可能有众多股东。以前通常由一位家族领导人完成的非正式工作，现在需要由很多人共同完成。这个"联盟"的成员必须认真研究或开发与投资、商业、房地产和家族基金会等多领域合作的系统。家族成员可能分散在很多地方居住，年轻的表亲可能几乎不认识他们的亲戚。这些亲戚也是他们的商业伙伴，甚至可能因为他们拥有不同程度的所有权而怨恨他们。有很多活动要组织，有很多决定要做。这一切是如何发生的？

开展家族治理活动不仅需要良好的意愿和投资，还需要家族成员的共同努力。家族成员必须积极参与并同意一起工作。这往往很难实现，于是就会出现冲突。虽然人们听说某些家族控制着很多大型跨国公司，但现实情况是，家族是由很多家庭和股东组成的，他们甚至无法就何时何地召开会议达成一致，更不用说如何协调他们不同的议程了。为了兑现他们的承诺，这些家庭需要一个共同的身份和策略来获得预期的结果。

当年轻成员需要明确三代同堂的家族企业的所有权时，他们需要搞清楚很多问题。例如，他们面临着一些法律协议的遗留问题，并且要面对在家族财务关系中建立了秩序（和一些僵化）的领导团队和工作团队；信托将所有权和决策权从家族成员手中转移到专业人士手中；有一些公司由非家族成员所有者管理，他们拥有自己的股东协议和结构；他们发现自己正在与第三方机构谈判。家族企业的继承人会发现，他们不仅要与父母、兄弟姐妹和表亲合作，而且必须了解自己在与专业顾问合作时所扮演的角色。

延伸阅读

挑战关于家族企业的五个常见误区

本书的目标之一是挑战某些关于家族企业的不正常的传言。虽然对家族企业的研究始于 20 世纪 80 年代中期，但"家族企业"已经是全球范围内的热点话题。一些常见的误区限制了研究人员的视角。世代家族（那些在第三代之后作为企业和家族都获得了成功的家族）的实际经验挑战了这些荒诞的说法。

误区 1：家族企业在三代人之后注定走向衰败。

现实是，当人们反复对"富不过三代"的家族进行观察，并发现很难找到家族企业发展到第三代的数据时，很多家族企业已经内化了一种信念，即企业只会在第一代实现增长。然后，这种误解越来越深，即如果企业无法发展成一家传统管理型企业，只有最少的家族成员参与，那么企业在第二代成员手中时就会衰败或发展停滞。第三代表亲的作用只是退后一步，让专业人士来做事。然而，我们的研究表明，世代家族走的并不是一条线性的、先发展再衰败的道路；相反，世代家族的发展遵循着一个代代相传的不断变化和重塑的循环。

误区 2：财富创造主要是通过第一代创始人的成就来实现的。

现实是，虽然创始人的确做出了令人难以置信的贡献，但在本书采访的很多家族中，创始人只是一系列财富创造者中的第一位。创始人可能会与他们信任的、与他们有共同动机和愿景的兄弟姐妹或表亲一起创业。例如，几位创始人创建了一家不起眼的小公司，但随着他们儿子或女儿的加入，这家公司的增长变得越来越强劲，规模也越来越大。世代家族企业往往在几代人中都有几位不同的财富创造者。

误区 3：财富主要来自成功创业。

现实是，家族企业的成功需要一些具有开创性的行动。最初的成功之后，必须有额外的、不太具有新闻价值的活动来维持企业的发展。一家优秀的本地制造企业可能会跨国经营，或者在第二代或第三代家族领导人的领导下研发并生产出新产品。战争、社会动荡或技术变革都可能会迫使一家成功的企业进行自我改造。一家成熟的企业可能会有资本进入新的领域，而每一个连续发生的事件都引领着进一步的财富创造。

误区 4：出售传统企业标志着家族企业的终结。

现实是，虽然出售传统企业对一个大家族来说是一个巨大的转变，但世代家族会明确承诺家族将重组为一个商业家族。出售并不会解散企业，而是代表着一种选择，即家族成员必须决定，他们是想作为商业伙伴还是想作为投资伙伴继续团结在一起。一些家族成员可能会在这个时候决定退出。

误区 5：企业获得成功是因为家族远离了参与和影响。

最贬低家族企业价值的误区是，家族企业的业务不专，它们必须通过消除家族的情感纽带才能发展成专业化企业。在本书中，我们认为世代家族的现实情况是，企业建立在关于如何经营企业的家族文化和价值观的基础上。这种家族文化树立了关于信任、尊重员工和客户、职业道德、长期愿景和创新的价值观。这些品质使几代人都在为保持企业的活力而努力，而缺乏这些文化价值观的专业化企业可能很难持续创新和增长。具有相似价值观的非家族企业可能也更容易成功。家族作为所有者（即使他们中也包括非家族成员所有者）是企业发展的引擎。虽然家族的价值观和做法在某些情况下可能会影响企业的发展，但世代家族会最大限度地减少家族对企业的不良影响，同时优化家族的品质所带来的积极影响。

在你的家族企业中采取行动

在每章的结尾，我们都会对如何将这一章的内容应用于你自己的家族给出一些具体的建议。很多读者阅读本书就是为了学习如何利用世代家族的智慧来促进自己家族的成长和发展。你可以自己做这些练习，或者开展一次共同学习的活动，与家族成员一起做这些练习。这样做总是更好的，尤其是与其他几代人一起。家族顾问也可以与客户家族一起讨论每章的内容。

家族资本评估

每个家族都可以增加其家族资本。但是世代家族有很多选择，因为家族成员会考虑什么是可以做的、什么是他们可以一起做的、他们是否想继续一起工作，以及他们想一起做什么。家族成员可以使用下面的表格进行家族资本评估。

思考一下你与你的家族可以在每个领域发展的一些关键资本。对于每种类型的资本，预估你"银行账户"的当前状态，无论是低、中等还是高。

资本	水平（低/中/高）	你的家人现在做什么	你的家族如何筹集资本
传承资本			
财务资本			
人力资本			
关系资本			
社会资本			

第3章

家族王朝的社会史

家族企业一直处于人类社会的核心地位。随着社会从乡村和农业发展到全球贸易和商业，它们的形式和性质发生了变化。几千年前，游牧家族从结盟开始，逐步形成了氏族、村庄、社区，然后是国家。社会和经济的发展引擎始终是家族。从本质上讲，社区是一个由相互联系、有进取心的家庭组成的网络，成员们互相帮助、互相关心。社会是由相互联系的家族，而不是孤立的个体组成的。家族既是生活和生计之间的桥梁，也是社区、国家和贸易网络之间的桥梁。

虽然在后工业时代，世代家族的运作方式有很多比较新颖和独特之处，但很多连续性来自作为社会基石的家族的社会生物特质。我在本章中简要地介绍了社会进化之旅，其中包含了全球家族企业出现的以下几个阶段性的发展。

- 大家族形成的萌芽时期。

- 千年家族企业的亚洲起源。

- 商人和金融家：积累和维持庞大的家族财富。

- 家长制工业化：公司城。

- 新世界的镀金时代。

- 管理资本主义：现代公司的兴起和家族企业的衰落。

- 隐形冠军：家族企业悄然进入现代化时代。

- "重新家族化"：家族优势在一个互联但重视短期主义的世界中重新出现。

这段历史突显出家族的存在和所有权赋予了家族企业竞争优势。虽然我们可以从前几代家族王朝中学到很多东西，但数字化、全球化和快速变化的力量使当代家族面临的情况发生了根本性的变化。为了维持生存，家族比以往任何时候都更需要使家族企业具备适应能力。

大家族形成的萌芽时期

家族企业的历史就是一部人类文明史。家庭是人类生存的社会和经济单位。为了养育、保护和抚养孩子，家庭必须提供安全保障和生计，并教育孩子直到他们成年。一部分教育可以通过父母分享他们的生活经验（如何打猎或耕种，以及如何培养技能，以生产出有交易价值的物品）来进行。每个家庭也是一家企业，因为维持生计是一种家庭活动。每个家庭都必然是一家企业。

游牧部落存在了千万年之后，农业的出现使人类群体聚集在一起，互相帮助和支持。村庄出现了。贸易建立了社会联系，并促进了社区的繁荣，单个的家庭聚集在一起，形成了家族，几个家族在一起又形成了氏族，即通婚、相互依存的家族群体。几个氏族在一起形成了部落，部落与部落建立了联盟，最终建立了一个王国或国家。家族意识到，如果它们信任彼此，愿意合作，就可以共同进步。通过婚姻以及建立和维护社区，可以信任和依赖的圈子变得更大了。土地由一个家族拥有，通过婚姻结盟能够增加资产，积累家族财富。但在家族内部和外部之间总是有明确的界限，家族内部安全、合作和信任，而家族外部存在着猜疑和竞争。

年轻人别无选择，只能走父母的老路。无论家人是农民、猎人、工匠还是商人，他们的家都是一个家庭作坊。家庭成员通常以他们的职业命名，如织布工、铁匠、厨师、农民、铜匠或裁缝。这个家庭会将知识和资源传给孩子。

氏族是由有关联的家族组成的社区，在家族通婚时就出现了。家族成员生活在一起，商品和服务的交换形成了相互依赖、信任的关系和安全的环境，带来了更多的财富，也促进了生活的改善。虽然每个家族的生意都很重要，但核心始终是家族——它的价值观和资源，以及每一代推动家族发展的人。部落选出领袖，家族或多或少变得富有。孩子们从身边的家族中找到配偶，使家族能够通过联姻来分享和积累资源，并建立联盟。不平等的社会根源在于家族的分化以及家族的成功为后代提供了获得更好生活的内在动力。

在危险环境中，大家族社区成了安全的避难所，人们会建造城墙和制造武器来保卫家园。在这个社区里，人们限制对资源的竞争，强调分享和关怀。资源交易和互助催生了人类学家马塞尔·莫斯（Marcel Mauss）所说的礼物经济，在这种经济中，人们对彼此产生了义务。给予和接受礼物后，人们有义务回报，但可以采取不同的形式。莫斯认为，如果没有这些社会义务，家族之间就会出现纷争。送礼物也为人们提供了社交和发展跨家族情感纽带的机会。交换礼物是互惠的利他行为，会在社区内建立信任。即使在今天，人们也会在节日时交换礼物，像杜邦这样的大家族会通过交换节日礼物和互相拜访的方式保持联系。

每个家族也是一个商业实体，它们的财富数量开始出现差异，因为一些家族的家族成员更擅长他们所做的事情，或者运气更好，或者有能力去做一些受到高度重视的事情。一个成功的家族不仅会通过为其子女提供就业和生计来扩大规模，而且会通过雇用非家族成员来完成额外的工作。当家族积累了土地、财富和专业知识，它就成了一个富裕的家族王朝。

子孙后代和亲属进步的动力是社会结构的一个基本要素。如果父母不为孩子的未来投资，孩子就会缺乏动机和动力。孩子是他们的未来，因为有了孩子，所以当他们在构想未来时，会开始实践利他主义并建立信任关系。每个人努力工作或拥有帮助他人的动机并不是人性的一部分。社会关系促使人们相互关心和照顾他们的孩子。裙带关系自然而然地成为家族存在的理由。大家族是共同目标和价值观的"蓄水池"，是建设和创造的动力，也是社会创新、利他主义和获得长期成果的引擎。亚当·贝娄（Adam Bellow）在其《替裙带关系说好话》（*In Praise of Nepotism*）一书中将裙带关系定义为不仅是"对亲属的过分偏爱"，更重要的是"凭借亲属关系做事"。他说："在每一个伟大的家族中，成功都是几代人共同努力的成果。问题是，他们是怎么做到的？"简而言之，贝娄认为，裙带关系是人类学家所说的礼物经济的一个方面。礼物经济是一个非商业交换系统，用于规范史前国家社会中个人、家族和群体之间的道德关系。

这些社会因素使家族企业成为基本的社会组成。儿童教育、异族通婚、以社会网络为基础的家族联盟，以及通过交换建立社会信任等实践，是我们拥有成功的人类社会的原因。家族企业和财富得以代代相传。

亚洲千年家族企业的起源

家族企业不仅可以持续几代人，而且可以持续几个世纪，尤其是在文化和社会条件稳定的情况下。目前已知的一些最古老的拥有和管理企业的家族都在日本。后藤俊夫（Toshio Goto）对几百年前日本家族企业的起源进行了大量研究。这些家族信奉儒家思想（规定家族合作具有既定角色，而且必须尊重长辈）。儒家伦理思想与大约 1000 年后出现的新教徒伦理观相媲美，后者规定了家族伦理关系和社会企业的原则和价值观。

后藤从培养管理技能、组织、积累"储备"以应对困难、分离所有权和管理权、使用最先进的记账和人事管理方法，以及家族传承给子女的哲学原则等方面来看待这些家族的本质。这些因素都预示了 20 世纪将会出现的管理资本主义思想。日本的家族可以通过结婚、收养没有血缘关系的孩子以及与有才干的非家族成员结盟来互帮互助。家族及其企业的永续经营是核心目标，这在很多文化中都有所体现。

一些古老的日本企业都遵循后藤的原则和做法，这预示着我们的研究在当今的家族传承中依然存在普适性。后藤写道：

虽然儒家思想本身作为一种伦理哲学，提供了处理家族与企业关系的方法，被认为对日本家族企业的长寿做出了独特的贡献，但也可以说，其具体内容及其所包含的商业道德是同样有助于世界范围内家族企业长寿的因素。

这些因素包括家族团结、将家族传统作为生存基础的承诺、生产满足人类基本需求的产品、以企业而不是家庭优先、重视对社区和客户服务的义务，以及管理冲突和构建体系。

为下一代、员工和公众提供信条是家族王朝中一直延续至今的常见活动。在亚洲，家族企业体现了一种我们称之为集体和谐的文化风格。在这种风格中，个人通过成为家族和社会结构的一部分而获得重要意义。没有成为家族的一部分，个体就不存在。个人要遵从社会的智慧，这种智慧已经经过了几代人的发展，并以父母和祖先的传统为代表。个人的人生目标就是实现家族的梦想。社会是由和谐的大家族关系网络组成的。

创始人或族长希望将获得的智慧传递给每一代新人，这通常体现在家族价值观声明中。Mogi 家族是一个古老的家族，食品制造技艺已传承了 20 代（其产品是龟甲万酱油）。这个家族在数百年前就编纂了家族规则，旨在教导和指导家族继承人的行为。这套家族规则的内容如下，它与当今的世代家族的家族宪章和行为准则非常相似。

- 以道德为行事基础，最后关注金钱。
- 不要忘本。
- 努力营造和谐的家族气氛。
- 避免奢侈：简单的生活才是高尚的生活。
- 做你生来就该做的工作，而且只做那份工作。
- 对损失和大赚一笔一视同仁。
- 竞争可以帮助你获得成功，但不要进行不公平或极端的竞争。
- 精简饮食：主食为米面，再加一碗味噌汤。
- 严于律己，善待他人。
- 减少个人开支。
- 根据你的实际情况，将你剩余的钱用作社区福利。
- 记录你的财务状况，并为意外情况留出备用金。
- 每年举行两次家族聚会。在聚会时，不要根据家族成员的收入水平来评价他们，而要根据他们的性格来评价。

金刚组（Kongo Gumi）是日本最古老的家族企业之一，自 6 世纪开始，它就在日本持续修建寺庙（现在主要建造公寓和高层建筑）。该家族受圣德王子的委托，从韩国引进专业知识，并修建了第一座佛教寺庙。修建寺庙的手艺是家族传承下来的。几个世纪以来，如果长子有能力，领导权就会传给他。

除了将手艺代代相传，与其他成功的家族一样，金刚组也传承了传统和价值观。该家族在家族价值观声明中表达了上述内容，这份声明最先是由家族企业的第 32 位"主人"编纂的。像其他古老的家族价值观声明一样，即使在今天，这份声明也适用，其具体内容如下。

- 始终运用常识。
- 不要酗酒，不要说脏话，不要对他人怀有恶意。
- 掌握阅读和用算盘计算的方法，并一直练习（你的手艺）。
- 全神贯注于每项任务。
- 不要追求多元化，而要专注于你的核心业务。
- 举止得体，谦逊有礼。
- 尊重他人，认真倾听他人所说的话，但不要轻易地被他人的话影响。
- 以温暖的心和友善的语言对待员工，让他们感到舒适，并真诚地与他们合作，同时营造一种强化你老板角色的氛围。
- 当你接受了一份工作时，不要与其他人争吵，尤其是客户。

该声明预见了我们目前在世代家族中看到的很多元素，比如个人的道德哲学和高绩效、奉献精神、尊重员工和客户，以及良好的商业和管理原则。这些价值观被传授给每一代的继承人。这是一种关于奉献、专注、自律和承诺的哲学，它是关于商业重要性而不是个人财富和享受的。

在 1853 年美国海军准将佩里（Commodore Perry）到来之前，日本是一个封闭的社会，与外面世界的联系相对较少。佩里的到来促使日本打开了国门，并且走上了一条增长、现代化和西方影响无处不在的道路。对于金刚组来说，社会和经济发生了巨大变化，家族面临着危机。第 37 任掌权人去世了，留下了三个女儿——这是对男性继承权的挑战。他的妻子 Toshie 决定上

位，即成为第 38 任掌权人，而且她领导经营了多年。她将生意传给了她最
小的女儿，女儿的丈夫继承了家族的姓氏，并被培养为第 39 任掌权人。在
他任职期间，世界大战爆发，该家族不得不适应当时的社会变化。虽然其核
心业务仍然是修建寺庙，但为了维持其企业运营，并照顾希望终生工作的员
工，该家族实行多元化经营，进入了公寓和商业建筑领域。新兴的第 40 代
掌权人在西方接受教育，采用了现代商业技术和实践，同时尊重和延续了家
族的传统价值观和传统。正如我们将在本章剩余部分中介绍的那样，这些传
统在世界各地都非常相似，这表明人类在发展以家族为基础的经济实体方面
存在某种生物学上的根深蒂固的联系。

商人和金融家：积累和维持庞大的家族财富

文艺复兴时期，全球贸易的兴起导致西方出现了很多贵族家族。这些家
族结成了全球联盟，促进了贸易和商业的发展，也支持了艺术和慈善事业。
它们的创始人通常是勇敢、有远见和有想法的，他们白手起家，打造了自己
的家族企业。它们发现了制造产品、提供服务和生产商品（这些商品可以运
到更多的地区）的机会。它们帮助建立和支持政府，并为城市的发展、在战
争或者商战中获胜提供资金。它们甚至有家族办公室，由非家族成员领导人
或者管家管理。它们都是非常成功的家族，但往往是以悲剧收场—— 一代代
衰落并最终分崩离析。

大家族中最著名的例子是美第奇家族，该家族在 13 至 15 世纪通过经济、
政治和宗教统治着佛罗伦萨共和国。该家族最初经营家族纺织企业，后来创
办了一家银行，成为世界上最大的银行之一。凭借经济实力，该家族获得了
贵族头衔和政治权利，几位家族成员都成了教皇。婚姻巩固了该家族与其他
强大家族的联盟，因此其影响遍及整个欧洲。人们记住了美第奇家族艺术赞
助人的身份：它赞助建造了圣彼得大教堂，以及艺术、音乐和戏剧中心；它
的支持促成了歌剧的发展和钢琴的发明。该家族利用个人关系获得并维持
了涉及社会方方面面的巨大权力，其价值观得到了艺术和宗教机构的大力

支持。

但当积累了一定的名望和政治权利时，美第奇家族忽视了其成功的经济引擎——银行。银行的衰落为家族失去社会和政治权利埋下了伏笔。显赫家族令人难以置信的财富和影响力往往会导致其衰落。几代人之后，富裕家族往往会深度融入社会领导层，并消耗大量财富，像美第奇家族一样，开始偏离作为共同企业的重心。越来越多的美第奇家族成员加入了贵族和有闲阶层，偏离了商业和财富创造的重心。

成功可能会导致家族垮台，但这是大多数家族王朝第三代及后代的命运。托马斯·曼（Thomas Mann）的经典小说《布登勃洛克一家》（Buddenbrooks）讲述了这个伟大的家族因屈服于诱惑而使家族意志和才能逐渐衰落的故事。有创造力的、成功的家族企业会找到积极的方法来对抗这种趋势，但这对家族成员来说始终是一个诱人的选择。同化的诱惑往往会使维持商业帝国正常运转的规则和共同努力成为摆设。

美第奇家族是我们称之为荣誉文化的文化风格的一个例子。这种文化风格的特点是强大的、不容置疑的家族领导和赞助。美第奇家族的成员非常忠诚，他们能一致对外。在与其他家族结盟的同时，他们也在不断地争权夺势。他们的崛起、霸权和衰落都是先赢后输的结果，往往都是通过激烈的权力斗争实现的。这种风格不同于亚洲的和谐文化，因为美第奇家族的荣誉文化风格不是源于对文化传统的信任，而是源于在更大的战争和冲突中的怀疑和自我保护。荣誉文化的特征是更不稳定、更情绪化的，较少受到责任和义务的约束。

在美第奇家族的时代，家族财富一旦建立，就会通过植根于亲缘制度的成功机制得以维持。长子继承制允许将土地所有权保留在一个家族手中。婚姻是另一种将财富留在家族手中的做法。家族通婚巩固了联盟，将两个家族联系在一起，从而使财富得以增长。如今，当婚姻是个人的选择而不是家族的交易时，婚前协议起到了将财富留在家族手中的作用。

◉ 延伸阅读

罗斯柴尔德的"房子"

典型的家族企业诞生于欧洲，然后在城市化和工业化的过程中得以延续。梅耶·阿姆斯洛·罗斯柴尔德（Mayer Amschel Rothschild）的继承人能够利用这些变化，甚至利用这些变化加速了自身的发展。回顾他们七代人的历史，我和我的团队在研究中发现，今天在世代家族中常见的很多特征在当时早已存在。

18世纪中叶，梅耶在德国法兰克福的犹太人聚居区长大。当时，他能选择的职业很有限，最吸引人的是放债人和商人。他因在工作中展现出了高智商、可靠和责任感而得到了客户的信任，迅速积累起了财富。他还努力培养他的五个儿子，为他们未来在家族企业中担任角色做准备，并称他们为自己的"五支箭"。长子内森被派往英国，成为第二代企业家，他在那里创办了一家大企业。19世纪初，梅耶的其他儿子在其他国家创办了企业。

梅耶的愿景影响了其继承人的价值观和实践。他为继承人们灌输了一套关于合作、家族的信任、家族外的保密心态、卓越和规则的价值观和实践方法，并强调了预测和适应新的社会政治事件的重要性。毕竟，这是一个革命和民主国家出现的时代，也是一个战争和经济动荡的时代。这个家族也能够适应当时的罪恶，比如贿赂、秘密情报收集、战争暴利和机会主义联盟。然而，在罗斯柴尔德家族内部，信任、公平、合作、利他主义和培养下一代的原则占据了主导地位。1812年，也就是梅耶去世四年后，兄弟们制定了一份明确的商业合作协议，其中包含他们的价值观和实践方法。这份协议在很多方面与现代商业家族宪章相似。他们就不允许彼此之间打官司达成了一致，并为第三代的众多成员制定了学徒制和晋升制度。这种合作和协同工作的能力使他们能够快速创新，并能比当地的贸易商或企业更快地适应新情况。

第三代面临着更多的挑战。这一代人不再是局外人，他们很想展示自己的富有，并融入所在国家的富裕精英阶层。他们被自己的财富所诱惑，这威胁到了他们的合作和内部的精英管理制度。随着他们成为公众人物，新的银行和机构出现了竞争对手。但罗斯柴尔德家族的规则和传统足够强大，足以让他们团结一致。他们能够继续在五个独立的、相互关联的家族企业中培养有才华的儿子。他们适应了社会动荡，在金融危机中互相帮助，并且能够茁壮成长到第四代和之后的几代。现在，第八代继承人领导着各种家族企业，这些企业的业务涉及银行、土地、酿酒厂和风险投资等。

罗斯柴尔德家族的几个特征现在已经成了世代家族的特征。它们遵循创始人及其儿子们制定的明确的传统价值观和规则。在这种情况下，家族成员分散开，在不同的国家创建了独立的银行，通过高度信任家族成员、不断的沟通（使用秘密语言）、共同所有制、优先与企业合作、严格的纪律、相互问责、内部保密、耐心的资本再投资、与其他家族联姻、不过度炫耀财富的朴素的生活方式团结在一起，培养下一代成员，使他们有责任感，并根据他们的能力和家庭关系选择继承人。随着社会其他方面的发展，包办婚姻以及将女性（和姻亲）排除在企业之外等因素也发生了变化。当我们将罗斯柴尔德家族与一个类似的家族——布莱切瑞德家族——进行比较时就会明显看出，罗斯柴尔德家族的每一代新成员都始终如一地运用和适应着明确的价值观，这对家族的代际传承至关重要。历史学家戴维·S.兰德斯（David S. Landes）写道：

> 这两个家族代表了一种二元论：无根与有根；焦虑与自信；傲慢与骄傲；外向性与内向性。我认为，传承的核心是身份和自我。罗斯柴尔德家族成员知道他们是谁、从哪里来，因此也知道他们要去哪里；到了第三代，布莱切瑞德家族的成员已经改变了他们关于他们是谁，或者至少是他们想成为什么样的人的想法，并且迷失了方向。

王朝家族会优先考虑家族企业，而不是个人和家族。正如我们所见，家族的姓氏、声望和财富被视为一个整体。家庭是家族中创造财富并保护财富的一分子。明确的领导权和控制权被集中到一位家族领导人或一部分董事手中，就像罗斯柴尔德家族一样。这就是荣誉文化。

新的经济王朝建立在家族网络的基础上，这些家族网络可以跨越国界保持信任、合作和交流。虽然沟通很困难，但通过跨境转移资金、共享信息和降低风险是可以实现的。家族网络的价值以及共同的家族价值观、政策和信任的优势使家族王朝能够维持其财富并延缓衰落。

罗斯柴尔德家族团结、内部信任与合作、外部适应和商业发展的模式，是很多国家在向现代工业化国家转型过程中普遍采用的模式。家族能够为社会现代化提供资金、组织和进步的动力。瓦伦堡家族在瑞典培养了五代企业家，他们投资了很多企业，使该家族成为世界上最富有的家族之一。

几个世纪以来，欧洲家族不仅创建了伟大的家族企业，而且创建了规模庞大的企业。法国温德尔家族的财富来自德国边境的铁矿石。尽管经历了社会革命和战争，这个家族仍在发展壮大。法国大革命、两次世界大战以及家族的纷争和冲突给该家族带来了巨大的挑战。但是，由于家族女家长的坚持不懈、家族企业家一代又一代的发展、很多孩子嫁得好且从事的职业能够增加他们的声望，以及家族成员具备极强的适应能力，该家族得以持续蓬勃发展。在第一次世界大战中被分成两部分后，该家族利用英镑信贷借款投资于工厂的现代化建设，以提供更高等级的钢材，更好地与英国和其他欧洲竞争者竞争。像很多这样的家族一样，到1977年，该家族卖掉了大部分工厂。现在，该家族已经成了一个金融家族，拥有家族办公室和多元化的投资组合。

印度以及犹太社区闯荡新领土的传统在一定程度上体现了这些家族作为世代家族的强大之处。这些家族没有土地，只能靠贸易谋生。流浪使它们成为拥有不同地方的货物和资源的家族，它们可以利用家族网络买卖和运输这些货物和资源。由于它们只能依靠自己的家族网络，因此它们重视信任、合作和伙伴关系，而不是个人主义。此外，它们还利用婚姻来巩固联盟，以维持和增加财富。在20世纪之前，大多数社会的婚姻并不是建立在个人关系的基础上，而是由家族领导人发起的经济交易。

汉诺基协会（the Hénokiens Association）是一个由经营超过200年的家族企业（拥有所有权和直接管理权）组成的国际组织，提供一些关于促进家族企业长寿的见解。这 48 个家族企业在欧洲平均有近 300 年的经营历史，而日本家族企业的经营历史则比它们多几个世纪。汉诺基协会的成员家族包括创立于 718 年的日本的法师旅馆（Hoshi Ryokan）和拥有 500 多年历史的意大利枪械制造商贝雷塔家族。这些家族都具备与长寿相关的五个因素：有效利用家族资产、克服障碍、培养继承人、促进专业化以及重视适应能力和创新。正如我将要展示的，特别是在关于家族文化的第 6 章中，我们在对当代家族企业进行研究时也发现了这些特征。

家长式工业化：公司城

随着进入现代化、全球化、工业化时代，家族企业开始放弃中世纪家族企业的一些做法，这使它们变得更具适应性和灵活性。在维持家族的商业成功和影响力方面，家族成员的技能和能力及其对家族价值观和实践的忠诚变得比他们出生时的地位更重要。长子继承制（将家族资源传给长子的制度）的作用已不如维持家族地位那么重要。在一些家族中，妇女的潜在作用逐渐显现出来，因为寡妇和女儿们表示她们有能力并要求参与家族事务。与谁结婚的选择权开始从家族转移到个人。在工业时代初期，地主绅士和贵族的特权让位于经济实力的上升。

家族企业按照家族土地所有者的模式创建了新的工业企业。大型、基业长青的工业家族经常与它们的社区联系在一起，它们认为自己对员工及其家庭负有很大的责任。这种照顾员工的家长式观点已经发展成了当今基于价值观的对社会、经济和环境的关注。

 延伸阅读

吉百利家族和社会责任的出现 [1]

在第一次工业革命期间，英国的吉百利家族在英国伯明翰开了一

---

[1] 感谢伊莎贝尔·莱斯森特－贾尔斯（Isabelle Lescent-Giles）对本文的贡献。

家杂货店，从那时起，该家族就在商业、公益创业和慈善事业方面建立了良好的声誉，成为英国领先的家族之一。家族成员们被一种清晰的使命感和优先感所驱动，这种使命感和优先感是建立在其贵格会成员的身份上的。18世纪，英国和美国的贵格会企业家有自己的一套价值观和生活方式，一套明确的原则促成了他们在商业上的成功：简单、节俭（他们将大部分利润重新投资于企业，以实现长期增长和创新）、团结和社会公平。他们愿意通过提供资金、商业建议和社区商业网络的访问权来投资于其他贵格会成员的商业活动，并坚信可以获得机会和社会正义。吉百利家族的成员们就是这些贵格会企业家的典型例子。

1824年，约翰·吉百利（John Cadbury）开了他的第一家杂货店，并很快发现了大规模生产巧克力饮料的商机。1831年，他创建了他的第一家工厂。从一开始，他的企业就与他的价值观有着内在的联系：约翰——一个虔诚的贵格会教徒，相信巧克力是酒的健康替代品，并着手使巧克力消费大众化，从而使企业利益与社会利益相一致。1866年，这家中型企业投资了荷兰的范豪登家族开发的一项新技术。他们的赌注获得了回报：开启了一个快速增长和统治市场的时代。

19世纪80年代，吉百利家族通过在其新工厂周围建立一个新社区，即伯恩维尔（Bournville），成功地将商业目标和社会目标结合在一起。"为什么工业区会如此肮脏和压抑呢？"家族企业的第二代共同所有者乔治·吉百利（George Cadbury）写道，"任何人都不应该住在玫瑰无法生长的地方。"于是，乔治和他的兄弟找到了一块绿地，并着手在社区周边建立一家新工厂。一本早期的宣传册显示，这家工厂被设计成一家以营利为目的的企业，并将在普通商业基础上运营。到1900年，乔治在这片绿地上一共建造了300栋房屋，希望这个村庄可以成为一个典范，在那里，工业将产生规划良好的村庄式社区，社区中有各种规模的优质且廉价的房屋，以及所有人都可以享受的绿地。贵格会的道德规范使他们强调共享的绿色休闲空间，这是由创建健康的、无酒精社区的核心价值观驱动的。通过这样做，他们开创了低成本＋低密度＋工人阶级绿色社区的概念，证明了这对私人开发商和政府来说是有利可图的，并且为未来贵格会建造花园社区提供了灵感。

面对第一次工业革命期间人们对管理需求的爆炸式增长，以及寻找解决过度拥挤和社会从农业社会向工业社会转变的解决方案所带来的前所未有的挑战，他们通过投入时间和精力来普及创新的理念，并付诸实践；他们应用自己的商业技能建立了具有使命感的现代化工业社区，为城市时代重塑了英格兰农村的工作、住房和休闲的一体化典范。约翰·吉百利在将贵格会的价值观融入社区的商业模式、社会互动和美学方面发挥了重要作用。贵格会的价值观鼓励追求财富，并将企业家具备冒险精神视为对管理的宝贵阐释。

从 20 世纪 30 年代开始，随着"福利国家"的出现，西方政府的政策接管了城市规划和社会政策。随着英国和欧洲大部分国家接受了美国的增长模式（这种模式有利于所有权和管理权明确分离的大型上市公司），家族企业青睐的财务、社会和环境目标的利益相关者模式失去了动力；家族企业本身也向外界开放了资本，聘请非家族成员作为 CEO，并将主要精力重新放在了实现财务目标上。商学院和领先的咨询公司深谙股东价值的重要性，米尔顿·弗里德曼（Milton Friedman）的经济理念占据了至高无上的地位。

吉百利家族通过迎接新的社会挑战以适应时代的发展，而机构未能提供应对这些挑战的对策。1992 年，艾德里安·吉百利爵士（Sir Adrian Cadbury）将注意力转向了公司治理。两家领先的英国公司（Coloroll 和 Polly Peck）意外倒闭，随后另外两家巨头〔即国际信贷商业银行（Bank of Creditand Commerce International，BCCI）和罗伯特·麦克斯韦（Robert Maxwell）的媒体帝国〕违约，引发了重大调查，并且使人们对现有的公司治理制度和监管机构丧失了信心。由艾德里安爵士领导的一个委员会撰写的《吉百利报告》（the Cadbury Report）试图恢复人们对大公司的信心，并为英国未来几十年的公司治理定下基调。报告建议董事会实现专业化，提高独立性，制定自愿的行为准则，并提高透明度，公司应遵守（准则）或解释（为什么偏离准则）。对于吉百利公司在新东家卡夫（Kraft）领导下的治理和身份的变化，艾德里安爵士严肃地说："竞标者可以购买一家企业，但它们无法得到的是这家企业在创立和发展时所依据的品格、价值观、经验和传统。"通过解决治理问题，吉百利公司试图为企业重新注入社会使命感，并保护那些失去了养老金的工人，以及最后才得知收购消息的小投资者。

新世界的镀金时代

在欧洲出现的贸易和制造业机会让那些通过手工艺生产出独特产品的家族得以发展其家族企业，新的家族财富在羽翼未丰的美国出现了。美国南北战争的结束标志着南方各州土地贵族的垮台和北方实业家的崛起。更大规模的企业成长于工业化的早期阶段。机遇与风险，以及依靠新大陆丰富自然资源进行的商品贸易使财富实现了快速积累。工业化和新技术创造了开发巨额财富的机会，也为大量人口提供了就业机会。由于缺少监管，土地主或工厂主凭借其权力使雇员几乎成为农奴。

家族企业最初推崇的是亚洲的和谐文化和欧洲的荣誉文化，荣誉文化通过殖民传播到其他大陆。但随着工业时代的到来、城市的兴起和人口的迁移，一种新的文化风格出现了。在这种个人主义文化风格中，个人被视为基本的组成部分，因为个人的主动性比社会规范更重要。个人主义者是文化的创造者，在与前几代人没有联系和没有继承社会贵族的利益的情况下创造新的财富。这就创造了全新的家族王朝，这种风格在美国新兴工业时代商业领袖的身上尤为明显。

在工业化初期，很多处于萌芽状态的美国家族企业声名狼藉，而不是受到青睐。创办这些企业的企业家往往被视为贪婪、不道德的"强盗"，以牺牲工人和社会的利益为代价追求利润。他们获得了巨额财富，并希望将这些财富留给家人，但作为一个群体，他们并不是好管家。很多巨富家族的下一代兄弟姐妹喜欢挥霍财富，无法有效地经营家族企业，最后导致家族四分五裂。他们的行为印证了那句话——富不过三代。

随着家族财富的增加，法律架构的建立使家族财富能够代代相传。社会学家乔治·马库斯（George Marcus）花了一生的时间来观察这些积累了大量财富的"王朝"家族。他指出：

这个国家现在已经拥有足够长的历史了，已经积累了大量的大家族。尽管两百年来我们一直坚持将我们自己视为一个由单个奋斗者组成的社会，但不可否认，这些家族的建设性贡献是显而易见的。美国人钦佩亚当斯家族、罗斯福家族和肯尼迪家族，不仅仅因为他们团结（这种价值观在我们这个社会中越来越难坚持），还因为他们的共同目标感和他们所坚持的公共服务精神。

家族制订了遗产计划和遗产信托，将财富代代相传，建立庞大的新家族王朝。马库斯写道：

在一代人中转移和保护世袭资本的合法计划在下一代人中成为大家族关系（实际上是家族的正式模式或替代品）的组织框架，其权力来源是法律，而不是创业族长。与大多数中产阶级家族相比，法律赋予了大家族更正式的组织形式，从而在一定程度上使亲属关系复杂化。

信托、基金会和家族办公室等实体创造了一种制度结构，在这种制度结构下，家族可以维持其财富，并制定规则和政策来规范争权夺利的倾向。聘请持中立态度的家族顾问来管理这些实体可以使家族找到自我监督的方法，坚持其价值观，并且保持家族成员之间的联系。在创始人去世多年之后，家族法律组织可以帮助管理不断扩大的家族关系网络。马库斯继续写道：

在代际老龄化和转换的过程中，一个家族必须在其财产组织中创建一个卓越的、具有控制性的自我形象，以实现组织的连贯性，从而保持其名称的神秘感，并确保其在社会环境中继续行使贵族职能。

因此，即使财富创造者没有展示出他们的才能，也没有对家族未来有什么兴趣，信托或家族办公室也可以监督家族的财富和企业。我的研究表明，家族结构和治理强化了家族向每一代人灌输并希望他们传承独特文化和价值观的愿望。

镀金时代的财富创造者不太擅长让孩子为财富做好准备，也不太擅长培训孩子接受自己的角色。他们不知道这很重要，也不知道接受这个角色需要做准备。他们往往是白手起家，以自我为导向，不展望未来。他们的做法是相互矛盾的：习惯用奢侈品来全副武装孩子，以显示他们的权力和重要性，同时又希望自己的孩子能够靠自己获得成功。

管理资本主义：现代企业的兴起和家族企业的衰落

工业化和镀金时代产生了高度集中的家族财富，但是在创始人去世后，这些财富往往难以发挥作用和维持。随着铁路、房地产、商店、制造商、原材料、酒店和汽车等大型企业的崛起，成功经营这些企业所面临的挑战促使人们采用了一种新的基于机械和官僚理性的商业模式。随着这些企业的成长，传统的家族治理模式已经无法承担维持家族正常运转和对大企业进行严格监管的艰巨任务。推动公司上市以及管理和领导的合理化势在必行。

现代商业模式与艾尔弗雷德·钱德勒（Alfred Chandler）的公司模式一致，这体现在通用汽车（General Motors）公司的结构和运营上。随着工业主义的传播，大型企业需要使它们的运营合理化，并创建按照机械化和官僚主义原则运作的机器式组织。企业不需要个人管理，对保密能力、联盟和家族通信网络的需求也更少。家族企业并没有消失，但为了筹集资金和组建上市公司而将所有权与控制权合理化和分离的压力，使家族企业只能处于防守状态。

大型官僚企业由为大股东群体服务的管理人员管理。这些股东之间没有任何联系，除了分享利润的共同愿望之外，他们没有任何共同的目标或价值观。在这种模式中，一群职业经理人取代了家族的直接控制，他们运用理性原则来创建有效的组织。商业研究将"代理"问题定义为职业经理人（他们将因忠于所有者而获得报酬）的目标和议程与所有者的目标和议程（必须被密切关注）之间的区别。随着时间的推移，企业的管理层与这些经理人熟络起来，管理层会根据经理人的表现聘用和解雇他们。

20 世纪之交，有数十家汽车公司会使用工匠生产昂贵但美观且有创意的车型，其中出现了两家大公司。亨利·福特（Henry Ford）创建了现代化制造装配线，并开创了大规模生产汽车的先河。他通过大幅提高员工工资和创建公司城来培养忠诚的劳动力。公司城是一个封建的、归公司所有的社区，社区提供住房，与中世纪领主监督的制度非常相似。但这些做法与其说是出于关怀，不如说是经济需要，即公司需要一支敬业、值得依赖的劳动力队伍。福特有一个社会工作者团队，他们以一种高度强制性的方式执行为员工的家庭行为制定的规则。在福特作为工业先驱取得巨大成就的同时，这种具有压迫性的劳资关系导致了工会的兴起，以抗议这些做法。吉百利模式中那种以关怀社区为基础的工业主义被一种更具掠夺性、对工人不那么仁慈的观点所取代。虽然家族企业可以采用这两种模式中的任何一种，但从长远来看，基于价值观的吉百利模式具有明显的优势。

福特是一位非常出色的实业家，但他在激发忠诚度或创新自己的模式方面并不是很有建树。在开发出价格合理的 T 型车并将员工的工资提高了一倍之后，他获得了巨大的成功，以至于他似乎停止了学习和创新。他不仅拒绝了关于提供除黑色以外颜色的汽车的建议，还拒绝了针对不同经济和社会群体升级和开发不同车型以及积极宣传和推销汽车的建议。在他看来，他所创造的就是人们所需要的。他无法改变，无法放弃权力，无法倾听或信任他人，包括他的儿子埃德塞尔·福特（Edsel Ford）。埃德塞尔曾试图尽职尽责地效仿父亲，可是尽管他很有能力，但亨利从未让他真正掌过权。埃德塞尔很早就去世了，亨利再次成为公司唯一的领袖。

福特汽车公司开始走下坡路时，受益者是钱德勒的通用汽车公司（最早的大公司之一，拥有众多股东，背后没有家族支持）。事实上，该公司收购家用汽车公司是为了开发其品牌和消费者营销的生命周期模型。直到第二次世界大战后，亨利·福特的孙子亨利·福特二世（Henry Ford II）才从美国国防部请来了一群有商业纪律的智囊团来管理公司。虽然福特家族至今仍拥有最终控制权，但通过将管理权下放给一系列非家族成员领导人，公司才得以发展。他们赋予了家族价值观和传统新的意义。

钱德勒模型在新成立的商学院中得到了推广，这些商学院只关注企业，而不关注所有者。在这种模式下，没有理由去了解甚至审视那些创建了这些企业的家族。我们可以将企业本身作为一个实体来研究。如果每个人都关心理性的自利，那么无论所有者是一个家族还是一群没有利益关系的陌生人，都没什么区别。家族企业需要采用合理的企业结构，并将领导权下放给非家族成员管理者。如果有关于家族企业的故事，那一定是关于第二代或第三代家族领导人如何导致企业失去价值或自我毁灭的。新兴的家族企业开始扭转这一趋势，但人们普遍认为企业的最高形式是理性的管理型企业，这使得对家族企业家族方面的研究无法完全纳入商学院课程和商业研究中。

由于企业是唯一的焦点，因此家族在定义企业价值观或文化方面的作用被忽视了。人们无法知道家族如何对企业文化和非家族成员管理者进行监督。家族企业的理性模式并没有清楚地认识到吉百利家族的经营方式与福特家族的经营方式之间的区别。家族的影响并不总是显而易见的，而往往是隐藏起来的，这使得公众更加关注企业管理。但鉴于上市公司的巨大成功，媒体和商业教育的关注点是非家族成员管理者，而不是家族的治理或控制。由于商业教育的关注点是企业本身，因此企业上市、合并或被出售就被视为家族企业的终结。然而，正如本书所展示的，如果我们将企业的发展作为企业的一部分来看待，那么随着时间的推移，家族会购买、拥有和出售多家企业，并通过控制所有权进行监督。当我们将家族视为核心而不是单个企业时，就会出现关于企业的不同观点。

隐形冠军：家族企业悄然进入现代

管理资本主义的兴起并没有导致家族企业的消亡，但在一段时间内，家族企业的存在和作用被忽视了，在很大程度上，它们都是不为人知的。在没有太多公众关注的情况下，家族企业在世界各地蓬勃发展。媒体会宣传家族的不和与冲突，这些内容丰富多彩，充分展现了人们对家族所有者私人生活的猎奇心理。媒体经常以家族财富为素材，编写一个有关道德的故事，不配拥有财富的贪婪的所有者受到了惩罚。人们经常看到的是关于商业家族的负面新闻；家族不和等内容提升了报纸的销量，其中很多报纸是由家族自己拥有和经营的。

在 21 世纪，没有被重点监管和不被长期关注的上市公司可能会面临诸多难题。职业经理人是所有者的代理人，他们将个人利益置于第一位，希望通过创造短期利润来赚取薪酬和奖金，必要时还会放弃传统价值观。公司的领导者可以获得相当可观的所有权和薪酬，但这损害了小股东的利益和公司的长期价值。想要立即获得回报的股东给公司带来的压力也会破坏公司的长期前景。追求眼前收益和盈利能力会使"理性"的公司极度厌恶风险，不愿意或无法投资那些风险更高，但有潜在回报、有创意的新想法。

但是，当一个家族企业成功地成为一家大型上市公司时，家族控制权和所有权实际上有助于上市公司具备管理型企业所缺乏的品质。在大公司崛起的过程中，商学院研究的案例和理论都是关于这些大型上市公司的，但企业发展还有另一个层面，即家族企业是其中的主要参与者，它们就是中小型企业。这些中小型企业由家族私有，它们采用了非常有效但不同于大型上市公司官僚主义的商业方法，在不被大众注意的情况下取得了成功。它们被称为隐形冠军，因为尽管它们非常成功，但其领导者行事低调，不寻求宣传。

它们是盈利的公司，拥有能够激发客户忠诚度和占据市场领导地位的独特产品，会在明确关注核心技术或产品的同时，对创新和开发进行再投资，并在全球和新产品方面进行扩张。它们有长期领导者，这些领导者有的是创始家族的成员，有的是成功的内部领导者，他们对公司有着极高的忠诚度。它们对产品质量，对客户、供应商和员工的忠诚度以及长期愿景和计划都有一套明确的价值观。正如我们将在后面章节中展示的那样，这种模式在世代家族企业中很常见。

隐形冠军的特质普遍适用于家族企业。2005 年，丹尼·米勒（Danny

Miller）和伊莎贝尔·勒·布雷顿-米勒（Isabelle Le Breton-Miller）研究了业绩优异、长盛不衰的全球家族企业。在他们的研究中有很多案例，这些案例说明了这些家族如何将清晰且鼓舞人心的价值观与其产品和品牌联系在一起，以及它们如何创建与核心目标一致的企业、如何坚持文化价值观和长期可持续性、如何与客户和供应商保持紧密联系、如何创建强大的企业文化，以及如何具备快速做出适应性决策的能力。与其他家族企业不同，更成功的家族企业更加透明，这种成功建立在企业内部信息共享的基础上。它们的员工忠诚且信任和尊重他人。它们是合作型企业，能够在企业内部扩大权力和权威，同时有勇气和意愿在需要时快速做出决策和改变。

延伸阅读

家族企业比非家族控制的上市公司更有价值、更有利可图吗

　　为了确定家族企业比非家族企业更好还是更差，人们做了很多研究。一些研究表明，家族企业，尤其是由前几代人领导的家族企业，表现得更好，而由其他几代人领导的家族企业的情况则相反。如果我们能更深入地研究就会发现，家族企业在商业发展初期的社会中具有不同的功能，因为当时缺乏指导和规范企业发展的法律和实践基础设施。我们还会发现很难定义家族企业。家族不仅可以通过拥有公司或大部分股份来行使控制权，还可以通过不同类型的股票、交叉所有权和使用家族信托来行使控制权，所有这些都能确保家族持续控制企业的关键职能。所以，很多上市公司继续由家族控制，即使它们看起来是上市的管理型公司。有很多企业被认为是家族控制的，因此很难衡量它们相对于非家族企业的表现。因此，当问题过于笼统，并且没有区分家族企业的不同类型或阶段时，结果就会好坏参半。

　　在管理型企业时代，家族企业开始发生变化。它们因继续坚持自己的家族价值观而闻名，在接下来的几代人中，他们有时甚至会挑战他们共有的企业，以获得更好的发展。很多家族也开始将注意力从积累财富转向定义和维护财富。新一代家族成员会追求与企业不同的社会使命。镀金时代的洛克

菲勒家族开创了家族企业的新方向，家族成员们克服了家族财富创造者的剥削，将家族推向了新的方向。

延伸阅读

洛克菲勒家族：慈善事业和基于价值观的企业

在美国，洛克菲勒家族在工业时代开始时就认识到并实现了石油垄断，后来发展成为多个慈善和具有社会责任感的家族金融办公室和实体。随着家族进入第五代，该家族始终在慈善事业中占有一席之地，而且一系列家族企业组成的所谓的家族办公室能继续为大家族带来经济价值。

这与其他已经出售了传统企业或者转行的家族形成了鲜明的对比。很多家族在出售它们的企业后出现了分裂，家族成员也因分割了他们的财富而失去了共同的身份。在新工业时代，与洛克菲勒家族同时代的家族（如范德比尔特家族或杜邦家族）可能会继续为家族成员的后代提供财富，然而对这些家族来说，它们失去了共同的影响力和身份，也失去了共同经营企业的能力。它们虽然很富有，但不再被视为拥有共同的愿景和跨代影响力的家族企业。洛克菲勒家族在失去对家族企业的控制权近一个世纪后，家族成员依然保持着他们的价值观和共同的身份，并在六代人中保住了他们的财富。

洛克菲勒家族的财富增长得相当迅速，创始人约翰·D. 洛克菲勒（John D. Rockefeller）在 19 世纪末和 20 世纪初工业革命的初期创建了石油卡特尔，并探索性地联合了数百家小公司。尽管洛克菲勒当时饱受诟病，导致他的帝国发生了里程碑式的解体，但他依然是他那一代人中最富有的人。他的财富传给了他的儿子小约翰·D. 洛克菲勒（John D. Rockefeller, Jr.）。小约翰·D. 洛克菲勒的人生计划是改变家人的看法，并将财富用于社会公益事业。他一生热衷于慈善事业，是积极慈善家的先驱。与同时代的安德鲁·卡内基（Andrew Carnegie）一样，他着眼于家族的未来，而且因其宗教信仰，他认为家族的使命和宗旨应该是为社会服务。虽然他的商业行为受到了质疑，但他对慈善事业的坚定承诺为家族的后四代人留下了宝贵的财富。洛克菲勒家族的例子提供了一个模式，说明家族财富的代际传承是如何建立在价值观和原则的基础之上的，而这些价值观和原则是家族在新一代和新企业出现时所坚持的。

随着洛克菲勒家族拥有巨额财富的第三代的到来，出现了五位意志坚强的男性继承人，他们可能会在工作中出现意见分歧或者发生严重的冲突。为了避免这种情况发生，在他们成年后的早期，也就是在他们从战争中归来并开始自己的事业之后，兄弟们制定了以下家族协议：

我们，作为兄弟，有着共同的利益和目标，我们团结在一起，希望延续我们祖父建立的、并由我们的父母发扬光大的为公众服务和无畏领导的传统。在努力团结和协调我们的活动时，我们希望能更有效地帮助维护和发展共和政体和私营企业制度，我们认为这些制度是使美国成为一个自由和民主的国家的基本因素。

…………

有了这些信念，我们准备在必要时为了实现我们更广泛的目标而将个人或个人利益置于次要地位。我们希望发挥我们的个人能力，并使用我们可支配的物质资源来进一步实现这些目标。通过为共同的目标而共同行动，我们将处于更有利的地位，这不仅可以促进我们的共同利益，而且可以促进和实现我们的个人利益。我们将可以自由地追求独立和多样的利益，同时充分利用我们的不同利益来实现共同目标。因此，我们特此建立合作伙伴关系，目标就是实现上述目标。

该家族的前几代人就退出了对其石油公司的积极管理，走上了投资和慈善之路。他们创建了最早的家族办公室之一，来管理这些实体、五兄弟和他们的妹妹及其不断壮大的家族的事务。与罗斯柴尔德兄弟一样，洛克菲勒兄弟同意为了整体的更大利益，将竞争置于次要地位。

他们掌握着丰富的资源。家族办公室聘请了优秀的非家族成员顾问来管理他们的各种活动，包括投资于他们的社会使命、他们持有大量的度假和荒野房地产，以及多种形式的投资和第四代成员的利益等。

整个家族更为独特和引人注目的创新是各个家庭为发展其价值观和个人关系所采取的方法。整个家族会定期在家族的一个大庄园聚会，第四代家族成员对家族的价值观和慈善使命提出挑战。作为一个群体，第四代成员集思广益，以个人或与他人合作的形式，共同促进共同利益。这些价值观是：

代代相传；为公开对话提供安全的环境；尊重多样性；在更大的背景下考虑每一个话题；从长远考虑问题；在社区内有效服务；支持领导力和公共服务的价值；别太把自己当回事。

这些价值观是家族成员之间互动的基础，也是他们作为一个慈善家族开展项目的基础。

该家族还以注重投资下一代的发展以及注重对下一代的承诺而闻名。该家族一直在重塑和挑战自己的价值观。第五代家族成员甚至对以前的家族企业［也就是现在的埃克森美孚公司（Exxon Mobil Corporation）］提起了诉讼，质疑其环保记录。

每一代人都像一个社区一样工作，他们不仅遵循了家族价值观，而且定义了自己的慈善方式。艾琳·洛克菲勒·格罗沃尔德（Eileen Rockefeller Growald）是创建洛克菲勒家族基金的第四代人中最年轻的成员之一，她回忆了她这一代人是如何找到自己的方式来继承家族传统的。这一代人创建了多种家族仪式。例如，有一种仪式被称为Passages，其中包括正式介绍新的成年家族成员及其配偶，并欢迎他们加入。还有一种仪式被称为代际对话，由第四代的一对夫妇牵头，他们成立了一个组织公共对话活动的团体。这些对话帮助老一辈分享每一代人在公共服务方面所做的工作，并传授经验。家族成员会定期在大型家族聚会上见面，也会有很多较小的项目团队来参加聚会。每一代人都将作为一个社区与其他家族成员见面，并组成较小的项目团队来探索共同感兴趣的领域。例如，格罗沃尔德帮助建立了一个名为学术、社会和情感学习合作的小组，为其他家族成员带来了关于情商技能的培训。

洛克菲勒慈善顾问公司总裁兼 CEO 梅丽莎·A. 伯曼（Melissa A. Berman）指出：

洛克菲勒家族一定有一种特殊的治理基因。家族成员在家族组织、理事会、会议和各个委员会的结构上花了很多心思。这种精心的计划使他们从小就能非常敏锐地意识到治理和管理之间的区别。这也使他们成为出色的董事会成员，并继续激发他们建立新组织的兴趣。

"重新家族化"：家族优势在一个线性但短期的世界中重现

在上市公司经过了一段时间的大幅增长以及理性、官僚的组织模式的兴起之后，我们已经开始体验到这些大型上市公司的负面影响。它们受到了那些只想追求短期利润，却没有耐心投资于长期成功的投资者的困扰。它们的管理层更替很频繁，它们发现很难保持一致的文化或坚持考虑到非所有者（如员工、供应商或其社区）需求的核心价值观。在看到上市公司的这些缺陷后，我们开始关注那些在很大程度上不受公众关注而发展起来的家族企业，它们是大多数国家的经济基础。我们已经开始看到它们作为有长期关注点、耐心资本和信任关系的商业实体的优点，这些优点使它们能够在领导力和坚持既定核心价值观的文化方面保持长期的一致性。

随着我们进入一个以不确定性、不可预测性、高风险和巨大技术创新为特征的商业时代，上市公司的管理模式可能不再是最具适应性的商业模式。在世界各地，企业都发现了家族长期拥有所有权和控制权的优势。家族企业很常见，现在它们逐渐走进了人们的视线。它们的个人资本主义模式更适合社会和经济动荡的时期。在一个没有人情味的世界里，它们的成员在家族内部保持着互相信任的人际关系。它们拥有耐心资本，可以承受逆转和缺乏即时回报的压力。

21 世纪，家族企业以一种不同的形式再次成为公众的焦点。当家族企业能够应对出现的新挑战并继续发展和壮大时，它们就可以成为一个家族企业投资组合。它们是因为家族的价值观以及家族的控制和监督机制而团结在一起的。历史学家安德里亚·科利（Andrea Colli）在谈到贝纳通家族时写道："家族似乎能够通过建立一种组织结构与专业化管理共存。在这种结构中，家族参与的优势与将责任委派给多个子公司所带来的优势可以共同发挥作用。"

人们对家族企业的看法也发生了变化。早些时候，人们关注的焦点是家族作为传统企业的所有者的角色。21 世纪，世代家族已经开始将自己与那些植根于大型传统企业的家族区分开来。很多世代家族以家族办公室（作为企业投资组合的家族控股公司）的形式或基金会和各种家族慈善机构的身份继续存在。基本单位不再是家族企业，而是作为价值创造的跨代群体而不断发展的家族。家族企业不仅仅是一个企业。

家族企业新模式的出现是 21 世纪发生的巨大社会变革的必然结果，家族企业的特殊优势成为竞争优势的源泉。这些翻天覆地的变化都是新一轮以信息为基础的工业革命的一部分。这一轮革命有以下特点。

- 通信和制造业的数字平台和技术崛起。
- 全球化：货物运输成本下降，连通性提高。
- 出售家族企业（导致家族拥有巨额资本），家族重组为多元化的家族办公室。

事实上，正如本书将展示的那样，这些变化为家族企业提供了非家族上市公司难以复制的能力。它们创造了对能够收集信息并快速适应环境的公司的需求。大型企业巨头处于劣势，而家族企业则不然。关于家族企业的新观点可被视为对管理资本主义机械、假设的回应。正如科利写道："家族企业呈现了'人很重要'的人性维度。它还展示了一种新生产模式的前景—— 一种更具创造性、更少人情味、由友谊和亲情等元素共同塑造的模式。"家族企业在家族内部建立的信任框架内开展工作，对人和企业拥有长期承诺和价值观，能够尝试新想法，为工业企业可能面临的某些问题提供解决方案。通过保持家族身份和权力，家族所有者还可以在社区、商界和社会中发挥领导作用。家族不再视家族企业为可以买卖的商品，而是将其视为一个社区，它们对这个社区有一定的义务和积极作用。

这项对百年世代家族企业的研究让我们能够更深入地了解这些家族企业的潜力。本书着眼于它们作为共同企业和金融资产的家族的演变，展示了作为所有者的家族管家是如何推动家族成员以价值观和关系为核心来行事的。家族企业是社会的基础，也许现在是时候从它们身上学习更多东西了，因为我们希望创建的商业和金融结构既能支持每个人的利益，也能支持富裕家族的福祉和愿景。

第二部分

富有韧性的家族企业的演进

第4章

家族企业的前四代

每一个伟大的家族企业都是从一部家族心理剧开始的。这个家族有一个起源神话，关于一个有远见的族长（我们研究的家族中只有三个家族是由女性创建的，而且都不是来自美国）克服了重重障碍，创建了一家蒸蒸日上的企业。他的妻子在抚养下一代的过程中虽然默默无闻，但发挥着重要作用。在取得了巨大的商业成就之后，第二代面临着更大的挑战：维持企业的发展，处理关于家族利益的分歧，制定关于未来的共同愿景，以及在家族正义和公平与商业现实之间取得平衡。

到了第三代，商业家族面临着如何使用其财富、家族成员是否想继续在一起工作，以及如果他们想继续在一起工作，那他们想做什么的问题。经过一两代的努力，人们往往不再专注于传统企业，而是关注拥有多种家族资产和多个实体的多元化投资组合，包括信托、投资、房地产、基金会，甚至是原始资产的出售、更新或扩展。虽然我们很容易在家族的商业和财务活动中看到这种演变的影响，但使这种转变发生的关键行动发生在家族内部。这个现实往往不为公众所知。本章概述了在我们的研究中受访的世代家族成员所描述的家族发展路径，我们还将在本书的其余部分做详细介绍。

世代家族会演变成复杂的大家族——从一对创造财富的夫妇到一代代继承人，这些继承人之间的联系，以及他们共同的商业和金融利益之间的联系往往相对松散。第一代成员也是父母，他们希望自己的子女继承所有权并承担相应的责任。这些兄弟姐妹又各自组建新的家庭，他们的子女成为第三代。为了维持企业，第二代和第三代家族成员必须遵循创始人的意愿，并要相对和谐地合作。期望容易但做起来难。他们的合作与他们的关系和共同历史密切相关，尽管他们经常会对创始人的愿景或前进方向有不同的理解。

是否以及如何继承遗产需要由继承人的家庭和家族分支共同决定。如果他们达成共识，这个大家族就变成了一个拥有共同遗产的王朝家族，但家族成员的联系会越来越松散，认同感会越来越弱。继承人可以采取一些措施来建立身份认同感、联系和合作关系。当他们这样做时，家族就不仅仅是富有的王朝，还成了世代家族。

成为一个世代家族需要几代人的努力，涉及很多家族成员。这不是一个决定或一件小事，它远不止这些。挑战不断出现，家族成员的选择可能会危及家族未来的生存。为了延续到第三代之后，家族必须一次又一次地进化和改造自己。后代家族成员的回忆让我们得以一窥企业的起源故事和关键决策的巨大影响，但这些不足以确保家族的生存。第二代和第三代的一些共同努力为家族继续取得成功奠定了基础。

第一代：受到财富创造者的传统的影响

世界各地的企业创始人都表现出了某些特质，这些特质似乎是他们在商业上获得成功的原因。它们通常来自寻常人家，并不是为了致富而创建企业。他们有梦想，也有实现梦想的能力、勇气和毅力。当他们从挫折和失败中恢复过来并吸取了教训时，他们充满信心。由于他们面临巨大的挑战，因此他们往往一天 24 小时都在工作。他们从不满足，总是在追求新的成就。公司就是他们的生命，家人显然排在第二位。这些特质在世界各地的企业创始人身上都能找到。虽然出生在不同的文化中，但财富的创造者看起来都很相似。

创业者并不孤单。女族长是孩子们的母亲，通常承担着照顾家族和创建家族文化的角色。她往往是两代人之间的联络人，也是一个隐藏的伙伴和知己，也许还是唯一一个能挑战族长并化解矛盾的人。女族长负责照顾和培养下一代，在开始创建家族企业的过程中起着主导作用，如果决定创建家族企业，她就要为此奠定基础。她也经常充当拥护者的角色。

虽然财富创造者可能有成立家族企业的意图，但往往是由女族长来开发人力资本，以维持家族企业的经营。第二代和第三代家族成员非常认可她的关键作用，但家族倾向于忽视或最小化她的贡献。然而在财富创造者去世、女族长获得企业的所有权和控制权，并必须建立下一代领导层的结构和流程时，这种情况最为明显。

以下是一位第三代家族领导人对他的母亲在他父亲去世后扮演调解人的角色的描述。很多女族长都是在与商业领袖私下合作之后出现的，她们明显是在帮助下一代接班。

我妈妈喜欢在遇到问题时挺身而出。她总是和我爸爸形影不离。很多人会问，她是家族主妇吗？不，她是一位专业人士，但不参与公司的日常运营。在召开战略会议和董事会会议时，她总是很活跃。她能够管理两个家族的动态，因为这与生意有关。

她非常了解我们家族过去 50 年及之前的历史。她能够填补很多我们不知道的空白，因为很多知识和经验已经被遗忘了。我们刚刚建立了一个将专业知识引进公司的部门。

在我父亲去世后，我们所有的家族成员会定期举行会议。我们会聊聊家族问题，也会聊聊公司的情况。在最初的六个月里，我们每天都在开会，因为当时问题接踵而至，让我们措手不及。

我的同事詹姆士·格鲁布曼（James Grubman）将第一代财富创造者描述为财富世界的"移民"。他的意思是他们并非出生于富裕之家，但他们的财富创造能力将他们带入了一个新的文化群体，这是一个由拥有大量财富的人组成的群体。这些财富创造者将他们的传统价值观和习惯带入了这个新世界，他们的子女作为财富世界的"原著民"长大。这些子女的心态、关注点甚至价值观都与其父母的截然不同。"移民"父母可能会坚持伴随他们长大的中产阶级价值观，并培养他们的子女像他们一样自力更生。他们不知道还需要教子女合作的技巧，以及如何让子女做好成为财富继承人的准备。第一代和第二代之间普遍存在的隔阂源于这些不同的观点和历史。

除了他们作为"移民"所持有的观点，财富创造者有一种共同的白手起家的风格，这虽然使他们在创造财富方面表现出色，但也使他们不太适合传递他们所知道的东西。他们的动力、智慧、控制力以及他们所面临的挑战的紧迫性意味着他们不会为未来做计划，也不会关心家人，这一点值得注意。虽然我和我的研究团队没有采访过任何创始人，但在与第三代或更晚的接班人交谈时，我们看到了他们对企业创始人的敬畏和尊重，他们没有第二代的矛盾心理和痛苦，也意识到了财富创造者的参与和为家族成员做准备的局限性。财富创造者无意致富，他们往往没有准备好应对巨大家族财富的挑战和要求。

与三代及之后的家族成员不同，第二代成员的子女是在财富创造者的家庭中长大的，能敏锐地意识到父母的缺点。他们可能会感到被忽视，并试图引起父母的注意。他们可能很幸运，因为他们有一位不参与企业经营的母亲，她能关心他们的需求，教导他们，让他们对价值观和负责任的行为负责，并为他们的继承做好准备。第二代接班人发现，他们往往会受到长辈的影响，但第三代成员受创始人的影响较小，他们往往成为将家族企业带向新方向的创新者。

我们采访的家族成员回忆了第一代财富创造者制订传承计划的几个可能诱发因素。

- **小本经营获得成功**。财富创造者在当地创办了一家规模不大的企业，并一直经营得很好，直到他将企业传给了自己的子女。在最初成功的基础上，第二代（有时是第三代）的接班人将其发展成大型企业。

- **不肯放权**。财富创造者一直领导企业，直到他去世或丧失行为能力。继承人要么收拾残局，要么学会合作，这往往伴随着激烈的竞争和较量。财富创造者往往会回避或忽视对未来的规划。

- **管太多，管太严**。为了保持对继承人的控制，以坚持自己的价值观，并延续自己的成功，财富创造者会创建一个约束性结构来维持企业的经营，并让他的子女担任次要的决策者角色。为了成功，这些子女往往不得不反抗。

- **监督家族有序继承的女族长**。在完成一项计划或培养下一代领导者之前，财富创造者的意外去世让隐藏的合伙人有机会展示她的能力和领导力。

- **出售企业**。在财富创造者去世之前或之后，企业被出售或剥离，并将资金分配给下一代。而下一代必须选择是继续经营，还是创建一个将后代团结在一起的信托。

- **财产分配**。这是分配遗产的过程，每个人都可以争取自己的利益。除非继承人决定继续合作，否则这就意味着共同家族企业的终结。

上述这些因素中的每一个都对第二代继承人提出了不同的挑战。但第二代面临的核心问题是决定作为合作伙伴共同致力于家族企业，并决定如何实现这一目标，无论是继续经营、多元化，还是两者结合。但无论走哪条路，第二代继承人都需要承诺共同努力，应对共同企业面临的新挑战。

虽然创始人希望企业能在下一代的经营下继续发展，但他的准备往往并不充分，规划内容也并不细致。所以，第二代成员需要决定是否继续经营，并学会合作。虽然财富创造者取得了巨大的成就，但其他人（创始人的配偶或来自第二代或第三代的新领导者）才是做出关键性决定，承担起创建一个世代家族的任务的人。他们决定对家族进行投资，并采取必要的措施来培养自己的能力，实现承诺，使企业得以成长壮大。

第二代：合作的兄弟姐妹

在大多数成功的家族中，第二代兄弟姐妹不仅继承了财富，还继承了传统价值观、声誉和父母对资源的限制。他们可能接受过良好的教育，并为迎接未来的挑战做好了准备，但这并不常见。虽然他们的选择有限，但第二代成员将他们的传统视为一种挑战，他们打算通过将企业带向新的方向、抓住机遇，并且用知识、价值观来丰富自我，以应对这一挑战。

第二代在一个家族中长大后，会分开组建多个家庭，他们有不同的配偶、角色、观点，他们对共同企业的关注也会不同。可能有几位家族成员会在家族企业中工作，但几乎每个人都希望管理企业的一些业务，并对应该做什么有自己的想法。为了家族企业的成功，兄弟姐妹们必须培养沟通、解决分歧和公平对待所有人的能力。

我和我的研究团队从第三代或第四代的家族成员那里了解到了第一代到第二代的过渡情况。从回顾的角度来看，第一次过渡看起来并不复杂。一个经常被提及的成功因素是，第二代中似乎只有一位成员对管理家族的企业或财务感兴趣，而其他兄弟姐妹对这种安排感到满意。在大多数受访家族中，这种转变发生在几十年前，当时传统习俗盛行：女性和年幼的兄弟姐妹都要听长子的安排。这一结果表明，当代的做法（通常鼓励所有兄弟姐妹对家族企业感兴趣，传统的继承观念较弱）既有可能导致更多的冲突，也有可能有助于第一代顺利地过渡到第二代。

第二代兄弟姐妹面临着创始人始料未及的新竞争环境。全球化、数字化带来了可能会影响所有企业的挑战。创新和竞争无处不在。新的家族成员有不同的期望、想法和需求，这些都是必须考虑的。他们是"三明治"一代——生活在父母与自己成年或即将成年的子女之间，而这些子女也想成为企业的一部分。他们怎样做才能让所有人都满意呢？他们如果想生存下去，就必须做很多平衡，而其中很多平衡都是无法预料或计划的。事实上，创始人的传承计划可能是一个障碍和问题。

从第一代向第二代的过渡需要专注和创造性的工作。第二代兄弟姐妹必须接受财富创造者取得的巨大但有限的成功，并建立一个结构，使不断壮大的家族可以维持其传统，并将传统发扬光大。他们不能一味地维持现状，必须行动起来。受访的很多家族成员回忆说，兄弟姐妹组成团队一起工作对家族、他们自己和他们的孩子都有深远的意义。这样一来，他们就能以不同的方式认识和了解彼此。在很多情况下，当新一代意识到其财富（财力和人力）水平时，他们就会讨论如何发挥自己的力量为社区中的其他人服务。但他们也承认，完成这个任务绝非易事。

几个典型的挑战使第二代兄弟姐妹的过渡变得更加复杂。

- **家长制的传统**。我和我的研究团队所研究的家族企业几乎都是由男性创办的。这些创始人不会与家族其他成员分享太多的信息和控制权。在很多情况下，第一代的父亲负责打理一切，而下一代成员有时是非常突然地发现了关于家族企业的诸多细节问题，并决定他们如何解决这些问题、如何经营企业，以及如何确定他们的最终目标。他们必须学会自我授权和承担责任。

- **培养信任**。所有文化中都会出现兄弟姐妹之间的竞争。在家族企业中，风险在于如果在童年时期，竞争被放在了比合作和实现共同目标更重要的位置，那么在他们长大后，竞争就会导致冲突，从而破坏企业成功和家族和谐。在本书的很多案例中，家族都会事先指定第二代的一位成员（通常是长子）作为继承人。然而，指定继承人并不能保证平稳过渡。第二代成员必须在缺乏第一代权威的情况下找到新的沟通方式和共同决策方式，并且必须秉持尊重和信任的态度与同一代的其他成员合作。

- **提高透明度**。第二代成员在成长过程中通常很少能从企业创始人那里获得信息，因为创始人习惯于保留自己的意见。然而，要让下一代成员学会合作并感受到自己被公平对待，就需要为他们提供有关企业和财务的基本信息。我们采访的几位家族成员都明确表示，除了分享相关的商业、财务和法律信息之外，他们还需要了解"这一切意味着什么"。大多数第二代成员都发现自己身处信托结构中。在这种情况下，他们必须了解自己在这个复杂结构中的角色、权利和责任，这是他们日常接触不到的知识内容。

面对这些挑战，我们的采访强调了有助于从第一代向第二代成功过渡的三种做法。这些做法是必要的，因为一群有着复杂情感经历、在家族财富的支持下长大的兄弟姐妹，面临着与父母不同的大环境和挑战。

1. 确定共同目标

如果家族成员没有共同的情感上和个人层面上的目标和价值观，那么家族就很难在几代人之间保持团结和紧密联系。我们采访的一些第二代家族成员说，他们认为没有任何理由在一起，并打算分家。这种结果不应被视为失败，而应被视为对个人自由的肯定。如果兄弟姐妹没有继续合作的理由，如果他们决定独自管理自己的金融资产，也不应被视为失败。因此，从第一代到第二代的过渡意味着第二代兄弟姐妹第一次面临这样的问题，即我们想成为家族企业的合伙人吗？与这个问题相关的往往是另一个问题，即我们是想出售还是保住家族企业？出售企业的决定并不一定会导致家族解散，因为家族可以决定作为财务伙伴继续合作，也可以将家族带向新的方向，而不是解散。

2. 学习合作与协作

我们采访的很多家族在第一代和第二代之间都经历了漫长的跨代学徒期。这种学徒关系通常从一位或多位第二代成员与他们的父亲一起工作就开始了。第一代妻子"家庭主妇"的作用也不容小觑。在很多情况下，第一代的母亲积极参与了第二代成员为参与家族事务所进行的准备工作。兄弟姐妹之间必须超越竞争和对抗，确定他们的共同利益以及不同的技能、兴趣和能力。这不是偶然发生的，是需要共同努力，并且学习协作和团队合作的技能，而这些不是他们天生就会的。如果创始一代强烈、清晰、以身作则地表达出这种道德观，就不太可能发生冲突。谁来领导和做什么必须由家族成员共同决定而不是假设。

第二代的一位成员在他父亲去世后回到家中，希望帮助家族创建一个家族办公室。他开始提出治理政策并进行改革，但他的兄弟姐妹似乎并不理解他的想法，也不想参与其中。他觉得自己像一个不受赏识的仆人。这个家族的成员在一起的时间并不长。

对于一个由第二代兄弟姐妹领导的更成功的家族来说，从第一代父亲的方式向团队方式的转变有深远的意义。这个家族拥有十几名家族员工（第二代和第三代家族成员都有）和一家中型企业，他们开始更密切的沟通和合作。其中一位第二代领导者说：

> 我父亲经营公司时并不透明。两项重大收购都没有通知家族。我们甚至连文件都没看就被要求在上面签字……我们这代人都看到了这一点，所以我们正追求以更透明的方式管理公司。我提倡透明度，因为我是首席财务官，我展示的数字是以前没人能看到的，这一切都带来了更多的沟通……我们开始以不同的方式看待自己，不仅仅是相互争斗的商人，还是一家有价值的公司的股东。

3. 启动治理

在了解了情况并学会合作后，第二代兄弟姐妹需要制定政策并做出决策。这通常是当治理以有意识的形式进入家族生活的时候。治理指的是使成长中的家族能够：（1）确定价值观、使命和政策；（2）保持联系；（3）监督企业和家族成员参与；（4）持续、公平地分配经济和其他回报的协议、技能和结构。治理对创始一代的意义不大，创始人通常不知道治理是什么，也不知道为什么治理对他的子女很重要。在接下来的章节中，我们会介绍治理实践的演变。

建立治理制度是一种新体验，当兄弟姐妹发现他们的价值观、需求和未来要做的事情都不同时，可能会出现意想不到的冲突。他们可能不知道应该由谁来负责这件事或者应该如何做。治理方式因环境而异，因为他们面临着挑战，他们决定需要制定政策并找到方法来共同解决这些问题。

必须有一位有实力的家族成员伸出援手，并将家族成员召集在一起。这个人不一定是指定的家族企业领导人。本书中提到的一些家族会有一位自封的家族领导人，他经常会在其他家族成员怀疑或不感兴趣的情况下发起一个参与和合作的流程。一位受访的第二代家族成员说，在他的父亲卖掉了继承的企业后，他的家人创办了一家新的制造企业。第一代和第二代的三位成员成立了新企业的所有者委员会。随着时间的推移，第二代的配偶加入了所有者委员会，他们开始称这个团体为他们的家族理事会。企业的发展远超预期，这个家族开始面临各种新挑战：来自竞争对手的压力；更加全球化的需求；招募经验丰富的非家族成员高管（包括第一代退休后的一位首席执行官）和独立董事加入董事会；管理活跃的家族基金；其他资产的投资；最重要的是，将第三代的成熟成员引入企业和家族理事会。第二代在治理方面投入的时间获得了很好的回报，因为第三代主动出击，获得了控制权，并在多年的时间里应对了这些挑战。

另一个家族是在出售企业导致几位家族成员失业后才开始正式治理的。此次出售表明，第一代和第二代的成员对收益的使用持有不同的态度。第一代一直在努力发展企业，而第二代则是在生活变得越来越舒适的环境中成长的。尽管如此，没有人对出售企业带来的财富有所准备，他们不得不重新考虑这将对他们的家族产生什么影响，以及他们想要什么。虽然第一代仍然在企业中很活跃，但由于兄弟姐妹展示了他们的领导能力，因此第一代希望将权力逐渐移交给第二代。第二代成员有自己的家庭，并且生活在不同的地区，他们希望第三代的成员（他们的子女）能够互相了解，这让这个家族决定举行一次会议，让第一代和第二代都有机会表达他们的意图和愿望。该家族随后创建了两份价值观声明：一份侧重于介绍传统价值观，另一份则阐述了家族在第二代和第三代中想要的价值观。随着时间的推移，这次会议确定了要定期举行家族会议，并成立了家族理事会。该家族将自己的发展轨迹描述为从家族企业到家族办公室的演变。

第三代：由相关家庭组成的社区

第三代成员面临的第一个现实是，作为家族成员，他们不再是一个家庭的后代，而是一个由很多家庭组成的大家族社区的后代。到目前为止，他们的成功是一个家族王朝的开始。将他们以一种特殊的方式联系在一起的是，他们都是家族财富和责任的受益者，这些财富和责任迫使他们共同努力。为了保持家族企业的活力，他们必须共同努力，负责任地经营家族企业。这不会自然而然发生，因为由大量关系疏远的家族成员组成的工作团队是一个难以稳固的组织。这就是为什么很少有人能坚持下来。

向第三代表亲大家族的过渡带来了很多新的复杂性。

- 家族成员的数量呈指数级增长。兄弟姐妹通常在一个家族中长大。表兄弟姐妹属于几个家族实体，即他们的核心家庭、他们的家族分支以及更大的大家族。

- 虽然他们可能见过财富创造者，但他们并没有因为他的存在而受到情感上的伤害，也没有与他有更紧密的关系。他更多的是一个想法和一个抽象的例子。

- 第三代成员在不同的家庭中长大，每个家庭都有一位新的成员，即一位对这个家庭感到陌生的姻亲。这些家庭往往住得比较分散。因此，第三代家族形成了不同的价值观、风格和对金钱的期望。尽管信托或企业结构可能将这些家庭作为所有者或受益人联系起来，但单个家庭可能会认为他们的意见不一致。

- 表亲们自然会以他们各自的原生家族或分支的价值观和利益为导向。随着分支的增加，家族企业面临着保持表亲之间的团结和联系的挑战。
- 表亲们可能不确定为什么他们与家族企业有联系，他们需要对此做出新的承诺，并因此从血缘家族转变为亲缘家族。
- 第二代兄弟姐妹的年龄仅相差几岁。第三代表亲的年龄可能相差几十岁。

一般来说，如果家族企业希望从第二代到第三代都能保持团结，就必须在家族分支之间建立个人关系，并形成共同的大家族身份，以激励成员为保持合作伙伴关系而努力。

这不是自然发生的，世代家族必须积极开展实践来形成这种关系。在很多家族中都出现了以下问题：

- 为什么我们作为合作伙伴在一起？
- 我们的合作伙伴关系有什么特别之处，值得我们继续维持下去？
- 每个新家庭希望从金融资产中获得多少收入？
- 是时候出售企业了吗？
- 谁最有能力领导家族企业实现多元化和发展？

这些问题源于以下常见场景。

- 当第三代成熟时，第一代很可能已经走下舞台，成为人们对于传奇人物的记忆。
- 第三代家族不再被视为"新富"。第三代成员很可能在一个成功的家族中长大，他们通常期望继续取得成功。
- 第三代成员对家族企业或家族财务状况的了解可能不尽相同。他们听过不同的故事，对企业能为他们提供什么有不同的期望。一些成员可能希望了解家族企业并成为领导者，而其他成员可能根本不想参与企业的经营。"圈内人"看到的是挑战，而"圈外人"可能只期待回报，不愿意付出。

在某个时候，通常是在第三代，家族企业的文化必须从单个人的指令性领导转变为家族集团的共同领导，而家族集团必须制定一个合作流程。我将在接下来的章节中介绍家族文化如何转变为重视团队协作的力量，以及需要如何治理来管理其运作（如图4-1所示）。

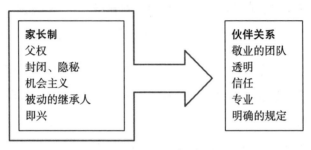

图4-1　家长制与伙伴关系

很多家族的成员回忆说，家族企业为第一代和第二代提供了大量资金，或者为每位成员提供了工作。这种富足的生活，加上第一代的强势性格，使第一代或第二代在治理上不太需要明确的政策。但即使是在最富有的企业或最强大的创始人的基础上建立的家族企业，也面临着第三代的压力。如果家族企业要保持团结，那第三代成员必须就前进方向达成一致。

适应变化

如何迎接挑战，找到核心目标，使家族企业代代相传，也取决于家族预测困难并适应困难的能力。第三代家族企业不能依赖于使其走到今天的既有政策或实践，它们甚至可能不得不重新评估或改变以前的某项政策，因为这项政策现在已经不奏效了。

例如，一位第三代家族领导人在他的父亲（第二代）去世后发现，他的几个表兄弟都希望加入董事会，管理家族的房地产公司。然而，他意识到他们中的一些人还没有为此做好准备，于是任命他们更有资格的配偶进入了董事会——前几代人可能根本不会这样做。由于他在第三代中的地位，而且他知道他必须为家人捍卫这些选择，因此他召开了会议，向其他家族成员介绍公司面临的挑战以及董事会的作用和责任，他还主动邀请第四代成员参加了这些会议。尽管在情感上受到了打击，但他的兄弟姐妹和表兄弟姐妹逐渐接受了他的决定。这种从为家族服务到为企业长期需求服务的转变，可能会让那些在成长过程中期望自动成为某些角色的家族成员感到不安。

幸运的是，继承人有能力质疑家族活动并发起新的活动。正如我们将在后面章节中介绍的那样，世代家族似乎对新想法以及年轻一代及时做出改变的主动性持开放态度，它们有时会敦促老一代人做出他们觉得很难甚至回避的改变。

成功进入第三代似乎需要家族对其运作方式进行一些改变，这增加了责任，并剥夺了他们的特权。例如，第三代家族成员必须重新定义自己的行为，以确认以下几点：

- 承诺维持家族企业或家族资产组合所需的一切；
- 培养所有者的心态，在做决策时考虑企业的长期发展；
- 制定政策和协议，明确和支持不同家族所有者做出的清晰和有序的决策；
- 制订计划，以培养新一代家族所有者的能力。

第三代家族成员如何预测并应对协调如此多的、各不相同的个人议程的矛盾？正如我将在第 11 章中介绍的，建立一个能发挥积极作用的家族理事会是一个关键要素。一个第三代家族拥有两家大型企业，即一家农场和一家上市银行（家族持有大多数股权）。在家族企业进入第二个半世纪时，家族成员采取了积极主动的态度。第三代家族的五个分支有近 20 位成员，他们的年龄跨度为 35 岁，他们意识到彼此并不了解。

家族理事会由第二代的两位成员和第三代的七位成员组成，他们已经开始定期开会，以考虑他们的未来。他们面临的第一个问题是，他们认为自己是一个大家族还是五个大家庭。经过多次讨论，他们决定组成一个统一的家族，却意识到这样做需要对彼此和下一代做出承诺。作为合作伙伴，为了相互了解并对彼此做出承诺，他们决定整个理事会将在一段时间内参与每一项决定。虽然他们认为这种方式可能会略显笨拙，但他们有必要学会一起工作并达成一致。他们想学习如何在五个分支家庭之间实践协作领导，所以聘请了一位家族主席来帮助他们学会一起工作，而不是为他们工作。

这个家族在第二代时设计了一些治理流程，但新理事会同意由第三代成员对这些流程进行审查，因为他们开始将自己视为家族领导人。他们将理事会定义为"董事会中的董事会"，负责监督各自企业和家族基金会的董事会。虽然每家企业的董事长都是家族成员，但他们开始为这些企业寻找他们所能找到的最好的非家族成员首席执行官。在银行和农场中，家族所有者明确表示，家族将作为长期所有者致力于经营多个实体。

正如这个家族所展示的那样，由于第三代成员是分开长大的，彼此可能不太了解，因此他们必须开展一些活动来相互了解，建立个人关系。另一个家族的一位成员说：

> 我认识我的一些堂兄弟，但因为我们都住在不同的地方，所以我们真的不是很亲近。这些会议帮助我们再次了解彼此、相互交流，让我们知道我们都是谁。到目前为止，这对建立家族关系和商业关系都非常有帮助。

除了家族理事会，本书所提到的大多数家族还定期召集所有家族成员（包括配偶）举行家族聚会。这种聚会是必要的，因为成员分散居住，所以人际关系的发展不是自然发生的。为了保持家族身份和联系，家族有必要留出时间和精力来组织家族聚会。很多家族没有看到这种需要，也没有这种愿望，所以它们没能成为世代家族。

这种聚会可能包括一些有趣的活动，如为儿童举办的家族夏令营，这些活动有助于家族成员建立联系。但这种聚会不仅仅是为了社交而组织的聚会，还是为了分享信息、交流和做决策而组织的。有些成员还经常被要求批准家族理事会提出的建议和政策。聚会还可能提供教育活动，帮助第四代成员制订未来的发展计划。这些计划让第四代成员有机会思考是否要加入家族企业，或者提出新的创业计划。

📖 **案例分享**

第三代成员应明确自己的方向

第三代家族成员中的一些人在小镇的一家制造企业中明确了他们的发展方向，第二代的两个兄弟与父亲（第一代）一起在工厂里工作，他们及其家人都是在那里长大的。兄弟俩是竞争对手，当他们接管生意并各自照顾一个大家庭时，他们之间总是有冲突。第三代表亲从小在一起长大，深受祖父母的影响。一些人开始在这家企业工作，而另一些人则离开了。家族的第一代和第二代做生意非常成功，而第三代思考的是家族的未来。第三代的一位成员说：

> 最初，创始人家族的大部分人（第二代和第三代）都是在同一个小镇上长大的，他们的关系很亲密，尤其是第三代之间。第二代在不让商业关系影响家族关系方面做得很好。表亲们从小就在一起，参加各种社交活动，关系变得非常亲密。我们有相似的核心价值观。
>
> 第二代内部的冲突源于第一代的冲突……他们在股东所有权和在公司中的角色或在不同所有权委员会中的角色方面存在一定程度的分歧……但我们认为，随着一位第三代成员即将成为董事会成员，我们已经解决了大部分矛盾。

这个家族的第三代成员努力在竞争中争夺他们继承的"位置"。他们开始单独会面，并告诉第二代，他们对领导层的过渡感到满意，因为这对两个家族都是公平的。他们明确表示彼此信任，合作得很愉快。每个家族都有自己的家族理事会。家族理事会为家族成员提供发言权，无论他们是不是股东。他们增加了一个所有权委员会，将两个独立的家族理事会合并在一起。所有者委员会开展了家族活动，如定期电话会议、一年一度的家族夏令营以及面向下一代的学习论坛和网络研讨会。

他们还制定了一份股东协议来管理企业的工作。该企业的董事会由同等数量的独立董事和家族成员组成。他们为第三代成员设立了董事会观察员的正式角色，这些观察员将参加董事会会议，并通过申请正式董事会成员的程序。这些活动为家族关系和家族的发展奠定了坚实的基础。他们一致同意，在五年内，第三代成员将接管董事会。

这个例子提醒我们，即使他们在不同的家庭中长大，但可能恰恰是第三代成员超越了"分支心态"和这种心态背后的历史差异，预测了家族团聚的可能性，并采用了新的合作方式来使这些可能性成为现实。

世代家族都面临着这些挑战。这样做的主要途径之一是重新评估传统企业。有时候，艰难的改变却是有序的。在一个家族中，第二代家族领导人去世后，他的兄弟经营了家族企业 10 多年。当第三代成员成为所有者时，他们发现企业几乎无法实现收支平衡。他们成立了一个由一些独立董事和第三代家族成员组成的董事会。董事会反过来迫使第二代家族领导人下台，并聘请了一位非家族成员作为首席执行官。虽然企业很快就盈利了，但父亲被排挤的家族分支会非常沮丧。

第三代家族成员为振兴企业而做出的转变，虽然出于商业原因是必要的，但可能会导致情感伤害，并导致家族不和或关系出现裂痕。因为他们是一个大家族，也是股东，所以家族不能忽视这些反应。如果置之不理，可能就会有一个分支想要退出并分割企业。到第三代时，每个家族企业都面临着一些家族成员要求出售所有权的问题。世代家族能够达成一致并允许家族成员，有时甚至是整个分支离开。家族企业中每一代人的特征如表 4-1 所示。

表 4-1 家族企业的代际特征

第一代至第二代	第二代至第三代	第三代至第四代	第四代之后
合作的兄弟姐妹	表亲社区的出现	商业复兴：家族重组	商业独立："部落"大家族
兄弟姐妹合作伙伴	表亲分支	第一和第二表兄弟	很多亲戚；家族和企业的独立性
承诺在一起	双重忠诚——分支和大家族	多元化的成员致力于共同的使命，超越分支思维	活跃的、有家族参与的专业委员会
学习合作和尊重差异的方法	接受需求、价值观和观点的多样性	跨多个领域和家族彼此熟悉	很多类型的关系都是由家族政策引领的
开展关于差异的交流	重申对家族企业的承诺	更新传统企业或实现多元化的决策	全家人聚在一起，建立一个拥有共同传统和目标的社区

续前表

第一代至第二代	第二代至第三代	第三代至第四代	第四代之后
感兴趣的家族成员可获聘	商业空间有限；就业政策	针对那些对企业没有共同承诺的人制定退出政策	支持家族的财富限制；关注人力、家族和社会资本
透明度和协作决策的制定	定义家族的目标，以维持伙伴关系	制定家族政策，召开会议，以平衡家庭和企业	家族理事会和独立董事会
家族赠予社区的礼物	发展共同的慈善事业	为下一代的管理工作做准备	下一代的教育计划

第四代：商业复兴和家族重组

一个第四代家族企业回顾了半个多世纪的成功。成功也带来了新的挑战，这些挑战促使新的第四代领导人质疑并重新定义了家族走过的路。随着他们分散居住和分道扬镳，家族成员之间的联系越来越少，以至于表亲之间可能彼此不太了解，尽管他们共同拥有家族资产。第四代延续了家族所有制，但是这个家族发展多年，成员如此之多，以至于它不再是一个单一的家族。这是一个家族王朝，以其财富和影响力闻名于世。家族成员可能不必工作，也不必了解家族企业是什么或如何运作。如果亲戚们要一起工作并保持领导地位，家族就必须创建一个复杂和多功能的组织。这个组织必须管理家族的事务，独立于企业，并澄清家族与每家独立企业的关系。家族成员可能不参与企业的治理与运营，也可能在治理或运营中扮演各种重要角色。

进入第四代标志着家族已经具备了不断适应新环境的能力。这些第四代成员在血缘上是一个大家族，但他们也逐渐变成了一个亲缘家族。之所以这样定义，是因为一些家族成员会选择退出企业层面，而核心团队成员则会主动选择团结在一起。从某种意义上讲，与其将这种家族视为一个大家族（因为它致力于其家族企业以及共同的价值观、目标和活动），不如将亲缘家族视为共享共同遗产的家族的氏族或部落。

在我们的研究中，在第四代之后蓬勃发展的家族经过一个多世纪的发展，会由以下两种大型的、相互交织的，但越来越独立的实体组成。

- **一个由参与家族活动的所有者组成的"部落"家族／社区。**很多远房表亲建立了密切的联系，不仅因为他们拥有遗产，还因为他们共同参与家族活动。他们一起做决定，教育每一代人，并开展社区服务。他们喜欢在一起，他们分享的不仅仅是生意。作为一个因血缘、经济、传统和文化以及共同的承诺而团结在一起的紧密联系的个体家族，他们可以被认为是一个现代部落。随着他们发生了改变并适应了新的现实，他们的传统和价值观被融入企业的共同文化。

- **专业化经营的多元化企业，**可能包含一家大型传统企业、几家公司、投资、房地产、家族办公室和／或控股公司。企业与家族、管理与所有权有明显的区别，管理是专业性工作。很多这样的企业雇用了成千上万名员工，这些员工被家族所有权带来的特殊文化和价值观所吸引。在我们的研究中，16 个超第四代家族中有 6 个家族在管理方面保留了重要的家族参与。虽然有一半的家族已经聘请了非家族成员担任首席执行官，但如果家族中出现了合格的领导者，它们仍然愿意聘请家族成员。

处于进化阶段的家族有以下几个共同的特点：

- 拥有关于他们如何使用资金和如何经营业务的政策的明确价值观；
- 拥有值得颂扬的丰富历史；
- 拥有大量监督家族的决策、财务、领导和对企业的控制的家族组织；
- 积极开展致力于增加人力资本的活动，包括定期的家族会议、下一代培养活动以及慈善活动和社区活动。

尽管有这些宝贵的资产，但要想理解那些超过第四代的家族的成功，关键是要看到这些资产中只包括机会，而家族本身必须学会适应和改变，以便继续作为一个统一和有明确目标的工作团队发挥作用。一个拥有两个第三代分支的家族的生意一直很兴隆，但到了第四代，一位家族成员说：

虽然我们在聚会和互动时会有一种家族感，但这更多的是仪式感和责任感，而不是一种明确的、令人信服的家族目标感和方向感，而且它不太真实……我们感受不到开放、信任和沟通……没有太多的分享和需要尊重的家族历史和传统……我认为他们的使命和目的是赚钱和成功，获得一些社会地位，但我对这种精神上的贫瘠感到失望。

当这位第四代的儿子回来管理企业时，他发现了很多问题，所以他觉得自己必须"拯救企业"。然而，他没有兄弟姐妹和表亲的支持。当他那一代的另一位成员被第三代的所有者赶出去时发生了混乱，第三代决定将家族企业出售，因为他们认为这个家族的成员找不到令人信服的理由继续在一起。

第四代的一个共同经历就是家族联系越来越少。为了维持这种联系，必须不断更新联系，必须制定文化政策、鼓励各种实践来加强联系。关系不是凭空产生的，需要付出努力。认识到共同拥有的遗产和维持大量的家族组织是第四代以后的家族成员的关键。为了继续作为一个实体发挥作用，这些家族成员必须培养一种微妙的、多层次的心态来看待企业和彼此。

- 家族必须将企业视为独立于家族的。家族越来越被视为一种外部力量，是企业仁慈的家长，它像对待成年子女一样对待企业：让企业自己成长。
- 家族成员必须明确他们作为所有者的角色，而不一定是企业的管理者或经营者。家族必须从所有者 – 经营者（通常是第一代和第二代企业的特征）转变为所有者团体。
- 家族成员必须有个人关系，有共同的价值观，并承诺开展必要的工作，以维持一个能够解决亲属间的分歧并且统一、富有成效的家族企业的正常经营。

家族企业也可能发生了变化：

- 它现在要么是一家大型传统企业，要么已被出售并成为一系列资产，其中可能包括房地产、家族办公室、一家或多家公司的所有权以及家族基金会；
- 出现了一批职业经理人，他们都不是家族成员，家族面临着使其运营、人才管理和家族参与政策专业化的压力；

- 企业也可能涉足新企业，以挖掘新财富；
- 几乎在所有情况下，信托浪潮都会将家族资产转入信托，并将家族成员变成受益人，甚至是受托人。他们必须遵守规则，他们的权力也是有限的。

作为家族理事会和家族大会的重要组成部分，几乎所有从第三代过渡到第四代的家族都承担着积极发展第四代及后代的人力资本和关系的任务。由于家族成员往往住得离原来的社区很远，因此他们必须努力在新一代中建立联系。一个在社区中有着广泛声誉的家族拥有一家农场和食品企业，家族中有 11 位第三代成员和 20 多位第四代成员。每位血亲都是股东，还有几位第四代成员在家族企业工作。他们对公司既有深厚的感情，也有经济上的承诺。一位家族成员说：

> 当我参加这些（股东）会议时，我只想做一名好"大使"。我知道自己是老板，但我不知道怎样经营公司。我为我们所做的一切感到自豪，我希望我的孩子们能成为最好的人，成为我们的形象大使，因为这是一个小镇，人们会说"哦，你就是那个人"。我想这就是我们想灌输给孩子的理念。

这个家族中出现了很多共同的活动。他们在董事会层面启动了一个战略规划流程，以审视企业的未来，并由家族理事会为家族启动了一个平行的流程。家族理事会最初是家族和企业之间的联络人，这样家族成员就可以在董事会上作为代表发言，其他家族成员就会知道他们在董事会中有发言权，但现在家族理事会已经变成了关系委员会。

家族理事会正在制订下一代的教育计划，以培养第四代的技能和能力，无论他们是否决定进入家族企业。从最初的有限角色开始，家族理事会正变得更加积极，以使 50 多位家族成员参与企业经营。他们有很多家族理事会的职位，甚至创建了沟通经理这一职位。第四代成员的名片上写着"大使"的字样，这样他们就可以参观家族拥有的商店和场所，并与员工见面。

下面的例子更有力地说明了重视家族成员关系的重要性与日俱增。这个家族有一位非常低调的第二代领导人，他建立了一系列多元化的企业，包括一个家族办公室，并把它们传给了他的两个儿子（第三代）。大儿子运营着这个家族办公室，卖掉了一家大公司，并进一步开展多元化经营。后来，根据协议，他退休了，由他的弟弟接手。

在一位值得信赖的家族顾问的组织下，家族成员开始会面，为成长中的第四代建立了一个基金会，并组织了其他活动。组织这些活动的主力是家族中的妇女，她们希望在这种男性主导的环境中发挥自己以及财富的作用。接受我们采访的第三代成员回忆说，这个家族最初对第二代的业务往来知之甚少，后来他们通过家族简报逐渐了解到了更多的情况，包括人们称赞他们的企业为员工和社会事业做出了诸多贡献。他们现在想将这些价值观应用到自己身上。第四代开始活跃起来，尤其是在家族基金会中。

第四代有 11 位表亲，他们的关系很复杂，其中包括多次离婚家庭和重组家庭。作为一个家族，他们面临着婚姻失败的家族传统及其对子女的影响。正如一位第三代受访者所说：

> 我们这一代人对破碎的家庭和选择合适的配偶非常敏感……我们更关心人际关系。我们已经逐渐意识到前几代人的不和谐，我们也开始真正致力于在家庭关系中找到更多的和谐以及与孩子在一起。我们的父母忙于工作，并不是说这是我们后来才想到的，而是在某种程度上就是这样。

尽管人们如此关注并做了很多努力，但是从第三代向第四代过渡时，家族往往会发生分裂。事实上，家族企业保持团结的一种方式就是给家族成员离开的自由，并从家族的其他成员那里获得合理的所有权价格。由于是家族企业，家族成员通常只能将自己的股份出售给其他家族成员，因此第三代家族需要一系列明确的关于在家族内部出售股份的政策，家族成员也需要具备离开不符合其利益的合作伙伴的能力。

但同样重要的是要认识到，家族的分裂并非不可逆转。在新一代重新开始与不断壮大的新一代建立联系之前，接受我们访问的一些家族经历了一段时间的分裂。有一家拥有 150 年历史、超过 135 位第四代、第五代和第六代成年成员的家族企业正在努力向第四代领导层过渡。这个家族每年举行一次家族会议，这个传统已经坚持 50 多年了。一位第三代受访者回忆起 40 年前（当时她上六年级）第一次参加家族会议的时候说："我还记得我们与外部董事会成员见面时的情景，他们愿意花时间与我们这个年龄段的人见面令我印象深刻。"

快进 30 年，一位新任家族首席执行官开始担心家族成员出席这些会议的人数减少，所以他启动了一个重新参与的流程。这个主要由女性组成的家族有着由男性领导的传统，所以女性感到被剥夺了权利。新任首席执行官认为，企业需要专注于变得更专业化、更有盈利能力，但他也意识到家族成员没有参与其中。他做的第一件事就是在第四代中召集志愿者成立一个关于家族就业政策的工作小组，他们制订了家族实习计划，找到了向家族成员传授商业知识的方法。

工作小组后来演变成一个由九位成员组成的家族理事会，由整个家族选举产生。该理事会发起了一个更积极的年度家族会议形式，家族成员可以在会议上了解企业的情况。理事会为每次会议制定了互动议程，并为年轻成员安排了特别活动和项目。在过去的 10 年里，他们创建或恢复了家族视频、家族旅行和家族教育计划。这个家族成立了四个工作小组，即沟通小组、治理小组、教育小组和家族会议小组。在家族理事会的积极参与下，他们将领导权交给了新的第四代家族首席执行官。

家族理事会、家族会议以及对第四代的关注都是为了达到同一个目的：培养家族成员的关系，加强家族成员之间的联系。有时到了第三代，这些关系已经弱化，家族能做的最好的事情就是承认现实，解散将家族成员联系在一起的法律或商业结构。但如果家族想以家族企业的形式从第三代过渡到第四代，那么继续培养这些关系将是它们真正的工作。正如我将在下文中介绍的，第三代之后的家族企业应重点关注两大支柱：家族与企业，独立和相互依存。

企业更新

在我们的研究中，大约 40% 的家族遵循着所谓经典的跨代发展弧线，从创业者到使企业发展壮大并实现专业化的一代，再到第三代或第四代，在这个过程中，越来越多的家族成员不得不决定他们参与企业经营的性质。家族需要发展治理机制，使其能够在家族内部和商业环境中获得发展并适应各种新情况。

以下是两个关于家族明确企业和家族的界限的例子。第三个例子表明，尽管家族与企业独立在这一阶段很重要，但第四代发现家族有必要重新参与企业经营。

📖 **案例分享**

重建更新工作小组

在这个家族中，第三代家族领导人已经完成了招募一位非家族成员担任首席执行官，并组建一个包含第三代和第四代家族成员以及大多数独立成员的董事会的工作。但到了第四代，近 50 位家族成员来自三个有过冲突的分支。尽管有过冲突，尽管彼此几乎不认识，但第四代还是作为一个整体见了面，试图解决围绕股息产生的冲突，看看他们是否对彼此有任何进一步的承诺。为了解决这些问题，他们成立了四个工作组，分别负责与治理、下一代发展、股息政策和慈善事业相关的事务。当他们见面时，他们的分支身份让位于一代人的新身份。由于企业已经开启了一项雄心勃勃的 10 年计划，因此家族也制订了一项 10 年计划。他们成立了一个由 12 位成员组成的家族理事会，并由一位全职的带薪家族领导人来领导各项工作。

工作小组不仅帮助家族制定了解决冲突的政策，而且还帮助家族成员学会了合作。正如一位家族成员所说：

通过工作小组的协调，我们建立了工作关系，然后在这些工作关系中，我们实际上建立并发展了友谊……10 年前，我们的年度家族会议充满了冲突和压力，我认为开会是一种负担。现在，有人说他们愿意放弃周末来为家族企业工作，想必这是因为家人们对参加家族会议感到兴奋。这很有趣，也很令人兴奋，人们很高兴见到彼此。

这个家族对下一代的发展做出了重大承诺：将用 2% 的家族财富来资助个人和领导力发展计划。这位家族成员继续说道：

我们也在努力开发下一代的人力资本要素。在每年的家族会议上，我们都会邀请一位教育工作者来与下一代一起工作，尝试让他们在与家人相处、参与家族企业事务的过程中获得尽可能积极和充实的体验。

我们让这位教育工作者负责团队建设、领导力培训和问题解决，我们在年度会议上花几个小时开展下一代的活动。我们让成年人从孩子的角度出发，与孩子们一起工作。因此，我们不是要求孩子们来参加我们的会议，而是在与他们建立关系的背景下，以适合这个年龄段的方式与他们见面。

📋 案例分享

管理家族与企业的界限

这是一家由两兄弟创办的非美国家族企业，有四代才华横溢、兢兢业业的家族首席执行官，如今控制着一家大型上市公司和其他几家企业。该家族有450位成员，遍布全球各地，他们每两年举行一次大型家族聚会。他们都深度参与了公司事务。

10年前，当第四代领导人在规定的65岁退休时，家族中出现了有关继承、下一代家族成员的就业政策、妇女参与公司事务以及管理庞大的家族基金会的问题。他们意识到家族聚会不是解决这些问题的最佳场所，由家族董事和独立董事组成的企业董事会也不是。

作为回应，第四代和第五代成立了一个家族理事会，来管理家族成员参与商业活动和其他非商业活动的相关事宜。家族理事会为企业中人员的入职、晋升和继任制定了指导方针。这样做的一个独特之处在于，它要求任何希望进入高级管理层的家族成员都要接受广泛的评估，并在企业之外执行为期一年的社会创业项目。后一项要求反映了该家族对社区的坚定承诺。

如前所述，对第四代及之后的家族成员来说，发展独立的企业和独立的家族至关重要。与此同时，在很多家族中，家族需要重新做一个重要决策。

📑 **案例分享**

重归于好

多年来，一位有远见的第二代领导人领导着一家大型上市公司（由家族控股）。该企业包括一个家族办公室和其他企业，这位第二代领导人培养了其他家族成员独立追求自己职业发展的传统。

被指定的第三代接班人意外去世，他的兄弟不情愿地接过了管理权。这位第二代领导人明智地创建了一个由才华横溢的独立董事组成的强大董事会。随着第三代领导者开始向第四代过渡，他们面临着出售企业的选择。一位家族成员说：

那是一场危机。我们这一代（第四代）原本不需要花太多时间交流，那时突然不得不就"我们该怎么办"这个问题开启对话。我们要将家族90多年来创造的财富具体化。我们想继续共同经营这家公司吗？作为战略评估的一部分，我们做出了退出的决定……这并不是说我们经营不善，而是我们认识到回报不太可能与风险相匹配。在那个阶段，我们必须看着对方的眼睛说："我们想一起继续经营企业吗？"答案是肯定的。

我们经历了一个为了制定一项战略而与每个人协商的过程。"这就是我们要做的。如果你不想这样做，那你随时都可以离开；如果你想做，那就让我们昂首挺胸地做好，让我们保持友好和快乐，没有顾虑，没有压力。"我们中的一些人认为将家族资本放在一起管理是一个好主意，因为我们认为我们有更好的机会让这些资本发挥作用。而几乎所有人都说："让我们继续前进，这些钱已经落到我们手里了。这不是我们赚来的，那我们要如何负责任地使用它们？"从那时起，我们就一直经营着家族企业。突然间，我们变成了一个协作小组，所以我们这一代人需要弄清楚我们要做什么。

这个家族形成了一种独立的道德观，因此第四代面临的挑战是将关注点转移到共同参与上。接受我们访问的是一位第四代家族领导人，他回忆说，他的父亲告诫他不要过多地参与家族事务。他的父亲认为，家族企业会给人们带来可怕的奴役，但不管怎样，他还是对家族有这种责任感。家族成员还必须面对下一代会富有，但不会非常富有的事实。这位受访者说：

> 所以我们在想办法保护资产。他们认为我们的现状和我们的出身只是他们将成为谁的背景。除了将资产视为他们根基的一部分，并对此感到高兴之外，他们对在企业获得职位、收入或其他任何东西都没有权力感。他们会花时间努力寻找资源，以成为有效的股东和所有者。

大型传统企业

大型传统企业为第四代及之后的家族成员创造了特殊的条件。作为长期股东，家族成员希望企业保持强劲增长和盈利。他们还希望家族能够践行企业所体现的价值观。他们经常将企业视为一种公共信托，并认为企业与员工、产品和社区息息相关。他们通常希望子孙后代加入董事会，并有可能在企业工作。

拥有大型传统企业的第四代及之后的家族成员使用了前面讨论的所有方法。他们的不同之处在于，他们经常发现自己同时采用了很多这样的实践。

这个第四代家族体现了我们在世代家族中看到的很多元素。该家族有600位成员，其中250位是所有者，共有五代人在世，26位家族成员在这个企业集团的不同实体中工作。该家族一直有鼓励其成员在企业工作的政策，但10多年前，家族成员开始意识到，虽然其商业帝国的收入增长了，但利润没有增长，所以启动了一次重大的企业和家族重组。一位家族成员说：

> 大约八年前，我们意识到我们的家族越来越大，越来越分散。那时我们做出决定：家族就是家族，企业就是企业，我们开始从家族企业转变为商业家族。这是我们迈出的关键一步。因为当你拥有一个家族企业时，就业就成了与生俱来的权力，而我们让太多不合格的家族成员进入了企业，最终导致

业绩受到影响……

两者的区别在于，家族企业的首要目标是保持家族关系和谐，利润是次要的；而商业家族则以企业为重，利润至上、业绩至上，关键是要将合适的人放在合适的位置上，发挥他们的作用。我们从关注企业关系转向关注企业绩效。这对我们来说确实很难，但我们做到了。自从我们的业绩出现巨大好转以来，我们就一直走在正轨上。

这种转变压力很大。仅由家族成员组成的董事会不得不撤换一些虽是大股东，但无法胜任工作的家族成员。他们成立了一个所谓的所有者委员会，并将董事会规模缩小至只有三位家族成员、四位独立董事以及一位家族首席执行官。他们一起做出了这些决定，同时也制定了一项明确的政策，规定家族成员可以出售他们的股份。

家族成员更清楚地了解了他们作为一个家族的价值观，在明确的家族宪章中确定了家族的使命、愿景和价值观。除了代表 250 位家族所有者的所有者委员会之外，他们还成立了一个代表 600 位家族成员的家族理事会，以及一个由四位第四代成员和两位第五代成员组成的慈善委员会，以监督家族实现捐赠 10% 利润的承诺。该家族还任命了一位全职家族主席，负责通过监管家族和企业之间的界限、调解出现的冲突和促进家族成员的发展来维护家族关系的和谐，使家族成员胜任他们在企业中的工作并富有成效。家族主席是明确企业为重，同时又不阻止家族成员在企业工作的关键。

企业为重的政策并没有阻止家族成员在企业工作。企业积极招募最有才华的家族成员。它还制订了一项积极、多方面的教育和个人发展计划，帮助新一代成员为进入企业工作并成为领导者做好准备。这项计划从孩子们年幼的时候就开始了，一直持续到他们长大成人：

父母需要确保他们在餐桌上谈论的是愿景和价值观。一旦孩子们长大，变得好奇，就可以和家人一起做很多事情……实际上，从他们 12 岁开始，我们就开始将他们从 12 岁到 20 岁进行分类，这是一个很大的群体，但我们是有意这样做的，因为我们希望一些 20 岁的孩子成为一些 12 岁或 13 岁孩子的导师。所以你可以将他们作为一个群体看待。我们接受这个年龄段的孩子，并和他们一起工作；他们每年会开展两到三次不同的活动。我们称这些活动为表亲活动。一整年，我们会举办很多有趣的活动，其中一项活动就是某种形式的学习。教育不是围绕着我们做了什么展开的，而是围绕着我们是谁展开的，因为你把这些孩子聚在一起并介绍他们，就像"嘿，我认识你，你在科学课上坐我旁边，我不知道我们是亲戚"。

这个家族有很多社交活动，还有一个网站和 Metal（原名 Facebook）账户，这样家族成员在小时候就可以相互了解。随着这些年轻人长大，家族会提供关于企业实习、暑期工作、就业指导和职业发展的信息，也会提供学习领导力课程以及其他共同学习和成长的机会。越来越多的家族成员在学习的过程中开始明白，在企业工作不是一种权力，而是一种责任。家族会积极地招募家族成员加入企业，例如寻找在外工作的有才华的家族成员，并试图吸引他们加入。每年，所有在企业工作的家族成员（目前有 26 位）都会安排一个周末的时间，与彼此、与他们的配偶一起谈论他们的特殊经历。

📑 **案例分享**

家族和企业

这个第七代家族有着类似的家族企业传统，它已经发展成为一个多元化的企业集团，既追求利润，也追求价值。几代人以来，这个家族由一个又一个家长式的族长管理，但在这段时间里，他们慢慢建立起一个积极的治理结构，将家族成员团结在一起。100 多年来，他们每年都举行家族会议，并在 30 年之前就建立了家族理事会，制定了下一代的教育计划。分散居住的家族一直是积极和包容的。从一开始，公司就非常欢迎配偶担任股东加入。随着下一代的成长，家族人口超过1000 人，他们制定了一项退出政策，允许家族成员走自己的路。随着重组家庭、离婚和继子女的出现，定义谁是家族成员变得越来越复杂。

20 世纪 60 年代，第五代面临一个选择。由于这一代人数众多，关于这个家族是否真的想参与日益复杂的商业冒险的问题被提了出来。家族成员的回答是肯定的，他们开始在已经举行多年的定期家族会议的基础上寻找新的发展方式。他们建立了一个积极的结构，以监督企业、家族会议和基金会。推行这些举措需要构建一个独立于企业的、经过精心设计的家族组织。该组织包括一个由家族选出的 10 个人所组成的家族理事会。全职家族主席任期五年（最多三届），领导理事会管理家族活动和治理。几位成就卓著且敬业的家族主席都曾领导过家族理事会。我和我的研究团队采访了现任主席，她将自己的角色比作一个复杂的非营利组织的领导者。

年度家族会议是一个特殊的活动，将举行很多社会、教育、治理和服务活动（由家族支付费用）。在最近一次的年度家族会议上，近 500 位家族成员中有三分之二参加了会议。一位家族成员说：

鼓励人们来这里的原因是，我们的孩子现在与他们的表亲建立了联系。我们有一个关于 0 ~ 13 岁的孩子的项目，这个项目非常重要，但我们发现他们只能恳求父母才能来参与。有时我们得到的反馈是父母并不是真的很想去，但孩子们非常渴望与他们的表亲来往。这很棒，因为他们获得了经验。他们不仅让那些可能已经被边缘化的父母来参加会议，而且他们彼此建立起了联系，这样当他们进入董事会或家族理事会时，他们已经相识并了解彼此了。

所以我认为，这个关于下一代成长的项目是在激励下一代扛起旗帜并继续前进。最大的挑战是，如果没有家族企业，我们就无法做到这一切。如果我们不赚钱，我们就无法支付会议费用，也无法支付人们参加家族理事会或成为家族主席的费用。

家族董事会包括三名独立董事、一名首席执行官（由非家族成员担任）和九名家族董事。股东们每 10 年为企业和家族进行一次战略规划。还有一个专注于四个领域的基金会，能够为很多家族成员提供工作机会。最近有一项调查询问家族成员，对他们来说，家族活动和家族企业哪个更重要，回答是一半一半。家族既关乎家庭，也关乎企业。

本章详细介绍了世代家族四代人的演变过程。随着我们的深入，我们将继续研究那些已经进入或经历了第四代财富的世代家族所共有的每一个要素。我们将首先关注家族如何发展具有灵活性、适应性强的商业和金融实体，以及家族文化如何从家族传统和每一代人的新兴领导力中产生。我们将探讨家族成员作为管家的角色，以及他们作为企业主如何监督企业经营和为企业发展设定基调。然后，我们将转向家族企业最不寻常和最独特的方面——发展家族治理结构（如家族大会和家族理事会），它们在指导家族的发展的同时，也指导家族管理其商业资产和金融资产。最后，我们将介绍世代家族如何投资并吸引正在成长的年轻一代，以致力于并管理他们的企业直到新一代接手。

在自己的家族企业中采取行动

讲述关于家族发展过程的故事

每个家族都有自己跨越几代人的发展之旅。世代家族找到了很多方式，来分享其家族和企业的故事。当一个家族进入第三代时，新的家族成员可能不知道家族创始人或家族起源的故事。为了激励下一代并传授家族的价值观，老一代必须创造机会与接班人分享家族故事。这一点很重要，因为如果没有有意识地讲述这些故事，人们可能就会分享和相信负面的故事、歪曲的事实和道听途说。家族应该采取一些措施，以积极的方式分享和讲述自己的故事，但不要忘记或否认困难甚至冲突。年轻人渴望获得这些信息，除非家人积极分享，否则他们很容易受到负面故事和错误信息的影响。

家族可以用以下方式讲述关于家族和企业的故事。

- 祖父母可以花时间陪伴孙子孙女，帮助他们了解家族，父母也可以这样做。
- 家人可以收集并保存文物和宝藏，并向孩子们展示。
- 年轻一代可以通过视频采访长辈，请他们讲述自己的回忆和记忆。家族成员不仅可以相互收集故事，还可以从员工、顾问、朋友和客户那里收集故事。
- 年长的家族成员可以带年轻的家族成员参观企业和其他特殊的地方，传授和分享他们的知识。

第 5 章

企业的灵活性：发展之路上的常见转换

虽然前几年多代家族可能面临的是一个稳定的环境，但现在，世代家族的发展过程和它们所面临的环境要复杂得多。到了第三代，没有一个家族企业还能保持上一代人经营时的样子，业务拓展到新的市场，研发出新产品，可能会上市或增加其他股东。又或者传统企业被出售，家族实现多元化发展。新家族成员的出生、长大或结婚都会给家族带来不同的价值观和技能。世代家族一个不变的标志是它的灵活性，即适应和改变以应对顺境或逆境的能力。

近 100 年来，参与我们研究的每个家族都经历了重大转变，有些家族企业已经通过调整或扩大其产品和服务组合，进军其他领域，实现了多元化。老牌企业曾多次面临挫折和危机，有的甚至面临破产。在经营多年的家族企业中，危机会促使企业的管理者做出调整、重新思考经营模式，并探索新的发展之路。

随着数字化浪潮席卷全球，社会、商业和文化环境都在发生变化。新的通信技术、全球化、环境破坏和全球商业的不稳定所带来的变化甚至威胁着那些最成功的企业的生存。当家族创造性地应对可预见的危机时，每一代新成员都表现出不同的期望和需求，他们有着不同的梦想。

企业在每一代人的手里都可能岌岌可危，它可能倒闭，也可能被卖掉，家族也可以选择分家。世代家族必须一次又一次地做出决定，家族成员们要接受更大的挑战，团结在一起并适应变化。为了取得成功，它们必须质疑传统，挑战长期存在的文化传统，以便在一个越来越没有人情味的世界中维持家族的亲密关系。

本章概述了世代家族的发展之路，介绍了每一代人在家族和企业成长和发展过程中所面临的共同挑战，并探讨了世代家族如何应对日益复杂的问题，即如何创建一个与蓬勃发展的家族企业相关联的强大家族。

在危机中求生存

在一代或更多代的成功之后，每家企业都会面临危机：新技术、经济衰退、竞争加剧或对再投资资本的需求都可能对企业构成挑战。以下是两个例子。

- 在经历了世界大战和占领之后，一个家族再次发现自己身处一个不受欢迎的国家。第三代的三位表亲将他们在国际贸易方面的丰富资源汇集在一起，然后各自搬到了不同的国家。像罗斯柴尔德家族一样，这些表亲最终创建了三家新企业，这些企业的发展和繁荣程度都远远超出了它们最初的那家企业。

- 在一款标志性的产品取得三代人的成功之后，一个家族企业发现，新技术正在使其产品被逐步淘汰，但该公司得到了市场极大的认可和喜爱。一位第三代家族领导人在从商学院毕业并在一家咨询公司实习后，被邀请加入公司，并重整公司业务。在调查并研究了人们对公司和产品的看法后，该家族提出了一项新使命：带领公司向新的方向发展，但仍将重点放在消费品上。当新的领导者将制造转移到海外并生产出新一代产品时，公司的声誉使其获得了知名度。他帮助因转型而失业的员工找到了新工作，并将废弃的工厂重建为产品研发中心。该公司成功地将其品牌知名度转化成了新一代的客户和产品。

内部和外部的挑战促使家族企业积极适应新环境和做出改变，有时是做出重大的改变。导致家族重新评估和转变商业政策和实践的常见触发因素有以下几个。

- 家族领导人的突然离世凸显了家族内外缺乏合格的接班人。
- 新技术带来新的竞争对手，需要再投资。
- 随着股东的增多和业务的成熟，利润的突然或逐渐下降会引起家族的关注。

- 如果企业经营良好，那么家族可能会面临收购要约。

- 随着企业产生利润，家族进军其他领域。

- 代际更替带来了更多的股东，有时还会增加新的专业人士，他们会挑战使企业盈亏平衡的管理方式。

- 一些家族成员不可避免地想要出售他们的股份，而其他股东必须面对是否收购他们的股份以及如何对公司进行估值的问题。

在全球互联互通的今天，深刻的变化发生得越来越快。一位第七代家族领导人观察到，对于六代人来说，事情是可以预测和有序发生的。企业从长子传给长子，以同样的方式经营，有熟练的工匠和工人。然而，在过去的 20 年里，这个家族经历的变化比前几代人的总和还要多。商业环境变得全球化，技术日新月异，竞争无处不在。在内部，这个家族决定，所有家族成员——儿子和女儿，年轻的和年长的——都有资格担任领导职务，而不仅仅是长子。

然而，这个家族一向强烈抵制改变，一直在努力提供安全性、可预测性和稳定性。很多企业的创始人和领导者都希望事情保持不变，因为他们只想要成功。他们回避和否认任何表明他们必须改变旧方式的事情。很多商业家族失败是因为它们无法留住能够为新一代创造价值的创造力火花。在这些情况下，企业会变得守旧和脆弱。冲突可能会爆发，使发展方向和领导力受到质疑。家族成员为如何避免衰退而愁眉不展。

随着企业元老寿命的延长，他们希望享受成功的喜悦，并对重塑自我感到厌倦。事实上，实现改变的能力的一个核心方面是决定何时通过出售家族资产来"收获"其价值的技能。随着持不同观点的新一代的出现，这既可以使家族自由地追求新的机会，又可以解放家族，让第二代可以通过将家族带向新方向来"拯救"家族。每一代人都有机会重塑家族企业。本章介绍了世代家族最常经历的转变，以及他们如何积极地做好准备。

持续创新

如何保持持续的业务创新和适应性？适应力强的企业是通过预测和适应

而不是做出反应来面对动荡环境的。

用于描述企业成长和发展过程的一个常见的模型是 S 曲线，如图 5-1
所示。

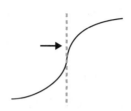

图 5-1　用于描述企业成长和发展过程的 S 曲线

创始人在资源有限的情况下艰难地创建了一家成功的企业，然后该企业
以指数级的速度飞速发展。但增长不可能永远持续下去。随着产品的成熟、
竞争的出现或技术和消费者需求的变化，曲线最终会趋于平缓或下降。这家
企业现在正面临危机，必须找到一条新的增长之路，否则将面临衰落。虽然
家族企业会经历指数级增长期，但其持续的成功取决于家族在增长放缓或危
机来袭时自我更新的能力。世代家族会寻找创造新的 S 曲线或扩展现有 S 曲
线的机会，并放弃走向成熟或对抗衰落的努力，转而开发新产品、新市场或
者进行新的投资。变革的前景取决于家族在 S 曲线上所处的位置，但这一点
并不总是显而易见的。当家族企业进行深度转型时，它可能会进入新的 S 曲
线，如图 5-2 所示。

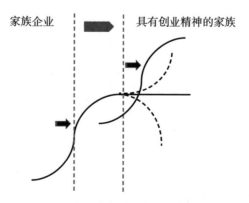

图 5-2　从家族企业过渡到具有创业精神的家族

企业面临着外部威胁，如社交媒体、核心产品的全球竞争、新品牌、战争和政治威胁的后果，或产品的成熟和过时。企业不能等待太久，必须做出预测并应对挑战。如果家族唯一的资产是一家企业，威胁就尤为严重。老一辈的领导者终将离去，他们必须在家族中找到创新者，这些创新者要具备维持家族愿景以及适应和改变的意愿和技能。

我们可以回顾每个世代家族三代或更多代人的历程。我们可以设想一条时间线，概述这样一个家族几代人的曲折旅程。每个家族都可以创作一幅图（如图 5-3 所示），按照时间顺序来记录家族发展史上的关键事件。这是家族教育和激励年轻一代了解家族故事的一种方式。

创新和创业并不是创始一代的"专利"。世代家族会通过在每一代新人中培养人才来重新定义自己。它们在维持现状、"收获"财富和长期投资创新之间经历着持续的紧张关系。家族必须直面不同意见，并就发展方向达成一致。世代家族成功地做到了这一点。

它们进行购买、销售、创新和更新，同时不断重新设计它们的业务。正如第 6 章将展示的，它们可以作为工匠，通过创新其核心产品或技术来做到这一点，也可以作为机会主义者，通过寻找新的业务方向或投资来做到这一点。

世代家族具有变革能力往往得益于其后辈的主动性。年轻的接班人不满足于接受现状，尽管现在利润丰厚。他们渴望证明自己，并对新的方向感到兴奋。全球化教育为他们带来了新理念，也让他们有了新的可能性，但要将他们的技能和知识用于为家族服务，他们还需要长辈的支持。新生代需要学习长辈们的智慧和经验，然后才能朝着新方向前进。

转折点：世代家族的四大转变

我们采访的大多数世代家族都经历了四次具有里程碑意义的巨大转变：

- 通过出售或其他能够获得流动性的事件"收获"传统企业；

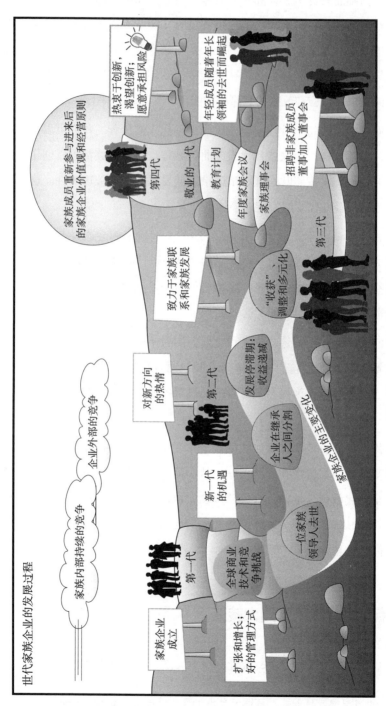

图 5-3　一张图展示家族发展史中的关键事件

- 通过买断部分家族成员的股份来修剪家族树，只留下那些致力于企业所有权的人；

- 通过收购其他企业和进行其他投资实现多元化，从而创建一个企业投资组合；

- 通过创建家族办公室来集中管理和监督多个企业实体和业务，并延续家族身份，以夯实根基。

每一种转变都深刻地改变了家族的性质。世代家族从这些重大转变中脱颖而出，新的工作重点延续了其传统价值观，并以家族优势为基础。家族在恢复周期中积极工作，以预测未来、重新定义自己并应对变化。虽然家族并不是按照严格的顺序经历这些里程碑，但从拥有几位所有者的单一家族企业发展为拥有家族办公室和精简过（但数量仍相当可观）的家族所有者的企业组合，是我在本书中提到的大多数世代家族企业的发展之路，如图 5-4 所示。

图 5-4　家族企业的发展

"收获"传统企业：流动性带来新机遇

当财富创造者告诉后代"永远不要出售家族企业"时，继承人最好慎重对待这一忠告。没有什么生意可以永远持续下去。拥有企业的家族不应该坐等企业倒闭；相反，它应该向前看，并定期问以下问题：

- 这家企业现在对我们有意义吗？

- 面对新技术、全球化和社会变革，我们能否保持竞争力？
- 我们能否按照应有的方式管理和经营企业？
- 我们是否有足够的资源投资于保持卓越？

大多数家族都希望守住它们的传统企业。但有时，即使是一家强大而充满活力的企业也会受到社会变革或新技术等外部因素的威胁。一个家族在极不情愿且有所保留的情况下决定出售其传统企业。该家族的一名高管成员说：

> 没有人想卖掉公司，但因为买方的出价比前一天高出67%，我们觉得必须接受这个出价。我们意识到，如果我们拒绝，我们将不得不分配大量资源来重建公司，这将涉及领导层的重大变动。我们不确定自己能否坚持到底来应对这次动荡，所以我们最终决定出售公司。

一些研究表明，出售传统企业意味着家族作为一个有组织实体的终结。然而我们的研究发现，事实远非如此。出售传统企业是一个重大转变——一个分水岭事件——但它将世代家族引向了一个新的开始。出售企业意味着转移价值，并将企业抛在身后。"收获"一词指的是一个家族放弃其传统企业的多数股权，因为对这个家族来说，这并不是结束。在农业中，收获可以让土地再生，然后人们就可以重新种植。"收获"的家族决定从其企业中获取资源，以培育和发展其他机会。家族可以多次出售其资产。一些家族的成员说，他们每一代都能收获一项重要资产，让一些家族成员有机会自立门户，迎接新的挑战。但有些新现实也可能给世代家族带来创伤，这可能意味着家族失去了体现在企业中的身份及其在社区中的地位，并进入了不熟悉的领域。

在我们采访的家族中，有一半的家族"收获"了它们的传统企业。这对家族产生了两种具有变革性的影响。

- 使一些家族成员套现并离开家族合伙企业。其他家族成员选择留在家族合伙企业中，以维持其生活和家庭需求。出售资产就像释放水泵的压力，既能使家族继续经营，又能减轻投资资产持续产生回报的压力。

- 使新一代利用他们的技能开发新的投资项目，满足家族对新财富来源的需求。有几个家族拥有不止一个大型家族企业。通过出售其中一项需要新资本或带来较慢且难以预测的回报的资产，它们能够重新专注于新方向和新投资。

作为"收获"的结果，我们采访的家族通常会开发多个财富来源，如控股公司、家族办公室，或者可能是兼具家族办公室和信托优势的私人信托公司，任何一种来源都能让它们买卖投资。

尽管家族可能高度重视其传统企业，但也可能有充分的理由进行"收获"。虽然企业在过去表现良好，但现在可能已经成熟，回报率较低，或者需要注入大量的资本。企业可能已经发展到了很大的规模，却没有多少家族成员来管理它。在这种情况下，家族往往会觉得自己可以从企业中脱离出来。尽管可能与企业有情感上的联系，但家族可能会决定继续前进，寻找新的身份来源和能量出口。

这个决定由谁来做？又是如何做出的？在大多数家族企业中，仅有少数家族成员可以在所有权或董事会层面做出决定。出于保密原因，他们可能不会在家族内部分享收购要约，或者他们可能觉得根本没必要让家族成员知道。我们在世代家族中看到了不同的决策过程。董事会成员或主要股东可能会做出明智的决定，但他们也明白，由于出售提议的情感意义和家族价值观，因此也应向非所有者家族成员征求意见。年轻一代成员的意见尤为重要，因为未来他们将成为所有者。他们是否理解并同意在出售时考虑的价值观和挑战？他们将会因出售而失去机会。世代家族能找到一种方法，让所有家族成员都参与到关于可能的出售的对话中，并在采取行动之前征求他们的意见。

有时，家族在听取其成员的意见后可能会决定不出售；相反，将家族的精力和资源重新投入振兴企业的努力中。以下有三个例子。

- 我们当时面临的挑战是引入一位非家族成员首席执行官，但我们怀疑他能否维护我们的文化和价值观。我们有非常强大的企业文化，这是我们公司结构的一部分。我们对出售公司感到悲伤，一部分原因是我们认为可能会失去我们所建立的优良传统和文化。

- 我们一直坚定地致力于保护企业的长期所有权。想要收购我们公司的风险投资家或竞争对手无数次找过我们（甚至每个月都联系我们），但我们从未在董事会层面讨论过这些，因为家族政策很明确。我们只是说"我们不感兴趣"，然后继续经营。我们承诺为子孙后代经营好我们的公司。

- 如果企业的所有资产都被清算，那么每个人的口袋里都会有一大笔钱。但我们只会感到不舒服，就像我们辜负了我们的前辈，他们创建了这家企业，却从未想过要卖掉它。

决定出售

尽管传统企业在维持家族联系和家族身份方面发挥着核心作用，但考虑出售可能存在商业方面的原因，正如这位第三代领导人指出的那样：

当关于是否出售公司的问题出现时，家族成员已经不参与公司事务了，他们中的大部分人都有自己的工作。这反映了我们决定出售公司时的家族文化。这个决定实际上是由非家族成员、非执行董事提出的，他们说："公司已经有 90 年的历史了，虽然这很惊人，但现在你们面临着很大的风险。我们担心你们作为家族要承担的风险。"

如果大部分家族成员都没有致力于经营企业，那么少数家族所有者可以强行出售：

他们有一个帝国——城市中心周围的所有土地。但最终，他们不得不出售，因为小股东们想出售，因为他们经常为公司经营事宜闷闷不乐。当有人反对时，他们就开始兴风作浪。

如果家族没有意愿、技能或资源来满足新出现的商业需求，那么它可以通过出售和多元化的战略选择来避免日后的危机。例如，一个家族控制着一家规模庞大但业绩不佳的上市公司。家族成员满足于可观的股息，直到业绩恶化并威胁到股息时，他们才想起要变革。一位买家找到了这个家族，希望将公司带向一个与家族期望不同的方向。然而，考虑到业绩下滑的问题尚未得到解决，该家族觉得必须出售公司。由于这是一家上市公司，因此这笔交易成了新闻焦点，这让这个非常注重隐私的家族感到不安。在完成交易后，家族成员很高兴可以重新低调行事。

值得注意的是，家族顾问有可能只顾及他们自己的利益，这可能会使情况进一步复杂化，甚至损害家族利益。下面这个家族最终出售了企业，因为它失去了与企业的联系和对企业的信任：

我们对受托人办公室（他们帮助我们管理一些事宜）的投入有限。我们早在 20 年前就应该认识到，我们需要一个更强大的结构。我们的顾问告诉我们，他们可以提供这种结构，但这并不能形成家族领导力，因为我们并不是这种结构的一部分。家族内部的沟通机制并不健全，也没有明确的方法将其整合在一起。当出售的可能性出现时，我们试图改善沟通并赋予家族权力。但顾问们觉得自己的权力因出售而受到了威胁。他们总是担心自己会发生什么事，而不是为家族的最大利益而工作。

出售将家族带向一个新的方向，它必须正视并适应：

在很长一段时间里，我们一家人因经营公司团结在一起。我们每年与我们的顾问会面四次，与公司员工会面两次。家族董事会成员每月与董事会会面一次，我们为此召开了多次家族会议。我们也还参加聚会、婚礼和葬礼。我们见到了很多家族成员。在出售公司后，我们意识到公司对维系我们的团结是多么重要。我们试着每季度会面一次，但我们已经失去了那种将我们凝聚在一起的力量。为我们的会面找到新理由真的很难。

正如以下章节所述，"收获"后是重建家族合作关系，并重新考虑家族是否重新致力于新的共同投资或企业的关键时期。对很多家族来说，出售企业确实标志着家族作为一个有组织的共同企业的结束。而对世代家族来说，这则是一个转折点，标志着家族成员将一起走向更加多元化和更具创造性的未来。

📖 **案例分享**

家族第四代成员在出售传统企业后重新定义其身份

家族危机有时发生在重大事件（如出售或公开选择保留传统企业）之后。经历了这些之后，家族成员可能感觉不到作为一个家族的相同的身份和目标。治理为家族提供了一个平台，为重新参与和恢复大家族的身份和活力指明了道路。一家拥有百年历史的欧洲企业在被收购并上市时面临着一个关键选择，即被并入一家大型企业集团。一位即将退休的第四代家族领导人描述了这个团结的商业家族所面临的转型和不确定性。

如果脱离企业是正确的，那我们是否还想作为一个企业家族团结在一起？作为一个34岁的年轻人和企业领导者，我问自己："接下来你打算做什么？"我的工作就是为我们的家族找到合适的解决方案。我们从一个有包容性的过程开始，换句话说就是与每个人商量来制定策略。离开没有任何障碍；如果你想走，就昂首挺胸地走，让我们保持友好和快乐。但是我们中的一些人认为发展家族资本是个好主意。我们意识到，只有我们齐心协力，才更有可能让企业经营下去。几乎我们所有人都想继续前进。我们坐下来说："这些钱已经落到我们的手里，但并不是我们赚来的，那么负责任的解决方案是什么？"从那时起，我们就一直这样经营着企业。

我们认识到，作为一个家族，我们没有家族治理的过程，没有集体活动。企业就在那里，而且是成功的。以前不需要治理，是少数人管理的。突然间，我们变成了一个合作团队，所以我们作为第四代需要弄清楚我们想要做什么。我们成立了一个家族理事会。几年后，我们写了一份家族协议。我们实施治理是因为我们认识到，我们这一代有14个人，我们生了37个孩子，如果没有治理，家族就会变得混乱。我们已经很幸运了，让我们想想能否在我们周围建立一些结构，使下一代能够继续成功下去。

举办家族聚会是一种方法。我们每两年都会邀请创始人的所有后代参加一次大型活动。现在我们已经举行过六七次类似的活动了。作为一个家族，比起丰富商业知识，我们更感兴趣的是社区联系，因为我认为这很复杂。现在我们是一家投资基金。但更重要的是，对我的孩子来说，下一代要成为一个有凝聚力的群体，他们彼此了解，彼此喜欢，喜欢花时间在一起，你可以随时与他们交谈，而不必惊动他们的律师。所以，我们非常愿意为这些非周末活动提供便利，我们买单，他们只要到场就可以。他们一起玩游戏，一起制作音乐，一起跳舞。这些都是非常特别的活动，他们可以慢慢享受。几年前，一位堂兄在离开时对他的妻子说："我真希望我们能把这种快乐打包带走。"我们只是聚在一起，并认识到只有经历一个过程才能使我们作为一个有凝聚力的群体发挥作用。但这还远远不够。

现在，我们开始引入一些商业教育。我最担心的是缺乏参与。当你有一家服务型企业时，人们很难认同它，因为如果我们没有产品，我们在市场上就没有存在感。最近，我在英国与一位知名企业家谈到了这个话题。他说："这些钱都是我赚的，我的家人没有参与。"

他们信任你，你所能做的就是按部就班，把结构安排好，尽可能多地花时间来确保它们发挥作用，但直到你不在那里，你才知道它们是否真的做到了。我很幸运，能为我的家族股东工作，他们也非常信任我。这样做的缺点是，很难让他们深度参与，因为他们非常忙碌，他们是医生、研究人员、农民、银行家……你能想到的所有。所以，参与家族事务只是他们生活的一部分。我们经历了整个过程，困难在于参与。

"修剪"家族树：成为一个亲缘家族

新成员会通过出生和婚姻进入家族。由于每位新股东都希望从其资产中获得丰厚的回报，因此在牺牲短期利润分配的同时维持对长期目标的承诺的挑战再次出现。

这些变化来之不易。通常，家族必须对利润进行再投资，这就减少了家族成员的短期回报，他们可能没有耐心等待或给予支持。因此，我们采访的所有家族都面临着一个选择，即通过买断不想再投资的分支或成员来"修剪"家族树。每个家族都有一个"流动性事件"，即买断过程或分配，让家族成员有机会重新决定是否继续作为合作伙伴。

如果一位家族成员住在很远的地方，对成为第二代和第三代表亲的社区的一员不感兴趣，或者希望获得资金用于其他方面的消费或投资，那么他可能会选择离开。

留下来意味着需要承担一些家族成员不愿承担的责任：

- 将时间和精力投入企业管理（包括监督企业运营和参加共同的家族活动）；
- 花时间和其他家族成员一起工作；
- 愿意为长期投资放弃短期利润和收入。

随着家族所有者人数的增加，每位股东持有的股份越来越少，这就更难实现一致性和共同目标了。本书中所提及的家族采用了赎回政策，允许较小的家族所有者将其股份出售给公司或其他家族成员。本书中所提及的所有家族都将退出政策作为其家族股东协议的一部分，这些政策能够避免家族内部因分歧和破坏性冲突出现紧张局势。

不同的分支有不同的利益。有些人在审视了自己的业务组合后决定，将风险适中的长期业务与风险较高的创业投资分开。对其他人来说，拥有一家小公司的大部分股份比拥有一家大公司的一小部分股份更有吸引力。本书所提及的大多数家族都存在这种讨价还价，所以为股东建立一个公平和明确的家族内部市场，既可以实现个性化，又可以维持家族所有权。

如果分开是自然友好的，而不是冲突和分歧的结果，那就会有很大的不同。很多世代家族都经历过分裂，但有些分裂并没有破坏家族关系。

当家族在第二代、第三代关系破裂时，这并不是分手。那是一种友好的方式。"让我们和我们的表亲或叔叔和睦相处"或诸如此类的，"我们家族的关系非常融洽"，因为家族是第一位的。

到了第三代或第四代，一些家族会按照分支来划分合作关系。当一个家族非常成功（如拥有多家企业或者达到难以整合或协同的规模）时，分立各分支可能是比较合适的做法。一些大家族已经开始这样做了。一位家族成员表示，各奔东西是"乡村传统"，因为他们已经被拆分成了几个关系松散的分支组合。一些家族的传统是，父母会将资源打包分给每个孩子。虽然他们可能会错过扩大规模的机会，但他们有自己的成功方式，因为每位家族成员都能够决定自己的命运。

不过，这种安排需要仔细规划。通过允许所有者退出，家族延缓了股权数量的几何级增长和股权稀释。这就是很多世代家族企业股东人数相对较少的原因。那些留下来的人愿意为了更长远的目标而放弃眼前的利益。

在出售传统资产时（这是一个流动性事件），每位家族成员都有选择权，如用新的流动资本走自己的路，或者通过成立投资团队或家族办公室继续共同投资。一个家族在出售了其庞大的传统企业后，三个家族分支中最大的一个选择继续作为投资团队参与投资：

分拆成三个分支是我们自发做出的决定，我们已经讨论很久了。这次出售使我们朝着这个方向前进，而不需要所有人投票表决。我们花了很长时间才把这一切弄清楚。我们与其他有类似经历的家族以及很多顾问讨论了我们的选择。

出售后，家族成员可以决定自己独立发展。然而这很复杂，因为所有权在信托中。最终，我们决定与新的顾问和受托人一起继续运营信托。家族成员可以选择将他们的资产放在我们这里。

此时，家族成员开始有机会获得股票。我们有赎回政策和获得流动现金的方法。然而，我们希望确保他们在提款时都能仔细考虑好，所以我们为他们提供律师和会计师等资源。

通过选择保持愿景

致力于企业发展的家族成员不希望立即分红的压力导致企业出售。他们认为，出售企业剥夺了后代通过继承所有权来获得好处的权利；相反，为了应对那些希望立即获得回报的人的压力，世代家族会为个人或分支机构提供出售股份的途径。到第四代时，我们采访的世代家族都没有将所有血缘家族成员纳入股东行列；相反，每个家族都为家族成员提供了退出家族企业的选择（但一些家族信托不允许这样做）。正如我的同事詹姆斯·休斯（James Hughes）所观察到的那样，世代家族变成了亲缘家族。当有退出的途径时，每位家族成员都必须自愿决定留在集体中。他们是通过选择而不是血缘关系来维持家族关系的。

这种转变尤其重要，因为家族企业倾向于限制对所有者的利润分配，更愿意为了造福未来的家族所有者而对公司进行再投资。它们鼓励那些希望立即变现的人卖掉自己的股份。一位家族成员说：

在我们的家族中，这种重新整合可以让那些对企业不感兴趣的家族成员套现。他们不懂如何经营企业，而只想要最高的分红。现在，他们可以出售无表决权的股份，用这笔钱做自己想做的事情，让少数真正致力于企业的人重新投资。这种方法对第二代和第三代都很有效。事实上，这种方法一直是家族企业的可持续竞争优势。它们不必应对高分红和再投资之间的纠纷，而能够将所有精力都放在客户和员工身上。

一个第五代亚洲家族有以下这样一个减少股东人数的过程：

如果我们继续任由家族树发展而没有任何"修剪"的想法，稀释度就会变得太大，我们可能就无法保持企业最初的愿景。这是从我叔叔开始的，后来我父亲有了四个儿子，虽然我父亲给了我更多的股份，但稀释确实在继续。如果我继续与我的孩子们分享，那么每个人能得到的股份会变得非常少。

我与另一位家族企业的第二代领导人分享了我"修剪"家族树的想法。我向这位第二代企业领导人建议，我们需要找到一种方法，让那些想退出家族企业的人出售他们的股份。我们不能拒绝家族成员留下来，但我们可以通过允许他们兑现股份来减少股东人数。那么，只有那些对企业更有热情的人才能继续成为股东。当我们发展到第五代时，我们可能需要再做一次"修剪"。

一些商业家族面临着另一种流动性事件：信托解散。大多数信托都有终止日期，但当它们成立时，终止日期可能相隔几代人，因此很少有人考虑日期意味着什么。然而，当这个日期真正临近时，信托受益人需要就信托资产的未来持有方式做出选择。他们必须决定是否要继续在一起，如果他们愿意继续在一起，就要决定如何用这笔钱投资。有一个家族是这样解决这个问题的：

　　每个家族分支都有大量的资产和信托。这些信托最终都会终止，所以问题是：我们怎样才能让大家参与进来？当人们有离开的自由时会发生什么？1995 年，我们家族的第六代第一次齐聚一堂。我们中有三位第五代领导人请他们帮助制订信托公司的战略计划。我们开始预测接下来会发生什么。

从单一业务到投资组合的"多元化"

　　从传统企业的所有者 / 管理者到成为企业组合的管理者的演变往往是在新一代年轻领导者开始接手企业时出现的。这一代人带着新的能量、从顶尖商学院学到的知识、实习经验和对家族的承诺来到企业工作。这些新的领导者可能会看到传统企业未来面临的挑战，并研究以可能的方式来重建企业、再投资、扩张或吸引其他投资者。例如，来自员工持股计划的流动性可能会让一些家族成员套现，同时家族继续拥有和控制企业；相反，向主要的家族高管或顾问提供股票可能会让他们继续为企业做出贡献。家族所有者可能会寻找机会收购另一家企业，或在家族办公室或私人信托公司中进行新的投资。这些家族发现了很多机会，这些机会可能大到足以创造一种内部经济，在这种经济中，不同的家族成员可以投资某些项目，每个项目都有不同程度的跨家族所有权。

　　"收获"之后，家族拥有了不止一项而是多项资产。获得利润或出售企业可能会让它们开始投资基金，甚至购买新的企业。它们通常会积累房地产、家族住宅、租赁给企业的土地以及其他投资性建筑。它们可能会成立一个家族慈善基金会，并让家族成员参与其中。面对多家企业和不断积累的资本，家族需要确定其目标和政策，并为每项资产分配资源。即使每个实体都有管理者来监督整个企业投资组合、平衡优先事项、分配和收获资金以及明确新方向，一些家族所有者也必须跨资产类别做出决策。这些决策必须考虑到现在和后代的家族成员希望从家族财富中得到什么。有些人会寻找新的投资项目，有些人会选择服务于社会或从事慈善事业。

　　在出售传统企业后，商业家族获得了难得的机会来重整旗鼓和重新定义自己。这为家族创业打开了大门。以下是一个家族创建新企业的过程：

今天，我们没有令人羡慕的上市家族企业。我们有一家经营稳定、盈利颇丰的企业，它为我们提供了其他地方无法获得的投资机会。我们的房地产部门的出租率为99%。我们拥有商场、公寓楼和写字楼。信托管理部门负责管理一家私募基金的合伙人，该基金有九位不同的管理人员，涉及风险投资等多个领域。所有这些都为每一代人提供了机会。虽然我们不再有看得见的生意，但我们不想让后代失去这些机会。我们希望有新的创业精神和新的创意。

虽然老一辈和职业经理人可能倾向于保守和规避风险的做法，但渴望创新的新生代的出现会使家族朝着更具创业精神的方向发展。新生代的创业活力可以挑战和平衡老一辈人和专业商业领袖的保守主义。在这些才华横溢的年轻人具备能力和建立信誉之后而未完全脱离家族之前，家族需要让他们参与进来。家族还必须对投资和新创意进行制衡，这样年轻一代对风险的热情和渴望就会在谨慎中得到平衡。然而，老一辈不能太保守。一个家族错失了早期投资互联网先驱的机会。年轻一代满怀激情地提出了这个想法，但家族成员不愿意冒险。

欧洲的一家制造企业也经历了这种演变。如下所述，两代人必须克服他们之间的分歧：

公司从单一的家族企业发展成为拥有家族办公室的金融控股公司。我们需要多元化经营，并将我们的工作重心转移至欧洲以外。第三代和第四代之间就一些问题展开了激烈的争论。我们应该出售公司吗？如果出售了，我们应该如何投资收益？是投资于更多样化的持股，还是将收益分配给股东？

融资变得更加困难。如果我们去银行贷款，我们就会面临更高的利率，所以我们决定将非洲的出口业务从核心公司中分离出来，并在顶部成立一家控股公司。我们允许一些不参与的家族成员从核心业务中分离出来。这是一件好事，因为它可以使管理者在无须征求这些成员意见的情况下做出决策。

这家中东企业集团是多元化发展的非美国家族企业组织的典型代表：

家族控股公司过去完全由家族股东组成，这些股东持有我们所有业务

100%或多数股权。但去年，我们第一次收购了自己的一家子公司的少数股份，因为它需要大量投资（它是一家连锁超市）。外部投资者投入了资金。现在我们占 49%，它们占 51%。

家族企业可以包括上市企业实体和私营企业实体。它们可以合并为一家家族控股公司。欧洲一个第五代企业集团就是这样做的：

在私营企业方面，我们有一家控股公司，也就是原来的公司。目前，它大约占上市公司的 50%。上市公司有四个经济驱动因素，即电力公司、商业银行、消费品公司和房地产。所有这些都是上市公司，但私人控股公司持有上市公司的很大一部分股份。我们现在的市值约为 70 亿美元。

一个拥有一家经营了一个多世纪的传统企业的家族在其上市公司之外成立了一家家族合伙企业。该合伙企业拥有一个家族顾问委员会和两名家族高管，这两名高管曾在风投和金融公司就职。他们的风险投资符合后代的利益，并得到了经验丰富的家族领导人和非家族领导人的支持。

向共同资产组合的过渡代表着家族的深刻变革，一家欧洲公司用了几代人的时间认识到了这一点：

2009 年，我们经历了一次流动性事件：我们出售了农业公司的一部分。这使我们能够买下我祖父的股份，让他安享晚年。我们也有资金买下我父亲和我叔叔那一代的股份。然而，这引起了很多分歧。有些人想出售公司，有些人则坚决反对。那是一段非常困难的时期，我们进行了多次艰苦而激烈的讨论。

最终，大多数家族成员同意出售公司。这是一个重大的决定，因为这是我们的核心业务。接下来，我们与老一代人就代际交接达成了协议。最终，我们买下了长辈们的股份，2009 年末，我这一代人控制了家族理事会。

转为企业和其他共同资产组合后，家族领导类型也会有所不同。家族可能会选择多位拥有不同技能的领导者来管理不同类型资产，而不是只选择一位领导者。一些家族，尤其是美国以外的家族，允许家族成员收购和管理不同的企业。然而，投资组合需要一家中央控股公司或董事会来管理所有资产的相互作用。传统企业在上一代可能只有一位家族领导人；向组合的转变为家族成员的共同领导打开了大门，他们可以监督不同的领域。被指定为下一代领导者的人永远不可能拥有原企业创始人的权威，因为他要对很多其他家族所有者负责。在指定领导人的同时，通常会有一个董事会、投资委员会或特别工作组来实现家族投资的多元化。

📑 案例分享

在家族投资组合中使用创业思维

在世代家族中，谨慎地冒险和转换方向往往会赢得家族中较为保守的成员的支持。例如，在出售了传统企业后，新生代成员们找到了影响家族发展新方向的机会。

当然，一开始，我们只是一个单一的运营单位。后来，当开始产生足够的现金流时，我们开始多元化经营。我们创建了自己的多元化投资组合，以便在核心业务出现问题时作为安全保障。这是一项持续的战略，从未被搁置或遗忘。我们一直在不断丰富我们的投资组合。

一段时间后，我们感到了不安，因为我们同时做了这么多事情，却没有一个将它们联系在一起的策略。我们错过了很多机会。现在，我们已经转型为一家控股公司，我们对所有的业务都有了一个整体的了解，我们可以将每项业务相互联系起来。这使我们能够为每项业务的销售、生产和增长制定战略。我们还可以在各种业务之间创造协同效应。

控股公司的目标是继续收购更多的公司、创造更多的机会，并始终有明确的战略。两个月后，我们将发布整个集团的第一份合并报表。

我们都有一种创业心态，对创造新的商机感到兴奋。这既有挑战性，又令人兴奋和充满乐趣。这种精神来源于家族使命，来源于我们看待生活的方式。我们从不满足于现状。我们从成长过程中吸取的教训让我们不断追求进步和改变。

我们有时觉得有必要在寻找新事物之前先解决现有的问题，但是每当我们这样说的时候，都会有新事物出现，每个人都会非常兴奋。我们有一个非常稳健的流动性投资组合，这让我们在前进的道路上倍感安心。

夯实根基：作为治理和家族认同中心的家族办公室

在世界各地，我们看到被称为家族办公室的实体的数量正在急剧增长。在家族企业取得成功后，家族可能开始从其他资产中积累财富。出售企业或从利润中积累资本等"流动性"事件，使家族需要管理企业以外的资产和投资。如果企业是私有的，就可以在企业内部管理其他资产；但如果有其他股东，或企业被出售或上市，大家族的财务就需要单独管理。

家族办公室为家族提供新的服务，包括报税和法律合规、财务咨询、财富投资组合管理、信托管理和遗产规划。家族办公室还会为家族会议、治理活动和家族教育提供支持。它介于大家族、家族企业及其金融和商业实体之间。有了新的关注点和新的"中心"，就意味着这个家族往往不得不改变其身份，改变其看待自身和运作的方式。

将这些服务置于传统企业之外，就形成了所谓的家族办公室。如果家族拥有大量资金或多种资产，那么办公室的规模可能会相当大，并配有大量专业人员。实际上，它成了家族拥有的另一家必须管理的企业。在出售传统企业后成立家族办公室，为家族的身份和共同参与（除了共同参与企业事务）创建了一个新的中心。家族必须决定是要拥有自己的家族办公室，还是要与其他家族联合，通过家族办公室、信托公司或金融公司获得这些服务。

我们在研究中发现，近三分之二（63%）的世代家族拥有家族办公室（如图 5–5 所示）。随着每一代新人的诞生，家族拥有家族办公室的可能性越来越大（如表 5–1 所示）。

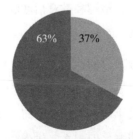

图 5–5　拥有家族办公室的世代家族的百分比

表 5-1　　　　　　　　　　几代人以来家族办公室的比例

	第二代	第三代	第四代及以上
拥有家族办公室	9%	30%	61%

到了第三代，只有三分之一的家族拥有家族办公室；到了第四代，61%的家族拥有家族办公室。随着家族需要关注税收、投资、个人支出、慈善事业和企业以外的共同家族活动，组建家族办公室必须提上日程。虽然这会使治理变得更加复杂，但家族办公室能够使家族作为一个有组织的、创造价值的实体团结在一起。

家族可以在出售大型企业后创建家族办公室，如下所述：

我们有一个投资管理委员会，负责推荐某些投资项目，当然我们也做一些研究。我们还有一个家族办公室，但员工很少。我们有投资、法律事务、慈善事业和报税方面的专家。在某些方面，比如报税，我们可能会多花一些钱，但我们觉得我们得到了最好、最合适的策略。

对于第四代及以上的家族来说，出售其传统企业并实现多元化并不罕见。成熟企业可能无法提供其他企业所能提供的回报。随着家族的壮大，这个成几何级数扩张的家族中的一些成员想要退出家族企业，所以家族必须制定并实施明确的政策来管理其股份交易。在出售股份时，很多家族会成立或扩大家族办公室，为选择再投资的家族成员管理收益，并利用个人投资者无法获得的机会。

接受我们采访的一些家族成员认为其家族不仅仅是家族投资集团。他们认为，家族办公室不仅帮助他们管理资金，还帮助他们管理家族的家庭、社会和慈善等关系。它处于家族治理和教育活动的中心位置。正如下面两个例子所示，出售企业不是结束，而是一个新的开始。

18 年前，一个第四代家族在首次公开募股（IPO）后出售了其传统企业，并成立了多个家族办公室，分成了多个分支。其中一个拥有 40 位家族成员的分支聚在一起，重新定义了成员们想要如何合作。他们觉得自己受到了家族的传统和价值观的深刻影响，但现在，作为一个金融家族的成员，他们制定了适合未来财务状况的治理方式。

他们每两年举行一次家族大会，将娱乐、战略回顾和共同学习结合在一起。他们已经有了一个家族理事会，并制定了家族宪章，其中包括每年召开两次股东大会和每年召开几次基金会会议的条款。他们已经开始召集下一代成员组成小组，并正在制定关于资金使用和分配的明确准则。当出现问题时，他们会在相应的小组内解决问题。

另一个家族办公室创建于大约 30 年前，当时该家族出售了其在一家大型上市公司的剩余股权，这家公司是他们的祖先在 20 世纪初创建的。此次出售使三大家族分支的成员能够决定他们是否加入新的家族办公室。大多数成员都加入了新的家族办公室，他们希望继续创造金融财富。董事会成员来自三个分支和三代人。第四代家族成员已经进入家族办公室的董事会和管理层。100 位家族成员出席了年度股东大会，尽管该家族希望 700 位家族成员都能够积极参与。

该家族并非没有冲突和矛盾。为了解决这些问题，他们坚定地奉行透明、信任和参与的价值观。他们通过选举 13 位家族成员进入家族理事会来履行这一承诺，家族理事会将举行公开会议。一位家族成员在接受我们的访问时说：

你需要通过开放和沟通来培养信任。如果没有沟通和开放，你就无法在任何职业或个人关系中建立真正的信任。如果人们感觉不到这一点，他们就不会与家族成员保持联系……因此，家族理事会的作用是努力理顺多年来的一些不良情绪。人们离开企业是因为他们感受不到信任。

该家族在家族关系方面有着深厚的价值观传统，不仅体现在治理方面，而且体现在增进每位家族成员福祉以及促进他们的发展方面。例如，他们会利用其资源来支持一位家族成员（如一位有成就的艺术家）的发展，并鼓励其他家族成员追求他们的梦想。他们经常举行聚会，并为此设立了一个网站，上面有很多家族故事和在家族聚会上对长辈的采访录像。该家族为年轻的家族成员举办了一系列研讨会，主题包括税务、预算、投资和保险，已经有 30～50 位年轻家族成员参加了这些研讨会。自 1980 年以来，一直有一个辅助（或称初级）委员会，为那些想学习财务知识并参与公司治理的家族成员服务，曾供职于此组织的家族成员已经有人加入了正式董事会，其中包括九位家族成员和四位非家族成员。

与其他类型的家族企业一样，家族对其资产行使控制权。家族对投资有自己的价值观，家族成员希望维持他们作为一个家族的身份。家族办公室成了家族的核心和灵魂。如果有家族理事会、董事会、家族教育活动、家族度假屋或需要对单个家庭提供支持，那么家族办公室就负责协调所有这些事情。人们认为，值得为这些与家族相关的服务付出额外的费用。

家族办公室监督和管理传统企业以外的资产。获得更多资产可以使家族实现多元化，从而降低仅拥有一项巨额资产的风险。多元化的家族办公室可能包括信托、控股公司、有限责任公司、私人信托公司或其他形式的合伙企业。它由独立于传统企业董事会的董事会或受托人管理。家族成员可以是这些实体的董事会成员、所有者、员工或首席执行官。随着家族办公室与传统企业共同成长，它们使家族治理的"业务"支柱成为一种双重支柱。家族企业集团结构复杂，可能拥有多个大型投资项目和多家公司。家族办公室的目标是保护和增加资产，发展多元化企业，并作为其他家族活动的中心。

为什么世代家族往往更喜欢单一家族办公室，而不是共享的多家族办公室（一种成本更低的选择）的一部分？这是因为除了提供金融服务，家族办公室还是大家族的俱乐部和社区中心。如果家族成员没有分散居住，那么家族办公室对家族就更有价值。在参观家族办公室时，人们经常会发现有一个家族文物博物馆，以及一些长期服务于家族成员的工作人员，他们与家族成员关系密切，可以随时帮助家族成员解决问题。家族成员不仅可以在税务和财务问题上得到帮助，还可以在家族内部关系和个人问题上得到帮助。家族办公室的工作人员可以帮助协商婚前协议和离婚，协助购买房屋、船只、飞机和艺术品，并处理安全和安保问题。家族有举行家族会议的地方，也有储存和保存家族记录的地方。家族办公室体现了家族的身份和承诺。

为了让家族成为家族信托的受托人，可以创建一个复杂的、受高度监管的类似银行的实体，即私人信托公司。例如，一个拥有并控制一家大型上市公司的家族开始通过出售公司股票来进行多元化经营。该家族需要一个新的投资工具，并希望整合在不同机构和信托中持有的投资。该家族可以证明成立私人信托公司的费用是合理的，因为它希望利用其才华横溢的第四代的智慧积极参与投资决策。

随着财富的积累，家族往往希望遵循其传统价值观进行投资。家族看到了将其价值观与投资结合起来的机会。然而，一些家族成员可能并不认同这些价值观，或者想以其他方式进行投资。解决这一矛盾的方法就是允许家族成员套现。很多家族表示，在成立家族办公室时，它们会为家族分支和成员提供退出和将资金取出的选择，以及一个启动新增长期或重新定义其业务和投资价值的机会。

大家族对家族办公室的需求更为复杂和多样。它们可能拥有需要积极监管的农场、牧场和度假地产，以及其他具有复杂法规和税收影响的自然资源。此外，它们还可能拥有主动或被动投资、关注影响力和社会责任的风险资本部门，监督基金会资产和基金会本身以及家族成员的其他个人投资的慈善部门。家族办公室可能会管理很多单个家庭的投资和个人事务。例如，一个拥有四个分支的家族在出售其传统企业时对收益进行了分配。最大的分支成立了一个家族办公室，并进入了新的投资领域，但这个新的家族办公室只为 64 位家族成员中的 16 位提供服务。

一些家族办公室可能会监督特设家族工作组的设立，其中一个工作组可能是管理家族投资的投资委员会。其他家族可能会设立小型内部办公室，并将投资管理外包给其他财务顾问。随着企业向新的方向发展，家族办公室的新功能使家族成员可以表达创新和创业意愿。

弹性的结构

世代家族的特点在于它们处理计划内和计划外的过渡的方式，即它们预见和应对新挑战的水平。家族成功的背后往往是家族内部的斗争，首先是关于要不要变革，然后是如何实现变革。在每次转型后，家族都会建立越来越复杂的业务和治理结构，以管理不断发展的企业和家族。这些结构的存在使家族能够发现自己的新道路并解决分歧。

家族企业，即使是世代家族企业，也会犯错误。一位新的家族领导人发起了对竞争对手的收购，并告诉家族成员他会成功。但他并没有成功。结果，家族成员学会了更多地参与这类决策。另一家企业在新一代接手时业绩不佳，新一代成员不想出售企业，所以他们削减成本，减少家族福利，以扭转局面。在经历了这种痛苦的变革后，他们不得不重建家族关系。这种过度反应是可以原谅的；事实上，他们的持续成功正是源于他们愿意原谅并继续前进。

有些意料之外的变化（如重要家族领导人的早逝或新技术的出现）可能会使一家企业分崩离析。然而，世代家族会果断地采取行动来应对每一个挑战。最好的情况是，家族会预见到危机，或者至少会看到预警信号。

我们发现，世代家族在应对变化时会经历一个适应和复原的周期，该周期分为三个阶段，如图 5-6 所示。

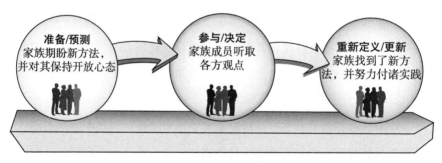

图 5-6　适应和复原的周期

1. **准备 / 预测**。即使没有为特定的变化做好准备，家族也会期待并预料到多种变化，如需要培养新一代家族成员，或为客户 / 产品的转变做好准备。它们会注意到早期预警信号，并正视它的到来。

2. **参与 / 决定**。随着变革的临近，世代家族的成员会聚集在一起思考这意味着什么。在采取行动之前，他们会让多位家族成员参与进来，听取不同的观点。

3. **重新定义 / 更新**。变革之后，世代家族不会回到从前。它们会找到新方法，并努力将其付诸实践。它们能够在尊重传统的同时，放弃任何过时的东西。

看待复原力的另一种方式是将其视为一种学习心态。家族领导人不会试图支配他人和强加自己的意志给他人，而是对来自家族内外的新观点持开放态度。面对持续变化表现出弹性的企业被视为学习型组织。质疑旧方法和尝试新方法的能力是复原力的一个方面，对于抵制家族所有者的保守倾向尤为重要。没有学习，就不可能有真正的变革。

避开陷阱

尽管家族尽了最大努力，但很多陷阱仍可能让企业脱轨。它可能会过度扩张或过于关注家族政治，而忽视外部挑战。一个商业家族可能过于看重自己，高估了企业的价值。家族可能会将其价值观理想化，以至于忽略了家族没有实践这些价值观的迹象。为了让这种倾向浮出水面，一个家族决定："我们应该有一位顾问作为调查员，为那些不愿意直接向其他家族成员提出意见或建议的家族成员提供服务。我们依靠她为家族会议提供内容。"

通过面对可能被掩盖或忽视的挑战或问题，家族意识到变革迫在眉睫。当新一代掌权时，他们往往会推出重大变革的举措。当新一代掌权时，重要的是家族成员要评估他们继承了什么，并考虑需要什么来维持这种继承。正如一位家族成员所说："第三代大约在 10 ~ 12 年前接管了企业，尽管那时他们已经不再年轻了。他们做出的最勇敢的决定之一是不再参与运营，所有在公司工作的人都离开了自己的管理岗位，他们在内部制定了新的规定，让新的领导层得以出现。"

由于世代家族会关注警示信号，因此它们很快就能意识到即将到来的困难和潜在的不和谐迹象。据一位家族成员说："当公司经营状况良好时，这很容易，但在艰难的商业环境中，一切都变了。你需要建立股东关系，为更艰难的商业时期做好准备，为不可预见的经济或全球转型做好准备。"另一位年轻的家族成员指出："我们从上到下审视了整个组织，并做出了适合我们这一代的改变。我们意识到我们的动力和需求与老一辈完全不同。我们现有的结构已经过时了。我们花了一年时间来重新评估我们的整个组织结构。"

世代家族很清楚，经营家族企业的目的既是为了盈利，也是为了维持持久的价值观。世代家族认为价值观与成功息息相关；明确的价值观有助于企业的长期持续发展。业绩不佳可能表明企业文化没有得到重视，有时良好的业绩可能会转移人们对企业文化和价值观的关注。在下面的摘录中，一位第三代领导者讲述了他迷失的经历，以及领导者为重拾企业价值观所采取的措施：

另一次转型引领我们走向基于价值观的管理。从20世纪90年代初到21世纪初，公司的销售额翻了三番，增长了大约九倍。然而，我们在价值观方面迷失了方向，我作为领导者也迷失了方向。我非常专注于收购和新产品的增长，但我忘记了文化部分。我们开始关注执行链，每年用八天时间研究领导力发展和价值观清晰化。当我们在全公司推广这种理念时，员工们开始接受这种理念，并积极响应。我们开始体现基于价值观的领导力；事实上，这些系统和流程今天仍在发挥作用。这是公司历史上关于文化的一个转折点。

对于一个家族来说，关于企业问题的家族冲突可能很难解决，但世代家族的特点是它们能做出艰难的决定并执行这些决定。以下是一个关于家族如何处理冲突的例子：

和家人一起工作很难。具体来说，我父亲和他的一个兄弟有很多分歧，他们几乎从未达成过一致。一个极其保守，一个比较激进，多年来，这造成了很多问题。例如，他们经常在董事会会议上争吵。顾问走进来说："我的天哪，你们必须解决分歧。"他与他们进行了一些激烈的对话，并尝试教他们解决冲突的技巧。虽然这对他们有所帮助，但他们仍有分歧。

世代家族的第一代和第二代成员建立了文化和价值观的基础，这使他们具有适应力和复原力。我们将在第6章中介绍这种文化的共同要素。作为家族和企业，它们都是开放和透明的。家族成员能够在互动中学习和成长；他们不回避、不否认变革的必要性；他们倾听每一代人的新声音，寻求新的经营方式，积极利用外部资源，并且向老师学习。他们成长的能力反映在家族企业文化和治理机制中。

在自己的家族企业中采取行动

我认为，家族企业是一个不断发展的社会系统，必须培养家族成员对持续变化持开放态度的能力。当你和家族成员一起审视家族代代相传的过程时，你们可以通过以下活动来反思自己的复原力和可变性。

面对转变

每个多代同堂的家族企业都经历过类似四次转变（"收获""修剪"、多样化和夯实根基）的重大转变。此外，每个家族都可以展望未来，并预测未来是否需要这些转变。家族的成功取决于你们在事件发生时准备得如何，以及你们在事件发生时如何调整和重新定义自己的家族。

当你们思考家族的每一次重大转变时，想想它是什么时候在家族中发生的。对于每一次转变，想想你们是如何应对准备转变的三个阶段中的每一个阶段的。你们可以从回答以下这些问题开始：

- 家族经历过这些重大转变吗？
- 预计家族在未来几年中还需要进行这些转变吗？

然后，你们可以对自己如何应对家族所经历的转变进行一次评估。这种评估可以从保持家族关系和企业适应性的角度进行，也可以从你们能采取哪些措施来改善应对变化的方式的角度进行，如表 5–2 所示。

表 5–2 　　　　　　　　　 评估如何应对家族所经历的转变

	"收获"	"修剪"	多元化	基础
准备预测				
参与决定				
定义更新				

采取积极的措施，让你们的家族为未来的变革做好准备，永远不会太晚。为此，你们不妨展望一下可能发生的重大变革，并考虑一下家族是如何预测和做准备的。

家族企业时间轴

在你们了解和探索家族企业历史的过程中,你们可以将其视为一段旅程,并将其记录在时间轴上,这可以用于展示家族企业史(如图 5-7 所示)。你们可以在一张纸的底部画一条线来显示年份,并且从左侧开始记录家族企业的成立日期(或其他有意义的日期,如创始人的出生日期)开始,用年份划分纸的长度。

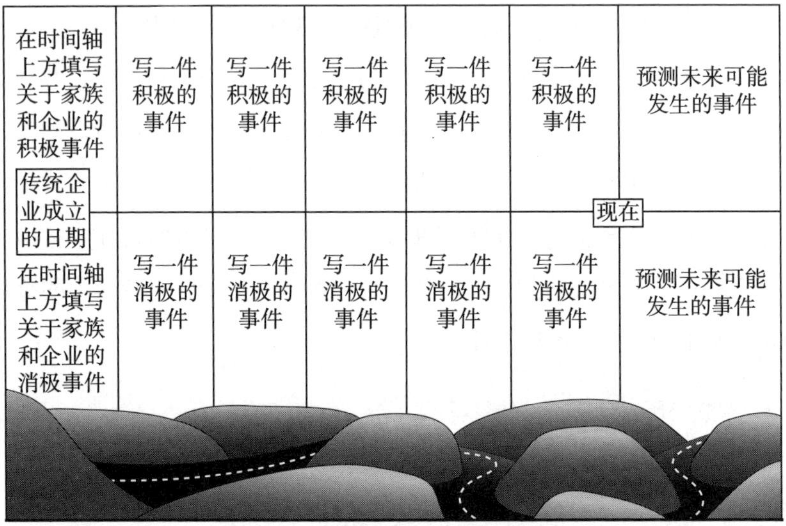

图 5-7 家族企业的时间轴 / 旅程

接下来,在左侧填写传统企业的成立日期,在右侧大约五分之四的位置画一条线并指定为"现在"。借助这条线,你们可以推测和预测未来可能发生的事件。

现在,开始填写企业和家族的关键事件。可以将纸纵向地分成上下两个部分,在上半部分填写与企业有关的事件,在下半部分填写与家族有关的事件。一些家族会在墙上挂一大张纸,然后画出一个时间轴,并使用记号笔填写日期和事件。其他方式包括可以移动的大张便利贴和与重大事件相关的家族照片。

无论你们选择哪种方法,最终都会拥有一个关于家族和企业历史的重要事件（包括积极事件和消极事件）的时间轴。你们可以从长辈的回忆开始，然后是年轻一代的回忆。另外，可以让不同的人回忆同一事件，因为人们对重要事件的记忆可能不同。

复原力

你、你的家族及其各种商业企业经历了很多变化和转折点。现在，在你们构建的时间轴的帮助下，想想你们对意外事件以及那些由你们的行为引起的突发事件的预期或应对情况。你们可以重点关注每个重要的积极和消极事件、它们的后果及其影响。

当你们反思每个事件时，讨论一下你们做了哪些准备或预测。然后考虑一下在新的形势下做了什么，以推动家族和家族企业向前发展。你们可以讨论在准备 / 预测、参与 / 决定、重新定义 / 更新这三个阶段发生的变化。你的家族是如何经历每个阶段的？在了解实际情况后，你们可以讨论如何更有效地处理该事件并从中恢复过来。

预测未来

- 展望未来，以及你们可以为之做好准备和预期的变化。
- 在短期或中期（如未来五年）或者更长的时间（如未来 10 年或 20 年）中选择一个对你们有意义的时间。或者，也可以选择一个重要的日期（如信托结束的时间或家族成员计划退休的时间）。
- 标记出这一事件并一起想象，如果你们以一种有弹性、积极、成功的方式做好准备并应对这种变化，它会是什么样子。设想一下成功的场景。
- 接下来，考虑作为一个家族，你们可以为准备和预测该事件而做哪些最有效的事情。
- 最后，考虑一下你和你的家人现在可以采取哪些具体步骤来开始做准备。

第 6 章

世代联盟：建立和传承以价值观为本的文化

当你进入一个家族企业时，你会感受到一种独特的文化，一种源于创始家族的价值观和传统的集体个性。文化是指一个群体的环境、仪式、故事、共同活动和传统的观感。你可以看到的文化包括关于成就、重要事件和励志名言的图片和表格，你可以感受到的文化包括会议的风格、空间布局的安排、人们对彼此的称呼以及对个人成就的肯定。

文化塑造了企业的独特身份。它不在于企业做什么，而在于企业如何做、企业重视什么以及企业成员之间的关系。家族企业对其创始人和传统有着强烈的认同感，因此它往往拥有强大且明确的文化。在这种文化的基础上，是有关产品的质量和可靠性、员工之间的关系、允许什么样的行为，以及如何对待、晋升员工和为他们提供报酬的价值观。本章着眼于家族企业文化中那些似乎与企业的适应力和长期成功有关的要素。

家族企业的文化始于创始人的经营风格和财务价值观，然后代代相传。家族在实现这一目标的同时，也保持着一种亲密、相互关联和稳定的家族关系，向每一代新领导者分享和传授价值观和技能。即使发生重大动荡和变革，围绕核心价值观和实践的文化的一致性也能得到维持（如第 5 章所述）。

与很多上市公司的文化不同，多代家族企业的文化是持久和一致的。强大、明确的文化以一种可预测的方式定义了家族所代表的东西：价值观、实践和行事准则。这将在家族和非家族利益相关者之间，以及企业与客户、供应商和企业所在社区之间建立信任。它公开且明确地表明，家族所有者追求的不仅仅是短期利润。这种承诺通常是公开且明确的，因此如果家族企业存在违反承诺的情况，甚至是被认为违反承诺的情况，人们就可以提出质疑。

文化反映了风俗、传统、习惯、政策和不成文的规则，包括核心价值观，这些都体现在企业相关人员的活动中。据观察，人们忠于企业文化，而不是企业战略。一项使用通用文化测量工具对企业文化进行的研究发现，在适应性、使命感、一致性和参与度这四个关键文化特征方面，家族企业的得分高于非家族企业。

独特的家族文化不是一下子就能形成的。它始于企业/家族创始人的传统价值观和行为，然后随着家族在每一代人手中的更新和发展而演变。虽然每个家族的文化都各具特色，有不同的风格和特点，但世代家族的文化具有一致性。文化是体现家族适应能力的主要途径。文化在几代人之间具有一致性，但每一代新成员也会更新对家族的承诺，并经常采用或修改文化的元素。

世代家族会建立一种有弹性的企业文化，能够预测和化解危机，并在这个过程中变得更加强大。适应对任何企业来说都是一项挑战，而且当涉及家族时，任务就更艰巨了。这是因为家族有保守和维持现状的倾向，例如，家长权威的传统可能会限制它们做出改变的能力。与此形成鲜明对比的是，我和我的研究团队惊讶地发现，世代家族企业的智慧在于其面对变革时的适应力。

尽管家族企业千差万别，但协作、包容、透明、公平和适应性等共同的文化主题与家族企业的长寿息息相关。我提出了"世代联盟"一词，指的是以下三种文化取向的平衡，这些取向结合起来使这样一个家族企业具有复原力：

- 家族的传统价值观和文化；
- 发展强大且高效的企业所需的专业的商业知识和组织；
- 使家族能够不断为家族企业寻找新的发展途径，并使家族能够跨代不断重塑自我的机会性创新。

本章提供了一个用于说明常见的文化实践如何与上述每一种取向联系起来的模型。

案例分享

Crossroads 商业公司的故事：世代家族的发展历程

这个拥有百年历史、六代同堂的家族经历了快速增长期、停滞期、创新期和变革期。在每个时期，家族企业都发生了重大变化，家族也会思考如何重新整合以接纳新一代。Crossroads 商业公司（化名）的故事展示了世代联盟的各方是如何在每个转折点预测并发起变革，从而维持家族的弹性的。

Crossroads 商业公司成立于 1880 年。创始人搬到了一个新近繁荣起来的农业社区。他看到了商机，买下了一家杂货店，并开始利用联邦政府发放的宅基地补助购买农田。他的兄弟姐妹也搬到了社区与他一起生活，农场和商店都生意兴隆。他有两个儿子和一个女儿，他们也都开始参与经营。

第二代：不幸的是，创始人在风华正茂时死于一场意外事故。他的大儿子继承了他的事业并用心经营着生意。他的哥哥在农场帮忙，他的妹妹在商店帮忙。所有权平均地分给了第二代的三个兄弟姐妹，形成了三个家族所有权分支。他们在其他社区购买了更多的农田和商店，而且得益于他们细心、耐心的管理，这些农场和商店都经营得很好。他们还明确定义了家族共同的价值观，并用这种价值观引领家族企业的文化建设。

第三代：他们经历了早期的跨代过渡。第二代的三个兄弟姐妹在比较年轻的时候就去世了，这将第三代的年轻成员推向了领导岗位。到了第三代，现在的十几位家族所有者将企业分成了两个部门：农业和商业。第二代姐妹的子女搬到了另一个城市，并将他们的部分股份卖给了其余分支，但仍作为少数所有者留在家族中。这些企业虽然生意兴隆，但长期停滞不前，缺乏创新。

一位年轻的律师娶了一位第三代家族成员的女儿，结婚一年后，岳父突然去世，他被邀请加入董事会。虽然他的岳母对进入董事会的种种要求感到不知所措，但还是认为他很有前途。他最终成了首席执行官兼董事会主席。当时，董事会由每个分支的两位家族成员组成。他得到了所有人的信任，所以能够调解三个分支之间的利益和个性差异。通过在每家企业中培育强大的绩效文化和商业成果文化，他为企业带来了巨大的价值。此外，他还为每家企业招募了才华横溢、品德高尚、忠诚的高管。

这些年轻的第三代家族领导人也开始创新和推动变革。经此多年的发展，当他们不得不满足 50 多位家族成员的需求时，他们的回报却在减少。家族有很多忠诚的员工，他们尊重家族的管理，但家族成员已不再在企业工作。好在家族董事会的成员非常积极，亲力亲为，管理着农场和零售两个部门。多年来，他们的企业并没有面临任何竞争，但现在他们需要在这两项业务上进行调整和创新。

第四代：他们进入了一个新的快速发展阶段，采用了我称之为"机会主义导向"的做法。家族聘请了经验丰富的非家族成员担任独立董事，并进入董事会。这些独立董事为农场和商店的非家族管理人员传授了更多的专业知识。家族第四代成员在企业中发起了一系列创新。他们又招募了两位在农业和零售业新技术方面经验丰富的董事。由于第四代家族成员愿意承担更大风险，因此独立董事帮助他们制订了发展计划。他们的目标是扩大这两项业务，特别是有能力快速发展的商业部门。

第四代对创新的热情和渴望挑战了父辈们的自满，尽管如此，父辈们还是给了他们将想法付诸实践的机会。然而，第四代的很多成员在成长过程中离开了家族企业，他们感觉自己与企业没什么关系，也不了解企业的情况。因此，在年迈的第三代的支持下，家族在教育子女的过程中肯定了自己的核心价值观。

在专注于为董事会和管理层招募外部优秀人才的同时，家族也开始积极地让第四代参与进来。随着董事会变得更加独立和专业，家族成立了一个家族理事会，其工作重点就是学习和创新。家族理事会开始每年举行家族峰会，并积极实施一项教育计划，向年轻的家族所有者传授商业和金融知识。家族寻求新的商业理念和商机，并能够快速做出决定来支持那些有前途的企业。对受过良好教育、能力出众的第四代来说，这既令他们兴奋，又让他们觉得充满挑战。结果是，第四代不仅对企业感兴趣，而且还参与了企业的经营。

家族理事会积极支持董事会投资新想法，并制订了发展和创新计划。理事会还意识到，这两项业务相互依赖，担心经济衰退可能会同时损害这两项业务，于是开始寻求收购第三项业务，以实现家族多元化。与此同时，家族出售了一部分农田，为收购筹集资金。目前，第四代除了在家族理事会中担任领导职务外，还接管了家族董事会的职务，而第五代也受益于父辈重新培养起来的家族参与感。

回顾这个家族企业四代人的发展历程，我们可以看到"世代联盟"的各个层面。首先，人们关注的是创始人及其儿子注重传承价值观。到了第二代和第三代，随着家族采用了工匠精神、企业至上的核心理念，企业实现了蓬勃发展（我们将在下一节中重点介绍）。企业发展以家族核心价值观为指导，强调追求卓越的长期企业文化。为了促进创新和变革，第三代采用了机会主义导向（我们也将在下一节中重点介绍）。为了使所有这些要素共同发挥作用，每一代人都建立了一套更复杂、越来越专业的治理体系，以促进家族联系和企业走向卓越。

工匠和机会主义者：两种成功的商业策略

家族企业的重大变革对长期雇员和领导者的实践和传统提出了挑战。我和我的研究团队发现，这些家族必须在制度严谨、专业化与家族成员的创新需求和愿望之间找到平衡。这两种倾向似乎往往是对立的，所以有弹性的家族企业必须想方设法尊重每一种倾向，并为每一种倾向提供表达空间。

专业化

经营企业的第四代家族成员都说，家族会在某个时间点做出将企业专业化的选择，即使这意味着会挑战现任家族领导人，他们不得不招募比现有家族领导人具有更强专业技能的人来为家族效力和提供建议，他们关注的重点从家族至上转变为企业至上。企业必须赋予专业管理人员挑战和改变那些不再发挥作用的传统的权力。有时，职业经理人或不满意现状的家族成员会罢免无能的家族领导人。当新一代掌权时，变革的需求就会出现。这种转变总是给家族带来压力。

创新

一家经营良好的企业的未来可能尚不明朗。众所周知，企业或产品的成熟，以及新行业和新技术的出现是具有颠覆性的。有了下一代年轻人的参与，世代家族就有了创新和创业的支持者。这些年轻人的价值观、接受过的教育和所处的社会环境使他们对新想法感到兴奋，而且在家族资源的支持下，他们可以实践自己的想法。他们经常以"曾祖父"为榜样。

家族世代奉行这两种企业发展战略。首先，它们会培养成员，使他们具备工匠（他们比任何人都能更好地打造产品和培养自己的能力）的自律精神和品质，使企业能够在其利基市场中保护自己并繁荣发展。其次，家族成员会充分发挥机会主义者的主观能动性，好奇心、适应能力、智慧和冒险精神会帮助他们在很多领域取得成功。

工匠

工匠具有比其他人做得更好的特殊能力。他们的能力在一条 S 曲线上延伸和发展。在我们的研究中，很多家族都创造了一种能够满足需求的产品或技术，它们通过生产优质的产品和对客户的特别响应来与更大的实体竞争。它们创建了一家制度严谨、效率高、成本效益高、专业化的企业。随着它们不断地生产出更好的产品，它们开始供应越来越大的市场。无论这些产品是工业用品、书籍、航运、消费品还是食品，它们通常都会创立全球化的大品牌，或者专注于难以复制的技术。这些公司会在其他公司难以进入的专业领域成为市场领导者。它们往往很早就开发出了某种技术，不断地对新产品进行再投资，并凭借其核心能力扩展到新的市场。德国的中小企业就是这条道路上的典范，它们凭借专注的努力和持之以恒的精神获得了成功，创建了以质量著称的品牌，并建立了高效且制度规范的企业。

机会主义者

机会主义者总是通过寻找和抓住新的机会来适应环境。像商人一样，机会主义者总是在寻找好的交易。他们通过培养家族领导人和非家族领导人的不同优势来发展多样性，将家族带入新的 S 曲线。例如，一个从事养牛业的家族在一年一次进城赶集时注意到，某些地区正在成为畜牧业和商业的中心。于是，这个家族在这些地区买了地，并且收购了多家公司。像这样的家族会开发资产组合，并且不会吝惜出售那些不再能产生价值的资产，而且其成员具有创业精神，会不断地追求创新，接纳新理念。

这两种策略都很重要，很多世代家族能够同时采用这两种策略，或者能够在其发展的不同阶段同时采用它们。这些家族创建了高效的专业化企业，这些企业也在寻找机会和新方向以谋求发展。有时，不同的世代或在不寻常的情况下需要特别关注一种策略，但另一种也很重要。家族在不同时期所展现出的能力不同，所以采用的策略也不同。世代家族不会因为工匠精神和机会主义之间的冲突而受到影响，而是会意识到，每种策略都有用武之地，它们必须共存。在不同的时期，一种策略总是比另一种策略更具优势。

利益相关者群体的世代联盟和互联路径

在不断变化的全球商业环境中，创建一家具有适应性和重要性且制度严谨的企业是一项了不起的成就。但这远远不够！一家制度严谨的专业化企业很容易跟不上市场的脚步而失去活力，从而被竞争对手或新技术取代，或者干脆失去动力和重心。为了应对这种趋势，家族企业还必须保持创业精神、机会主义精神，并对通过新投资探索新的发展之路持开放态度。这就需要一种不同的思维方式和技能，因此企业要重新发现企业创始人追求高风险、随机应变等特征。

世代家族有能力通过发挥不同利益相关者的才华和能力，同时扮演工匠和机会主义者的角色。它们会让从家族外部招募的企业领导者与富有创业和创新精神的新一代家族成员共同合作。世代家族企业表现出了一种可以融合两种能量的独特能力，而这两种能量在家族企业中通常不会同时存在。它们之所以能够做到这一点，是因为它们有一致的价值观和文化，而且它们开展的治理活动能够让两类利益相关者充分地发表意见。

这种商业原则、创业拓展性和传统价值观的结合形成了世代联盟。这个联盟的出现是实现跨代成功的关键因素。它是指家族企业中不同的利益相关者群体将各自的特殊能力和关注点结合起来并取得平衡，从而使更大的整体受益的方式。世代联盟的三个要素的具体内容如表 6-1 所示。

表 6-1   世代联盟

	核心价值观	定义	利益相关者
传承 基础文化	**传统** 信任、公平、尊重、管理、诚信	坚持前几代人的商业价值观、政策和传统	前辈、创始一代
工匠精神 商业原则	**卓越** 质量、持续改进	通过比别人做得更好来创建一家伟大的企业	家族企业经营者、非家族成员高管
机会主义 创业精神	**创新** 创意、探索、开拓	预见变化，寻求新的创新机会	受过良好教育且在新领域有经验的新一代家族成员

这个联盟的第一个要素是传承，即创始人的贡献。随着企业成功且快速成长，创始人明确并保持了他们希望传递给下一代家族成员的传统价值观、政策和做法的基础。这个基础形成了一种家族成员和非家族成员都可以依赖的、持久的组织文化。家族长期致力于执行这些原则为合作和信任创造了一个安全舒适的环境。这种承诺培育了一种文化，在这种文化中，家族成员、员工和外部社区都知道企业和家族的立场，每个人都被邀请以适当的方式做出贡献。

在这种价值观和文化的基础上，家族发展出了一家强大的企业，并继续在工匠之路上精益求精。在取得初步成功之后，家族投资建立企业结构、企业文化和企业纪律，使企业得到进一步发展。它不断生产新产品，拓展不同的市场。它从随意的、以创始人为导向的经营方式转变为由有商业技能、有能力的人负责的经营风格。这些管理者包括为家族领导人提供支持和帮助的非家族成员。

我和我的研究团队在第二代或第三代家族成员身上发现了一个共同的模式，即工匠精神使企业更加严谨和专业。很多新生代家族成员重新定义了自己的角色，成为不直接管理企业运营的所有者。家族与非家族领导人合作，这些非家族领导者认可家族的价值观和愿景，并为家族增加了其不具备的新技能。家族企业也从单一的传统企业转变为拥有多个投资组合。家族成员不再期望成为企业经营者，他们现在希望自己是增加并维持家族财富的所有者。

但是，一个家族企业不可能仅仅作为一位优秀的工匠而取得长期成功。新的挑战不断涌现，家族企业必须大力发展自己和进行转型，必须以开放的态度寻找新的方向，并充分发挥正在成长和成熟的家族成员的聪明才智。除了具备工匠精神，它们还必须发展和保持机会主义。这是世代家族利益相关者联盟的第三个要素，如图 6-1 所示。

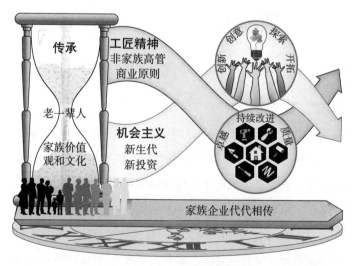

图 6-1　世代家族联盟

以下三个利益相关者群体将它们的技能和观点融合在一起，创建了这个联盟：

- 来自创始一代的长辈，他们将毕生对家族价值观的坚定承诺传递给企业及其家族继承人；
- 专业的非家族领导人、顾问和高管，他们认同家族价值观，并贡献自己的专业商业知识和多样化的技能；
- 新生代家族成员，他们接受了良好的教育，拥有丰富的外部经验，重视创新，敢于挑战其他两个群体，乐于承担风险，并从中寻找新的机会。

一个世代家族会在经历重大转变（如第 5 章所述）时不断地发展、维持、扩展和重新定义自己，但它有一个始终如一、经久不衰的核心：构成其商业家族身份的传统价值观和经营方式。虽然每个家族都是独一无二的，但世代家族的文化基因都是由几个广泛而一致的模式构成的。这些模式使家族能够发展制度严谨的专业化企业，同时保持适应和更新的能力。本书所揭示的独特的世代家族文化结合并融合了工匠精神与机会主义的发展路径。

世代联盟是开放、流动的企业和家族体系的产物，在这个系统中，思想和途径在企业和家族之间流动，即使在每个领域中都有明确的政策和实践来界定决策和角色。家族的适应能力在于它能够倾听来自不同领域的负责任且经过深思熟虑才提出的新想法（如新生代的新想法，或者来自商业顾问或非家族领导人的明智建议），并在此基础上确定新的发展之路。

当联盟中的一部分优先于其他部分时，家族企业可能会陷入困境。如果传统价值观占主导地位，企业就无法发展或创新。如果工匠精神占主导地位，那么企业虽然会经营得很好，但可能会忘记其最初的价值观或忽视适应能力和创新。如果机会主义占主导地位，那么冲动可能会战胜良好的判断力和稳健的商业行为。成功的家族能够尊重每一种取向，并在实践中平衡它们。

世代联盟如何塑造独特的家族企业文化

我们采访的几乎所有家族都有六个共同的文化主题。综合来看，这些主题将世代家族与历史悠久但不那么成功的家族企业区分开来。由于家族所有者之间及其企业之间也有历史、传承和个人关系，因此他们的价值观、目标和经营原则比那些仅仅希望获得良好经济回报的所有者更广泛。

研究人员认为，与不受家族监督的上市公司相比，这种以家族为基础的文化是家族企业的竞争优势。它被定义为"家族性"，指的是由家族控制和所有权产生的以家族为基础的资源和品质。这六个主题显然与世代联盟的各个方面有关。

家族企业的历史越久远，这些特质就越明显。这六种文化特质在不同的国家和地区都很常见，似乎是世代家族与不太成功的企业家族的区别所在，如图 6-2 所示。

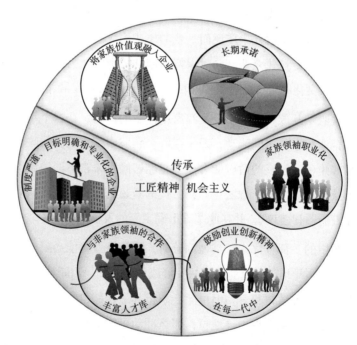

图 6-2　支撑持家族企业的家族文化要素

- 实现目标的长期承诺和耐心。
- 将家族价值观延伸至企业中。
- 制度严谨、目标明确的专业化企业。

- 与非家族领导人合作，以招募最优秀的人才来丰富人才库。
- 家族领导人专业化，成为负责任的管家。
- 鼓励每一代新人创业和提出新想法。

传承要素：长期承诺和将家族价值观延伸至企业中

有两种做法可以让家族企业尊重和保护其传统：（1）从长远角度看待结果；（2）积极分享和肯定企业的家族价值观。

长期承诺

世代家族企业并不追求眼前利益或短期收益，而是着眼于长远。作为管家，家族成员会着眼于子孙后代的未来。他们告诫现任家族所有者不要依赖企业的年收入（尽管在每个家族中都有一些家族成员忽视了这一点，有时这对他们不利）。在培养每一代新成员的价值观和技能并帮助其积累资源，使其为企业发展做出贡献的过程中，这种观点激发了他们的耐心。没有这样的耐心和周到的准备，成功将很难维持。

时间推动着世代家族的传承。它们的注意力总是集中在子孙后代和家族企业的未来上。它们花重金投资家族企业，并寻找未来的机会。它们运用所谓的耐心资本来获得投资回报。正如一位欧洲家族长者所说：

如果你考虑的是下一代，而不仅仅是下个季度，那将是另一个 25 年。在所有家族企业中，让故事继续下去的想法一直根深蒂固。这种长远的眼光非常非常重要。这一点在公司的人力资源政策上也有所体现，员工们知道，你要做的不仅仅是赚钱。

长期承诺有很多好处，最常见的优点是可以自由地承担重大项目（往往是高风险项目），而不必担心短期成本或股东心怀不满。这些家族能够耐心地等待结果。这种态度从家族延伸至企业文化的价值观中，正如以下三个家族所观察到的。

1. 我们最大的优势就是眼光长远。我不担心一个月、一个季度或一年；我担心的是，我们所做的一切是否能帮助我们再经营 100 年。这就是我喜欢在这里工作的原因。

2. 私营企业的优势在于可以做出长期决策，而且这些决策可以非常多样化。例如，我们最近接手了两个大型矿山，这是一项高风险的投资。如果我们是一家上市公司，股东们就会说："你们到底在做什么？"但我们可以以多元化投资的方式进入我们喜欢的行业。我们也可以实施逆周期策略。如果房地产市场完全死气沉沉，我们就会加倍努力；如果房地产市场升温，我们就会开始出售。

3. 一些非家族企业过于关注季度财务决策。我们相信，即使某些决策的短期结果可能会令我们更痛苦，但我们也要从长远或终生的角度做出决策。我们试图确定与企业相关的指导原则；我们试图通过观察其他遇到障碍的家族企业来做出预测，然后制定书面政策来指导它们，而不是仅仅遵循过去的先例。

承诺来自整个家族，正如一个家族的成员所说："家族成员对企业有着非常强烈的自豪感和主人翁意识，所以他们不愿意出售任何股份或变现他们的权益。他们的想法是，'我想把这一切传给我的孙子后代，让他们成为我们祖辈所创造的事业的一部分'。"

长远的眼光可以让家族成员在遇到挫折时保持耐心，而不是冲动行事。家族愿意将利润再投资，并放弃立即分配，以资助和支持需要一段时间才能实施的计划。这种承诺不是对单一企业的承诺，而是对跨代共同的伙伴关系，以及体现在家族所做的一切中的价值观的承诺。

这不是一次性的选择，必须定期得到家族成员的肯定，因为这对他们的要求很高。每个家族、每一代人都必须回答这个问题：我们想在一起吗？家族成员有时会认为，没有家族，企业会有更好的未来，而没有企业，他们也会有更好的未来。除非家族愿意对监督企业做出实质性的承诺，否则继续拥有企业对他们没有好处。

一家自然资源企业在进入第七代时已经发展成为一家拥有数十家企业（都在正常经营）的家族企业集团。这些企业是在整个家族的参与、鼓励和监督下收购的。该集团的家族首席官认为：

我们面临的挑战是如何确保我们的财富不断更新，以继续支持不断壮大的家族。我们最近做出的一些商业决策集中在如何在 2030 年时实现目标。我们怎样才能建立一家企业，为我们提供资助家族项目和年度会议所需的收入？这与大多数企业看待此类问题的方式截然不同；这是真正的长期与短期之争。与此同时，你必须把钱放进股东的口袋，所以你有义务每年提供流动资金。在私营企业中创造流动性是一项巨大的挑战。

长期承诺也代表了一个可靠的个人承诺，即忠诚地服务于家族。一家欧洲企业集团有几位家族常务董事，负责管理各家企业。他们说，在企业工作的家族成员都是"死而后已"，从未有人离开。现任家族首席执行官在接手这份工作时就明白，这将是他的最后一份工作。他最引以为傲的是，在企业工作的家族成员的生活与 1000 名员工没有什么不同。他为家族成员与员工以及数百位家族所有者之间培养出的忠诚和相互尊重感到自豪。

将家族价值观延伸至企业中

企业创始人在企业最初的成功中学到了一些东西，他想与他的接班人分享。这些东西通常体现为价值观和实践，不仅服务于良好的商业行为，而且服务于符合道德规范的个人行为。这些预期的行为也形成了一种传统，不仅激励了家族，也激励了员工和公众尊重家族的工作。

裙带关系就是这种价值观的一种表现形式，它指的是优先考虑家族成员和忠诚的员工，正如这位家族领导人所说：

裙带关系有着极其恶劣的名声，它有负面的含义。但我们发现，它也有非常积极的意义，因为我们所有非家族员工的兄弟姐妹、叔伯和表兄弟姐妹都将他们的家人带进了公司。在我们的家族中，叔伯、姐妹和兄弟四代同堂，服务时间超过了 200 年。我们的家族文化已经扩展到所有员工，我们的员工流动率几乎为零。我们的电子部门有一位员工，他已经在这里工作了 68 年。我在这里工作的 25 年里，已经有 8 位员工退休，他们的工龄都在 50 年或以上。

在家族企业中，"家族"的意义超越了血缘关系，还包括员工、供应商、客户和社区。大家族不仅仅由直系亲属组成。这也是家族企业能够吸引员工做出承诺、激励员工创造业绩和实现共同目标的原因。从第一天起，关于家族所有者如何做生意的促进性价值观就被灌输到企业文化中。这些价值观得以延续的原因在于，即使企业的领导权转移至家族之外，企业文化也反映、强化并支持这些价值观。随着家族成为一个亲缘家族，长期员工和顾问也承担起了准家族成员的角色。这位第五代领导人回忆了他的父亲是如何看待家族传统价值观的：

你不需要关注家具、桌子、办公室或其他花哨的东西。重要的是你能带来什么、你如何与人打交道，以及你如何与你的家人、你的价值观、你的组织和你所在的社区沟通。

员工很重要，他们需要受到尊重，需要与家族员工和公司所有者享有平等的地位。当一个家族明确地陈述了其价值观时，它就会建立起家族以外的人所依赖的信任。当然，这些价值观必须得到与之相一致的政策和行动的支持。在世代家族文化中，言行显然是相互关联的，正如这位目前拥有一家盈利企业的第三代家族成员所说：

我们的企业文化是把员工当家人对待。我们制订了员工持股计划，让员工可以分享利润，但家族所有者获得的红利非常少。我们要传递的信息是，积极为企业创造价值的关键员工优于家族的经济回报。如果家族成员想将他们的所有权转换成现金，那他们可以每年赎回股票。但出售股票是一个代价高昂且后果严重的决定，家族成员不会轻易做出这样的决定。

家族为企业打上了个人印记，因为作为所有者，家族代表的不仅仅是企业。一位家族成员这样说：

我们一直关注的问题是，我们为什么要这样做？你有增长、风险、流动性和盈利能力这四个目标，但作为家族股东，你关心这家公司、关心成为这家公司的所有者的非财务原因是什么，因为如果只拥有一家银行，而你可以买很多银行的股票，那么拥有我们的银行有什么区别？部分原因是我们将家族的价值观和文化融入了公司。长期以来，作为大股东和唯一股东的好处是，我们形成了体现家族价值观和文化的价值观和文化。但家族成员给我们的答案是它为我们的社区做了什么。我们是一家拥有 50 个营业网点的社区银行。我们投入了大量的资金、时间和精力，并鼓励员工回馈社区。因此，当家族成员环顾四周时，他们会发现我们银行存在的意义（即在某些情况下提供资金），也看到了我们的员工和工作人员在这些社区所做的贡献（使这些社区变得更好）。

家族成员需要了解公司的文化和价值观。我两周后要与一个家庭开会，我认为这个家庭并不清楚公司价值观和企业文化。他们只看到了其中回馈社区的那部分，却没看到我们是最好的银行、我们是全国顶尖的银行之一、我们得到了认可。我们所做的一切都是为了确保我们的员工对自己的工作感觉良好，对我们的社区、对我们在社区中感到舒适。我们拥有他们需要的产品和服务，他们希望与这些客户绑定。

这个家族制定了一项家族协议，明确规定了其价值观、如何将这些价值观应用于经营企业以及如何在实践中应用这些价值观。正如下面这个家族的情况一样，协议往往是在家族出现冲突之后制定的。在最好的情况下，人们会以积极的方式解决这种冲突。家族成员说：

我们家族企业最重要的部分是共同的价值观。家族价值观构成了你的企业价值观。对于子孙后代来说，进入家族企业工作的人必须先在家族之外工作几年。在进入家族企业工作之前，每个人都必须获得相关专业的学士和硕士学位。我们都认为家族比事业重要。另外，我们有一份大约有 15 个项目的清单。我们从家族协议开始，逐渐更多地转向商业协议。然后，因为一场诉讼，情况发生了变化。现在，我们有了这家控股公司，大部分协议又是关于商业的，而且更专业了。但最终总是回归家族问题。家族话题也总是被提上日程。

以下是一位非家族成员 CEO 在一次会议上的发言，他定义了一个专业经营、以价值观为基础的家族企业所必备的品质，这些品质使家族企业比上市公司更具竞争优势：

作为经理、高管和员工，家庭永远是头等大事，无论是客户的家庭还是员工的家庭。我们确保员工能够照顾好自己的家庭。如果你的孩子中午在学校发生了一些事情，无论你是一名档案管理员还是一名会计，你都应该及时出现在孩子身边而无须请假。允许人们参加他们的家庭活动表明了家庭的重要性。因为他们意识到自己的家人得到了关注，所以这里的每个人都会努力工作。我们大多数员工都有超过 20 年的工龄。

对于与我共事的家族成员，我再怎么说他们好都不够好。2008 年全球金融危机时，很多家族办公室都决定："今年不加薪，也不发奖金。今年形势不好，所以我们做不到这一点。"我们与员工讨论的是：你是在告诉我，即使发生了这种情况，我们所代表的家族也不会受到影响吗？这不会以任何方式改变他们的生活。那么，那些为你工作的员工的家庭呢？他们绝对会受到影响。如果你只是在企业经营顺利、发展强劲时才成为伟大的领导者，这说明了什么？事实上，我们应该看着我们的员工说："现在你更需要加薪，才能渡过难关。"我们确保每个人都有同样的待遇，以帮助他们渡过财务危机。这展现了他们真正的领导力，也说明了为什么家庭观念是一切的核心。

一个家族拥有由创始人传承下来的强大价值观，并会将其传授给每一位员工。这些价值观在招聘时会得到强调，每位员工都应遵守这些价值观。当这个家族收购了一家拥有截然不同的文化和价值观的上市公司的一个较大部门时，这个家族向该部门的员工提出了明确的要求："欢迎你们加入我们，但我们希望你们能坚持我们的价值观。"令该家族惊讶的是，被收购公司的大多数员工都选择了留下。

当企业面临危机时，员工的家族价值观尤为重要。当压力来袭，员工想知道自己的立场以及家族是否会继续尊重其价值观。有一个家族即将出售其三代传承的家族制造企业。该企业深深扎根于当地社区，但面临着将生产迁往海外的成本压力。一家私人资本公司有意收购该企业，但在即将出售时，这个家族意识到员工和客户都强烈反对这个决定。最终，该家族决定终止出售，而是聘请了一位非家族成员担任首席执行官。该家族的一位发言人表示：

客户对我们出售企业很不满意，我们的员工也不满意。他们看到了家族政策在定价、产品质量和交货及时性方面的价值。虽然我们从来没有明确表示，但这就是企业一直运行良好、价格也很有竞争力的原因。如果出现问题，他们可以直接给我的父亲打电话。

家族企业中的高接触因素对客户来说很重要。我们正在与新上任的首席执行官探讨这个问题。既然我们已经决定为下一代保留家族企业，那我们该如何利用这一因素来发挥我们的优势呢？我们如何利用它，并围绕它讲一个故事？这个故事就是，我们是一家专业化经营的家族企业，但我们有强烈的家族价值观，并希望保持我们特殊的文化。

关于对员工和社区的承诺，一位第五代家族领导人表达了另一种观点。这种被称为利益相关者的观点认为，家族在道义上有义务为不同社区提供服务。这种利益相关者理念与企业的唯一责任就是为股东创造利润的观点形成了鲜明的对比（我们将在第7章中讨论）。近年来，很多上市公司都以家族企业为榜样，采纳了这种企业责任观。在这种观点中，家族企业将更广泛地看待其作为企业所有者的义务，正如以下这句话所说：

对公司的责任有时高于对股东的责任。尤其是在这个小镇上，我们是这里的主要雇主之一，公司的成功至关重要。我们对员工的承诺是一种共同价值，也是一种为公司成功而奉献的精神。如果我们只关注股东，那企业将走向衰败。

工匠元素：规范、专业化的企业和丰富的人才储备

一个家族要想成功，就必须建立一种选择、追求和强调良好商业行为的企业文化。由于企业发展如此之快、规模如此之大，因此家族必须支持一种能让企业成为最好的企业的文化。家族必须放眼于自己的成员之外，招募、提拔和奖励有经验的商业精英，让他们发挥自己的专长。这意味着作为所有者的家族成员，有时不得不退居幕后，以尊重他人的技能和知识。企业文化尊重良好的商业惯例，选择和重视非家族人才，让他们完成家族希望但自身无法独立完成的事情。企业文化在某些方面超越了家族本身，引导家族成员学习作为管家而不是经营者的新角色。

制度严谨和专业化的企业

无论家族持有什么样的价值观，每个家族企业都旨在实现盈利。家族的价值观和创业态度必须融入一个可持续、专业化、制度严谨、目标明确和有能力的企业中。第一代企业创始人可能是一位即兴的领导者，他经常在没有计划的情况下经营公司，抓住机会，勇于冒险，凭直觉做出决定。然而，随着一代又一代人进入领导层，他们面临着增加高效的商业实践和提高制度严谨性的挑战。他们不能继续依靠喜欢即兴发挥的家族领导人，而必须招募和培养有技能的非家族成员担任家族领导人，这些非家族成员必须认同家族的价值观和长期承诺。这本身就会给企业带来深刻的变革，但我们采访的每个世代家族都能够在维持家族个人身份和价值观的同时做到这一点。这对它们来说是一个主要的发展障碍。

在第二代和第四代之间，家族领导层会转变为以专业化、业务至上为导向。领导者必须运用工匠的技能，来制定商业规则、专业化操作流程和问责制。对世代家族来说，这是一个关键的转变，因为它要努力解决以下问题：

- 我们的愿景和文化能否延伸至家族之外？
- 我们的公司和经营方式必须做出哪些改变？
- 我们如何吸引那些能力超越家族成员的管理者和领导者？
- 我们作为所有者的监督权能否体现和要求专业标准和实践？

对家族来说，这种转变涉及接受这样一个现实，即企业的需求优先于家族福利和偏好。家族在满足自身需求之前，必须认真审视企业的实力和生存能力。如今，家族不再将企业视为满足家族需求的场所，而是将其视为一种需要专业化管理才能维持的微妙资源。这意味着企业将非正式的实践转向创建一种注重招募人才和创建优秀企业的企业文化。工匠的细心和完美主义取代了家族将企业视为游乐场的倾向。

由于这种转变会导致缺乏技能、专业水平较低的家族成员被迫放弃工作、福利和影响力，因此它几乎总是伴随着压力、冲突和戏剧性情况的发生。当一位敬业但不够专业的家族领导人被要求离开时，当家族学会尊重非家族成员领导人并在运营问题上服从他们时，可能会出现令人痛苦的家族裂痕。

虽然这种转变是必要的，但它也会给家族带来巨大的压力和冲突，正如这个欧洲家族企业所记录的那样：

在最初的几代人中，权力从父亲传给儿子，从强者传给下一代强者。培养和选择下一任领导人是当权者的责任。在我父亲那一代，有几位家族成员担任过行政管理职位。

当被任命的家族领导人被迫下台时，会产生摩擦。这是一件痛苦的事情。这也是我们说在下一代，我们将不再允许家族成员参与管理的原因之一。我们希望让职业经理人有机会晋升到最高行政级别。这意味着家族成员将不再是领导职位的第一候选人。

企业专业化往往伴随着多元化，这为家族成员重新审视其个人职业生涯提供了机会。一些家族或分支可能会决定向自己选择的方向发展，就像这个亚洲家族一样：

我的家族有一个第三代家族企业和我自己创立的一家第一代公司。我开始思考，我应该在推动家族企业走向专业化管理方面发挥自己的作用。我们需要从商业家族转型为投资家族。我决定建立一个投资组合，这样我的孩子们就可以利用我自己的家族企业。我认为，每一代人都应该创造属于自己的财富，而不是吃老本。我希望我的孩子们有不同的兴趣爱好；我不赞成强迫他们接手我祖父的生意，甚至是我的生意。我希望我的孩子们能成为我祖父的企业和我自己的企业的好股东，但我也希望他们创建自己的企业。我希望每个孩子都有自己的事业，这来自他自己的愿景。

有时，变革的动力来自市场。在迁往欧洲后，这个中东商业家族不得不适应外部变化，并重新定义其非常个人化、亲力亲为的企业，如下所述。

20 世纪 70 年代至 90 年代初是欧洲奢侈品行业的鼎盛时期，有很多中东家族来到欧洲。我们家族很擅长与他们谈判，因为我们就来自中东。我们了解他们的心态和文化习俗，很好地满足了他们的需求。但我们的发展是混乱的，从来都不愿意费心去弄清楚要如何管理企业。

这种商业模式本质上是一种交易模式：低价买进，高价卖出。直到20世纪90年代早期，这种模式一直都行之有效，但当时发生了两件事。一是第一次海湾战争，主要的客户群停止了购买。二是竞争，因为利润很高，奢侈品行业迎来了很多竞争。大型奢侈品集团进军我们的行业。此时，我们必须在管理方面变得更加专业，但我们不知道该怎么做。我们从没想过请有能力的外人来帮助我们。我们甚至没有想过如何明确自己的职能，或者如何对自己的特权和权力做出妥协。

八年前，当我加入管理团队时，我的第一项工作就是为每个人撰写合同和职位描述。家族成员很难接受这些合同，就连员工也很抵触，因为他们习惯了口头命令。没有人愿意将事情正式化，因为他们不想花时间写东西。

当企业过渡到由非家族成员领导时，家族成员往往不确定自己的定位。当这个欧洲家族企业集团转向专业化管理时，它必须了解家族领导的新角色。

当我们采用专业化管理时，第四代面临的最大挑战是为家族找到新的领导方式。他们被执行团队中经验丰富的专业人士盖过了风头，但三年后，他们终于开始发挥作用，并做出了贡献。第四代成员完成的一件事是制定顶层的战略目标，并提交给集团董事会讨论。例如，其中一个目标是实现25%的收入来自房地产市场。我们希望建立一家具有强大价值观的平衡企业，但我们必须学会明确地阐述这些价值观——将家族的意见融入企业战略。

企业制度严谨可能会挑战那些不称职的家族领导人。对任何企业来说，让不称职的领导下台都是一项挑战，对家族企业来说更是如此。正如下面文章所说：

我叔叔和我爸爸永远记得，他们设立了一个由一位年长的叔叔领导的新部门。这其中有很大的情感因素。这个部门亏损了很多年，最后情况变得很糟糕，我们不得不关闭它。由于我叔叔的身份与这家公司息息相关，因此这个决定引起了很多冲突。我们很难告诉他，他必须离开公司。

这种情况使家族决定采用专业化管理。所有人都同意对家族中任何想在家族企业工作的人采用正式、客观的招聘流程。这反过来又促使我们向分散风险的治理结构转变，并创建一个管理家族现金流的控股系统。此外，我们还必须签订股东协议。我们有一个规模庞大的少数股东群体，他们希望董事会中有专业的管理层和独立董事，从而提高透明度、可行性和客观性。这成就了我们现在的结构。

另一家传承了数代人的欧洲饮料企业在第六代时也做出了类似的转变。

八年前，我们进行了一次重大变革，当时我在董事会任职。公司需要专业化，需要拥有更全球化的视野。这个过程并不容易，但我们以安全、温和的方式完成了转变，对此我们深感自豪。如果因为某些家族成员享有其他人没有的特权而产生嫉妒，该如何处理？尽管这些特权可能算不上真正的特权，但还是会让其他家族成员不高兴。为了避免这些冲突，我们决定只让四位家族成员留在公司工作。

有时，当家族没有合适的领导者人选时，就会出现向由非家族成员担任领导者的转变。

改变经营所有权并不是一个有意的决定，家族里没人愿意这样做。我儿子在公司工作没多久就离开了。我侄子也是这样，但没有其他家族成员来接替他。从那时起就发生了由家族以外的人担任领导者的转变。不过，下一代中出现了一些非常有能力的人，但遗憾的是，现在已经没有家族成员参与公司运营了。

企业拥有问责文化让员工确信，家族的需求和做法不会影响业绩、对员工专业精神的尊重和适当的奖励。企业的长期成功比眼前的家族需求更重要。世代家族通常会经历一个转变，即家族的长期导向被用于重新审视企业政策和提高对企业的期望，使企业不仅能按照家族的意愿行事，而且能按照"优秀"企业所特有的质量、问责制和公平政策的原则行事。

当下一代领导者将企业转变为一个制度严谨的专业化实体时，家族的其他成员可能会感觉自己被边缘化了，即使他们享受着经济利益。当没有明确的接班人而家族面临重大转型时就会出现挑战。

在我（第三代）父亲担任首席执行官的那些年里，公司完成了很多了不起的事情。在此之前，我们的临时治理流程存在一些漏洞、缺陷，并随着变化产生了一些矛盾，因此在 20 世纪 90 年代末，我们决定重组治理结构。当我父亲接管公司时，他需要把公司经营得有声有色，所以他集中精力强化公司的实力，提高公司的生产力。到 90 年代末，公司的实力得到了强化，并进行了一些重大改革。我们从公司变成了有限合伙企业，但这些变化让一些成员感到疏远。他意识到需要加强家族与企业的联系，就是在那时，他帮助我们成立了家族理事会。

当改变文化时，由于家族成员失去了原有的地位和角色，可能会爆发冲突。一位家族成员被任命为股东关系经理，负责监督家族成员参与企业经营的情况。她说：

我的职位是为了与家人一起工作而设立的。一些家族成员被要求离开公司，公司希望他们能走出去、积累经验，然后再回来。有些人这样做了，但有些人没有。一些老一辈的高层领导被要求离开或被安排到不同的职位；几位家族成员离开了董事会，但在所有者顾问委员会中获得了一席之地。这减轻了对他们的打击，但说到底，还是很艰难。但由于利润创下新高，股票分红的增加使伤口愈合得更快。

所有者顾问委员会代表着所有家族所有者。他们的愿景是促进股东家族之间的和谐，使他们能达成一致。他们设定业务目标和财务指标，设置风险管理项目，然后与董事会合作，就这些目标、指标和项目达成一致。我们不希望所有者小组通过与管理层对话来设定希望和期望——这不是他们的职责。让管理层负起责任是董事会的职责，而不是家族的职责。所有者顾问委员会的另一项任务是帮助挑选和票选董事会成员。

当家族企业"专业化"时，会聘请经验丰富的外部顾问、独立董事、受托人和非家族成员高管。家族尊重他们及其专业知识，并利用他们的专业知识为家族谋福利。然而，由于这些顾问的能力和实力不同，因此家族成员可能会退居幕后，失去参与企业经营的权力。这可能会形成家族陷入被动和缺乏发展的循环。正如一位家族成员所说：

我们有一位外部顾问，他非常、非常——我得说过于投入了。这对我们来说是一个真正的挑战。作为一个家族，我们应该做些什么？我们应该从外界寻求什么？外面的人做得越多，家族成员需要做的就越少，这就形成了一个恶性循环。我真的很想看到我们的家人能更主动地去做那些我们付钱请别人去做的事情。这让我很不舒服。

通过严谨、专业的商业实践来深化工匠技能需要家族成员相应地转变角色和意识。这个过程需要家族和企业董事会的高度参与，因为每个人都需要了解新的角色和互动方式。一位南美洲第四代家族的成员说：

> 我们是一个非常注重实践的家族，我们已经转型成为一个专业化的家族企业。但我们应该如何与专业人士打交道呢？如何让首席执行官做好他的工作，同时让董事会做好他们的工作？自从我们将董事会与家族理事会分开后，我们有时会惹恼对方，因为家族理事会习惯于充当董事会的角色，参与所有事情。我们不得不重新培训自己，退后一步，参与但不干涉董事会和新任首席执行官的工作。

> 我们现在面临的挑战是收购一项新的核心业务，以及作为表亲，我们如何共同完成这个项目。另一个挑战是，我们有些表亲希望从他们的工作中获得更高的报酬。虽然我们希望家族成员参与经营，但是如何解决这个问题呢？我们希望成为负责任的股东，并参与到企业经营中。但要参与，就必须了解业务，而了解业务，你必须以某种方式参与其中。年轻的成员尤其需要实践经验。但是如果有一个职位，我们如何将这个职位与他们的技能相匹配呢？我们要付给他们多少钱？这种向更专业化企业的转变已成为一个巨大的挑战。

作为管理者，积极的所有者要转变观念，从保护自己的利益转变为着眼于每个人的最大利益。这可能是一个挑战，正如以下这位家族成员所说：

> 我们需要开始学习作为一个家族而不是五个分支来思考问题。当你有几家企业和几家基金会时，你会想："我担心我的分支，我担心我的家人，我想给他们最好的。"每个家族都是这样。但抛开这一点说我们相信某个家族的做法是正确的，这将是一个重大挑战。是的，我们知道这将在第四代发生，但我们在第二代就开始这样做了。我很难与我的兄弟姐妹建立这种信任，并说："我可能没有能力让我的孩子处于权威地位，但我相信你会让你的孩子处于权威地位，代表我们所有人说话，代表整个家族说话。"我想这可能是信任的最大飞跃。但最终我们会明白，我们必须经历这样一个非常艰难的过程，我们为此苦苦挣扎。

由受托人掌管的信托也可能会使家族受益人感到与企业脱节，以及被剥夺了参与企业经营的权利。因此，他们可能会离开企业，成为被动的旁观者，而不是主动的管理者。如果这种脱节开始生根发芽，企业就必须扭转这种局面。有一个家族就采取了措施，让家族成员加入信托计划，并取得了积极的成果。

我加入了青年总裁组织（Young Presidents Organization）。在我参加的第一次会议上，我介绍了我们是如何以信托方式持有股票的，而我是管理受托人。所以我控制着公司。但我的一位朋友说："你有大麻烦了。你们没有股东，只有关心利息而根本不关心你在做什么的投资者。"我意识到了问题。我们认为，最好的股东是受过良好教育的股东，所以我们发起了一年一度的家族聚会和全天的企业会议，让每个人都参与进来，重新点燃热情，并培养主人翁精神。拥有这种黏合剂对整个家族来说都是非常积极的。我们听到了很好的问题，大家也积极参与，所以我们明年会继续这样做，一切都重新开始。

尽管受托人是法定所有者，但通过将受益人视为所有者来赋予他们发言权，也是保证他积极参与的一种方式。

通过与非家族成员领导人合作来丰富人才储备

经过一两代家族所有者亲力亲为的经营，家族的人才储备已经无法满足家族各种业务的需求。此时，家族必须考虑从哪里找到下一代的企业领导者。家族成员可能会继续在企业工作，但工作的目的不再与最终的企业领导权挂钩。家族的监督权移交至董事会和监督企业经营的治理实体。

此时，家族成员不能再认为自己的企业是可以随意来去的潜在就业场所了。个别家族成员或者整个分支可能会选择放弃其所有权，企业可能会被收购。现在，新的专业化企业与家族的关系已经不同了。此时，家族成员可能会建立其他企业或者从事慈善事业，并开始实施家族治理。一些家族成员选择走机会主义之路，而另一些则支持工匠精神导向。

家族越来越希望招募到非家族成员担任企业领导者，他们不仅认同家族的价值观，支持家族独特的文化，而且具备领导者的技能和能力。随着非家族成员领导人进入家族企业、家族办公室、投资部门和基金会时，他们会与不参与企业经营的新一代家族领导人，尤其是新生代领导人密切合作。转变家族所有者/经营者的角色，同时仍坚持家族文化和价值观，这对世代家族来说是一个关键的转变。

企业创始人的神秘感是众所周知的。他们往往不信任自己的员工，甚至不愿与家族成员分享财务数据。然而，为了建立问责和专业化实践的文化，家族成员必须克服不分享信息的习惯。在世代家族中，随着新生代的出现，开放和透明的文化价值观克服了创始人限制信息和不信任他人的倾向。正如这位家族成员所述，透明度可以在企业文化中不断发展：

直到 20 世纪 70 年代初，会计工作都是在一间暗室里进行的，数据都是保密的。但从我父亲那一代开始，我们开始依赖电脑、数据和正式的报表，并开始了 ERP 的专业化进程。现在，我们与管理者们共享事实数据，我们都知道自己做得怎么样。在董事会会议上，我们会非常详细地讨论每件事。当我们上市时，我们很容易实现转型，因为我们已经在那样做了。

当企业面临压力时，家族认为有义务向员工解释即将发生的变化，这正是提高透明度的一种做法。家族可以向员工解释自己正在做什么以及为什么要这样做，这样就能达成一致，并形成一个共同的目标。一位家族成员讲述了其家族企业是如何做到这一点的：

我们今年还将进行路演。首席执行官和我（董事长）将前往世界各地的分公司和办事处，讨论家族在转型方面所做的工作。大家都知道首席执行官即将退休，我们希望确保在沟通方面形成闭环。

随着年龄的增长，老一辈领导企业的能力逐渐减弱。他们的精力大不如前，而且可能无法接受新观点、找到新机会。他们会变得守旧，但他们往往是最后意识到这一点的人。有时，这项任务会由新一代成员承担，但为了维持企业的发展，他们不得不争取一些权力。一位第四代女性家族成员说：

我觉得第三代和第四代之间有很大的鸿沟。第三代人并不喜欢变革。变革的唯一途径是买断第三代在企业中具有道德象征意义的股份。这种情况可能会发生在他们离开这家企业，或者去世、退休以及去挪威钓鲑鱼的时候。接班人和现任者必须就正在做的事情、企业的发展方向以及上一代可能会接受的变革类型达成一致。

需要进行变革的共识是如何达成的？在上述家族中，女儿的父亲在他幼年时，父亲突然去世，他被迫出去工作。他毫无准备，并且想确保这样的事情永远不会发生在自己孩子身上。他的女儿很早就展现出了与家族另一脉的下一代接班人相辅相成的技能。在与父亲和兄弟姐妹协商后，她要求和堂兄一起担任领导职务。他们制定了时间表和培训计划，包括读研究生、在其他公司工作以及最后进入家族企业，来承担越来越繁重的任务。她的父亲期待自己退休后由她来接班。

现实和愿望之间的差距可能需要努力缩小，就像这个第四代家族企业集团一样：

第三代吸取了历史的教训。虽然第三代成员已经进入董事会并准备开始做出决策，但是第二代成员仍在幕后积极参与，对董事会做出的正式决策指手画脚。但现在第四代掌权了，第三代董事会成员开始退出领导层，不再干涉决策。

实现专业化管理的多种途径

在世界各地的不同文化中，向专业化管理的转变有不同的形式。有时，成为一家制度严谨的企业意味着要直面关于企业、家族和领导力的传统文化价值观。以下是四个家族的例子。

一位来自某亚洲企业集团的第三代家族成员观察到了儒家价值观的影响如何给专业化进程增加了额外的复杂性。老一辈领导人的严格保密，加上需要尊重他们的管理，使得年轻一代无法全情投入。在这种情况下，族长已经90岁了，而两代受过高等教育、有能力的人却在等着上位。与此同时，必要的改革被推迟了。

在另一个亚洲家族中，兄弟三人都遵循他们父亲的意愿在家族企业中工作。他们一起工作，但随着下一代的成长，家族成员决定，为了保持联系，他们希望在一起有更多的乐趣，并参与更多的非商业活动。要做到这一点，他们就必须调整传统的工作原则，减少限制，降低要求。

当第三代家族成员在另一家多元化企业掌权时，他们继承了由受托人保守管理的资产。但他们更有创业精神，启动了历时 15 年的改革进程。他们增设了控股公司和董事会，由优秀的职业经理人担任成员，并积极进行家族治理。

最后一个例子是，出生于 19 世纪的一位族长将所有权传给了他的女儿。她立即解雇了他，并开始发展专业化管理。他很惊讶，也有点伤心，但还是接受了她的决定。当第三代人开始掌权，他们希望家族保持团结、避免冲突，所以建立了一只为期 10 年的表决权信托。经过一代人的专业化管理，他们从下一代中选出了一位家族成员担任首席执行官。

当家族准备交接权力时，有几位家族成员说下一代领导团队已经做好准备，时机成熟时可以随时接管领导权。老一辈退休有一个明确的时间表。在家族企业中，这样的预测和准备肯定不是常态，但在我们采访的世代家族中，这种预测和准备往往是按照预先确定的路径有条不紊地进行的。

有一个家族面临着明显的商业挑战。它预见了数字时代的到来，需要一位有远见的领导者来引领家族企业的发展。但与此同时，该家族对自己的管理很满意，不愿意再寻找这样的领导者。家族企业没有如愿获得发展，家族最终不得不将其出售。在另一个家族中，第四代想要任命一个侄子担任主席，但其他人觉得他还无法胜任。后来任命他之后又改变了主意，选择了另一位家族成员（他现在已经是董事长了）。如果家族成员之间没有深入接触，可能就只有冲突而没有理智的选择了。

另一个家族临时任命了一位非家族成员担任首席执行官来指导第五代家族成员。如下所述，该家族随后聘请了一位非家族成员担任正式首席执行官：

我们希望他在待人接物方面保持我们的价值观。现在我有信心，我们的新首席执行官会做到这一点。三年前他刚上任时，他并不了解我们的价值观有多么重要。现在，他明白了这些价值观是我们 DNA 的一部分，它们已成了他语言和意识的一部分。

意外的悲剧随时可能发生。在一家企业中，一位指定的接班人死于战争。出于对家族的责任感，他的弟弟不情愿地接替了他。他很自信，但并不快乐。尽管如此，他还是为下一代做好了准备，并为向专业化管理转变做好了准备。他的接班人来自家族之外。

这种危机可能会导致企业转变为由非家族成员领导。另一个家族有在董事会中保留大多数独立董事的传统。在继承人意外去世后，该家族开始寻找新的家族领导人。最佳人选来自一个拥有少数股权的家族分支。另一个在董事会中拥有多数独立董事的家族正在洽谈出售事宜。出售失败后，该家族任命了一位非家族成员担任首席执行官，并要求他将企业专业化。他拥有私募股权投资背景，家族希望他会寻找并购机会，并将其推荐给家族。

在我们采访的世代家族中，有几个家族最初是按资历处理接班问题的。在一家企业中，哥哥经营了一段时间，然后他的弟弟接管了接下来的10年。这种模式经常会因为意外事件或下一任接班人遇到困难而瓦解。另一些家族维持着两代人的长期合作关系，这可以让新的领导者随着时间的推移不断成长。

家族成员可能会面临家族分支与整个企业之间的利益冲突。所有权通常由分支进行分配，一个分支可能拥有更多甚至大部分所有权。在这种情况下，家族成员需要自问："我的行为是为了我所在的分支还是整个企业的最大利益？"例如，第三代家族成员发现，他们父母那一代正在争夺继承权。他们直接对父母说："我们知道你们不舒服，但你们要相信我们是公平的，不会干涉你们的决定。"后来，第三代招募了一位非家族成员担任企业领导者。还有一种方法是让兄弟姐妹各自领导自己的企业，同时由一家控股公司监督他们的业绩，并让它们负起责任。

陷入困境的转型

上面讨论的都是转型成功的例子。其他家族就没这么幸运了。有几个家族任命了看似有能力、经验丰富的非家族成员担任首席执行官，但他们最终未能适应家族文化。一位习惯于独揽大权的首席执行官无法与家族所有者或核心高管共事，他最终被迫离职。这种情况在其他处于转型期的家族中也有不同的表现。一个家族自豪地宣称，第三位候选人是最合适的人选。

另一个家族任命了一位非家族成员担任首席执行官，来扭转其每况愈下的企业。虽然他成功地挽救了企业，但该家族没有建立起家族治理和监督机制。这导致了家族成员所说的权力真空，家族无法做出关于所有权的关键决策。正因为如此，即使该企业在经营上获得了成功，也无法进行创新或向新的方向发展。

在另一个家族中，一个哥哥被要求担任首席执行官。他自信满满，却碌碌无为，所以家族成员要求他下台。他对此非常不满，并开始向他的儿子说家族的坏话。从那之后，第四代家族领导人不得不努力应对家族内部持续存在的紧张关系。

有时，企业的发展超出了家族的能力范围。有些家族拥有一个由家族成员首席执行官和非家族成员首席执行官组成的团队，共同开展工作。这些角色有时被区分为家族董事长和非家族成员首席执行官。如果双方都能开诚布公、坦诚相待，同时尊重彼此的权威，那么这种合作关系将充满挑战，但也收获颇丰。面对下一代众多的表亲，一些家族决定出售公司并套现。其他家族则建立财务伙伴关系，允许个人在参与程度上有更大的灵活性。

机会主义元素：专业的家族领导人和每一代人的创业重点

随着企业文化的发展（发展的速度有时甚至超越了家族），家族在文化中扮演了什么角色呢？它负责监督每个企业实体和金融实体，确保文化价值观得到维护、企业蓬勃发展，但它也必须密切关注变化、适应性和新方向。持这种观点的家族成员是机会主义者，他们鼓励新一代将家族企业带到新的道路上。这会产生一种文化后果：家族必须接纳不同类型的专业人士，他们既是价值观的守护者，又是开拓者的职业管家，然后让家族中的管家去寻找新的可能性。

新家族领导人的职业化

在支持非家族成员担任领导的同时，家族成员也需要丰富自己的商业知识，提高自己的能力。在成长过程中，每一代新成员都可以选择在家族企业中工作，并有可能晋升到领导岗位。但随着企业的发展和家族企业变得越来越复杂，机会也是有条件的。现在，家族明确规定了在家族企业中工作的责任。家族员工必须具备一定的能力，愿意与非家族员工合作，并具备商业人士应有的责任感和严谨。

当年轻的家族成员成为家族企业的所有者时，他们并不一定会成为企业的领导者。到了第三代，如果家族继续经营其传统企业，那么家族成员通常会从家族企业的经营者/领导者转变为董事会和治理者的角色。家族成员也可能在家族企业中工作，但并不一定能成为企业领导。在新的企业文化中，家族成员并不是第一位的；相反，家族扩展了其关于问责制、透明度和长期发展的价值观，将非家族成员领导人视为真正的合作伙伴。家族内部的专业精神和责任感向非家族成员领导人传递了一个重要信息：你不必担心家族成员会限制你的行动。

当年轻的家族成员还在上学时，大多数家族都会鼓励他们参加实习或在暑假期间打工，让他们了解家族传统。随着年轻的家族成员上了大学或读了研究生，在家族企业中工作的情况可能会减少。他们会在家族之外度过职业生涯的早期阶段，他们可能会出差或从事某种服务工作。大多数家族都有一项政策，要求年轻成员在进入家族企业工作或在家族办公室中任职前，先在其他企业工作几年。要想进入家族企业或家族办公室，家族成员就必须展现出与非家族成员相当的专业商业技能。每一代人所要求或期望的专业水平都在提高。到了第四代，新上任的家族领导人倾向于在治理而不是运营方面发挥作用。

如果年轻的家族成员寻求担任行政领导或管理职务，他们就要经历询问、评估和对话等一系列流程。到了第三代，可能会出现很多家族成员候选人和非家族成员候选人；此时，偏袒关系密切的家族成员可能会成为一个问题。为了抵制提拔自己子女的倾向，家族会使选拔过程明确、透明和公平。家族成员候选人在申请职位时，通常必须通过一个平行的家族审查程序，因为作为潜在的所有者，他们拥有特权，会被另眼相看。家族审查需要考虑以下几个问题。

- 首先，家族必须评估候选人的能力以及他是否适合这个职位。
- 其次，家族必须意识到让家族成员担任某一职位对其他员工的影响。员工会从中得到什么信息？他们是否会担心自己的晋升前景受到影响？
- 最后，家族内部可能存在竞争，另一位家族成员可能被选中。这种情况必须进行调解，以免争议波及企业。

正如一位第三代家族领导人所说，家族参与应适度：

在我成长的过程中，员工们担心有太多的家族成员在企业工作。我们这代人其实并不被鼓励在企业工作，所以这种情况发生了变化。现在，我们听说员工们担心家族没有足够的家族成员在企业工作，他们担心家族的承诺，所以我们现在非常努力地招募家族成员来企业工作。变化无常。

另一位家族成员说，有必要在能力和机会之间建立公平的平衡：

我们有关于在家族企业工作的就业政策：你需要具备与外人相同或更好的入职资格。有人支持这项政策，有人反对。我个人的观点是，如果政策过于严格，就会将家族成员拒之门外。他们会说这太官僚主义了，似乎是家族不想让我们参与企业事务。我认为这必须要平衡。

为了培养称职的领导者，很多家族制订了长期的领导力发展计划。这可能是非常传统的。例如，一家第五代欧洲制造企业制定了明确的继任流程。每一代都会任命联席首席执行官，代表两个所有者分支。一位即将成为家族分支接班人的女孩讲述了这个过程是如何从她在大学时被任命开始的，以及她在成为真正的领导者之前需要做很多准备。虽然这是一个有风险的选择，但家族会受益，因为它是可预测的，并能够使新一代的每位成员都清楚地了解这个过程。

我们采访的大多数家族都要求家族成员在申请职位前在家族企业之外工作，例如：

在过去的五到七年里，我们已经聘用了几位第四代家族成员，他们在外面就业后找到了能充分发挥自己能力的工作。事实上，我们只聘用过一位没有外部工作经验的家族成员，但他的表现并不令人满意。

吸引家族成员加入企业的消息很重要。有时，责任感会让他们决定加入。一个家族聘请一位领导者来"拯救"企业。由于他对企业的衰败感到担忧，而且他是一位经验丰富的商人，因此他觉得自己必须介入。最有才华的家族成员显然有其他选择。通常，他们自己就是创业者，想要开辟自己的道路。然而，家族成员可能会打电话向他们发出邀请。一位父亲在儿子25岁时打电话给他，问他是否有兴趣在家族企业工作。儿子说，这个电话"种下了一颗种子"，几年后，他准备好接受这份工作了。他和家人从他工作的城市搬到了他长大的小镇。

有些家族希望家族员工从底层做起，但当这种情况发生时，大多数家族都会快速培养年轻的领导者：

当我加入公司时，我从车间工人开始做起，然后从制造部门到销售部门，花了很长时间才到达我今天的位置。这是一个漫长的过程。我相信他们现在有了某种与之前不同的流程。一般来说，你不需要为了加入公司而在外面工作，但我认识几位之前在外面工作过的人。公司有一条晋升的捷径。所以，你可以先在外面工作，然后回公司担任副总裁级别的职位，并进一步晋升。

当他的家族企业正在经历从出售产品到提供商业服务的重大转型时，另一个家族的一位年轻成员看到了做出重大贡献的机会。吸引他的是挑战，而不是稳定就业的机会，但他用以往的经验证明了自己有胜任这个角色的能力。作为一名工程师，他渴望将自己的经验应用于建设可持续发展工厂的实践中。他问他是否可以开发一个项目，让家族企业实现可持续发展。然而，作为一个年轻人，他很快就意识到建立信誉和让员工接受他的计划是多么困难。尽管如此，他还是完成了这个项目，虽然用时比他想象的久。随后，他被提拔到生产运营部门，在那里，他能够与非家族成员高管合作，他们认同他的价值观和承诺，并尊重他的能力。

如果一个家族鼓励很多家族成员进入企业，它就会创建专门针对家族员工的评估、职业指导和晋升机制。由于涉及的人数众多，而且有可能在敏感问题上发生冲突，因此家族会制定明确的就业政策，这些政策与治理角色有明显的区别。大家族可能都有一名家族关系经理，他的职责是为家族成员的发展提供支持，评估家族成员的能力。一些家族要求家族员工在晋升至管理层前接受特别评估。

还有一些积极的计划，比如给为一位年轻的家族成员安排一位值得信赖的非家族成员领导人作为导师。这可以在家族和非家族成员管理层之间建立联系，并帮助家族成员意识到他们的权威和能力，以及作为家族成员，他们必须服从和尊重外部领导。合作和任人唯贤在填补关键职位空缺时很有帮助。是不是由家族成员来填补这个空缺？事实上，越来越多的家族企业不再优先考虑家族成员。

在另一种情况下，两位家族成员想在企业中获得晋升，这给家族和企业都带来了挑战。正如一位家族成员所说：

到了第三代，出现了一个职位空缺，有几位家族成员提出了申请。其中有一位家族成员已经在企业工作了 20 年。另一位家族成员在企业工作的时间并不长，他只是一位外出求学的大学生，拿到了外面的助学金，然后回来申请这个空缺的职位。最后是这个年轻人，而不是那个经验丰富的人得到了这个职位。因此，这在企业层面和家族层面都引发了矛盾。

我目睹了这一切，因为这两个人都是我的亲戚。这无疑破坏了人际关系。虽然现在事态已经有所好转，但我知道这两个人将在很长一段时间里心存芥蒂。但我们已经做出了决定，而且我们考虑了诸多因素。我个人认为这是一个正确的决定：合适的人得到了合适的职位。尽管如此，你可以看出那位有多年经验的家族成员会认为"我应该是最有资格的"，尽管事实并非如此。

这件事暴露出的一个问题是，太多的个人信息被分享给了太多的人。这是不专业的做法。领导者们认识到，个人信息，尤其是有关业绩的信息，不应该这样公开分享。

随着企业文化的转变，世代家族的家族参与不会被专业化管理所取代；相反，随着对企业业绩的责任感增强，当代和新生代的家族成员意识到，他们必须提高自己的专业技能水平，才能为企业和家族提供服务。家族启动了一个积极的流程，为作为新所有者和准所有者的新一代家族成员制定准则，培养他们的技能，帮助他们做出承诺，并让他们发挥作用。本书的第四部分介绍了这些家族培养新生代家族成员的步骤。

培养"专业"家族成员的活动包括：

- 为企业考虑聘用人员设定明确的期望值；

- 鼓励外部学习（大学或商学院课程）；

- 要求候选人在其他企业工作一定年限；

- 为家族成员和非家族成员员工精心制作关于家族招聘的信息；

- 指定一名家族关系经理，为家族教育和发展提供支持；

- 使评估过程透明化，剔除情感因素的影响；

- 保持人事决策的私密性和专业性；

- 定期沟通体系的运行情况以及做出改变的意愿。

关注每一代新成员的创业精神

为了延续几代人的成功，世代家族发现，仅仅拥有一家专业化、制度严谨的家族企业是不够的。即使家族正在以几何级数增长，传统企业的增长和扩张也无法以几何级数的速度持续下去。家族必须找到创新的方法和更多的机会。工匠之路必须辅以机会主义者。

一家传统、缺乏创新的企业即使在今天还能存活下去，也无法引起下一代最有才华的成员的兴趣。这些年轻人往往面临着更诱人的外部选择，所以家族企业必须争夺他们的注意力。一家制度严谨的专业化企业可能会盈利，但缺乏创新和机会。每个家族面临的挑战是培养每一代人中核心成员的创业精神和必备技能。一位来自第四代企业的家族成员说：

第四代企业虽很少见，但其面临的一大挑战是如何保持创业精神。我们需要保持企业的创新性和生产力，我们必须在企业治理中形成创业思维。我们必须确保企业不断发展，并具有创业精神、创造性和创新性。我希望我们有合适的人选来确保这一点。

我们正在进行新的尝试。我们问："如果你是这个家族的一员，它对你个人意味着什么？"你比你的邻居富有，但这就够了吗，或者还有其他意义？"我非常欣赏的一个欧洲家族的成员说："事实上，如果你是这样一个家族的一员，你就有更多的机会发展自己，你也会有很好的机会在创业方面获得成功。"我非常喜欢这个观点，正在努力推广它。

虽然企业在几代人的努力下形成了核心竞争力，但后辈往往希望看到家族进入新的领域。一位第四代家族领导人说，他的家族企业从农业和林产品起家，后来扩展到媒体和娱乐等新领域：

我们正在努力培养年轻一代的创业精神。我希望能了解他们来公司最感兴趣的是什么。我想知道公司里的哪些事情是他们不想参与的，以及他们想采取什么样的策略。我们还没有很成功地找到答案，但他们还很年轻，要想出这些问题的答案需要很多思考。

我们的家族成员对风险投资一直很感兴趣，因为我们一直是机会主义者，即使我们并没有投资某个行业或某家企业。我们认为，只要我们对企业的实际运作有足够的了解，我们就能识别出真正具有颠覆性和巨大销售潜力的技术或企业。灵活是我们的强项。

我们一直在做大宗商品交易，所以我们知道如何判断不同类型的风险。拥有多种业务确实可以降低风险。我们不随大流，但如果这个机会与我们所了解的某一领域有关，比如水处理、材料加工或任何与农业有关的业务，那我们都会非常感兴趣。事实证明，我们对很多领域都有一定的研究，我们可以将学到的经验应用到新的收购计划中，因此这会让我们成为有吸引力的投资者。例如，我们帮一些小公司与工程方面的专业人士建立了联系，而这些专业人士是它们需要花很长时间才能找到的。

一位第五代家族领导人指出，一个家族希望最有才华、最有能力的家族成员在家族企业中，而不是在外面开创自己的事业。在准备退休的同时，他正在为家族控股公司挑选下一代领导人。

创业的重点形式多样。它建立在长期承诺、家族价值观和企业制度严谨的基础上，同时增加了风险和寻找新投资的因素。一个家族由有两位第四代成员共同领导。他们招募了一个由非家族成员领导人组成的团队，并开始在家族价值观的框架内收购新企业。另一家历史悠久的欧洲企业希望家族中所有的年轻人都能走自己的路，要么经营家族现有的企业，要么以家族的名义创办自己的企业。家族为家族成员开展新事业提供了明确的支持和途径，并明确了对结果的问责制。

创新的视角不是只有家族成员才有。明智的家族领导人也会为非家族成员员工提供创新的机会，就像上述这个拥有多家企业的欧洲第四代家族一样。它们的家族领导人指出，这种文化价值观是其家族传统的一部分：

我父亲很喜欢说："我们应该多元化，但我们也应该谨慎行事，因为你需要有正确的工具和有才能的人。"他一直相信，人才可以从内部培养，而不仅仅是从外部培养。

这对我们这四代人很有帮助，因为我们相信，与你一起工作三四十年的非家族成员会变得像家人一样。那些没有血缘关系的人将得到一切可能的机会。例如，我父亲的司机有自己的公司，专门销售手机。另一个人得到了为我们开设自助餐厅的机会。我父亲相信每个人都可以创业，如果有人真的很优秀，他就应该鼓励他们去做想做的事。

我们现在有一只投资基金和一只创新基金，让每个人都能发出自己的声音。此外，我们还在公司内部建立了一个平台，让公司中的每个人（因为我们坚信"没有人比你的员工更了解你的企业"）都能分享新想法。所以，那些受教育程度最低，甚至连读和写都不会的人，都有机会介绍他们的想法。

每季度都会有一次比赛。这些人组成了一个委员会，他们会选出最好的想法。我们奖励这些人，并让他们参与到组织变革中。这有助于留住人才，让我们不断进步，这也符合我父亲的观点，即你可以从内部培养人才。我们还能够获得所有的新知识，并将它们存储起来。所以，我父亲去世时，我们并没有因为信息丢失而焦头烂额。

另一个欧洲家族企业在第三代家族成员的领导下，拥有一家成功的服装上市公司。他的一位具有高科技背景的堂兄弟要求加入家族企业，并要求获得资助来建立新的企业。他们取得了巨大的成功。最终，他的分公司从服装上市公司旗下的一个子公司中分离出来。

一个经常出现的问题是：创业和新企业是家族企业的延续，还是新企业的开始呢？正如这位亚洲家族的成员所说：

企业领导者必须学会放手，让下一代拥有自己的梦想和愿景。他们必须具备足够的创业精神来创办自己的企业，而不是仅仅依靠家族企业。

我会让我的孩子们知道，如果他们有自己创业的理想，我们就会投资他们的企业，这样就可以让他们的企业更上一层楼。但我的投资不会是多数股权，我会成为天使投资人。我希望我的孩子们成为拥有自己的激情和愿景的创业者。

然而，当我们这样做的时候，它还是我们祖先创办的企业吗？我想说，财富是祖先留给年轻一代的，但他们在投资组合中创办了新的企业。在亚洲，传统上家族赚钱靠的是机遇，而不是激情。但现在，当接班人投资时，他们对改变世界充满热情，这与企业起步的方式完全不同。我们必须赞扬这些年轻的企业家，他们改变了公司，并将其带入新世界。

发展与守旧

随着每一代人的崛起，创业精神和保守主义之间的对话很少能达成一致。正如这位家族成员所说，这些相互竞争的观点之间的冲突可能会束缚企业的发展：

我们家族刚起步时，我们的企业就像一颗美丽、精致、巨大的钻石，我们将它放在保险柜里。每年，我们都会把它拿出来看几次，然后再放回去。100 年后的今天，这颗钻石仍在保险柜里，没什么变化。现在有更多的人想将它拿出来看看，但它不可能永远被放在保险柜里。我不知道我们这一代人是否都有同样的感受。在发展和守旧的问题上，第四代人分成了两个阵营。一个阵营说："让我们守住我们现在所拥有的一切！"另一个阵营则说："让我们发挥创造力，发展壮大，赚点钱吧！"因为我们是一个家族，而且我们是代议制的治理方式，所以问题还是没有得到解决。我们必须找到解决这个问题的方法并继续前进。

调和这些对立面是运作良好的世代联盟的特征之一。家族能够在机遇的两个方面都采取行动，而不是故步自封。

老一辈或许希望企业继续发展下去，但随着他们年龄的增长和新一代的日益成熟，他们可能会避免或推迟真正的变革，直到他们得到新生代的支持。以下这份报告说明了这种困境：

我们现在是一家控股公司，业务涉及平面媒体、电视、房地产、林业、风险投资和保险。我的父亲和叔叔推迟了很多重大决策，因为我们在 20 世纪

80年代经营不善，他们不知道家族是否有兴趣将企业延续到下一代。现在，由于他们推迟了很多投资决策，我们这一代人必须决定是否继续经营以及如何重新出发。

创业的心态

如果一个家族在第三代或第四代拥有一支才华横溢、能力出众的家族成员团队，就可以创建一个家族投资集团。下面介绍的这个集团是由一个拥有两家互不相关的大型传统企业的家族组建的，该家族的新一代对发展和创业充满热情：

多年来，家族第三代表亲开展新业务的方式在不断变化。在我们职业生涯的早期阶段，我们没有一个流程，但每个人都对此很感兴趣。每个人都想寻找新的机会，所以我们五个人成立了一家公司。一开始，经营是非正式的，我们只是聚在一起，说"看，我看到了商机"或"我有了一个新想法"。从那时起，我们开始扩大投资组合。每年我们都会为投资组合分配一定数量的资金。现在，我们有了所谓的家族银行。我们做一些研究，找到一些有投资价值的股票并买入。然后我们告诉了父亲，但他说："现在不是扩大投资的时候。"我们不断地和他商量，直到他同意。这些想法都来自我们的团队。我们提出想法，然后为他们提供资金。

很多世代家族明确鼓励家族成员投资新领域。少数家族已经开始尝试建立家族银行或家族风险基金，为家族成员的新企业提供资金。例如，一位受访者表示："我们的家族银行鼓励家族成员为他们认为能带来经济回报或人力资本回报的项目寻找资金。"家族允许个人创建自己的新企业，但收益和风险也由作为投资者的家族共同分享和承担。

一个大型全球家族企业拥有100多家公司，它的一位家族成员介绍了该家族是如何将每一代人的创业精神制度化的：

每家企业都作为一个独立单位运营，拥有一个由家族成员和非家族成员组成的董事会和战略委员会。我们是一个创业家族，我们希望保持这种状态。我们鼓励年轻成员通过创业来证明自己。如果年轻成员对某件事充满热情，我们就会帮助他们创办相关企业。他们可以犯错，不会受到批评或训斥。有些人可能想在 IT 行业创业，有些人想开主题公园，还有些人想做零售业。我们都鼓励他们去做。这是一种持续的工作，这也是我们拥有这么多企业的原因。

一个第四代家族成立了一个由七位家族成员组成的成长委员会。一位家族成员说：

我们基于成员的职业和经验，而不是他们属于哪个家族分支来确定成员资格。他们每年都会聚几次，讨论如何发展业务。从理论上讲，这是个好主意，但似乎没有什么结果。成长委员会的成员们投入了大量的时间和精力来提出想法和建议。然后，当他们将这些想法和建议提交给董事会时，董事会表示支持，但我们没有看到任何结果。希望他们不仅仅是讨论想法，还能将想法落到实处。

起初，家族的创业心态和企业的创业精神之间可能没有联系。在一个大型家族企业中，非家族成员领导人正在推动多项创新。家族领导人问他们是否想让家族成员了解一下他们正在做的事情。非家族成员领导人说没有必要，但家族领导人说："你们是愿意承担所有风险并为失败负责，还是希望家族成员签字同意？"随后，企业领导人与这个家族进行了交流，并得到了他们非正式的支持和承诺。

另一位家族领导人说：

我们家族的每一代人都尊重他们从上一代手中接过的企业，但之后他们开始以自己的方式改变和发展它。没有人一进入企业就认为自己会一帆风顺。每个人都是带着持续创业和成长的想法来的。

另一个家族作为一个商业家族已经进入了第14代，早已从一家传统企业发展为多家企业和投资机构。家族成员自豪地说，他们专注于个人创业，但作为一个大家族，他们会继续集中投资：

我们的孩子在同一家企业一起工作了大约10年。某天，他们决定继续前进，都开始自己创业。他们拿出一大笔钱，投入一个共同的资金池中，他们将在未来五年内持续关注这个资金池。他们都投资了彼此的公司，都是彼此董事会的成员。这是延续企业的方式很奇怪，但在这个家族中，创业的动力太强了，不能只专注于一家企业。我们将所有子女都视为企业的第一代，尽管从家族的角度来看，他们已经是第 14 代了。

为了鼓励机会性创新，世代家族必须将态度和鼓励与具体行动联系起来，通过拨出家族资金来支持家族后代成员的创新、新企业和各种形式的社会创业。家族成员在呼吁家族重新考虑其价值观的意义并将其应用于实践的同时，也要求家族为这些企业划拨资金或投资。家族理所当然地要求承担责任，但在世代家族中，研究基于以价值观为基础的新的投资的积极过程，会将意图与明确的行动路径结合起来。

下面是一位第三代家族成员如何培养自身创业才能的例子。他来自一个亚洲家族，最终他成了家族企业的首席执行官：

1972 年，我 18 岁。我注意到一部中国功夫电影的票房非常高。我记得我在中国香港上学时，我父亲每年都会带一些免费的电影票回来。他会告诉我们，他是如何与几个朋友一起投资制作这部电影的。

我在写给父亲的信中说："中国的空手道电影拍得不错。你能从家里寄一些海报给我吗？也许我能靠它们赚点钱。"于是，他寄给我了一些海报，我敲开了当地影院的门，和经理见了面。我给他看了海报，说："这些电影很棒，我们能做点生意吗？"他说："可以，把电影带来，我们会在影院播放。如果其中一部的票房超过 15 000 美元，你就能拿到 35% 作为收入；如果低于这个数字，你只能拿到 25%。"我把电影寄给了他，上映一周后，我认为总票房就超过了 20 000 美元。我得到了 7000 美元。投资电影的老板对我父亲说："告诉你儿子，不管他能有多少收入，他都可以留下 50%，剩下的 50% 需要返还给公司。"作为一名大学生，我一周就赚了 3500 美元！那是一大笔钱。当时，买一辆车只需要 1800 美元。于是，我开始用我父亲朋友的一些电影来发展我的业务，然后去买更多的电影。我们将这些电影带到了太平洋群岛放映。我大学毕业时，我们的生意已经做得很大了。

在美国以外，尤其是在发展中国家，世代家族发现它们的企业经常受到威胁。这些国家可以通过将它们的企业国有化或强迫它们离开来剥削它们的财富，削弱它们的影响力。企业不能脱离政治，否则它们会被视为不可靠的政府拥护者。在面对逆境时，这些家族的成员只能另谋生路，往往沦落为比以前贫穷得多的难民。虽然他们没有多少经济来源，但他们保住了自己的声誉、在本国其他家族中的地位、人际关系网以及自身的动力和技能。一些世代家族的成员说，他们失去了大部分财富，然后又开始了新的创业，这些企业的规模和以前的企业一样大，甚至更大。这不仅仅是运气。他们的难民身份使他们作为一个家族得以发展机会主义，培养创业精神。以下就是这样一个家族的故事。

 案例分享

创新基金

这个五代同堂的家族起源于中东，在当地经营得风生水起。20 世纪初，社会动荡导致第二代家族成员移居南美洲，并在那里生活了 30 年。虽然在异国他乡发展得很好，但他们想回"家"，于是第二次世界大战结束后，他们再次搬迁。社会动荡随之而来，他们发现自己的土地被政府没收，所以再次逃亡，这次他们去了非洲。在创办了更多的企业后，他们再次回到自己的祖国，然后又搬到国内更稳定的地方。随着不同的分支分散到不同的地方或开始创办新的企业，家族开始分裂。

这个家族最大分支的第四代最近经历了他们掌权和受人尊敬的族长的去世，他在数次搬迁和重建中发展了自己的企业。他们有一位活跃且敬业的第三代族长，三位有商业头脑、年龄跨度很大的中年兄弟姐妹，还有很多年轻的第五代成年人。他们通过采用两种创新的做法，即设立一只风险基金来支持创业和投资，以及制定家族宪章和治理制度来集中精力发展企业和承担责任，从而使家族企业不断发展壮大。去世族长的大儿子是他们的新主席，他说：

我们从小就认为，家是一个让我们团结在一起、一起做点事情的地方。我们想知道，我们该怎么处理我们之间的这种联系呢？我父亲说："我们要建立一只家族基金，它是一只创新基金。这只基金的资金将来自现有的企业。我们会先拿出一些钱，一开始数额不会很大，将它们放在一只基金中，并且请第四代家族成员来管理它。"我作为老大和最小的人年龄差 20 岁。

我们的父母说："我们建立这只基金的唯一条件是，你们必须达成共识。无论你们想做什么，我们都鼓励你们在现有企业之外去做。建立这只基金的目的就是使企业实现多元化。"

这对我们来说是一个巨大的挑战。我们花了大约一年半的时间努力改善我们的沟通方式，学习如何妥协。然后，我们开始基于严格的财务审查，用这些方法处理向我们提交的提案。这让我们进入了医疗保健行业、餐饮行业和技术行业，并进行了大量投资。实际上，我们在这些领域做了一些以前没做过的事情。我们取得了一些短期和长期的成功，有些业务还在进行中，有些业务很稳健，快要进入 IPO 阶段了。我们在地域上实现了多元化，我们的关系也因此变得更加紧密。

与此同时，我的父母说："我们需要制定一部家族宪章。"这是因为我们的年龄差距很大，我们有不同的兴趣。他们知道我们所有人都将进入这家企业。他们制定了政策，规定了计算我们在外面工作多少年是以绩效为基础的。他们说："在你们进入公司后，你们四个人不可能成为所有公司的董事长或首席执行官。也许你们都不会是，因为这不一定由血缘关系决定。"我们经历了这个过程，我们很幸运，因为他们愿意将这件事说清楚。

我们走了一条很长的路，花了八年时间。有些人还很年轻，我们需要等到他们能够表达出自己的想法并得到我们的认同。从上一代开始，我们开始走一条之前没有人走过的路。

虽然家族文化的表现形式有很多种，而且每个家族都是独一无二的，但这些共同的取向和做法似乎出现在世界各地的世代家族中。

在你的家族企业中采取行动

文化评估

世代联盟的基础是发展一种能够表达家族所有者的长期目标、价值观和意图的文化。本章介绍了成功的世代家族企业文化的各个要素。

读完本章的故事后，你可以借此机会评估一下你自己的家族企业文化。想想我在本章中介绍的六个要素，将它们应用到你自己的家族企业的文化和实践中。你可以将表 6-2 作为评估的模板。

表 6-2 家族企业文化评估表

元素	应用程度	你的优势	你的挑战	未来计划
长期承诺				
制度严谨的专业化企业				
将家族价值观延伸至企业				
与非家族成员领导人合作				
家族成员职业化				
每一代人的创业重点				

对于每个要素，请考虑以下问题：

- 你们在多大程度上做到了这一点？
- 你们在这方面做了什么来增强家族企业的实力？
- 你们在这方面面临哪些挑战或压力的预警信号？
- 未来，你们可以采取哪些措施来做进一步的工作？

实施文化的变革

显然，这些都是非常主观和系统性的问题，只填写这张表格的意义不大。进行这类评估的最佳方式是成立一个家族事务工作组。该小组既可以由家族领导人或代表家族所有者的团体和参与成员组成，也可以由跨代群体组成，其中也包括一些非家族成员领导人。重点不仅仅是完成任务，还有开放文化的每个领域供讨论。通过讨论，领导层应该制订某种行动计划，进一步发展所有家族企业的开放性、适应性、责任感和创新精神。

第 7 章

企业社会责任：改变世界，从本地到全球 [①]

一个商业家族通过声明和广告自豪地宣称："我们是一个家族企业。"他们强调这一点，是因为他们知道商业家族服务于客户、诚信、公平、可靠、质量和社会责任等价值观而闻名。本书中关于世代家族的描述支持了这一论断的真实性。我在第 6 章介绍家族企业时提到了对客户、员工和社区的忠诚和关怀，本章我将通过介绍世代家族如何在致力于实现超越利润的价值的同时，对员工、社区成员、社会问题和环境命运承担起责任，来继续讨论这个话题。

到了第三代，家族成员往往已经与他们的传统企业拉开了一定的距离。即使家族将经营领导权交给了非家族成员领导人，家族成员也仍然会深入参与一个领域：在他们的企业、其他投资和所在社区中确定社会责任的价值观。家族会发起项目和活动，并对这些价值观做出明确的承诺。

可持续发展和社会责任感体现了所有者的价值观和他们对未来的长期承诺，即使他们可能会牺牲一些眼前的回报。一位所有者指出："他们对未来的关注促使他们考虑自己的行为对家族、员工、供应商、客户、环境和整个社区的影响。"

世代家族敏锐地意识到了其决策对社区和环境的影响。家族成员们住在社区里，在那里购物和祈祷，把孩子送到那里上学，所以他们对自己的声誉

---

① 本章与伊莎贝拉·莱森特 – 吉尔斯（Isabelle Lescent-Giles）博士和杰米·特雷 – 格莫尼（Jamie Traeger-Muney）博士合作写作。

和自己的行为对他人造成的影响很敏感。他们关心社区，作为重要人物，他们认为自己有责任帮助社区蓬勃发展。在做出决策时，他们需要评估短期和长期后果。他们认为企业、社会和环境在本质上是相互依存的。

虽然家族价值观保持不变，但其解释、应用和相关性会随着时间的推移而变化。作为公司的继承人，年轻一代可能会质疑当前的做法，提出以前没有人问过的问题：我们所做的事情对环境有害吗？我们的员工是否被公平对待？他们是否从我们的繁荣中受益？我们如何应对逆境？我们是惩罚员工还是真诚地对待他们？

年轻一代对社会责任和环境可持续发展，以及女性在企业中角色的性别规范的日益关注，促使他们质疑甚至挑战现有的做法。作为企业所有者或准所有者，他们认为即使不直接参与企业管理，也可以提出这些问题。关于企业的做法和产品的跨代对话经常会出现。例如，在一些酿酒厂，新一代的酿酒师质疑注重传统和质量的做法是否会造成水资源的浪费。他们希望重新关注葡萄酒品鉴的体验，而不是老一辈从小就习惯的那种更正式的排名和品尝方法。他们希望让千禧一代的客户参与新的、更有趣或更真实的互动。

企业使命和社会价值观

著名经济理论家米尔顿·弗里德曼（Milton Friedman）对社会责任的定义与本书中涉及的大型家族企业的观点并不完全一致，因为他的观点明确地将企业领导者的身份划分为企业高管和社区公民两种角色。弗里德曼解释说，企业领导者可能还承担着很多他承认或自愿承担的责任——对他的家族、他的良知、他的慈善情怀、他的教会、他的俱乐部、他的城市和他的国家。我们把这些称为社会责任。但在这些方面，他是以委托人而不是代理人的身份行事，他应该花费自己的金钱、时间和精力，而不是雇主的钱。

然而，在所有者管理的家族企业中，所有者与他们指定的代理人之间几乎没有什么区别：家族在追求社会和环境目标的同时，也追求经济目标，它们花的是自己的钱，也会考虑"自己的良心"和"自己的城市"。本书中提及的成功的多代家族企业以系统化思维追求发展。它们作为投资者、商业领袖和社会变革的推动者所开展的活动是相互促进的。此外，它们还以强烈的认同感为动力，以共同的历史为行动框架，以核心价值观和能力为目标。

对于世代家族来说，企业与其所在社区是紧密相连的。一位家族成员说："我们相信发展是正确的。我们为能参与推动国家发展的大型基础设施项目而感到自豪。为了发展，我们需要得到客户的信任。"每一次商业投资都在为家族创造价值，同时也在为建设一个更加繁荣的社区铺平道路，让道路、桥梁、工业设施和互联网基础设施更加完善。

作为所有者，世代家族被视为拥有巨大的影响力和财富（即使社区认为它们比实际更富有）。社区根据它们如何使用这些财富来评判它们。炫耀性消费是不受欢迎的，而简单和谨慎则受到赞赏，这表明它们仍然是"我们中的一员"，即使在收入和代理权方面存在明显的差异。一个从不富裕家庭发展起来的家族建造了一栋大房子，社区将这栋房子命名为"城堡"。他们的孩子比他们的父母更能体会到这种反差。长大后，他们继承了家族的价值观，开始以各种方式回馈社会（如创立了企业基金会和家族基金会），用新积累的财富来平衡父母的傲慢。另一位在家族企业工作的年轻家族成员不愿邀请同事到他家做客，因为他担心同事会反感他的生活方式。

家族责任的范围可以概念化为一系列同心圆，这些同心圆定义了企业及其所有者的关注范围。弗里德曼模型将责任延伸至企业所有者及其利润的核心圈子。大多数家族企业所持的利益相关者观点认为，它们还要对员工、客户、供应商及其所在社区负责。很多家族企业将家族隐喻拓展到其他利益相关者，并因此受到尊重。

这种观点在 21 世纪方兴未艾。千禧一代渴望得到有意义的工作，这一点已经引起了人们的关注。他们喜欢像巴塔哥尼亚（Patagonia）这样的社会企业，因为它们将社会或环境影响置于"我们为什么存在"和"我们如何做生意"的核心位置。巴塔哥尼亚的使命宣言（即我们的事业是拯救我们的地球家园）推动了从材料到品牌的商业战略。该公司也被视为具有社会和环境意识的企业的典范和先锋。家族所有者对上市投资管理集团贝莱德

（BlackRock）首席执行官拉里·芬克（Larry Fink）的观点反应尤为强烈：

> 目的不是对利润的唯一追求，而是实现利润的动力。利润与目的并不矛盾——事实上，利润和目的是密不可分的……能够实现其目标并履行其对利益相关者的责任的公司会获得长期回报，而忽视这些的公司则会步履蹒跚，甚至失败。随着公众对企业的要求更严格，这种态势正变得越来越明显。而且随着千禧一代（如今占劳动力总数的 35%）对他们的工作、购买和投资的公司表达出新的期望，这种态势将继续加速发展。

1987 年，联合国布伦特兰委员会（Brundtland Commission）制定了一项全球契约，阐明了企业在环境、社会和治理方面的实践。这些原则和实践（如图 7–1 所示）已被纳入很多世代家族的价值观。

图 7–1 联合国布伦特兰委员会：可持续发展目标

家族慈善家莎娜·戈德塞克（Sharna Goldseker）和迈克尔·穆迪（Michael Moody）指出，年轻的家族捐赠者坚持不仅要签支票，还要贡献时间和技能，并在项目上开展更多的合作。这种坚持部分源于对维护与他们一起成长的员工和当地社区成员尊严的担忧。这些新生代捐赠者认识到，技能和领导力，而不仅仅是金钱，才是企业长期成功的核心。尽管贡献金钱以外的宝贵资源并不是什么新鲜事，但这对新生代来说尤其重要，往往会促使他们致力于家族企业的发展。

美国企业将企业社会责任视为类似于慈善事业（即企业之外的捐赠），并倾向于更狭隘地关注碳足迹和狭义环境影响的可持续发展。而欧洲企业倾向于将企业社会责任作为其核心战略和业务运营的一部分，更注重社会和环境方面的信息披露和计划。尽管"企业社会责任"一词在商界和家族中被广泛使用，但它却饱受争议，因为它在某些圈子里已成为企业传播的同义词。"企业的可持续发展"正成为一个更加全面的术语，用来表示企业在应对社会和环境影响方面的行动和行为。世代家族将可持续发展理解为一种长期的观点，是对包括利润、人类和地球在内的跨代管理的关注。

研究人员建议放弃对企业社会责任"一刀切"的定义，因为定义会因环境和文化而异。企业应采用一系列与自身的发展、意识和抱负水平相匹配的定义来行动。尽管定义各不相同，但企业社会责任倡议有一些共同特征。卡洛·卡塞里奥（Carlo Caserio）和弗朗西斯科·那波利（Francesco Napoli）认为，企业社会责任包括影响可持续发展、当地社区和社会；它在保护环境、尊重和促进人权、提高工作满意度，以及在企业内部发展和支持伦理和道德价值观方面发挥着关键作用。因此，企业社会责任会影响企业的形象和声誉，进而影响其财务和经济绩效。利益相关者越来越多地要求将企业社会责任延伸到产品成分和原材料，以及供应链中企业的行为。

本书中涉及的家族通过一套围绕家族价值观制定的标准，并结合社会和环境问题来评估其商业决策的影响。对一些家族来说，宗教信仰是将家族、企业和社区联系在一起并确定其核心价值的主要黏合剂。例如，一个拉丁美洲家族宣称信仰，特别是天主教在家族生活中的重要性，并描述了信仰如何影响家族对社会的贡献。另一个家族则将"己所不欲，勿施于人"的原则作为其社区议程的核心。

例如，罗斯柴尔德公司（Rothschild and Co.）将自己定义为一个由家族控制的全球性集团，为全球的大型机构、家族、个人和政府提供并购、战略和融资建议，以及投资和财富管理解决方案。该公司将其核心竞争力定义为规模、本地知识和智力资本的结合，使其能够为其合作伙伴提供独特的视角和有效的长期解决方案。罗斯柴尔德公司的企业社会责任以社区投资和环境行动为中心，与联合国的可持续发展目标一致（如图 7-1 所示）。罗斯柴尔德家族还以整个家族的名义开展慈善事业（如为犹太社区的老年人建立养老院网络），并以家族分支的名义开展一些慈善事业（如支持法国巴黎的罗斯柴尔德医院，该医院因其在治疗眼疾方面的卓越表现而闻名，因为该家族法国分支的一位前辈有眼外伤史）。其他家族成员则专注于与其家乡城市相关的事业，每代人都增加对其直系亲属有意义的事业。

🔵 **延伸阅读**

北极星项目

10 年来，国际家族企业协会（Family Business Network，FBN）作为一个由历史悠久的家族企业组成的全球网络，一直在研究家族企业如何在尊重人的价值观、保证产品质量、保持诚信和保护环境的同时保持盈利。FBN 的北极星项目与我们的研究项目同时启动（它也是我们这个研究项目的最初发起方之一）。该项目收集了一些关于企业社会责任原则如何进入家族企业的故事和案例，反过来又促使 FBN 制定了在其他企业中评估和发展此类实践的规程。

FBN 的使命宣言肯定了 1987 年联合国布伦特兰委员会关于可持续发展的目标，即既满足当代人需求，又不损害后代人满足其需求的能力。北极星项目赞同"商业、社会和环境目标之间相互依存"这一观点。该项目最近发布的一份报告将可持续发展定义为家族企业如何适应不断变化的商业环境，并为未来而奋斗。这包括商业、社会和环境目标。FBN 承诺，它正致力于为人类、社区、环境和子孙后代创造一个可持续发展的未来。为实现这一目标，该项目建议成员从探索家族价值观（如何表达、交流和用于决策）以及可持续发展对家族、企业、家族投资和社区的意义开始。该项目鼓励家族各代人参与，这种方法与慈善事业一起，往往是跨代讨论、传承和合作的一个简单切入点。

北极星项目的案例研究包含了家族可持续发展项目和承诺的几个共同特征。它们是：

- 个人利益，反映的是家族利益；

- 与企业目标和使命相关；

- 重点突出，成果明确；

- 持续性，包括家族所有者的长期支持。

北极星项目注重的不是研究，而是行动。它帮助家族企业和家族所有者进行可持续发展"对话"，以确定他们的可持续发展目标，并为未来设定目标和实践。该项目的会谈旨在吸引家族成员和企业领导者参与进来，为他们的企业制定可持续发展政策和实践。该项目首先会评估企业目前正在做的事情，然后帮助家族在公司运营领域确定一些明确的目标和实践。每年都有更多的 FBN 成员开始这项评估和转型项目。

企业社会责任：可持续成功和长期发展的基石

长期可持续发展这一理念存在于世代家族企业的 DNA 中，因为这些企业的首要任务是将企业传给下一代。因此，这些家族企业会将长期目标置于短期目标之上。这让家族成员认识到，各行各业都有其生命周期，可持续发展意味着变化，每一代人都需要接受新行业、新技术和新做法。

可持续发展不仅仅与环境问题相关。它反映了家族的长期价值观，以及家族在关注发展的同时没有忽视企业对社会和环境的影响。每个家族对它的定义略有不同，因为它们的历史、传统和企业类型导致其强调不同的元素。一位家族成员说：

你必须决定我们要为人类创造什么附加值，以及如何创造附加值。然后我们回到责任上来——如果家族决定你必须最大限度地赚钱，那很容易，你可以做任何事情。我的祖母总是告诉我：永远不要为钱而做，因为你永远不会成功，也不会有足够的钱。你必须为你周围的人创造附加值。如果你做得比任何人都好，你就会赚钱。

金钱是一种结果。对我来说，它不能成为股东价值最大化的目标，也不能成为整个自由市场经济的目标。我们必须重新思考这个问题。这就是我参与研究可持续发展问题的北极星项目的原因。我们公司应该成为解决世界问题的一部分，而不是问题的一部分。我讨厌华尔街的规则和我们总想赚更多钱的态度。这不是做生意，这是赌场。

这又回到了长期发展的问题上。我们最适合成为可持续发展的倡导者，我相信其他人会效仿，但目前我们还没有引起人们的注意。但最终随着新的力量实现了平衡，那些真正为世界增加价值的人将会得到赏识，这就是信念。但这也是保持自由市场经济活力的必要条件。如果我听我孙辈们的话——他们也在追求美好生活和享受乐趣之间取得平衡，而且这不仅仅是可持续的——我认为下一代也会有这样的努力和抱负。

公司有慈善传统，员工会发起慈善活动。如果他们表现出在努力做一些事情，公司就会出钱出力。如果公司员工积极参与慈善工作，公司就会加倍努力。

新生代关于社会责任的价值观可能会挑战商业实践，甚至挑战企业本身。例如，一个家族拥有一家石油公司。当第四代家族成员开始参与治理，他们对这家石油公司提出了质疑，其中一位家族成员说：

我认为我们的业务组合有改变的机会。推动因素可能是家族的投资方式或家族经营的业务。例如，石油和天然气，我们这一代人会接受吗？我认为这是一个很大的问号，所以重新定义家族价值观和使命可能是我们的当务之急。我们如何让第四代参与其中一些业务？我们希望参与哪些业务？看看一些年长的家族成员如何退居幕后，让我们步入其中的一些角色，并做出一些改变，这将是非常有趣的事情。或者不会有太大的变化，但会增加一些业务，以平衡家族的投资组合或重点。我现在还不确定事情将如何发展，但大家都在谈论它。

由于家族担心如何让下一代参与家族企业的经营，以及如何以正式和非正式的方式培养下一代领导人，因此一些世代家族利用企业社会责任开展跨代合作，培养下一代的管理能力。一位亚洲第三代家族成员在早期讨论家族企业的可持续发展，以及为提高家族农业帝国的可持续发展能力提供财务支持时得到了祖父的大力鼓励。在五年多的时间里，她一步一步地建立起了自己作为企业领导者的信誉，挑战了关于女性角色的家族规范和陈规陋习，也挑战了家族成员能够在社区中产生真正影响和发挥领导作用的年龄。影响力投资的兴起为下一代，尤其是女性，提供了一个独特的机会，让她们证明自己能够经营对社会和环境有积极影响的盈利企业。

一个欧洲家族有着参与社会进步的悠久传统，但随着家族实现多元化经营，这一传统被忽视了。第12代家族成员记住了这些价值观，并开始将其与投资和商业实践重新结合起来。一位家族成员说：

一直以来，我们都是这样做的，这是因为作为家族成员，领导人具有社会主义精神，我们是第一个反对雇用童工的家族，第一个为青少年建立了教育中心的家族，第一个为每位工人提供小房子和小块土地的家族。一直以来，我们都包容工人，保护他们，给他们最好的。我们有一个为残疾儿童开办的讲习班。我们一直都很低调，而不是张扬。现在有更多这样做的企业，尽管如此，我们还是希望能做得更多。

我们有责任使整个地区对我们的5000名工人具有吸引力，并且适合他们居住。基金会始终秉持慈善精神。附近所有的酒店和餐馆都依赖我们。当我们遇到困难并需要做出艰难抉择时，当我们不得不出售一家分公司时，我们会将其管理好，并将其出售给那些能够保证社区生计的人，这始终是首要条件。他们有句话说："不为我们，只为他人。"他们真的有一种伟大的精神。遗憾的是，这种精神从那时开始慢慢减弱了，因为当时是"疯狂的20年代"，你可以从股市中获得25%的收益。在那个时期，如果你有权力和金钱，你就会过得非常好。但问题也会随之而来。

今天，我们需要重新适应。我们必须保持这种慷慨、开放的心态和责任感，同时也要经历可能不得不关闭一家分公司的艰难时期。我们是如何做到的？对家族来说，这是最困难的时刻。从来没有一个适合整个群体的计划，即便是一个最小的决定，在没有得到所有人认同的情况下也会让人感到不适。这不是我们想做的。一直以来，我们都有这种人文关怀和责任感。我的岳父很难相处，他讨厌这样，这对他来说太难了……

对公司来说，唯一的办法就是始终表明我们扎根当地的重要性。我们让企业成为人与人之间的纽带；我们让中国或印度的员工明白，他们也是当地历史的一部分。当他们回国探亲时，他们也会感到非常自豪。例如，在过去的四年里，我们的日子过得非常艰难，没有为员工分配任何红利。当我们告诉员工：“你们知道，我们已经把所有的钱都投进去了，我们必须再投更多……我们无法分红。”他们说：“我们必须挺过去。”

最简单地说，可持续发展意味着转变投资方向，抓住新机遇，避免陷入破坏环境或濒临消亡的行业。一个家族企业的第三代成员敏锐地意识到了这一点。由于公司的核心业务是围绕铁路设备展开的，价格决定购买，而外国竞争者的产品价格要便宜得多，因此该公司积极进军两个新机遇：产品即服务和风塔。

企业社会责任还包括关注政策和经济困难对人们的影响。爱马仕（Hermès）是一家以皮具和丝巾闻名的奢侈品集团，由家族第六代成员阿克塞尔·杜马斯（Axel Dumas）经营。该公司在其 2018 年的注册文件（包括年度财务报告在内）中首先介绍了公司的历史，包括其历来对工艺和特殊材料的重视：

> 今年的业绩再次反映了我们发展模式的优势：一种具有人文价值观的工艺模式，其核心是我们每个人的创造力和创造性。创意自由与卓越的技术相结合、对卓越材料的不懈追求以及为客户提供卓越服务的愿望是我们的主要资产。
>
> …………
>
> 我们所取得的成绩绝非运气使然。皮具工坊 Manufacture de I'Allan 的开幕及其最终将创造的 250 个工作岗位、男女成衣和家居系列的成功、Enchaînements libres 系列的推出、新的高端珠宝系列的推出、Twilly d'Hermès 系列的成功，以及丝绸、皮革和鞋履的蓬勃发展，都是一场精心策划的竞赛的里程碑，这场竞赛在经过美化、扩大和数字化的赛场中进行。一旦我们跨过终点线，我们就可以祝贺自己取得了这些成功。这些成功使我们能够与那些每天为此做出贡献的人分享发展的成果，巩固我们的根基，并创造就业机会。感谢你们的精彩比赛。现在，2019 年，是实现梦想的时候了。

很多规模最大、历史最悠久的世代家族并不会将社会和环境影响视为附加的、外围的一系列行动，而是将其视为核心战略的一部分。它们利用自己的核心价值观和技能来解决自己所关心的社会和环境问题，并创造"甜蜜点"，使三重底线的三个要素（盈利能力、社会效益和环境保护）产生累积效应，而不是权衡利弊。此外，如今气候变化的紧迫性和危险性以及深刻的社会分歧和不平等现象已不容忽视。

一位拉丁美洲的企业领导者说："我们一直以来保持着良好的劳资关系，这是一方面。另外，我们还与当地企业开展了很多合作。所以这基本上就是要照顾好我们的供应商，照顾好我们的员工和我们生活的大社区。公司没有做的事情由基金会来做。"

另一个以家族核心能力为基础来追求社会目标的例子来自欧洲的一位企业领导者，他从活跃的家族企业退休，正在寻找新的目标。他正在与他的印度合作伙伴创建一家新的具有影响力的公司，利用公司的生产设施和在电力系统方面的核心知识，为印度农村的电气化提供解决方案。对他来说，这家新公司只是继承家族使命的另一种方式。

另一位家族企业领导人在一家大型咨询公司工作多年后，在40多岁时回到家族企业担任领导职务，并思考了他必须做出的艰难选择。尽管他非常注重盈利能力，以保持家族企业的活力和蓬勃发展，但出于忠诚（"我不能关闭现有员工工作了一辈子的工厂，他们的父母和祖父母也在这里工作了一辈子"）和社会责任（"我们是该地区唯一的就业来源"）的考虑，他绝不能关闭企业在高成本地区的第一家工厂。于是，他调整了商业模式，专注于创新和快时尚，并将传统工厂作为试验场，让高层管理人员在将产品送往其他地方进行大规模生产之前，先进行概念验证。

这不禁让人想起 Zara 的商业模式。在这个西班牙第一代家族企业中，所有者开发出了一种在三周内从秀场到商场的商业模式。这个时间表使他们获得了高于行业标准的利润率，同时也为公司的历史故乡拉科鲁尼亚（La Coruña）创造并保留了工作岗位。这些维持生计的社会标准是很多家族企业决策过程中不可缺少的一部分。

对其他家族企业来说，仅仅建立繁荣的社区和消除当地贫困是不够的。一位新一代企业领导者指出，家族的每一代人都有责任不仅要逐步扩张，还要探索更激进的企业扩张思路。很多在发展中国家拥有家族企业集团的新生代领导人都赞同这一观点。对他们的长辈和家族办公室来说，商机加社会影响是一个双赢的组合。一位年轻的领导者基于为社区创造新的就业机会这一论点，刚刚为一个社会影响力项目争取到了家族投资。为此，他必须向董事会证明，这是一个很好的商机。另一位接受我们采访的年轻商业领袖说，他的家族和国家领导层赋予他明确的使命，那就是去美国寻找愿意在他的祖国投资的"下一代公司"，以创造就业机会，使他的同胞摆脱贫困。

📑 **案例分享**

倡导社会责任的新生代家族领导人的职业道路

当新的家族成员进入家族企业领导层时，他或她认为自己有权提出企业社会责任和环境问题。前几代人或许不关心这些问题，但现在这些问题具有深刻的紧迫性。年轻的领导者认为培养可持续发展和社会责任的观念是生死攸关的大事。这个故事介绍的是一家东南亚化工企业的新任家族领导人的职业发展之路，他致力于环境可持续发展的价值观。为此，他面临着诸多挑战：

当我大学毕业时，我想要去冒险，但我也需要一份工作。我选择去最远的巴布亚新几内亚的一家公司。我非常喜欢这份工作，但我意识到，我不是一个坐在某个地方等待鸟儿飞来的生物学家。和我一起工作的人甚至比我更有激情。

当我结束在那里的工作后，我和父亲谈了谈。我说："我们有这么多以生产为导向的业务，而且这些业务本身就存在危险，比如化学品分销，我们需要制定一份环境政策和计划，我帮您做这件事怎么样？"他看到了潜力，说："好啊！"我们每两年召开一次管理会议，他建议将环境作为即将召开的会议的主题。他邀请了一些著名的环保人士，并请我发表演讲。

这对我来说是一个了解公司和认识公司主要高管的好机会。他们中的一些人说："你为什么不加入公司呢？你的父亲年纪大了，而你从小就对做生意感兴趣。现在你有了这个特殊的环保项目，为什么不回来呢？"

我回到了美国，攻读环境管理硕士学位，课程的重点是企业如何减少对环境的影响。1995年，也就是在我祖父创办这家公司整整100年后，我的第一份工作就与环保有关。我们很快就将它与健康和安全结合在一起，因为它们本来就是相辅相成的。我是集团的第一位环境健康和安全经理。我的职业生涯也由此开始。

我们有一个大仓库，用于储存氰化钠和其他化学品、易燃液体和氧化剂。那里是最需要找到适当储存方法的地方，也是最需要隔离、分离、应急计划和应急预防计划的地方。我们让所有公司都通过了ISO 18000认证，这是20世纪90年代的一项新的行业标准。

出于对环境的考虑，我们开展了一些新业务。我们还将重点放在了包装上，因为当时大多数公司都在为电子行业提供塑料的保护性包装。我们决定将再生纸模塑纸浆包装作为一项新业务。其中一些业务没有成功，比如我们在新加坡有一家羽毛和床上用品工厂，我们还进入了有机棉领域，但发现消费者并不愿意支付额外的费用，所以我们停止了这项实验，模塑纸浆包装一直延续至今。

（开展这项工作）非常困难，原因有几个。其一，这场环保运动的概念在全球范围内相对较新，当然在东南亚也是如此，而且很多人都对它相当陌生。所以，这是一个挑战。其二，当你是家族成员时，自然会受到某种尊重。他们清楚地知道，有朝一日我很有可能成为他们的领导人，而且我是当时仍然处于要位的主席的儿子，所以他们显然不能反对我。

有五年时间，我管理着大型起重机业务，这对我来说是最好的培训，因为那是一个真正的区域领导角色，而我当时还很年轻。当我回到总部时，我父亲退休了，所以我就成了董事长。

我们之所以能够管理如此多元化的业务，其中一个原因是我们给予各位经理很大的决策自主权。在某些领域存在着很难应对的抵触情绪，再加上我还年轻，以前没有担任过管理职位，（所以）不容易得到反馈。作为董事长的儿子，人们天生就不愿意给我负面反馈或改进建议，在东南亚更是如此。所以我很难得到对我的行动、决策和判断的反馈。我也与我的父亲保持着一定的距离，（这样）就不会有太亲密的汇报关系。

我们请来了一位顾问，一旦情况清楚地表明我们的业务开展有多么危险，这个信息就会清晰地传到每个人的耳中，大家就会团结在一起。如今，我们的化工业务已成为公司最大的业务。我们成功的一个原因是我们有非常好的环保计划，涉及产品出厂后的命运（产品储存、运输、处理的方法），以及确保我们的终端客户不会滥用这些产品的方法。

如今，环境已经成为我们开展业务的关键因素，公司面貌也完全不同。我们还非常务实。我们所做的一些事情并不是对环境不利的，但也可以说，我们实际上可以更加积极主动，只是由于种种原因，现在这样做没有意义。我认为我们已经做得很好了，而且这已经成为企业文化的一部分。我们从2011年起就实现了碳中和，再没有人质疑这一点。众所周知，我们公司就是这样做的，所以我对我们取得的成绩感到满意。不参与公司经营事务的家族成员也完全支持我们这样做。我们从来没有任何阻力。

偶尔，我会收到某个新加入公司的人的电子邮件或留言。前几天我就收到了一封邮件，这位员工说："我很高兴能加入公司。我了解了我们所有的环保项目，我真的为能在这里工作感到骄傲。"

我们有一个企业社会责任计划，我们每年两次派人到实地考察。每个项目都有很多志愿者参加，时间大约为一周。他们植树造林，在大自然中做一些事情。这并不一定在他们的舒适圈内，但他们喜欢这样做并认为这很重要，所以我们就这样做了。

影响力投资

除了在慈善基金会和传统企业中开展项目外，世代家族越来越希望建立能够产生社会影响的投资组合。他们投入巨额资金，尤其是在出售企业之后，而且往往迫于下一代的压力，他们会寻求社会和经济回报。早先人们认为社会回报会导致较低的财务回报，但现在，新的数据对这种观点提出了挑战，使年长的投资者得以加入进来。彭博社（Bloomberg）对全球范围内的家族办公室进行了一次调查。近一半的家族办公室认为，影响力投资比慈善事业能更有效地利用资金来实现社会影响。社会责任、慈善事业和营利性企业之间的界限并不那么明确。影响力投资是一种盈利方式，同时也与社会影响力和价值观相关联。

当代人希望通过投资组合结构和影响力衡量来实践影响力投资。他们既希望过滤掉负面投资（即明显会造成长期伤害的投资），又希望支持那些积极致力于社会目标的企业。一位家族领导人解释说，影响力投资成了他的激情所在。他说："当我说我打算离开家族企业时，董事会和我的兄弟姐妹们都疯了，他们都说'你不能离开公司'。但我还是离开了。在这个过程中，父亲一直很支持我。家族成员都认同这种强调价值观的做法。我们同意为此拿出 5% 的现金。"除了希望获得经济回报，家族还希望考虑社会回报。老一辈可能将这种对话视为扩大社会影响的机会，或者视为对家族行为甚至财富创造方式的挑战。在另外一些家族中，持怀疑态度的长辈会被数据和年轻一代的热情所征服。但这种转变需要一些时间，而两代人的耐心参与是成功转变投资价值观的关键。

家族办公室正在变得更加积极主动，而不是被动反应，尤其是随着下一代年轻领导人的影响力不断扩大。这些年轻的领导人会问"我们如何利用我们的社会资本、财务资源和技能组合为建设一个更强大的社区做出贡献"，而不是"我们的客户希望我们做什么"。

表达强烈的使命感不是世代家族所独有的，但它们是以一种专注、真实和有力的方式来表达的。例如，一个亚洲家族管理着家族投资的一批新的可持续发展企业，重点是创造就业机会和建设基础设施。作为所在国为数不多的大型集团企业之一，该家族正专注于建立海外合作伙伴关系，以扩大国内的就业市场，并避免将业务拓展至国外（销售除外），以优先考虑在本国创造就业机会。这种关注会深入下一代，也会被传达给员工、社区和民选官员。

这一代家族成员，尤其是正在接受培训的新生代领导人，不希望再像上一代那样秉持"我所见即知"的态度，而是希望通过个人故事和一些物品（如桥梁和图书馆），以及创造就业和红利来传达影响力。

但很多世代家族正在为如何衡量社会回报和环境回报而苦恼。一些家族通过与金融专家合作来解决这个问题。它们通过影响力基金进行投资，或作为股权合作伙伴与专注于影响力投资的金融公司共同投资。一些家族办公室专注于它们最熟悉的行业和地区，并衡量相关的投入和产出。例如，一些家族投资可再生能源，一方面是因为它们看到了石油储备在减少，希望为自己和国家提前布局后石油时代；另一方面是因为它们意识到这对环境的好处和创造新的就业机会的潜力。同样，一个在医疗保健领域拥有专业知识的第五代家族正在通过种子投资的方式，对有前途的初创企业进行投资，这既是因为家族成员可以利用其领域知识来发现好的商机，也是因为这样做可以继续履行推动医学研究发展的家族使命。他们会从过去的经验中了解到该行业的关键指标。

投资教育也很常见。一些家族通过捐赠土地、建筑和设备的方式来创办学校，并希望学校通过学费来支付日常开销。一位亚洲家族的领导人分享了其所在社区在影响力投资方面的传统，但他强调这种投资是非正式的：

> 我们尤其关注我们的故乡、我祖父的故乡、我祖母的故乡、我们祖先的故乡所在的城市或城镇地区。我们希望为这些城市或地区的发展做出贡献，比如建设公共设施，包括学校和房屋等，为那里的社区和我们熟悉的、关系紧密的社区做出贡献。当然，我们现在也有了自己的机构，即使在此之前，我们并没有为所谓的社会责任或所谓的社会活动设立专门的基金会。

影响力投资的另一个热门领域是住宅和商业房地产。从建造工人住房和社区建筑（有些是营利性的，有些是非营利性的）到低息或零息贷款（这些贷款预计将被偿还并再投资于其他项目）的混合用途项目，这是一个自然的发展过程。这种做法可以追溯到 19 世纪吉百利家族建造的公司城。

一些家族正在探索绿色生活和微生活的利与弊，而另一些家族则在研究可持续旅游胜地，以便从所拥有的土地中创造更多价值。一些家族正在建造或改造现有建筑，使它们成为绿色建筑。共享汽车、微生活和城市农业被视为它们推动社区积极变革、应对新的社会挑战（如气候变化，以及从迪拜、东京到伦敦和旧金山等大城市日益难以承担的成本）的使命的自然延伸。

这在以房地产投资组合推动未来发展的家族中尤为明显，因为它们意识到了小型住宅对千禧一代的吸引力。这个群体与新退休人员一起，推动着人们寻找关注环境和气候变化的住房。我们采访的几位下一代领导者正在与他们的家人和主要的非家族成员高管就可持续发展展开对话，他们认为这既是收入来源，也是负责任的做法。绿色建筑和微生活既被视为未来 15 年可能的收入来源，也与现有的家族价值观（如物有所值和通过设计建设"友好"社区）相契合。

另一个重要领域是基础设施建设，尤其是可再生能源和物流，还有电子商务平台和银行平台。亚洲和非洲的很多家族都意识到，政府不可能建设老式的通信和物流基础设施，所以它们转而利用应用程序、云技术和可再生能源的潜力，将微型和小型企业家与数字时代联系起来。它们与影响力专家或科技企业家合作，为大众提供手机市场信息、银行和金融服务、医疗保健或培训。

对其他人来说，创业被视为摆脱贫困的途径。一些人在聪明人基金会（Acumen Fund）或格莱珉（Grameen Foundation）等领先组织的帮助下支持微型企业。但越来越多的新一代领导者希望通过可扩展公司的形式产生真正的影响。如上一节所述，这就增加了对创建平台和市场的企业的投资。

对于一些家族来说，解决不平等和贫困等棘手的老问题是不够的。它们正将目光转向新的、令人不愉快的全球性问题（如新的疾病和医疗方式或气候变化问题），这些问题已被证明是政府和非政府组织无法解决的。在污染、可持续城市和可持续农业方面尤其如此。

可持续农业在我们采访的全球家族中非常受欢迎，它们主要关注两个方面：如何引入更可持续的耕作方法，以及如何开发更高附加值的服务（如酒店业）。一位在拉丁美洲经营咖啡农场的新一代家族成员利用她在大学最后一年的部分时间，在上一代移民的家族成员的帮助下，计划在一家国外咖啡连锁店中启动一项新的家族业务。可持续的耕作方法与可再生能源一样，往往既能产生社会影响（如增加就业、减少污染），又能产生环境影响（如更好地利用土壤和水）。还有一些家族正在进行更系统的思考，研究养牛或替代蛋白质来源的影响。

 案例分享

影响力投资中的创业精神

安德烈·穆里耶兹（André Mulliez）是法国穆里耶兹家族协会的第三代所有者。该家族拥有多家大型国际零售连锁店，如运动服饰品牌迪卡侬（Decathlon）、连锁超市欧尚（Auchan）和家装/DIY连锁店乐华梅兰（Leroy Merlin）。1986年，他创办了Réseau Entreprendre，这是一个以在法国北部创造新的就业机会为使命的创业网络，后来扩展到其他地区。该基金会已发展成为一个拥有三个主要行动领域的基金会：通过资助和指导支持新企业家，鼓励法国创业精神的发展，以及支持企业家作为具有社会影响创造者的愿景。其网站上显示：

我在菲尔达（Phildar）公司工作的最后几年里，公司情况逐渐恶化。我们别无选择，只能解雇600名员工。这让我的身体出了问题，我受不了了。我的家族习惯于创造就业机会，而不是失去员工。我和12位家族成员聊了聊，他们和我一样，看到这么多的员工被裁掉而非常沮丧。我们一致认为："我们必须丢掉这些工作。没有其他办法，但我们将通过创造雇主来弥补损失；反过来，雇主也会创造就业机会。"我们投入了时间和金钱，于1986年创立了Nord Entreprendre，就像我们创办其他企业一样。我们是这样运作的：创业者向我们提出新的商业项目，我们对候选项目进行评估，如果我们认为有成功的可能，就会资助这个项目，并为创业者提供支持。

我们会为每位创业者找到一位经验丰富的创业者担任导师，为期三年。导师每月至少与创业者会面一次，不收取任何报酬。他们之所以这样做，是因为参与新的创业项目很有趣，而且还能从年轻创业者的身上学到很多东西。我们为项目提供15 000欧元~45 000欧元的贷款，无息，无担保，最长期限为五年。如果创业者成功了，他们在道义上有义务不用还款，而是帮助新的创业者。

我们并不是支持所有类型的企业，我们支持的是那些能够创造就业机会的企业。在所有新企业中，我们优先考虑4%的企业，它们可以创造3~10个工作岗位。我们一共收到了2850份申请，研究了其中855份，向董事会提交了269份，接受了205份。我们支持的企业来自各行各业，从生产到销售再到服务。我们效仿Nord Entreprendre的模式，逐步在法国各地成立了新的协会，并将它们归入Réseau Entreprendre。如今，我们拥有21个协会、1400名会员、2500名商业领袖导师和870名获奖者。平均而言，三年后的持续率为86%（全国平均水平为62%），五年后的持续率为74%（全国平均水平为50%），这表明我们有一个高效的理念。对获奖者进行的调查显示，七年后，他们平均雇用17人。从这个数字推断，今天我们所支持的所有企业有可能会创造约11 000个新的工作岗位，目前已创造了6600个，其余的将在未来几年创造出来。

影响力投资是下一代参与的工具

将价值观与商业、金融活动和慈善基金投资结合在一起，自然而然地就会产生影响力投资，这种投资将成为家族对话的内容。家族的价值观关乎其利益相关者和对社会的责任，它体现在家族行为和企业经营中。当家族成员这样做的时候，新一代的成员也会关注家族如何投资其投资组合。家族对话的结果有助于确定他们希望在多大程度上参与家族企业。为了获得他们的承诺，家族在其传统价值观的基础上向新的方向发展。以下是世代联盟发挥作用的一个例子。

"为什么？"他们问，"为什么我们不确保我们的投资反映我们的价值观，就像我们要求我们的商业行为反映我们的价值观一样？"与其将影响力投资仅仅视为甄别所投资公司的负面行为，还不如从积极影响的角度来看待投资。比起"社会责任投资"，莉赛尔·普利兹克·西蒙斯（Liesel Pritzker

Simmons）更喜欢"价值观一致"这个更具体的投资术语。她解释说，2013年，他们已经调整了83%的固定收益资产和50%的股票，并将在几年后实现完全调整。

影响力投资是千禧一代寻找有意义工作的重点，这往往是因为他们没有像父母那样对某个行业或地区满怀热情。一位千禧一代的家族成员说："我没有兴趣一辈子在荒郊野外造灯泡。我想在大城市生活，走我自己的路。"试图让子女重新参与家族企业事务的父母往往会失败，这对家族企业的生存构成了重大威胁。

然而，如果父母愿意倾听并调整自己的期望，他们往往就会意识到他们的子女正在通过投资机会开辟创造财富的新途径。让家族办公室（他们自己的或专业的多家族办公室）参与进来，他们就会把话题从"回家，否则我们就把你踢出局"转变成"你能做些什么使家族企业向新的方向发展"。这往往会促成成功的全球多元化家族企业集团的诞生，这些企业集团由一系列价值观和共同投资者维系在一起。

世代家族善于发现围绕社会和环境影响问题开展对话和领导力建设的机会，并有效地利用这一机会来开始讨论这对一个商业家族意味着什么。这些跨代讨论的意义不仅仅是让新生代领导人建立威信，它们还通过讨论家族以往的社会和环境行动案例及其背后的指导价值观来传播和更新价值观。特别是，我和我的研究团队观察了几个家族，通过讨论家族在气候变化、减轻贫困和培养强大的地方机构（如体育俱乐部）等问题上的主张和希望达到的目标，祖孙辈之间的关系变得更加亲密。将建立影响力投资组合以及决定重点、工具和衡量指标的领导权移交给下一代，尤其有助于家族更好地了解下一代的心态、技能和价值观。这个过程促进了围绕创新和创业精神的讨论，因为下一代领导者会探讨他们是否希望作为家族办公室的一部分，为建立投资组合、设立股权/风险投资基金或自己成为社会企业家做出贡献。

通过学习如何基于盈利能力以及家族的价值观和传统，选择、构建新的社会企业，并向家族办公室推销他们的想法，我们采访的几位下一代家族成员已经在欧洲和拉丁美洲为这些企业获得了家族的资助和支持。在其中的一个案例中，父亲本人现在也参与到客户讨论中，阐述了家族的主张以及对下一代具有社会影响力的企业的设想。在另一个案例中，两位来自拉丁美洲的下一代家族成员现在正作为创业者和投资人工作，他们肩负着明确的社会和环境使命，并期望获得经济回报。

一些家族可能会在跨代决策上遇到困难。一旦发生这种情况，被视为有用的附加项目、但不是关键的优先事项的影响力投资就会受到影响。一位下一代领导者描述了他的挫败感，他试图就如何评估社会影响和环境问题让身为主要决策者的祖父发表意见，或至少从他祖父那里得到明确的意见：

在我的家族中，除非能赚大钱，否则社会影响和环境问题真的不重要。所有投资的焦点都是赚最多的钱。这有时很难调和。就好像"好吧，你不是顾问，所以做决定与你无关"。根据我的经验，随着第五代成员年龄的增长，影响力投资可能是你的家人需要考虑的重要问题。你可能会看到他们提出更多的问题、表达更多的兴趣，而你不想只是说"爷爷是我们家的顾问，所以你知道，他会处理好的"。然后他们就会说"别再问了，你在激怒我们"。然后对话就会像下面这样："你对我们的做法有意见吗？""没有！我只是想知道有没有计划。如果我们没有计划，或许就应该制订一个计划。"这就是阻力："我们在控制，我们做得很好，这不关你的事，即使上面有你的名字。"

企业基金会

家族企业发展社会资本的另一种方式是将一部分利润用于企业慈善事业。家族企业通常有一个企业慈善基金会，它往往与更私人化的家族基金会同时存在。家族成员有很多个人感兴趣的领域，而这些领域与传统企业的利益相去甚远。大多数企业基金会都会将资金用于直接或间接支持企业的事业，例如，增进员工及其家人的健康福祉，为当地学校提供工具和技术，或支持创建专门的学校来教授企业发展所需的稀有技能。

世代家族通过经营方式和以企业为中心的基金会来表达它们对社会影响的价值观。这些基金会既与家族所有者有关，也与企业领导者有关，而后者可能不是家族成员。家族股东创建了公司的基金会并委派责任，但也保留在情况发生变化时改变决定的权力。这里有两个例子。

1. 我们一致认为捐赠很重要，但我们有不同的需求。公司也有慈善战略和预算，我们的董事会和股东都支持，但我们将捐赠决定权留给了管理层。决定如何使用这笔钱是管理层的责任，而不是股东的责任。但大家都认为这是件好事。

2. 实际上，我弟弟和我妈妈一起在我们的基金会工作。我们拿出利润的10%投入基金会。我们努力简化整个基金会的活动。我们还有一个员工捐赠计划，他们每年可以向基金会捐赠一定比例的钱。我们会按照一定的标准来划分，比如员工的合同期限等，所以如果你是长时间员工，你就会有更多的钱捐给你选择的慈善机构。我们的首席执行官正在对此进行审查。这是我们家族过去一直热衷的事情，但我们现在正在寻找不同的方法。他最终可能会建议继续保持这种做法不变，所以我们让他主导，使其有效。

在下面的案例中，企业捐赠是家族传承给企业的深层价值观和原则的产物：

我们有一个慈善委员会，由六位老一辈成员中的四位组成，我们刚刚任命了两位年轻一代的成员。慈善委员会主席的工作方式简单明了。委员会的目标是用资金来传播福音。他们并不自称是教会组织，但他们在做善事。

他们也会考虑是不是在我们拥有或经营企业的领域，是不是家族特别感兴趣的领域。他们会提出不同的要求，然后以这种方式进行管理。这是我们进行捐赠的一个途径，这样做并不是为了让组织受益，而是因为这样做是正确的。公司也会捐赠。捐赠更多的是市场捐赠，可能与客户合作或与品牌相关。我们会捐出利润的10%。

公司捐赠不仅仅是为了公司所有者，而是公司（包括员工在内）价值观的体现。除了每年回馈资金以外，公司通常还有一份关于捐赠目的的使命宣言。公司通常会通过对等捐赠的方式来支持员工。有时，公司会参与教育和无家可归者等问题的解决，解决这些问题不仅可以改善社区环境，让每个人生活得更舒适，而且可以使公司受益。公司基金会通常由公司创始人发起，以支持其个人价值观。虽然家族成员与公司其他员工一起参与慈善事业，但公司基金会不能随意地向与公司或社区无关的组织或企业捐赠。因此，家族的慈善事业可能与公司的慈善事业有所不同。

有一家位于小社区的公司，采用了双重基金会结构，其家族成员是领袖人物。一位家族成员说：

> 与公司相关的主要基金会为该地区的工程项目提供资金。我们正在扩大其管理范围。我祖父设立这个基金会的目的是让他的所有后代都参与进来，帮助决定基金会的资助项目。基金会中有一个募捐委员会，成员包括所有人。他们会给他们孩子的学校、童子军、非营利机构的建筑捐款。我们会将人们的捐款匹配给学校，然后开展一个大型项目。一般来说，该项目关注的是当地的机构和建筑，这很受欢迎。另一个基金会只有家族成员，也就是我和我妹妹以及我们的首席财务官。我们没有扩大对该基金会的管理。

家族和企业往往是捐赠合作伙伴，这有助于家族与企业保持联系，并让后者体现家族的价值观并与其保持一致。一位家族成员说：

> 每位家族成员都有自己的兴趣爱好。我们的企业通常与这个社区有紧密的联系。在过去的一些特定项目中，家族成员加入董事会，我们作为董事会成员同意将预算用于该组织的慈善事业。我们通过家族或企业向男孩女孩俱乐部捐赠了大笔资金，但都得到了家族成员的祝福。
>
> 我们的首席执行官是男孩女孩俱乐部的董事会成员。俱乐部刚成立时，他们正试图创办这个组织，那是他的心愿，他对此充满激情。作为一家公司，我们同意在五到六年内每年捐赠 60 000 美元以支持该组织的发展。我不确定我们是否每年都会谈论此事，但这是我们一直在做的事情。在此之前，我父亲是临终关怀委员会的成员，当时他们想建一栋新楼，我们也做出了类似的认捐。

有一家第四代建筑公司有两个基金会，它们允许家族成员在个人家族捐赠方面追求与家族办公室不同的方向：

> 三个家族分支都有一个坚定的慈善主题。我父亲在 1964 年设立的捐赠基金一直被视为独立于我们公司，它每年从公司获得 4000 万美元。我们还有一个公司基金会，成立于 2006 年，仅由现有股东管理。我们认为企业有一种向善的力量。在我们工作的社区，我们支持教育、环境和思想领导力。我

们在公司内部设立了企业社会责任委员会，负责三分之二的资金，其余资金则来自公司利润和私人股东资助，用于他们关心的事情。我们向八位股东支持的事业伸出援手。我们对每位股东的提案进行同行评审。我的侄子从我手中接过了捐赠基金的领导权。该基金由三个家庭轮流管理。

公司基金会为家族提供专业化管理服务，其宗旨有时与家族基金会的宗旨类似（如扶贫、通识教育等），但都是嵌套在企业中的，因为它们有助于企业建立品牌和积累社会资本。一家澳大利亚公司为当地社区的贫困人口提供支持，并通过与当地商业生态系统的合作，与当地其他企业携手并进，产生了巨大的影响：

我们热衷于乳制品行业的教育。这是女孩们想做的事情，因为她们现在正在上大学。我们愿意提供奖学金，帮助她们完成四年的课程。她们的第二个需求是实习。在第二年，她们将回到我们的企业，在企业工作 12 个月。她们仍然可以获得奖学金，作为额外收入，另外还可以获得工资。这就是我们目前正在努力做好的事情。

我们因过分强调教育而失去了工人，这并不是说工人没受过教育，只是教育方式不同，他们无法胜任这类实践性工作。全澳大利亚每年只有 800 名农业专业的学生毕业，而每年却有 4000 个工作岗位，所以我们还没开始就已经出现了缺口。我们认为，如果我们有这个奖学金计划，可能会鼓励那些想去其他地方闯荡而没有上过大学的人考虑一下乳制品行业。

企业基金会的第二个行动领域是，在公司重要业务所在社区为公司员工及其家人提供更好的生活条件。这尤其适用于家族积累财富的传统社区，但也适用于公司扩展业务范围的新国家。住房和医疗保健是最常见的投资领域。污染、卫生和住房是其他优先领域。很多世代家族探索并投资于社区建设和环境友好型社区。

对于其他家族来说，绿色可持续发展被视为下一代房地产多元化的发展方向。很多世代家族拥有庞大的房地产投资组合，在下一代的带领下，它们正在考虑在下一波房地产开发浪潮中测试这一概念。对很多家族来说，重点是技术和"绿色建筑"认证。这些家族正在追随房地产先驱世邦魏理仕（CBRE）公司的脚步，该公司已经证明，采用节水和节能系统的绿色建筑概念既可持续发展，又有利可图。其中一些家族正专注于为具有环保意识的千禧一代建造高端建筑。另一个家族，也是在下一代的推动下，正专注于建造带有雨水收集和太阳能热水器的环保型住房，作为亚洲经济适用房家族组合的一部分。从历史上看，这个家族一直专注于为新兴的中下层阶级建造经济适用房。在家族成员看来，可持续发展主要是通过提高能源效率和用水效率来降低建筑的维护成本。这些项目被视为战略性投资，并经过筛选，最大限度地符合家族价值观及其核心竞争力。

家族通过企业基金会所做的最后一项努力是创建更具体的培训项目和企业大学，重点关注商业技能，尤其是那些被认为受到社会变革或缺乏制度支持影响的技能。它们希望为员工提供受教育的机会，因为它们将员工视为"家族成员"，而且这也是一种有利于企业长期成功的人力资本投资。很多企业基金会发现，这些项目是双赢的：既能帮助员工培养满足市场需求的技能，使他们能够在企业内部或外部获得晋升，又能为企业提供更优秀的员工，尤其是在技能型员工难找难留的行业，从而使企业受益。这些培训项目的范围从工艺和建筑教学到工程和酒店管理，丰富多样。

丰富社区

当家族不再直接参与企业运营时会出现这样一个问题：现在有很多成员居住在不同的地方，这个家族能否继续保持共同的身份并一起工作。很多世代家族创办了新企业，企业基金会也会随着企业的成功而发展壮大。对于其他家族来说，社区和慈善活动取代了企业运营，但家族会将其商业专业知识用于可持续行动上，例如，通过赠予、贷款和种子轮投资来换取董事会席位。

当地的激励措施也可能鼓励这种做法。

在美国，家族可以将股票交给基金会，并将利润用于慈善事业。企业将利润捐赠给社区，但保留对股票的投票权，将控制权保留在家族手中。正如一位家族成员所说："我们有一类非家族成员的股东，那就是社区基金会。

我们通过他们建立了一个捐赠者建议基金。我们这样做的原因是人们可以向基金会捐赠公司股票。然后随着时间的推移，通过社区有组织的回购，公司将回购这些股票。"

下面来自世界两端的家族的故事，充分说明了对社区重新做出承诺的重要性，以及这些努力所能产生的巨大成果。

📑 案例分享

灯塔基金：一个传统的社区基金会

这家传统企业虽历经几代人的数次变革，但一个多世纪后，它仍然作为一家大型上市公司存在。这个故事讲述了第五代家族领导人如何为家族后代管理一个社区服务项目，以此来表达家族价值观，并使他们与传统企业所在的社区保持联系。这使得家族在几代人的成功之后还能建立起社会资本。现在，这个项目已经成为吸引远方家族成员来公司参观并继续认同他们原籍社区的黏合剂。

一家成长中的公司与小镇之间存在着巨大的共生关系。它的价值观影响着公司的价值观，也帮助了小镇。家族成员在成长过程中对社区有着很强的责任感和使命感。

慈善事业是 20 年前由我们这代人发起的，它是维系家族团结、吸引年轻一代的机制。我们不断发展壮大的公司与公司所在的小镇之间存在着巨大的共生关系。所有的家族分支都是在小镇上成长起来的，对社区和公司有着强烈的责任感和使命感。镇上的人也有同样的感受。

我们认为慈善事业是维系家族关系的一种方式。在一次会议上，我们创立了现在的灯塔基金。我们几个人聚在一起，在我们这一代人中筹集了 10 000 美元，并将这些钱捐给了当地的青年中心。那是我祖母一直参与的一个组织，主要关注我们的财富产生地所在的三个县里处于危险中的孩子。

每年我们都会从第六代人的资产中筹集更多的资金。随着基金规模的扩大，我们会给更多的家庭写信，并且开始从第五代那里获得了更多的捐款。20 年来，灯塔基金的规模已经变得相当庞大，现在我们每年捐出超过 200 000 美元。我们每年仍从家族成员那里筹集资金，但 10 年前，第五代人决定合并他们的一个基金会，因为该基金有一些资产没有得到好的管理，所以我们就这样发展起来了。

我们定期向二三十个组织捐款。我们有来自家族各个分支的 10 名董事会成员。因为捐的都是真金白银，所以我们都非常认真地对待这件事——每个人都会认真阅读捐赠提案。家族办公室在管理方面提供了很大的帮助，但我们只是董事会。我们的董事会独立于家族理事会，但职能有很多重叠之处。如果你想加入董事会，你就可以加入，唯一的要求是你必须捐一些钱，并且愿意与申请资助的组织取得联系，了解它们的情况，写出申请，说明为什么应该支持那个组织，然后关注那个组织。如果我们确实提供了资助，那么你应该继续与该组织保持联系。

这让那些与当地没有太多联系的家族成员回到了家族里，人们对与这些组织的关系感到非常兴奋。随着时间的推移，我们不断发展壮大，拥有了更多的资产，并进行了一些资本运作。我们聘请了一位兼职执行董事，因为我们现在都不住在那里。我们刚刚成功聘请到第二位执行董事，这让我们的工作大为改观，所以我们直接向服务组织提供赠款——能力建设赠款。我们召集社区内不同的资助组织开会，我们即将参加那里的一个大型家族聚会。虽然我们的"家族理事会"一直很难维持，但真正的黏合剂是灯塔基金，因为它吸引了不同的分支机构。这些人参与其中，兴奋不已，而家族意识到，这实际上正在为创造财富的社区带来改变。

2010 年，我们经历了一个幡然醒悟的时刻。当时，我刚刚接任信托公司董事长一职。我们都在想，未来是什么？意义何在？如果要让新一代站出来，就不能让同一代人做所有的工作。基金做得很好，但那靠的是自己的力量。其成员每年都会亲自参加聚会，或者召开大量的电话会议。新人开始参与进来。

我们面临的挑战是，我们不仅要花大量时间策划社交活动，而且要歌颂我们的传统、讲述过去的故事，让人们重新了解公司和各位家族领导人。我的表弟和我一直在拍摄关于仍然在世的第五代成员的短片，并将我们这一代对他们父母和祖父母的记忆加入其中。我们还拍摄了大量的家族照片。从参与的角度看，焦点将是灯塔基金，该基金的核心家族价值观是回馈。

人们直观地感受到了这一点，钦佩和赞赏灯塔基金所做的一切，同时也认识到这是家族做出的努力。他们和自己的家人一起这样做，当我们进入第七代的时候，这让人们感觉很好。我们启动了一项实习计划，让第七代中的大学毕业生回到一些社会服务机构工作。

我们有一个年轻一代委员会，我们会为其提供资金。他们要求各机构为这个群体提出具体要求，当我们聚在一起时就会做出决定。我们希望这种做法能推广开来。这是一个迷你版的灯塔基金。在一年的时间里，他们会与负责人通一次电话，讨论他们感兴趣的领域。我们还要求他们直接向基金捐款。我们希望他们自己捐一点，这样他们就得掏腰包，拿出一些现金。执行董事会会收到一些与我们合作的社区机构提交的建议书，他们会聚集在一起——当我们召开年度基金会议时，孩子们也会来。他们会用一天的时间讨论提案，参观机构，了解提案内容，然后投票决定他们想把钱花在哪里。然后，他们回来向高级董事会汇报，告诉我们他们为什么要捐钱。有些孩子比其他孩子更投入。我现在仍然是当地公司博物馆的董事会成员，我很喜欢这个工作，这让我回到了社区。基金还让家族中的各种团体参与进来，而且每年都有越来越多的团体参与进来。我们的家族信托公司仍设在那里。

 案例分享

大规模的社会创业尝试

这家亚洲公司的道德准则意味着，公司始终意识到，很多社区成员世世代代的奉献为家族的财富和成功做出了贡献。他们拥有社区，因为社区的持续支持是他们成功的重要原因。社会责任是对社区的"馈赠"的尊重。这是亚洲企业和家族的特点，它们认为自己与社区有着深厚的联系，并对社区负有责任。

我的祖父是所有事业的开创者，他创办了社会企业和慈善机构，资助宗教团体和街头流浪者。我父亲正式成立了基金会，所以我现在是基金会主席。基金会成立至今已有46年，我们有160名团队领导。我们有一些重大项目，涉及金融、财政、教育以及科技领域。企业需要有技能和受过教育的工人。

我们坚信，要想让年轻人抓住未来的机遇，就要让他们做好准备。我们在这方面已经做了很长时间，让我们的员工参与到这些项目中来，让管理者也参与进来，成为社区的一部分。在我们国家，我们没有社会保障网络，环境也不完美，所以我们也要参与其中，尽自己的一分力量。除了国家建设和领导力之外，这样做还有其他动机，很多家族成员都参与了这样的项目。

今天早上，我接到一位表亲的电话，他的儿子要去乌干达执行任务，他们请求我们支持他的工作。我们鼓励这样做，这为我们在社区中赢得了良好的声誉。这是我们工作的方式，也是我们的传统，在我们基金会中是正式和制度化的，所以我们很高兴有机会参与国家建设。

我们的声誉非常重要：我们的形象和我们的运作方式，以及我们多年来赢得的尊重。我们主要的成功将体现在计划方面，因为我们是一家上市公司，我们对股东和公众负有责任。作为我们国家较大的公司之一，我们希望保持投资者对我们的信任，并通过帮助社区中更多的人来实现这一目标。

这些是我们基金会的主要问题，也是全国性的问题。我们定期与公共工程部部长会面，因为我们要为国家的成功负责。我们现在关注的不仅仅是企业，还有整个国家。我们去年的增长率为6.5%，今年还将继续增长。我们是全球最大的（同类）服务机构，规模甚至超过了印度，需要更高水平的智力资本来为我们现在的工程后台中心配备人员，所以我们将迎来很多机会。随着我们创造的财富越来越多，我们对环境和基础设施的压力也越来越大。我们正在关注未来50年。我们也在解决重大问题，并与政府合作，共同完成任务。

我们的下一代是基金会的成员，是董事会的成员，也是在各自领域中管理项目的运营者。他们愿意参与其中，我们对此深表敬意和欣慰。这不是一个人的事情，而是我们的基因、我们的工作的一部分，这不仅是我们自己的事情，也是我们的公民和我们所在社区的事。

虽然不是每个世代家族都会采用所有这些做法，但我们发现几乎所有的世代家族都对企业社会责任、影响力投资和企业慈善事业越来越感兴趣。经过几代人的财务盈利之后，它们开始关注社会资本的发展。我们很难不将这种关注联系起来，尤其是当这种关注在年轻一代中更强烈地显现出来时，它是家族企业坚守承诺和创新的一个关键因素。虽然越来越多的非家族企业也在使用这些做法，但这些做法的大部分主动性和领导力都来自商业家族。

在你的家族企业中采取行动

评估家族企业的社会责任和社会影响

要制订企业社会影响计划，家族可以评估自己在公司和财务影响、企业社会责任和可持续发展以及在社区中的地位。社会影响首先要就社会影响和可持续发展对家族的意义制定共同的目标。这包括家族在社区服务、投资和企业文化方面对其价值观的承诺的性质。为了使这些成为现实，整个家族必须共同考虑其价值观、如何在重要领域体现这些价值观，以及如何根据这些价值观采取行动。

本评估工具可以供家族探索其当前和未来计划采取的与可持续发展和社会责任相关的行动。它关注的是独立于企业之外的家族活动，以及他们作为所有者如何合作并指导企业运营。首先，你要为家族影响力会议做好准备，在会议上，家族成员将共同思考他们的现状，以及如何付出更多努力，以支持和体现社会影响力。

作为一个成功的商业家族，家族必须审视如何利用其人力、社会和财务资本及其向下一代传递的信息。反思一下你们作为一个家族现在的处境是很有帮助的。这项评估可以帮助你召集家族成员确定和回顾你们的家族价值观，同时考虑你们希望的发展方向以及你们能接受的可能性。我们鼓励所有的家族成员都参与到这个对话中来。

填写评估。每位家族成员都要尽可能地填写评估内容，因为每位家族成员对家族的体验都不尽相同。已婚人士和不同年代的人可能会有不同的观点。家族成员可以分享他们的分数，一起讨论他们的未来之路。对于表 7-1 和表 7-2 中列出的每种做法，请在"分值"一栏中以 1～3 分表示每种陈述如何反映你的家族目前的做法。圈出你对每个问题的回答的数字，以反映你对家族的看法：

3 = 非常符合我们家族的情况；
2 = 有些符合我们家族的情况；
1 = 与我们的家族无关或不真实。

对于企业和家族的评估，请将你圈出的数字相加。

不要将某个分数视为好的或不好的，而要利用分数和差异来引导家族成员讨论这些方面，以及如何让大家付出更多努力。

表 7-1　　　　　为企业社会责任、影响力和可持续发展提供的支持

作为所有者，家族向其企业传达了一个信息，即什么是最重要的，无论是在结果方面，还是在如何对待员工、客户和社区方面。如果没有来自家族所有者的明确信息，公司可能就不清楚在多大程度上和 / 或如何开辟一条可持续发展之路

1. 我们的家族为家族企业确定了企业社会责任和可持续发展的重点领域和目标	3 2 1
2. 我们的家族价值观根植于家族企业的文化、战略和政策之中	3 2 1
3. 我们的家族成员已经探索并意识到我们公司对社区的生活和生计以及环境的影响	3 2 1
4. 家族成员了解并积极支持我们在业务和投资中为企业社会责任和可持续发展做出的努力	3 2 1
5. 必要时，家族会向外部寻求社会责任和可持续发展方面的专业知识	3 2 1
6. 身为董事会成员或员工的家族成员是公司可持续发展工作中积极、明显的领导者	3 2 1
7. 董事会和公司领导人向家族成员介绍与企业社会责任和可持续发展相关的公司问题	3 2 1
8. 家族支持我们的商业 / 金融企业制定明确、公开的价值观声明，将家族价值观融入其运营、产品和雇佣实践中	3 2 1
9. 公司向家族报告其与价值观、运营、产品和雇佣实践相关的活动成果	3 2 1
10. 我们的家族企业会评估其影响，并对结果负责	3 2 1

合计

表 7–2	家族领导促进社区变革
因为它们的名字，一个商业家族在社区中很受关注。家族成员的活动和领导力非常重要，反映了他人对他们的看法。可持续发展与家族在社区领导、慈善和服务中的角色和领导方式有关	
1. 我们家族会就家族财富的目的和用途进行跨代对话	3 2 1
2. 家族在做出财务和投资决策时，既考虑利润，也考虑社会影响	3 2 1
3. 我们为家族在社区的声誉感到自豪	3 2 1
4. 家族成员积极参与支持可持续发展、社区繁荣和社会责任的社区活动	3 2 1
5. 家族成员定期分享他们在服务和社区事务方面的工作	3 2 1
6. 我们家族制定了相关政策，以决定为社区需求和努力提供多少资金	3 2 1
7. 家族成员在社区服务工作中得到了家族的支持	3 2 1
8. 我们有共同的家族慈善政策来指导我们的捐赠行为	3 2 1
9. 年轻的家族成员参与并了解家族慈善事业	3 2 1
10. 鼓励家族成员积极参与非营利组织的董事会	3 2 1
合计	

确定家族影响力愿景和价值观

本评估将会强调影响力的意义以及你想要做什么的多种观点。你的家族应该邀请家族成员进行一次家族影响力对话，以确定他们的价值观和财富愿景。除了相互支持和照顾之外，我们还希望我们的财富产生什么影响？我们家族财富的目的是什么？

这次对话分为两个部分，可能涉及不同的人。家族要考虑如何利用其社会资本来改变世界。虽然不同的世代和家族成员在这个决定中扮演着不同的角色，但家族中的每个人都对这个问题感兴趣。这可能不仅仅是一次家族会议。这样做的目的是确定一个愿景，即你希望在这个世界上看到什么，以及你认为应如何利用家族资源来改变世界。

对话的另一个部分是关于家族传统企业、家族办公室或家族资产和投资的。这部分对话也可能包括非家族企业或财务领袖。或者，家族可以在对话中制定一些指导方针，然后将对话交给企业和财务领袖来实施。

每次对话都可以从一个较大规模的群体开始，然后交由一个特别工作组进行，该工作组将更明确地确定家族社会影响力的选择和方向。

第8章

所有者心态：管理与董事会

家族企业是由一位有远见卓识的人创建的，他也是企业的首席执行官。所有者/管理者是家族企业的主人，无须对任何人负责。由于这两个角色都由一个人担任，因此不存在协调利益相关者的挑战。因此，创始人难以想象后代所面临的挑战，即很多人担任或竞争这些角色。当家族在委派角色和解决分歧方面遇到困难时，创始人几乎无法提供任何指导。

后几代人通常仍将所有权和经营权联系在一起。然而，随着第三代的成长以及"收获"传统企业，世代家族的成员发现，所有权与经营截然不同。作为所有者，家族成员现在已经不再亲力亲为，他们必须学会授权和信任他人。所有者要决定企业的命运、平衡资源的使用、招募非家族成员高管和顾问并监督其工作。他们必须共同做出重大决策，决定由谁来领导企业、企业将朝着哪个方向发展，以及如何使用资源。他们还必须决定如何使用自己的财富：多少应该用于再投资，多少用于为家族谋福利，多少用于慈善事业等其他目的。作为所有者，他们的工作重心从经营企业转向监督家族领导人和非家族成员领导人，并决定资源如何使用。他们必须适应并做出战略转变，这种转变可能会取代长期实施的现有政策。

需要决定的事情太多而指导太少，这就是下一代面临的困境。一个家族企业最多可以在两代人的时间里，在几乎没有明确结构的情况下临时经营。但危险就在前方。在某些时候，企业会变得过于复杂，无法进行非正式管理，家族成员之间可能会出现冲突。一位第三代家族成员说："关键问题是组织中缺乏对基本目标和使命的清晰认识，也无法明确由谁来决定这些事情。对于在企业工作的家族成员，既没有职位说明，也没有合同，所以一切都悬而未决。"

本章介绍的是世代家族如何从经营型所有者 / 管理者过渡到所有者的角色，通过治理和董事会成员的身份，而不是企业高管的身份间接地监督家族愿景、价值观和文化。当家族的所有权从一家传统企业扩展到多家企业，或扩展到家族办公室或资产组合时，董事会能使家族发挥积极的领导作用。积极的监督还能让后代家族成员表达自己的价值观并成为领导者，让日益多元化的家族实现跨代协调。

为了照顾到所有家族股东的意见、关切和需求，世代家族会召集多个家庭或所有者小组，向家族领导人提出建议和问题（我将在后面的章节中详细介绍）。世代家族必须建立一个有长远眼光和统一视角的所有者小组。所有者的数量可能变得过多，或者他们本身缺乏监督企业的专业知识。因此，他们会任命一个董事会，既代表所有者的利益，又为企业获得成功提供专业知识。随着董事会的发展壮大，独立的非家族成员董事也会提供大量的意见和建议，管理是通过家族企业的治理和监督来体现的。

第三代家族所有者的人数通常多于能舒适地围坐在一起的人数。因此，他们必须组织某种形式的代表团体来管理他们的利益，他们不可能都进行直接监督。由于年轻的家族成员不断成长，年长的所有者也希望倾听那些终将成为所有者的家族成员的利益诉求。为了维持充满活力的企业和金融投资组合，多代同堂的家族建立了由监督实体组成的企业治理机制。例如，该机制的核心是，"董事会"是由所有者创建的，通常包括家族成员和非所有者的独立非家族成员。董事会负责监督、维持和发展家族企业，为越来越多的所有者服务。

新生代成员可能不太容易理解管理和所有权之间的区别。第一代和第二代领导人通常是亲力亲为的企业所有者 / 经营者。他们倾向于将所有权视为持有财产所有权和做必须做的事情，而不是间接监督企业运营的复杂责任。但是，随着越来越多不希望成为经营者的家族成员长大成人，所有权的作用变得越来越重要。随着第三代和第四代成员长大成人，他们越来越意识到自己作为所有者的任务和职能。家族成员希望了解，在将经营权交给非家族成员领导人的同时，他们究竟如何才能对企业做出适当的决策。

正如我们在前几章中所看到的，世代家族从家族企业到商业家族的转变不仅仅是公司管理方式的改变。家族成员因服从制度严谨的专业化企业的约束，扮演负责任的所有者角色，而失去了自主权。他们不能再直接干预，也不能将企业作为个人银行或就业资源。即使只有一位家族继承人，家族也必须摆脱被这位领导人照顾的命运，积极承担起监督的责任。领导力既有限制，也有特权。

为了在几代人之间创建、维持和调整家族文化和价值观，家族成员必须团结一致，做出快速有效的商业决策，并将其付诸实施。共同的文化价值观、政策和实践不会凭空出现，家族成员必须通过解决分歧和做出痛苦的选择来发展和维持它们。由于所有者/管理者为了变得更加负责任而必须改变自己的行为，因此家族往往会发生动荡。家族所有者集体组织起来，通过平衡家族内部需求和外部业务挑战来发展复原力的过程就是企业治理。通过每一代的传承，世代家族都会发展出更积极、更复杂的治理体系。他们倾听各种声音、利用各种资源，并将所学转化为有效的运营、明确的决策和对新挑战的适应性反应。

家族企业领导者阿德里安·吉百利（Adrian Cadbury）将公司治理定义为关注经济目标与社会目标之间、个人目标与公共目标之间的平衡。公司治理框架鼓励有效利用资源，同时也要求对这些资源的管理负责，其目的是尽可能地协调个人、企业和社会的利益。对于家族企业来说，治理必须将家族、个人、公司和社会联系起来，因此又增加了一层复杂性。

到了第三代，世代家族必须管理一个不断成长的大家族，它们的很多后代已经或即将成为所有者。家族和企业系统中都会出现治理问题，这两个系统相互作用，共同发挥作用。我对吉百利的表述进行了补充，将家族企业治理定义为明确和统一目的、边界、协议、参与、政策和角色，以帮助整个家族在几代人之间有效合作，在保持家族和谐、良好的投资回报和预期的社会影响的同时，转移其业务和财富。

企业治理是一种结构，通过这种结构，世代联盟中的不同要素得以协调和整合，从而为企业和金融实体设定一条清晰、广阔和统一的道路。家族需要平衡成熟的家族所有者、年轻的准家族所有者、已婚配偶、主要家族高管和顾问等每一组利益相关者的声音和观点。他们的意见往往不一致，家族所有者群体和董事会内部会提出并平衡不同意见。这样做出的决策将服务于家族的多重目的和支持者。

在上市公司中，所有者的主要责任是确保自己的利益受益于企业做出的选择。然而，在一个长寿的家族企业中，所有权发挥的不仅仅是商业作用。正如我们所看到的，家族对其财富和资源还有其他目标。家族所有者必须在企业的需求与家族的其他需求和愿望之间取得平衡。除了盈利，家族企业还希望在人力资本、关系资本和社会资本方面创造价值。为此，所有者的角色被更广泛地定义为家族的管家。所有者在考虑个人利益的同时，也要考虑整个家族的长远利益。管家不仅要为个人谋利，还要确保企业能够持续发展，为下一代做好准备。

由于所有者拥有对家族企业的最终控制权，因此他们必须积极负责地行使这一权力。他们必须随时了解情况，做出艰难的选择，并确保这些选择得到执行。即使他们任命了董事会，也仍有一些领域需要家族所有者做出决定并采取行动。董事会要求所有者告诉他们企业的总体方向、将承担多大的风险和进行多少再投资，以及企业将基于什么样的价值观。随着每一代新所有者的加入，他们会定期讨论这些问题。他们必须考虑制定将股票控制权限制在持有特殊类别股票的人或受托人手中的协议。但由于这是一个家族，因此正式的所有者通常希望听取狭小的领导圈之外的意见和关切。与非家族企业不同的是，他们会认真听取期待在未来拥有所有权的新生代的意见和想法。

超越自身利益：成为管家

成为家族企业的所有者意味着什么？家族成员需要经历一个学习过程才能胜任这个复杂的角色。负责任的家族所有者培养了监督企业和投资的能力，这些企业和投资的规模可能已经发展到很大了。在很多家族企业中，担任董事会成员是非常被动的：参加年会，听取首席执行官的报告，然后吃一顿丰盛的晚餐。然而，采取这种立场会将权力交给首席执行官，而首席执行官可能是也可能不是家族成员，董事会只是确保将利润交付给所有者。这样一来，董事会就无法监督家族更广泛的目标和价值观，也无法推动企业朝着新的方向发展。

每个家族企业都必须考虑家族成员希望成为什么样的所有者。世代家族体现出的是积极的、参与性的所有权，积极参与家族企业的价值观和文化。家族成员了解情况，并为他们的各种投资制定愿景。家族所有者将自己视为管家，创造具有持久价值和升值价值的财富，为子孙后代提供保障。家族所有者拥有共同的价值观，并且在他们的目标和方向上保持一致。作为所有者／管家，他们在管理家族企业时积极主动、体贴入微、保持警惕、坚韧不拔。管理很难强制进行，这是一个复杂的责任概念，是家族企业文化的一部分。它需要整个大家族学习、吸收、接受和内化，需要家族所有者付出时间并发挥他们的才能。

尽管所有权分散在很多家族成员手中，但家族希望确保重大决策的控制权掌握在那些保护和照顾所有家族成员的人手中，而不仅仅是掌握在最杰出的现任所有者的手中。很多家族企业之所以衰败了，就是因为个人需求没有服从于整个家族的需求。当所有者从维护个人利益转变为考虑所有家族利益相关者的最佳利益时，管家就出现了。这种所有者甚至可能超越家族，增加对非家族成员领导人、员工和社区其他人的关注。管理是一种利己的利他主义。

积极的所有者／管家认为自己要对以下几个非所有者利益相关者群体负责：

- 非所有者家族成员，尤其是年轻一代家族成员和已婚家族成员；
- 与家族关系密切的员工、供应商和客户；
- 受其影响并影响其行动的社区成员。

管家不仅仅是一个为个体企业的最佳利益着想的受托人，还对未来的所有者和其他受企业影响的人负有责任。与被动、参与度较低的所有者相比，管家有更广阔的视角。这促使他们关注短期和长期目标之间的冲突，以及不同利益相关者群体之间的分歧。以这种广阔的视角来看待一个人的行为并不是一种自然或容易的做法。一个人必须有足够高的情商，超越狭隘的个人利益，并探索行为的未来后果。

管家监督家族和企业

到了第三代，大家族形成了一个拥有共同价值观、私人关系并共享家族资产的家族"部落"。因此，当董事会成员（和 / 或所有者和受托人）做出商业决策和财务决策时，他们觉得有责任听取可能不是所有者的成员的意见。这种责任感与非家族企业董事会的做法有很大不同，后者对责任的定义更为狭隘。企业治理只是世代家族治理实践的一个方面。它们还必须建立一个平行的治理结构，以及作为家族的活动规则。这就是家族治理，也是后续章节的主题。世代家族包含治理的"两大支柱"：

- 家族组织，由家族理事会和所有家族成员组成；
- 企业组织，由董事会和所有者委员会组成。

在监督家族企业方面，家族理事会和董事会这两大支柱高度相互关联。有了这两个治理实体，家族现在需要的不仅仅是一个企业领导者，还需要不同治理实体的多位领导人。

以下是一个家族治理流程，以及定义其相互联系和边界的文件的例子：

我们有一份为期 10 年的股东协议，我们会对其进行更新和续签。公司章程指导业务发展。家族理事会制定的第一份文件是家族宪章。它讲述了我们的承诺——我们作为一个家族的核心价值观和目标。

家族宪章在家族理事会内部为家族确定了方向。其中一项重要的内容是区分家族事务和企业事务。如果我们不得不在会议上询问某个话题是我们应该讨论的，还是只是企业的事务，有人就会说："等一下。我觉得我们快越界了。"如果需要，那么我们随时可以搞清楚。

我们还制订了一份所有者计划，这是一份由家族理事会制定并且每年都会提交给董事会的文件。该计划为家族在企业方面的利益指明了方向。我们认为这非常有用，而董事会也承认，他们认为听取家族对公司发展方向的意见非常有用。该计划包括我们所能接受的风险水平等内容。例如，如果家族表示可以接受中等风险，那么计划甚至会定义我们所说的中等风险是什么意思。这份所有者计划每年都不会有太大变化，但我们会根据董事会的反馈和问题对其稍做调整，使其更加明确。我们发现这份文件对双方都很有价值。

包括非家族所有者的家族企业也可能成为上市公司。即使家族拥有企业的多数控制权，所有者也必须平衡家族的利益和更广泛的利益。当家族企业上市或将所有权委托给信托公司时，新的身份往往意味着以前的家族特权和惯例可能不再有效。家族成员必须理解为什么必须这样做，并学习其他方法来平衡个人需求和企业需求。正如以下报告所述，所有者的角色随着企业形式的变化发生了根本性的变化：

从2004年起，家族理事会开始向信托结构发展。过去，我的祖父只是通过他提供给子女的非正式家族福利制度来决定如何使用这笔钱。那时，只有他的子女，而孙辈（比如我）都还小。2004年上市时，我们必须明确股权结构。公司未上市时，管理层可以将个人资金和公司资金混在一起，但上市过程要求我们清理股权和信托。

两天后，我们将签署家族协议，以规范我父亲和他的信托基金以及家族其他成员之间的关系。我的父母仍然控制着这些股份的35%，其余65%的股份将被托管，以造福子孙后代，并为家族的每个分支提供流动资金，其中35%的股份用于为家族办公室提供资金，并将用于家族福利和慈善事业。它还为商业决策提供了单一投票权。我的父亲作为受托人拥有35%的投票权。他指定我为继任托管人，所以我未来必须管理家族成员的参与。我不仅要控制自己的股份，还要控制信托的投票权。

另一部分分配给家族所有者，不管他们是否在企业工作。在企业工作的家族成员可获得市场工资和奖金。受托人需要兼顾家族和企业的需求。我们面临的挑战是，30年后，更多的家族成员可能会要求高分红。

我们的投资委员会每季度召开一次会议，有投资决策时会更频繁。我签完字后对父亲说："爸爸，你不能一个人做所有的决定。你必须考虑民主的过程，让我和我的兄弟们一起管理企业。"我们提出了重大投资决策和以无记名投票的方式批准的理由。我们指出，少数人必须服从多数人，否决的情况应该很少很少。我们告诉他："你必须允许这个过程的发生，因为你不会永远亲力亲为地管理公司。趁你还在，我们最好现在就开始努力。"

透明度与家族的意见

最初创造财富的一代人的另一个特点是，创始人 / 领导者倾向于隐瞒信息。由于他是唯一的决策者，因此他不明白为什么要分享信息，也不明白为什么家族成员需要了解这些信息。如果他们想要信息，他就会觉得他们不信任他，是在"审问"他。

在很多创始人这种家长式的观念中，向家族成员提供信息是次要的。即使是第二代，也可能不会与非所有者家族成员讨论有关企业的问题；相反，家族所有者可能会被长辈蒙在鼓里，正如这位家族成员所说："我每年都会参加一次那里的活动，但我有时会感到羞愧，因为我知道的太少了。父亲没怎么说，我们也没怎么问。直到最近，我们才开始讨论家族和企业该如何融合在一起。"

但随着越来越多的家族成员成为所有者，他们必须要接触到各种与企业有关的信息。家族从一个封闭、秘密的系统转变为一个开放系统，这种转变代表着一种文化转型。由于老一辈是掌握大部分控制权的所有者，因此他们有时很难理解为什么要与其他家族成员分享信息。世代家族报告说，在第二代或第三代时，家族的文化发生了变化，从以封闭的方式转变为以开放、透明的方式来处理企业信息。家族成员变得更乐于分享信息，并开始主动就业务和财务运营进行一些交流。这一点在老一代为下一代做好领导准备时尤为重要。

到了第三代，家族已经认识到了在主要所有者圈子之外共享企业信息的重要性：

即使在我们的企业会议上，提高透明度显然也是我们大力推动的一项工作。首先我们只谈自己（没有任何高管），谈论公司的愿景、明年的发展方向、去年业绩中我们认为重要的部分以及未来的计划。我们会回答听众提出的一些问题，然后与首席财务官讨论财务状况。接下来，审计员进来，他们可以向他提问。最后，高管们进来，介绍每个部门的计划。

世代家族会制定政策和开展活动，让家族股东积极地参与治理，即使他们没有正式的权力或只有很少股份，以下这个家族就是一个很好的例子：

每六个月，我们都会召开一次股东大会，让所有16岁及以上的家族成员了解企业的财务状况。我们介绍了企业各部门的关键战略问题。我们从愿景和价值观开始，并不断强调它们。每次有新的年轻成员加入，我们都会着力强调，向他们介绍我们公司的发展史。

我们有家族理事会、所有者委员会和顾问委员会。所有者委员会由一直在企业工作的家族成员组成，他们中的大多数人是在18年前公司成立时加入的。所有者委员会确保顾问委员会监督首席执行官的任命，并评估其业绩；负责监督大局，决定企业的发展方向是其职责的一部分；制定家族宪章，并定期审查和修改。有一段时间，所有者委员会每季度召开一次会议，现在是每半年一次。

虽然家族所有者及其指定的董事会控制着企业，但世代家族的独特之处在于，他们会不遗余力地与所有家族成员沟通。他们愿意倾听来自家族成员的担忧和想法，包括年轻成员和其他非所有者家族成员，以及以信托形式拥有所有权的家族成员。来自家族的反馈有助于所有者意识到重大分歧。例如，在出售企业、重大新投资或公司新方向等重要事项上可能存在分歧。倾听反馈还能让他们意识到新的想法和机会。这种透明度很重要，因为新一代家族成员——这些非所有者的子女——最终将成为所有者。家族成员意识到，让他们了解企业并参与讨论，对未来负责任的所有权至关重要。但这种透明度和倾听也必须包括这样一种理解，即他们的意见完全是咨询性的，企业领导者必须做出自己的决定。

例如，在一个由两位第三代领导人领导的家族企业中，几位才华横溢的第四代成员即将成年。虽然董事会和所有者都是第三代，但他们制定了一项政策，邀请年满18周岁的第四代家族成员参加董事会会议。这个家族最近出售了其大型消费业务，并正在寻找新的方向。两个年轻的儿子参加了每次会议，凭借他们受到的专业教育和积累的经验，他们开始为家族寻找新的机会。儿子们希望成为未来的一部分，他们并不特别关心何时才能成为所有者或正式加入董事会。

以下两个案例说明，为了提高透明度，如何邀请家族成员参与并促进家族参与，以及有很多资产需要监管的世代家族的管理态度。

📋 案例分享

提高透明度是提高家族成员参与度的途径

有些世代家族在提高透明度时会经历一些阶段。小家族股东可能并不完全了解企业的情况。由于不能让所有家族成员都进入董事会，因此家族必须创造让家族成员与董事会沟通的机会，让他们了解董事会的决策，并在决策时拥有发言权。以下是关于一个家族是如何做到这一点的例子。

在我们的年度家族会议上，我们会留出一天时间让管理者们与家族成员一起讨论企业的发展情况（时间长达八小时）。然后，我们与首席执行官和他带来的人进行为期半天的圆桌会议。来自管理层的五六个人与家族成员进行交流。这个小组的人数比较少，所以你可以更好地了解家族成员在想什么、企业在做什么。作为董事会的家族主席，我亲自做陈述。今年，我们还将前往世界各地的所有分公司，介绍家族在转型方面所做的工作。他们知道，非家族成员首席执行官即将退休，所以我们希望确保在沟通方面形成闭环。

我们每周二都会召开家族信息会议并共进午餐。我们让所有在企业工作的家族成员加入我们，了解最新情况。我们讨论的事情不一定都与企业有关，目的只是让家族成员一起工作，一起参与，互相了解。

与家族成员保持双向透明的沟通对我们的成功至关重要，这是确保家族成员彼此信任、关系和谐和互相支持的唯一方法。一旦失去信任，我们就失去了家人的支持。

下一代表达了他们对更明确的制度的担忧。这对每个人来说都是一个学习的过程。我很小就参与其中，因为我的父母告诉我，你比我们更有资格参与，所以去吧。

家族成员高度信任我们的规划和结构化治理。那些选择不积极参与家族事务的人可以了解到家族资金为什么会以某种方式处理，或者我们为什么会参与某些业务。我们总是尽最大努力让业内顶尖人士与我们并肩作战，其中包括外部董事会成员和董事。

第五代成员表示，他们希望更多地参与进来，但也承认他们从未打开过董事会的资料包。因此几年前，我们将董事会资料包电子化，这样第四代和第五代的每个人都能在每次开会前收到一份资料包。这些资料包括预算、财务、投资组合、每次委员会会议的记录，以及他们正在起草的牧场管理委员会的所有议题。很多不是董事会成员的家族成员不会打开资料包阅读，但每个人都必须承认信息公开，并决定如何使用它们。

我们刚开始这样做时，企业价值的可见度为零——既没有透明度，也没有实际数字可供评估利润率或五年计划。我们只会对基本数据和股息做非常简短的介绍，仅此而已。后来，一些家族股东开始询问有关公司管理和结构的问题。家族A分支一直比B分支更直接地参与其中，所以B分支的股东开始问："你们为什么不对股东更透明？"

📑 案例分享

谁对大型家族企业的透明度负责

一个拥有数百名家族股东的第六代家族以高度透明和包容的方式运作。但由于整个家族规模庞大，无法直接决定商业政策，因此该家族设立了全职家族主席一职。正如家族主席所解释的那样，他的职责是管理企业，以便家族能够提供负责任且经过深思熟虑的建议：

就公司董事会而言，家族成员总是享有优先权。他们在董事会中占大多数，但多年来，我们也欢迎非家族成员加入董事会。12年前，我们聘请了第一位非家族成员担任首席执行官，他的工作非常出色。

大约在 2001 年，我担任家族主席。大家不太了解新任首席执行官，也不确定他能否同时处理好企业和家族事务。在此之前，每位首席执行官都是家族成员，都身兼两职。在这个时候，我们决定实施由首席执行官和家族主席共同管理公司的双领导人管理体系。

有了家族主席，就有了建立家族理事会的想法。家族主席实质上是家族理事会的主席。在此之前，我们有一个由家族成员组成的人力资源委员会，他们会就家族事务向家族主席提出建议。现在，有了家族理事会，我们可以更正式地讨论家族问题。家族主席和家族理事会的职责之一就是维护家族在企业中的利益。

我是董事会成员。我和其他家族董事的工作是确保企业决策符合家族价值观。有人问我："家族成员会怎么想？"然后我回到家族理事会，征求家族成员的想法。我还负责家族活动，包括大型年会。我分配了一些工作人员，由家族理事会帮助筹备。这是我们工作的一个重要部分，因为这是一个大型会议，而且总是相当复杂。

现在有更多的地方可以让家族成员参与进来。说不定哪一天就会有一位新的家族成员站出来，成为我们的首席执行官。我们的提名委员会很特别，它不是董事会的提名委员会，而是董事会成员、家族成员和家族理事会成员的组合。来自家族的董事会成员由提名委员会选举产生，副董事也是如此。提名委员会提名家族主席，董事会批准提名，然后由家族成员投票决定。

我们遇到的问题和大家遇到的一样：有人提出申请，如果你不给他们职位，他们就会不高兴。谈到家族理事会，我们通常在寻找某种人才。我们试图在职位描述中强调这一点，这样当人们申请时，他们就会明白我们寻找的是一个懂社交媒体运营的年轻人。我认为，所有提名委员会都在努力解决人们被拒绝后的感受问题。当然，我们也没有想好怎样解决这个问题。

我们正试图通过每 10 年进行一次的战略性长期规划工作来对未来保持清醒地认识。我们努力展望未来，以便企业和家族的新领导人做好准备，并致力于这两方面的工作。

设计专业的董事会

董事会是家族企业维持其独特文化和实施以价值观为基础的监督的核心工具。它维护家族的传统和价值观，并界定所有者之间以及各代人之间的关系。它也是预测和发起变革，以利用新的可能性或应对危机的工具。在其形成阶段，董事会通常只包括所有者。但随着时间的推移，董事会的作用会不断扩大。虽然董事会代表的是所有者，但它最终会增加具有必要经验的独立成员，能以最专业的方式实现所有者（在家族中，有时也包括准所有者）的意图。让独立成员加入董事会很重要，因为家族成员可能不具备企业需要的监督技能。他们代表所有者的资源，而不是所有者本身。随着世代家族的发展，董事会也会经历几个阶段。随着企业和家族变得越来越复杂，董事会也会进入更高的发展阶段。

董事会成员的职责

由于这是一个家族企业，因此董事会还有责任考虑家族成员的关注点。董事会需要让家族成员了解决策及其背后的原因，同时也要考虑所有家族成员的关注点、想法和价值观。在董事会任职的家族成员需要采取不同的心态。他们现在需要考虑整个家族的需求，而不仅仅是自己的家庭或分支的需求。家族成员在进入董事会之前必须接受这种主人翁心态的辅导。

董事会成员应该有能力、有才干，并致力于整个企业实体。他们有以下职责。

- 谨慎的责任：保持勤勉、了解情况、提出问题、参加会议并阅读董事会材料。
- 坦诚的责任：即使遇到困难或不受欢迎，也要如实表达关切和意见。
- 忠诚的责任：全心全意为组织谋福利，避免利益冲突，在做出决策时以企业利益最大化为重，将自身利益放在一边。
- 服从的责任：忠于组织的使命，避免采取任何与使命不一致的行动。

董事会的演变

董事会经历了几代人的发展，从最初由所有者 / 管理者组成的非正式群体，到最终包括其他家族成员，然后是非家族顾问，最后是独立董事。到了第三代，大多数世代家族的董事会既有家族成员董事，也有独立的非家族成员董事。董事会的发展和家族治理发展并行不悖，家族治理承担着管理家族活动和投入的工作。董事会对所有者群体负责，同时也听取家族其他成员、年轻家族成员和已婚人士的建议和担忧，他们虽然不是所有者，但与家族有着深厚的关系。

在创始人 / 所有者时代，董事会即使存在，也是被动的，它只是一个定期开会向创始人致谢的团体。创始人去世后，所有者们发现董事会在任命和监督家族首席执行官（无论其是否为家族成员）的工作方面很重要。不工作的所有者必须意识到他们角色的重要性。随着时间的推移，董事会希望从非家族专业人士那里获得建议，并任命董事会顾问。在某些时候，大多数家族都会任命一位或多位非所有者顾问为董事会成员，在一些世代家族中，他们甚至会占多数。由于独立董事是按所有者意愿服务的，因此如果所有者对董事的指导不满意，他们可以随时解雇董事。

世代家族会越来越多地引入独立的非家族董事会成员，以增加他们的专业知识。平均而言，家族董事多于独立董事，但在一些老牌家族中，独立董事占多数。随着代代相传，世代家族往往会增加独立董事的人数。如表 8–1 所示，在我们采访的由第三代领导的家族中，只有三分之一的家族拥有独立董事。但当家族发展到第四代时，独立董事的人数翻了一番，如图 8–1 所示。尽管北美家族的平均规模和年龄都较小，但北美的世代家族更有可能拥有独立董事。

表 8–1　由第三代领导的家族的家族董事和独立董事的人数

董事的人数	8 人
家族董事	5 人
独立董事	3 人

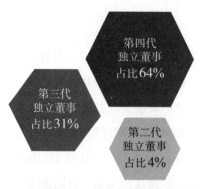

75%的受访者总体上使用独立董事

图 8-1　当世代家族由第二、三、四代领导时，独立董事的占比

家族企业的董事会在几代人之间的发展分为几个阶段，如图 8-2 所示。

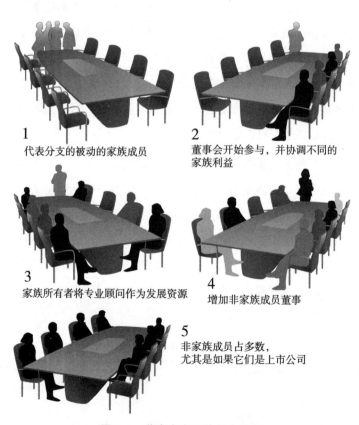

1　代表分支的被动的家族成员

2　董事会开始参与，并协调不同的家族利益

3　家族所有者将专业顾问作为发展资源

4　增加非家族成员董事

5　非家族成员占多数，尤其是如果它们是上市公司

图 8-2　董事会发展的各个阶段

在应对企业和家族面临的挑战的过程中，每个家族董事会都有自己的发展轨迹。一位家族成员这样讲述其家族的发展情况：

随着第二代逐渐长大并开创了自己的事业，董事会也开始发展壮大。但随着董事会的壮大，它也不得不面对保持家族价值观的问题。第二代和第三代继续对这些规则和结构进行补充。慈善事业往往是由第三代发起的。他们有发言权，因为他们很早就在董事会中有代表。他们现在正期待由第四代来做并巩固他们一直在做的事情。甚至有一个想法是，我们可以为高中生和大学生组建一个初级董事会，让他们为承担这些责任做好准备。

董事会监督一切，包括公司决策和家族内部决策。我们家族办公室董事会的大多数成员也是上市公司的董事会成员，所以董事会的运作与其他董事会的一样。除了对公司、投资和新部门的架构做出决策之外，他们还要为下一代制订教育计划。因此，董事会有很强的包容性。

最初成为董事会成员的标准只是在外部达到高管级别。那些很早就加入董事会的人已经在各自的领域取得了成就。最新修改的标准规定，如果你对家族的大部分资产负责，你就应该加入董事会。现在，新的家族成员也包括在内。

尽管家族股东可能不担任管理职务，但他们可以参与家族文化的定义和维持，正如这位家族成员所说：

虽然家族中没有人担任管理职务，但我们的参与度非常高。所有的家族所有者都是董事会成员，我们每个月都要召开董事会会议。我们还参与了公司的很多其他活动，这就是我们与公司的关系。每年年底，我们都会进行未来三年的战略规划。每家公司都有自己的战略规划，但我们都非常关注所谓的价值观和愿景进程。

创始人最初可能会抵制设立正式的董事会，他们认为董事会侵犯了他们的控制权。他们更喜欢非正式顾问，可以私下咨询。这样做是因为他们只对自己负责。然而，随着新一代的出现，家族所有者和年轻的未来所有者期望甚至要求更高的透明度和清晰度。他们需要感觉到有办法挑战领导者，并发起必要的变革。如果没有这种挑战，那么实现制度严谨和战略创新将更加困难。

董事会演变的另一个例子来自这个家族：

在今年四月之前，我们只有家族成员。第三代有一个儿子和五个女儿，共六个孩子。公司由三个女婿和一个孙子经营。最终，这四个人中的两个人成了第四代的领导人，我父亲是其中一个女婿的儿子。每个家庭在董事会中都有一个席位，任期为50年甚至更久。从1970年开始，我们开始实行每个家族只有一位董事会成员的政策。1999年，我们制定了一个相当复杂的投票程序，并修改了公司章程，现在，公司章程允许每个家庭在董事会中都有一个席位。同时，我们还允许最多增加三名非家族成员担任董事。自20世纪60年代以来，秘书/财务主管一直都由非家族成员担任。担任秘书/财务主管的人成为134年来董事会中第一位非家族成员。

在接下来的这个家族中，新技术的应用促使家族从由家族控制转向由专业委员会控制，因为家族认为需要由技术能力更强、更有经验的人进行监督：

我们从完全亲力亲为地控制和运营过渡到了混合控制和运营。家族保持对一些基本事务的控制，但我们成立了一个由家族成员和外部独立人士组成的董事会。董事会领导和管理重要业务，是由家族成员和非家族成员共同组成的。我们没有组合的确切比例。随着时间的推移，它的组成从家族成员占大多数变成外部独立人士占大多数。

复杂的企业治理结构

每个企业实体都可能有一个董事会，有时董事会会向其他董事会报告。下面这家第五代家族企业拥有独特的双董事会结构：

在过去20年里，我们一直在双董事会结构下运营。有些人可能称之为家族理事会，但实际上，我们还有一个由一些家族成员和一些非家族成员组成的公司董事会，负责处理每周的业务。公司的发展理念和方向由我们所说的家族董事会负责。有些人可能称之为家族理事会，但我们的运作方式不同于家族理事会。我们提出并通过动议，在某种程度上，我们以比家族理事会更正式的身份行事。我们都是在非常商业化的氛围中长大的，所以这对我们来说最合适不过了。这两个董事会的开放性让家族成员有了某种"实习"的机会。任何超过 21 岁的家族成员都可以在这两个董事会中的其中一个董事会工作几年。

我母亲今年 84 岁了，基本上已经将公司运营交给了我们的家族董事会。虽然董事仍然按照她的理念运营公司，但是由我们来主持大局。在我们经历了代际更替后，我们家族正在努力强调两件事：期望和在一起的时间。有段时间充满了冲突和争论，甚至有点痛苦，但我们一起努力渡过了难关。

家族董事会为公司董事会提供指导方针和标准，包括我们在哪里寻找房产、建立信托基金的最终决定、对基金会的捐赠，以及我们希望拥有多少位理财经理。这就是为什么我说我们的家族董事会不是真正的家族理事会，它会做出实际的决定。例如，我们会告诉公司总裁："这是我们前进的方向。我们需要你帮助我们实现目标。"

到了第四代，所有者的数量可能会相当多。例如，一个非美国家族企业集团开始考虑如何与 200 多位家族所有者保持联系。他们成立了四个治理委员会来管理复杂的关系：

- 一家运营企业；
- 一个家族办公室（运营企业的子公司）；
- 一个基金会（家族的慈善机构）；
- 一个家族理事会（成立于 2004 年）。

一个家族既拥有上市公司，又拥有私营公司，每个公司都有董事会，与家族理事会合作：

家族理事会的职责是监督高层，他们会按照规定程序推荐潜在的新董事会成员。我们希望最有资格的人来担任这些职务。首先，因为这是一家规模非常庞大的企业；其次，因为这是一家上市公司，所以我们希望确保我们以最佳方式运营，并由最优秀的人来做出关键决策。

监督的第二部分是并行规划。平行计划考虑了作为大股东的家族所关注的问题和愿望，并将其提交给董事会。董事会主要由独立董事组成，由家族成员担任主席和副主席。我们向董事会提出我们对增长、风险、流动性、盈利能力的看法，以及我们可以接受的地方。他们审查后会告诉我们："我们正在实施的战略计划可以解决所有这些问题。"或者他们可能会说："我们的计划没有解决流动性问题。我们应该如何解决这个问题？"或者他们可能会问："你们正在研究的目标有商业意义吗？"当我们讨论这些事情时，董事会18位成员中的6位家族成员（加上身为家族成员的主席和副主席）代表了家族的并行规划过程。与此同时，我们还有大多数独立董事和一位非家族成员首席执行官，他们都在努力为公司和其他股东提出最佳方案。

组建董事会

由于董事会是家族企业的核心管理实体，因此世代家族要花费大量时间考虑如何组建董事会。一个好的董事会必须平衡多个因素，首先是所有者（包括大所有者和小所有者）以及未来所有者的利益。然后是分配企业的经营成果，包括创新投资的需求、企业制度的发展以及家族所有者的回报。一个好的董事会既要代表所有者，又必须获得与企业当前和未来需求相关的专业知识。

董事会通常会有不同类别的成员。在发展初期，董事会会从每个家族分支中挑选或选举一位成员。到了第三代或第四代，分支身份的重要性会有所下降。此外，到了这个时候，大多数家族理事会都会建立一系列遴选家族成员的机制。有时由董事会或主要家族所有者进行遴选，有时则通过某种形式的家族选举。如果是一家私人信托公司，那么董事会必须包含一定比例的独立董事。

世代家族通常有两类股票：有投票权的股票和无投票权的股票。这样做是为了在有很多所有者的情况下，保留并集中对企业的权力。家族往往会通过让家族成员持有有投票权的股票来控制上市公司，而不拥有多数股权。

一个拥有两个分支的家族（分别拥有60%和40%的所有权）认为，拥有独立董事是保护少数家族分支权利的最佳方式。另一个欧洲家族有六个分支，每个分支都有一个董事会席位，并控制着一个家族企业。随着第四代成员的加入，他们彻底改革了这个程序，由一个指定的董事会来决定企业领导者应该是家族成员还是非家族成员。

由于人际关系和家族性质，一些家族（比如这个家族），不再采用一股一票的投票方式，而是采用其他投票方式，为家族成员带来更多平等：

持有两股股票的人和持有两万股股票的人拥有同样的发言权、同样的提问权，并会获得同样的关注。我想我能够做到这一点是因为我没有太多的个人包袱。我很包容，如果你给我打电话，问我 10 个问题，而你只有两股股票，那我也会像回答有两万股股票的人的问题一样积极回答你的问题。我们不看股份的多少，我们是一家人。

在拥有多家企业的大家族中，有一种模式是家族控股公司，由家族"董事总经理"管理各个企业实体。这种安排避免了家族成员之间的直接竞争。它还允许在管理单个企业时实现多元化，同时在整个家族层面实现协调和整合。下面介绍一个家族是如何做到这一点的。他们有六位家族董事会成员（这个数字可以变化），他们也是信托的受托人。其中包括第五代的三位成员，他们的年龄分别是 86 岁、64 岁和 63 岁，以及第六代的三位 40 多岁的成员。六人分别经营着企业的一个部门。他们工作非常积极。每年七月，他们会举行一次为期两天半的正式会议，需要做出决策时则举行非正式会议。六人共同做出决策。第五代的一位成员希望在某个时候引入一位非家族控股公司的外部领导人。

有时，有些业务之间相对独立：

经过几代人的努力，企业变得越来越多元化。现在它几乎成了一个大集团，有几个家庭已经退出了。2006 年至 2007 年，我们出售了一家制造工厂，实现了资金周转。我们现在有四项与承包相关的业务：农业和房地产合作企业以及一些投资工具。我们还通过建筑业务实施了员工持股计划。每家企业都有独立的董事会。

一些家族，尤其是美国以外的老一代家族，将所有权限制在那些在企业工作的家族成员身上。其他家族成员的股份会获得补偿，就像这个例子一样：

我的性格与我的兄弟、表兄很像，而且我们都喜欢冒险。我们有这样一条规则：只有积极参与企业经营，才能成为股东。有了这条规则，我们就可以避免出现很多股东只是为了拿红利的情况。这些股东可能会采取比较保守的做法，他们会说："让我们保护好我们现有的东西。我们不需要任何新的尝试或风险，红利先于再投资。"我们从来没有遇到过这种态度，因为不在公司工作的人不可以加入。

随着企业代代相传，对董事会成员的要求也越来越严格。每一代成员都发现，他们必须为董事会成员设定更高的标准。有一个家族的董事会有四位家族代表，每个分支一位。董事会积极寻找和招募优秀的候选人，这些人不是选举出来的，而是挑选出来的。董事会一直在寻找未来的好人选。

随着时间的推移，家族在制定公平、透明和有效的遴选流程时可能会更加明确：

我们有一个由整个家族选举家族董事的正式程序。由家族提名家族董事，然后由整个家族投票。这不是每股一票的制度，而是每位家族成员一票的制度，所以每位家族成员都有一票。

为了避免冲突，这个家族确定了挑选家族董事会成员的标准：

我们与下一代董事会成员讨论了优秀董事会成员的标准。优秀的董事会成员应该学习什么？他需要了解什么？需要什么样的经验？令人惊讶的是，人们竟然花了这么多精力来拒绝讨论这些问题。很多人不明白这意味着什么。他们说："怎么会有人强迫家长让或不让他们的孩子加入董事会呢？"我们回答说："没有人强迫你们。我们只是想给第四代一些指导，让他们知道应该怎么做。"

董事会负责监督公司、家族办公室和/或基金会。但在很多情况下，家族理事会会为所有者选择家族董事会成员。有一个家族利用"秘密渠道"来讨论谁会成为好的被提名人，但这有时会引起争议。然后，家族理事会对候选人进行面试，并向董事会提出建议。在其他情况下，家族和董事会分担任命家族董事会成员的责任：

董事会的任期基本上是一年，虽然没有任期限制，但是年龄限制为70岁。现在，我们的董事会中有三位家族成员，他们将同时年满70岁。

当有空缺时，我们会给家族成员发一封信，人们会提出申请，然后家族理事会会对候选人进行面试。这是一个相当有条理的过程，那些有意向的人会拿到一系列问题。此外，家族理事会还要进行面试。之后，家族理事会向董事会提出建议。家族理事会不会选择家族董事，但董事会会非常重视推荐人选。到目前为止，他们每次都会采纳我们的建议。

家族理事会还积极参与首席执行官的遴选。他们会对潜在的首席执行官候选人进行面试，然后向董事会提出建议。最近，一位家族成员和两位非家族成员在竞争一个职位。家族理事会没有推荐家族成员，这使董事会可以在非家族成员中做出决定。虽然投票结果是五比四，但最终的决定是绝对正确的。但如果家族理事会说"我们真的想要这位家族成员"，我想这就会左右董事会的决定。

另一个家族遇到了独特的困境。有人提议让一位高素质的姻亲加入董事会，但这个家族的成员认为这个人与家族的联系不够紧密，他不参加家族聚会，也不知道这个家族想要什么。这两点都是对董事会成员的期望；这不仅仅是一个商业决策。他没有被选中；相反，他被告知，在他任职之前，他必须与家族成员有更多的交流。

家族董事会成员通常是大股东，他们可能会认为自己的任期是终身的。很多家族都面临着这种倾向，他们要么早有预料，要么通过设定任职期限来应对。即使董事会成员经常连任，有时家族也可以决定董事的任期到此结束。这个家族的董事会任期为一年，所以董事必须每年改选：

现在，我们有一套选择董事会成员的制度，有截止日期和正式的评估委员会。一切都很透明，以最佳实践为基础。我们正在努力避免冲突，并鼓励尽可能多的家庭参与进来。

另一个拥有众多股东的家族有一套复杂的制衡程序：

我们有135位家族成员和87位股东，但只有两人受雇于企业。我们的11位董事中有5位是家族成员，还有9位是家族理事会成员。我们的政策是，家族中的任何人都可以提名一位家族成员进入董事会。家族理事会收集这些名字和简历，并决定哪些人有资格成为董事会成员。然后，我们会将这两三个名字提交至提名委员会。

自20世纪50年代以来，我们的政策一直是董事会中的外部董事人数始终多于家族成员。外部董事对家族提名人进行面试，并决定谁将进入董事会。这种遴选程序避免家族成员之间产生芥蒂。例如，他们不能指责其他成员否决了自己喜欢的候选人。它还能让家族成员摆脱"我想当董事，我就能当董事"的自以为是的优越感。董事是一个专业职位，应该择优录取。由外部董事做出最终决定可以确保选出最合格的人。

为了准备成为董事，年轻的家族成员需要了解企业、董事会的作用以及董事会成员所需的技能。董事会成员资格不是一种奖赏，而是一种责任，是一种专业角色。年轻的家族成员在学习如何成为专业的董事会成员时，除了被选入董事会之外，还有其他学习途径。例如，一些家族成立了一个由希望发展自己的技能、丰富自己的知识的家族成员组成的初级董事会。初级董事会在帮助企业实现透明度的同时，也为年轻成员在董事会中发挥作用提供了帮助。他们会定期会见家族领导人和董事会成员，但他们的目的是学习，并慢慢开始提供建议。初级董事会使家族能够识别年轻成员的能力并培养他们。

另一个家族成立了由家族成员组成的顾问委员会，他们以学习者的身份与董事会见面，并偶尔提供非正式的战略建议。这些非正式的董事会观察员或顾问会成为正式成员的潜在候选人。下面是一个家族的做法：

一年前，我们决定让更多的家族成员加入董事会，这对我们有利。我们认为，这将鼓励更多的家族成员了解企业，并确保董事会的决策与股东的价值观保持一致。当时，董事会中只有一位家族成员和六位非家族成员。我们决定不替换任何现有成员，所以又增加了两位家族成员。假设我和我的表弟成为正式董事会成员，那么九位董事中就有三位家族成员。我们了解到，成为董事会成员需要一个很长的学习过程，尤其是在这种技术型企业中。要想快速上手并发挥作用，就需要很长的磨合时间，所以我们真的不希望有人那么快就被轮换掉。

当公司一位强大的领导者去世后，接班人希望培养下一代。他选择的不是最年长的人，而是最有资格进入董事会的人。这就出现了一些矛盾。另一个家族明确了董事会成员必须具备的七种能力。董事会会通过信函征集候选人，然后由候选人陈述自己是否符合这些标准。然后，董事会会选出最佳候选人。

另一个家族就董事会的责任和结构进行了讨论，然后在旧董事会辞职、新董事会就职时完成了接力棒的传递。董事会从由两兄弟组成变成了由八个人组成，他们都很胜任这个职位。

前几代领导人教导他们的继承人，董事会服务是一种责任，而不是家族成员的福利：

我试图灌输一种观点，那就是成为一位优秀的所有者意味着什么。在反思过去的问题时，我认为我们一直都是将管理权和所有权混为一谈，这就造成了很多争斗。他们的责任是成为一位好的所有者，这是我们实现目标的基础。我们正在开发一种新的方法，董事会的主要任务是监督整个企业。我们将我们的企业视为一个真正的投资组合，并为每家分公司的董事会授权。我们可以灵活地塑造未来的投资组合，也为后代以多种不同方式参与企业经营提供了机会。

几代人过去了，每一代新成员都必须了解自己的角色和责任：

我们正在考虑如何让第五代和第六代参与进来。董事会成员身份为参与提供了一个平台，也为股东提供了一种转变管理理念的途径。我们面临的挑战是如何明确界定家族理事会、董事会和管理层之间的角色和界限。这很棘手。我刚进入董事会时，董事会和管理层对家族股东相当敌视，当我第一次参加董事会会议时，我突然因为涉及我叔叔的事情而被推上了风口浪尖，这是一次可怕的经历。我意识到，我们需要新的董事会成员，但目前的选举结构行不通，大多数股东甚至不知道谁是外部董事。

我们任命了一个特别的董事会遴选和选举工作组，负责制定新的董事会成员选举结构。他们设定了任职期限，并考虑了退休年龄。在此之前，这就像被任命为最高法院的法官一样：你去世，你的席位才会空出来。这个过程花了两年时间。所有的老董事都心领神会并辞职了，这样我们也不用赶他们走了。我们成立了一个强大的遴选委员会，现在我们有了一个很棒的新董事会和一位很优秀的首席执行官，而且我们的意见基本都是一致的。如果算上拥有一个席位的首席执行官，董事会中共有五位家族成员。

一位家族成员通过担任其他家族企业的独立董事，对这一角色有了深入了解：

我是两个家族企业董事会的独立董事。我这样做是因为我想支持家族成员保护他们的财富。我还想倾听他们的心声。我觉得我比作为这些企业所有者的家族成员更能胜任这项工作，因为我不会感情用事，我可以做出公正的决定。

独立董事会成员

独立董事的加入是家族企业整体转型的一部分，正如下面这位家族成员所说：

我们去年成立了一个包括外部人士在内的董事会。我们正在整合所有公司，由一个董事会和一位首席执行官领导。我们在 2013 年批准了新的架构，并任命了两位联合主席——我的两个堂兄——来指导我们完成过渡。我们历史上第一次聘请了一位非家族成员担任首席执行官。我们希望我们的堂兄在前六个月与新首席执行官并肩工作，以确保他能了解一切，并充分利用他们的支持。随后，他们将不再参与公司运营，由首席执行官全权掌控公司。

在任命独立董事会成员时，家族将面临一个挑战：家族是否应该致力于实施新的独立董事会成员提出的好主意？假设他们提出了一个很有商业价值的想法，却没有得到家族的支持。有一个独立成员占多数的家族解决了这个问题，该家族要求每项决策都必须至少有一位家族成员同意。

在这个家族中，第二代兄弟姐妹的遗孀们过渡到专业的第三代，其中包括几位独立的董事会成员：

我们成立私人信托公司的目的是管理家族财富的多元化，而不是将其交给可能不了解我们的机构受托人。我们招募了第一批独立董事会成员，这让我们得以让我的姑姑们退出董事会（她们是好意，但她们不精通商业战略）。独立董事会成立后发生了两件事。首先，独立董事会请我担任总裁兼首席运营官；其次，他们建议我们向那些对变革不满的家族成员提出收购要约，以变现他们的部分所有权。我们最终购买了公司 57% 的股权。

我们可以看到，治理是维系世代联盟的一个统一和整合的过程，反过来又维系着家族企业的长期发展。拥有一个活跃的董事会（发挥管家作用，包括独立董事和家族所有者的称职代表）可以让家族专注于工艺和创新的商业目标。企业治理是家族管理和持续发展的核心。

在你的家族企业中采取行动

本章概述了家族企业治理的发展历程。你可以审视自己家族的治理状况，看看进展如何。关键是要制定适当的治理流程，以适应当前的情况，并为下一代做好预测和准备。在每个时间点上，你都应该考虑家族和企业即将面临的挑战，然后制定一个适合未来发展的结构，而不仅仅是维持现状。

如表 8–2 所示，你可以想想目前你的家族企业在董事会 / 治理发展方面的情况，以及在不久的将来需要什么来为你服务。

表 8–2　　　　　　　　家族企业在董事会 / 治理发展方面的情况

治理 / 董事会质量	现在有吗	有用吗	是我们迫切需要的吗
由内部人士组成的董事会——所有者 / 经营者			
由所有主要家族所有者组成的董事会			
代表家族所有者的董事会			
董事会中的跨代代表			
董事会中的非家族成员顾问			
独立董事会成员			
独立董事占多数			

接下来，你可以通过回答以下问题来考虑家族如何参与企业治理。

- 企业运营和正在考虑的变革对家族成员的透明度如何？
- 成长中的下一代如何了解企业？
- 年轻和缺乏经验的家族成员如何了解正在发生的事情？
- 如何获得和听取家族成员对企业政策的想法和意见？
- 新家族成员如何参与治理？
- 董事会成员的资格和选择的透明度如何？

走进家族：
家族治理，缔造伟大家族

第 9 章

家族部落：在企业之外创建有意义的大家族社区

建立一家成功的企业是商业家族的第一个创造性行为，但这还不足以确保大家族的未来。建立一个联系紧密的大家族，围绕如何使用庞大家族资源的共同价值观进行管理，是家族跨越几代人的第二个创造性行为。家族在企业发展中发挥着积极和创造性的作用，这一点是那些没有大型企业或家族资产的家族所不知道的。

一个世代家族渴望的远不止经济财富。它的长期成就还在于如何建立大家族，以及家族成员在一起所做的事情和他们所做之事对世界的影响。机会是无穷无尽的，但家族成员如何聚在一起，发掘机会，确定优先事项，并使他们雄心勃勃的计划真正实现呢？

几代之后，即使是最富有的家族，家族成员的关系也难免会逐渐疏远。亲戚们住得很远。尽管他们拥有共同的财产，但他们可能觉得没有必要相互了解。他们往往成为袖手旁观的股东，彼此陌生，不想作为一个家族有任何额外的联系。除非有人想方设法将他们聚在一起，否则他们会渐行渐远。

世代家族从本质上避免了这种命运。它们找到了坚持下去的理由，它们会培养积极的人际关系，设置很多共同的项目。它们以家族和企业的双重身份为未来做好准备。尽管人数越来越多，距离越来越远，但它们有着共同的身份，并致力于维持这种身份。为此，它们积极和自觉地建立一个社区。在共同的价值观和实践传统的基础上，它们每一代都会与很多新的大家族成员重新建立联系。正如社会理论家托尔斯坦·凡勃仑（Thorstein Veblen）在近一个世纪前指出的那样，富人是现代社会中最具部落性的群体。

当相关家族共享一个村庄时，部落自然而然就形成了，因为它们有共同的日常经历、生计和管理事务的需要。但是，当一个部落有共同的传统却不在同一个地方生活时，关系和信任就无法自发地形成和发展起来，它们必须通过寻找分享经验的时间和地点，并为它们的关系确定共同的意义和目的来建立关系和信任。随着家族成员与共同传统的距离越来越远，这就成了一个更大的挑战。世代家族能够应对这一挑战。

本章将探讨世代家族如何在跨代过程中形成一个充满关爱、意义和目的的繁荣社区，以对抗代际间常见的脱节和分散趋势。建立部落使家族能够在家庭之间、代际之间、远亲之间建立起深厚的个人联系。通过建立社区，家族可以确认和维持其共同的价值观和文化，使家族企业适应不断变化的世界。这一严峻的挑战催生了很多跨家族的共同活动。

建立大家族部落

部落大家族与个体家庭截然不同。对大多数人来说，家庭是一个共同生活、共同成长的充满爱的小群体。因为他们互相关心，互相了解和信任（尽管也有紧张的关系），一起度过时光，一起做有趣的事，一起学习，尊重差异，支持每个人找到自己的人生道路，明智地使用资源，并为下一代孩子着想。

部落大家族包括联系在一起的家庭，这些家庭有着不同程度的个人联系和共同经历，并承担着作为合作伙伴一起工作的长期义务。他们必须积极地建立和发展关系，因为关系不会自然生根。紧张、竞争、嫉妒和分歧都会出现。要想克服这些障碍，家族成员就必须采取更有力的措施，而不只是时不时地聚在一起。

商业大家族的成员建立了一种新的部落，即不共享实体社区，而是通过个人纽带、共同投资、会议、社交媒体和共同的工作项目团结在一起。他们虽然分散在各地，但有意识地努力保持联系，发展个人和工作的相互关系。他们通常共享坐落在山上或水边的家庭度假屋，每年大家在固定的时间住在一起。

正如前面几章所述，为了实现这一目标，家族成员需要将家族结构从由族长一人领导转变为由几位家族成员共同领导的伙伴关系。他们拥有一个领导小组，而不是一位领导者。虽然可能没有直接的民主，但有一个透明的参与环境，每个人的声音都能被听到并得到尊重。

这个社区不仅是合作性的，还必须是负责任的和积极的。很多商业家族担心后代会变得有权有势，只关注他们能得到什么，而不关注他们能付出什么。创建家族部落的核心目的是重新定义后代的角色，帮助他们从继承人和消费者转变成负责任、有担当的公民。在部落社区中，管家身份类似于公民身份。通过成为公民，成员们明确了他们的责任和利益。正如本书这一部分所要介绍的，家族治理的主要目的之一是明确家族成员的责任，并让他们负起责任。只有采取负责任的行为，新一代才能延续、保持和增加家族财富。公民身份需要承担责任，以维持利益。

当新的家族成员通过出生或婚姻加入"部落"时，他们有三项具有挑战性的任务：

- 更新和维持家族的传统价值观；
- 建立成员之间的联系，使新生代家族成员能够保持和谐一致，使他们相互信任、重视和尊重；
- 以有意义的方式使用家族财富，在整个家族和每位家族成员中建立积极的认同感。

世代家族的成员会通过发起计划、实践、制定政策和付出行动以实现目标，并对新出现的逆境和挑战做出反应来建设他们的社区。为了建立这种信任，表亲和新配偶必须相互了解，不仅在社交上，而且作为商业和财务合作伙伴，共同做出决策，共同行动。

当第三代成年后，他们会问家族企业对作为家族成员的他们的意义时，作为一个部落聚在一起就成了一个精心策划的事件。如果他们想成为一个世代家族，他们需要做的就不仅仅是家族团聚；他们需要将自己定义为一个运营实体，以个人关系为起点，但要有组织地承担很多共同任务。

案例分享

重拾家族传统

下面是一个关于第三代如何构建其部落身份的例子。

我的祖父于1993年去世，我们19位第三代成员聚在一起，这可能是我们第一次见面。我们并不是一起长大的。我们决定要做更多的事情，几个月后，我们利用这个机会聚在了一起，试着更多地了解彼此。我们听说过彼此的故事，有好的，也有坏的，但我们必须去倾听，并更好地了解彼此。我相信，正是下一代的参与才让这个家族重新走到了一起。有人开始质疑，我们是否真的是一个家族——因为这一代人认为我们是——我们需要为企业做些什么，才能将这些企业纳入家族？所以我们请来了一位顾问，开始讨论家族理事会、合作与协调，并倾听彼此的意见。我们只做了大约15年，但已经取得了长足的进步。

到了第三代，19个人中有10个人在某种程度上参与其中。归根结底，少数人做了大部分工作，但其他人都参与其中，其中有几个人是局外人。我们每年举行一次家族聚会，并在牧场举行所谓的表亲夏令营。我们带着家族成员到牧场住三天，不举行任何会议，只向他们介绍保护和环境问题以及牧场的工作。现在没有人为牧场工作，但这是一项长期的传统资产。我们希望确保每个人都有机会看到和了解牧场对家族的意义。

我们当时说，如果我们谈论的是家族理事会，那么它不仅包括今天在座的人，还包括那些还未出生的人。从那时起，家族已经壮大了不少。我们现在大约有78个人。在我们这第四代中，年龄最大的和最小的相差35岁。大约有四位第四代成员比第三代中最年轻的成员年长。我们有一个15～35岁的第四代群体。我们正试图让他们参与进来。我们成立了一个由他们自己组成的委员会。我们为他们提供了一些慈善方面的活动，以及更好地了解彼此的机会。他们每年举行一次会议，利用周末时间了解他们自己、其中一家企业以及我们的工作。当我们为下一个10年（第三代中的老一辈开始逐渐老去，年轻一代和第四代老一辈成员开始崛起）做决定时，下一个20年的群体正在崛起。

部落社区并不适合每个家族。事实上，很多家族企业到了第三代都会分拆、出售或终止其共同身份和所有权。对于很多家族来说，个人自由之路是分享和积累财富的最佳途径，而世代家族则做出了相反的选择。

维持传承身份

由于家族并不共享一个实体社区，因此家族从其历史，尤其是其好运和财富的来源中建立起身份认同和个人纽带。家族成员之间互相讲故事，并代代相传，这些故事使他们有了一个超越赚钱和花钱的共同目标。这就是家族的使命和价值观，它引领家族成员憧憬未来他们要成为什么样的人，要做什么样的事。家族成员必须经常聚在一起，以增进感情，了解他们为什么要在一起。在他们的生活中有那么多其他事情需要做，那他们在一起的理由是什么？

家族的历史是一个重要的纽带。家族在社区中享有声誉和地位，而且由于家族拥有大量财富，人们对家族成员的期望也更高。新的家族成员会发现，有些项目他们可以一起完成，而单枪匹马是无法完成的。事实上，他们发现父母和社区都希望他们一起做事。

家族与过去相连，并为未来而建。家族积累了大量财富，但每一代人都要面对如何使用财富的问题。对家族成员来说，是否有一个共同的项目足够重要，足以让他们一起工作？成为家族部落的动力来自实现家族过去所做的承诺。如果家族创造了巨大的财富，家族成员就会希望在未来做一些有积极影响的事情。作为一个伟大的家族，仅仅经营企业是不够的，今天的家族成员可以做得更多。

新家族成员可能并不完全了解家族的故事和历史。家族成员聚在一起时会分享家族历史和故事。他们虽然可能已经搬离了祖居地，但通常都会有特别的聚会场所。他们可能有一个很棒的度假屋，也可能有在节假日或夏天聚会的传统。他们可能与企业所在的社区有联系，可能创建了一个社区机构或基金会来为社区服务。

但为了保持联系，家族必须做的是将人们聚在一起，不仅仅为了度假或社交聚会，还为了开展具有创造性的工作。挑战在于每个家庭都有自己的承诺。随着家族成员越来越多，距离越来越远，家族必须更加积极地说服家族成员花时间和精力建立联系。这种联系包括三个方面：第一，家庭成员之间必须相互了解、喜欢和尊重；第二，他们必须找到一个共同的目标，这个目标比他们每个人单独所做的事情更具吸引力；第三，他们必须对彼此的能力、动机和善意有信心。幸运的是，潜在的世代家族有办法做到这一点。家族可以为家族聚会和家族共同设计的项目分配资金和时间。

家族大会

家族大会是整个大家族的聚会，它的存在创造了部落。它使得部落的新老成员聚在一起。家族大会通常每年举行一次，但如果大家族的规模更大、更分散，举行家族大会就会变得更昂贵、更困难，举行的频率也会降低。这是一种社区建设的形式，大家族形成一个临时的"村庄"，人们在这里发展关系、共享信息、歌颂家族历史、计划有趣的活动和假期，并形成家族及其各种家族事业的共同愿景。如果没有家族大会，大家族可能就会失去作为一个家族的共同身份的基础。虽然传统企业、家族办公室和其他企业的所有权会继续存在，但作为家族企业一部分的共同意义却是无法复制的。

虽然非商业家族也有自己的家族团聚和大会，但当一个多代同堂的家族共同拥有有价值的家族企业时，家族大会能让这个家族维持共同的家族文化和身份认同。例如，一位家族领导人讲述了她从小就开始家族夏令营的50年。她认识了很多表兄弟姐妹，知道谁有能力、谁有才华、谁有抱负。年轻人会为了参加夏令营而向家人施压，因为夏令营是他们生活中非常重要的一部分。这个家族之所以能够传承到第七代，就是因为它对这项社区建设活动有坚定的承诺。100多位家族成员参加活动，这对家族来说是一笔不小的费用。承担这笔费用体现了这个家族的决心。

家族聚会为表兄弟姐妹提供了一个固定的时间和场所，使他们能够亲近彼此并找到共同的目标。他们会形成共同的文化、语言，并彼此喜欢。然后，他们可以寻找新的机会，共同开拓家族的未来之路。通过这样的合作，当时机成熟时，他们已经互相信任，并愿意成为合作伙伴；他们形成了代际认同，对家族企业有了新的想法，并致力于在他们共同传统的基础上再接再厉。

家族大会在不同的家族中有不同的名字，但目的是相似的：业务回顾、教育、娱乐和建立关系。以下是三个不同家族的例子。

1. **社交聚会**。我们每年都会举行家族聚会，邀请所有家族成员（包括配偶）参加。家族聚会通常在夏天举行，它更像是一次社交聚会。有些年份，我们可能因为特殊原因没有举行。但总的来说，我们尽量每年都参加一次社交聚会。

2. **业务回顾**。我们发起了所谓的家族夏令营，在夏天的某个周末，为期三天，我们会在活动中向家人介绍公司的情况。我们为这些活动做了充足的预算，为从外地来的成员支付机票费用，以方便他们参加。在这个夏令营中，你可以查阅买卖协议等家族文件。它还能促进股东之间的联系，让他们相互了解，并改善他们之间的关系。

3. **社区建设**。我们每年都会举行家族社交聚会、董事会会议和商业会议，但我们最近举行的家族聚会与以往的家族聚会完全不同，它的主题是转型和沟通、参与以及娱乐。我们举办了一场才艺表演，第四代家族成员可以在那里见面。第五代家族成员作为一个小组与另一位主持人见面，分享想法。周日上午，我们一起进行了总结，比较了每个小组认为重要的事情。第五代已经开始建立自己的交流网络，并成立了一个教育委员会。他们已经开始制定自己的目标，然后我们主要关注牧场，因为我们第四代中的大部分人都在那里长大，并在那里度过了很多时光。现在，家族的规模在不断扩大，情况也在发生变化，但我们将关注点放在了土地使用权上，并努力创造更多的机会，而且随着家族的规模越来越大，为了让我们的家人能够在那里生活，我们在主要地区加盖了很多房子，让更多的家族成员能够同时在那里生活。

当家族会议从非正式聚会转变为正式集会时，首要任务之一是明确界定家族的宗旨及其所代表的价值观。以下是关于如何开始这项工作的两种说法。

1. 为了确定价值观，我们发送了一封电子邮件，并说："写下你的价值观是什么。你认为我们的使命、愿景和价值观应该包括哪些内容？"每个人都可以提出意见，我们可以采纳……你能想象有20几个人提出意见，我们有多少价值观。但是我们仍然采纳了，因为我们认为每个人都拥有发言权是很重要的。

2. 几年前，在我们这一代人的带领下，我们经历了一个制定家族愿景的过程。我们向全体成员提交了一份包含100条价值观的清单，并邀请全体成员标出他们认为对家族和家族企业来说最重要的价值观。在此基础上，我们制定了家族价值观。这些价值观最终在五年前完成制定的家族宪章中得到了体现。这是第一份具有影响力并得到广泛认同的文件。

对家族大会来说，最重要的问题之一是在决策时考虑企业利益和家族利益的相对优先性。一位家族领导人回忆说："我对家族成员进行了一项调查，其中一个问题是'你最看重什么，或者你认为什么对我们的家族企业最有价值，企业还是家族'。有130位家族成员做出了回答，51%的人选择了家族，49%的人选择了企业。如果家族对两者都有同样的承诺，那将是一件美好的事情。这就是我对成功的定义，即企业和家族都应该得到家族成员的支持。"

通过举行家族大会，家族成员意识到他们想做的很多事情都是独立于企业之外的。家族大会可以考虑的方面包括深入了解彼此、建立共同的文化和家族认同、相互学习共同的兴趣爱好，以及学习作为家族团队合作的技巧。除了企业治理和财务治理之外，家族还需要发展家族治理。

在家族大会上，家族可以确定正在进行的任务，并选出理事会和任务小组的代表。这样，召开家族大会就不仅仅是一次有趣的家族度假；它是一个工作社区，对公民的要求比仅仅露面要高得多。这种新兴的基础结构被称为家族治理。这个过程开始时是非正式的，但随着时间的推移会变得更加正式和有组织：

我们花了几天时间问："我们是否想在家族企业中一起工作？"大家一

致同意。如果是这样，那这是为什么？我们希望实现什么目标？我们由此设定了一些愿景，即我们希望共同实现的目标。我们看了一份文件，其中确定了几代人的价值观。我们翻阅了那份文件，我很认同它，现在仍然觉得它很重要。有些元素更重要，我们将这些价值观融入了今天的价值观。因此，我们的文化和历史与我们的出身有着非常紧密的联系。

所以我们围坐在一起，聊了聊我们喜欢一起工作的原因、为什么我们认为这样做有好处、有什么不利因素。我们非常一致地认为，我们希望一起工作，我们喜欢一起工作，我们觉得这样做有好处，我们希望继续这样做。

有鉴于此，我们说："好吧，我们要一起实现什么目标？"我们从几个不同的方面探讨了财富的保值增值问题。我们研究了家族的角色和家族的机会，还研究了家族的认同感。我们选择了其中的每一个领域，并确定了一些目标或长期愿景，即我们希望在其中的每一个领域实现什么目标。我们花了很多时间讨论这个问题。

最重要的是，家族成员们注意到家族大会是很有趣的，他们提到的活动包括造船和赛船、家族奥运会、绳索课程、团队建设、制作飞机或船只模型、家族事件知识问答，以及长辈和晚辈共同参与的其他比赛。大会期间还举行了颁奖和庆祝活动、才艺表演、家族颁奖和正式晚宴。年轻一代展示了他们的创业理念以及对家族的想法。在很多方面，家族大会就像一个社区的节日庆祝活动，人们在这里享受彼此的陪伴，并在更深层次上了解彼此。他们创造的美好回忆成了家族传统的一部分。

一些住得很近的小家族可以定期举行家族大会。任何家族都可以每周或每月举行一次家族聚餐，很多世代家族一直在延续这种做法。但是，如果家族也是商业或金融合作伙伴关系，那么家族大会还有另一个层面。他们需要讨论家庭冲突，明确需求、愿望和意图，即家族希望如何作为一个共同体团结在一起，以及他们希望从他们的各种投资中得到什么。

在发起家族大会时，最大的挑战是如何保持包容性。大家族往往满足于有半数以上的家族成员参加，但他们仍然会努力争取让更多的成员参与进来，尤其重要的是让刚刚成年或成家的年轻家族成员与家族建立联系。否则，他们可能永远不会拥有这种共同努力的经历。如果一个分支或家庭住得很远，那也会面临挑战。如果这些家族成员愿意承诺并参与家族活动，养成参与的习惯就至关重要。家族会建立社交网络，举行家族分支会议和聚餐，打电话说服关系密切的家族成员抽出时间参加聚会。他们会在必要时提供帮助。

跨代参与：老一代和年轻一代的作用

部落为家族价值观、习俗和传统的传承提供了一个环境。要做到这一点，必须解决每一代人在作风和价值观上的差异。老一代和年轻一代必须共同建立信任，并找到共同点。

建立部落大家族社区不是一位家族领导人或一代人的工作。它源于各代人之间的持续交流。虽然它有时可能始于财富创造者的意图，但也可能来自年轻一代成员的灵感。大家族会培养和启发下一代进行合作，以维持其伙伴关系。只有通过跨代参与和沟通，才能实现这一点。为了建立跨代沟通渠道，每一代人都必须理解并回应另一代人的关切。家族聚会和家族大会通常会关注每代人如何以不同的方式看待世界，以及他们如何才能更好地相互理解，如图 9–1 所示。

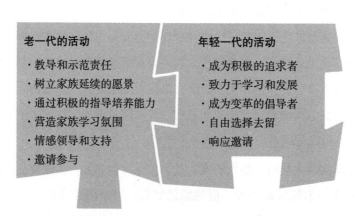

老一代的活动
· 教导和示范责任
· 树立家族延续的愿景
· 通过积极的指导培养能力
· 营造家族学习氛围
· 情感领导和支持
· 邀请参与

年轻一代的活动
· 成为积极的追求者
· 致力于学习和发展
· 成为变革的倡导者
· 自由选择去留
· 响应邀请

图 9–1　老一代和年轻一代的活动

老一代

家族中的长辈往往对未来有着美好的憧憬。正如一位家族成员所说："这要追溯到爷爷，他要求我们做一个负责任的管家。他向每个人灌输了这样的思想，即这就是你需要培养的东西，你要确保它对每个人都有好处。"在长辈们的帮助下，一个家族通过为下一代制定政策来提前考虑未来。长辈的愿景可能并不完整。各代人需要进行对话，融合各自的愿景。另一位家族成员说："我的祖父会坐下来和大家一起讨论问题，先发制人，并且鼓励我们。他是国际化的最有力支持者，这样，第四代中越来越多的家族成员就有足够的空间，并且在不相互踩踏的情况下发挥领导作用。他制定了一些简单的规则，比如一个城市中不能有超过三位家族成员。尽管有这些明确的政策，但有时我们还是会犯错误，因为随着每一代人的成长，人们会忘记当时的一些常识性概念。"

家族中的长辈们敏锐地意识到了这一挑战，他们积极地让子孙后代参与进来。这样看来，世代家族是一个学习系统，一代人的目标不仅仅是打造传承财富和成功的企业，还有维持和发展家族所拥有的一切。它们采取了鼓励关注所有形式的家族资本的形式。年轻的家族成员通过参与为家族关系、自身事业和社区增值的活动来学习和成长。

跨代活动最重要的特点是，它使家族与世代联盟的一个关键方面建立起非正式联系。虽然老一代人与非家族顾问和领导人密切合作，但为了发展完整的联盟，老一代和年轻一代之间必须有紧密的联系，即使年轻一代没有正式拥有或参与家族企业运营。在向年轻一代征求意见并向他们传授家族企业知识的过程中，联盟会不断壮大。通过与长辈分享自己的想法并进行验证，他们建立起了信任，也变得融洽。家族的两代人会相互学习。

长辈们还必须意识到，能力培养意味着要适度放弃控制权。正如一位族长所说，这往往是他们以前从未做过的事情：

反思自己能控制和不能控制的事情，很多人都有王朝梦，但这更像是一场梦。归根结底，我们无法控制十代以后会发生什么，而我却可以控制我现在所做的选择，比如我与家人沟通的方式、我给他们的建议，以及我帮助他们创造的可以用来培养他们的各种优势，并让他们发挥出最好的一面的环境。但是，当他们开始独立生活并担任领导职务时，我认为他们有权做出他们当时认为正确的选择，而我无法控制这一切，也不宜尝试。

父权观点经常被女族长的例子所强化，女族长的角色在家族之外可能并不那么公开或显眼。她可以在父亲的梦想与子女的不同经历之间架起一座桥梁：

她总是希望自己的孩子能够独立自主。她总是培养我们长出翅膀。成立信托公司并放弃受托人的唯一信托责任是她做的几件事。作为受托人，如果她与委托人在某些事情上意见不一致，那么她每晚都要与他们一起交流，这对她是一种挑战。所以我认为信托公司可以缓解一些争议。她非常善于社交，她有一群很好的朋友。她喜欢旅行，所以我认为他们最终会计划好一切。

以下是另一位帮助下一代建立社区的女族长的描述：

我们作为一个家族，最初要做的所有事情都是我妈妈那一代人在掌控。她专注于将第四代人聚在一起建立关系，所以他们会提到家族价值观，因为在那时已经有了一个家族价值观清单。她会说："如果慈善事业或亲近大自然是我们的家族价值观之一，我们就带孩子们一起去背包旅行，然后帮助他们，鼓励他们选择一个慈善机构，我们将资助它。"

年轻一代

新一代对这些信息的反应可以是主动的，也可以是被动的。他们可以静静聆听，也可以参与其中，提出自己的问题和观点。要成为世代家族，就需要大多数人的积极参与。在我们的研究中，很多家族都有新生代，他们在家族中积极发起变革，也有一些家族成员认为自己没有发言权，是被动参与的。治理的目标之一是增加积极的、知情的家族成员的数量。

将家族治理正规化的提议可以来自家族中的任何人，而不仅仅是家族领导人。新生代家族成员如果能向家族提出提议，也可以发起治理。一位家族成员这样说：

我的一位堂姐很早就是家族治理的开拓者。大约15年前，她就已经在与我的叔叔（首席执行官）谈论家族参与以及这方面的未来。她"播下了种子"，即我们作为第三代需要作为公司的所有者站出来，开始了解公司，并成为负责任的所有者。她邀请了一位顾问来参加我们的年会。她说："让我们找一群人来看看我们是如何将一些东西整合在一起的。"然后，她花了一年的时间来做这件事。我们知道，我们需要将一切准备妥当，这样我们才能以一种我们知道自己在谈论什么的方式向家族成员介绍。我们已经有了明确的方向，家族理事会就是这样开始的。

第四代家族中最年长成员的另一种说法表明，年轻的家族成员可能需要主动邀请才能参与进来：

作为一个进入第四代的家族，我们回顾并重新审视了公司的传统和家族的集体价值观。公司的运营即将超出我们所擅长的范围，从商业角度来看，这一点非常重要。从家族的角度来看，这让我们对家族治理产生了好奇心，进而成立了家族理事会，我们这一代也成了变革的推动者。我们需要更早地接受教育，更早地进行情感参与，为过渡更好地准备，并将我们这一代人与公司的关系牢记于心。

当时我并不喜欢这样做，但现在回想起来，我非常感激被拉去参加这些股东会议、商业活动和家族活动，即使当时我认为这些都是很麻烦的事情。我现在非常庆幸我当时参与了。

在每个家族中，一些新生代"表亲"可能想要脱离家族合伙关系，自立门户。当一些家族成员选择离开时，家族治理必须明确行使留下的选择权意味着什么，留在合伙关系中的好处和责任是什么，如果家族成员确实选择离开，应该如何离开，以及这些家族成员将来会参与什么、不会参与什么。如果指导方针不明确或不清楚，家族成员就无法就去留做出明智的决定。

在你自己的家族企业中采取行动

歌颂家族传统

你的家族可以通过多种方式向年轻一代讲述自己的故事，并建立其传统。以下是一些可以在家族聚会上进行的活动。

- **讲故事**。每位家族成员，从最年长到最年轻的家族成员，都可以分享一个代表家族对他／她的核心意义的故事。每个人也可以带来一张全家福或一件代表家族的物品展示。讲故事是开始家族大会的绝佳方式。
- **时间线**。在一面大墙上，家族成员可以从头开始，分享他们所知道的以及每个时期对家族和家族企业具有重要意义的事情。这些故事构成了一部家族史，其他家族成员可以分享他们记忆中重要的故事。
- **访谈**。年轻的家族成员可以采访（或者以视频记录的方式采访）年长的家族成员，请他们讲述他们记得的、想与年轻一代分享的事情。
- **图画书和历史**。家族可以委托他人制作文字版、音频版或视频版家族史。很多世代家族都有讲述其故事的书籍。这些书籍可以在家族内部共享，甚至与员工和社区共享。

开展跨代对话

可以向家族成员提出以下这些问题（如表 9–1 所示），以便开始与作为一个相互联系的家族和家族企业共同努力的关键理念有关的对话。

表 9–1	向家族成员提出的问题
老一辈	**新生代**
• 你希望后辈做什么	• 你想从父母长辈那里得到什么
• 你一直在做什么来帮助年轻一代实现你对他们的期望	• 他们对你有什么期望
• 如何帮助他们朝着这个方向前进	• 你在为自己的职业生涯和人生目标做什么准备
• 你打算用什么流程来挑选下一代家族领导人	

续前表

• 你希望向子女传递哪些关于金钱和财富的信息	• 你从家人那里学到了哪些关于金钱和财富的价值观
• 你如何与子女谈论家族财富以及拥有这些财富的特殊意义	• 家族财富对你的人生选择和未来有何影响
• 你希望你的子女形成什么样的价值观？你是如何有意识地帮助他们践行这些价值观的	• 你需要家人提供哪些帮助和支持
• 当你的子女完成学业时（或在完成学业之前），你有哪些信息可以帮助他们踏上自己的人生旅程	• 你打算如何参加那些与家族企业有关的家族活动
• 你如何帮助新生代成员感受到自己是第一代财富创造者的后代大家族的一分子	• 你是如何了解各种家族企业活动的
• 你是否向他们介绍了家族提供的服务以及家族对他们的需求	• 是什么让你愿意参与？是什么阻碍了你
• 有哪些机会可以让下一代参与到家族事务中	• 作为这个独特大家族的一员，最令你兴奋的是什么
	• 你打算如何为家族做贡献
• 如何让所有新生代成员都能参加家族活动	• 加入这个大家族对你有什么好处
• 如何通知并邀请新生代成员参与家族活动	• 参与家族活动对你有什么吸引力
• 你如何为家族企业中的角色创建一个公平、公开的选拔和问责流程	• 你能为这个家族提供什么，从而有助于它在新一代中取得成功
• 如何向下一代成员提供指导、帮助和支持，而不让他们感受到取悦你或者按照你意愿行事的压力	• 你最希望整个家族在未来几年取得哪些成就

第 10 章

治理：组织家族与企业的相互联系

到了第三代，世代家族已经成为一个非常富有、关系松散、拥有共同利益的家族部落。它们管理着大量的资源，所以它们不仅仅是一个社会团体。由于它们拥有共同的遗产，因此它们需要组织一个部落管理机构来管理资产、解决分歧、管理家族和企业事务，并建立共同的愿景和目标。每位家族成员都必须成为部落的公民，并承担其参与的责任。这个管理机构由一个负责监督和组织个人关系的部落委员会和其他负责监督其商业和财务资源的委员会组成。

作为一个分散居住的家庭组成的部落，家族需要维持和谐、团结和连续性。它们需要一个与其商业利益并行不悖的完善的家族组织。家族治理是世代家族的主要成就之一，它使家族能够管理和使用其财富，以实现其价值和目的，并对其企业治理保持适当的沟通和影响力。

治理使世代家族超越了其财务监管的商业和法律要求。家族可以利用企业和财富提供的资源和机会，在企业之外发起特殊活动。对这类家族来说，很多不可思议的活动都成为可能。家族可以铭记并保存家族历史和传统，教育子女并丰富他们的生活，享受美好的家族假期，服务社区，建立慈善事业，并推进家族希望在企业中体现的价值观和原则。本章的核心问题是：是谁实现了这一切？如何实现这些目标？家族，而不是企业，建立了一个部落委员会来管理这些活动。家族治理标志着家族活动与企业活动的分离。

发展治理是一项挑战，也是历经几代人的家族戏剧。如果个别家族成员有不同的利益，但又希望协同工作，他们就需要有明确的协议、理事会和工作委员会来执行这些协议，而且他们必须对彼此负责。

本章和接下来的两章将介绍世代家族如何以及为什么要发展家族治理。

家族治理的目的

家族成员是信托财富的管理者，这些财富不仅为自己使用，也为子孙后代使用，未来由现在受益的人来维护。家族成员越来越多，通常有若干复杂程度不同的企业。他们必须开发一系列组织、政策和决策实体系统，这些系统共同构成了治理体系。为了管理和保护家族不断增长的财富，治理可以让家族成员为自己的生活增加具有目标性、组织性和主题性的活动。

治理是所有家族企业的一个要素：需要一个董事会来为所有者管理企业实体。对于一个世代家族来说，治理就显得更加重要和复杂：企业所有者有着共同的价值观和意图，希望影响他们的资产和企业，并发展他们作为一个大家族的联系。家族和企业都必须实施治理。随着能够将自己的意志强加于人的专制家族领导人的去世，冲突在所难免。世代家族必须通过制定合作和决策流程，以可接受的方式解决分歧。然而，要使治理发挥作用，就需要承诺、创造力、努力工作和实践。

刚接触财富管理的家族可能会发现治理是一个令人困惑的概念。财富创造者甚至他们的子女都没有注意到这一点。家族治理是一项独特且要求很高的工作，大多数没有经济关系的家族并不需要它。如果一个家族没有共同拥有有价值的资产，就没有必要制定正式的政策和协议、举办活动和成立工作小组。然而，一个新近获得财富的家族会发现，作为一个家族，要想在第三代以后成为有效管理各类家族"资本"的管家就必须做很多事情。家族成员必须组织起来，投入时间来管理资产，建立共同的身份和社区，并相互负责。

世代家族会制定相应的结构和程序，以管理每个人的自身利益与集体利益之间的自然矛盾。当家族达到一定规模并希望继续步调一致地行动时，就必须有意识地、明确地管理这个过程。每位家族成员的个人价值观、期望、兴趣、关注点和感受是治理的基础。作为一个家族部落，家族承担的项目和任务与企业是分开的。

为什么第三代家族成员需要治理家族？世代家族经常重复一句话："财富越多，责任越大。"即使他们不是积极的家族领导人，家族成员也应该学会做一个好公民，负责任地参与家族活动。他们不能忽视自己的财富，也不能坐享其成。虽然家族成员的所有权不同，对决策的影响程度也不同，但每位家族成员都应该对发生的事情有发言权。因为家族成员互相关心，所以他们希望倾听其他成员的意见。每位家族成员都有责任了解情况，并提出自己经过仔细思考的想法。与上市公司不同的是，在家族企业中，下一代所有者已经参与其中。家族治理的过程使家族成员可以预测并讨论每个人的想法。

很多家族继承人并不太了解自己的企业或财务状况。传统的家族企业可能已经出售，家族成员现在可能共享各种投资。家族可能会设立一个家族办公室来管理资产（在我们采访的家族中，大约一半的家族都是如此）。如果整个家族共享企业、投资、土地或基金会的所有权，那么是谁的价值观或愿景指引着这个家族？虽然每家企业或每种资产都可能有自己的治理委员会，但作为所有者或准所有者的家族成员都希望对家族的发展方向以及如何处理流向所有者和受益人的财富拥有发言权。

家族治理将需求、机遇和可能性结合在一起。家族的工作不在于增加财富，而在于家族如何利用其资源，以及如何通过共同努力，使家族取得比任何家族成员单枪匹马所能取得的更大成就。这种附加值通常体现在人力、关系和社会资本等非金融领域。如第 8 章所述，世代家族创建了一个能够传承家族传统、建立信任和持久的关系、教育年轻人，并让他们在慈善事业、管理和家族企业中发挥作用的大家族社区。家族治理就是实现这一目标的方式。

治理是家族做出这些选择并建立将其决策付诸行动的结构的过程。这个过程并不民主；法规和政策明确规定了不同类型利益相关者的权利和责任，它们可能会从根本上限制现有的选择。少数人可能拥有所有的选票，但因为他们是大家族的一员，所以他们希望互相了解和倾听。治理的本质是平衡每个群体的观点。在世代家族联盟中，有作为多数股权所有者和领导者的长者，有带来技能并且忠诚的顾问，也有提供新想法和新能量的活跃的后辈。所有这些声音都需要被倾听、协调和整合。这对于一个拥有众多企业和资产的不断壮大的大家族来说是一个巨大的挑战。治理不是一种选择，而是一种必要。

企业所有权并不是平均分配的。一些家族分支继承了较大的所有权份额，家族成员可能会出售全部或部分股份。其他家族成员，包括年轻人、信托受益人和已婚人士，都不是企业的所有者。创建家族治理的一个主要原因是，家族成员必须认识到，虽然作为财富家族的一员固然有其好处，但每位家族成员对家族财富都有不同的要求，在影响家族财富方面的作用也不同。

这位第一代女族长对她的孙辈充满期待，她认为家族比家族的庞大事业更重要。她的传承工作已转向家族：

我想，我将建立一个强大的家族组织，而企业组织会很松散。孙辈们可以自己决定想做什么。对我来说，家族是最重要的因素。企业中的一切都要以家族利益为重。你必须花时间开发每位成员的潜力，这需要时间和教育投入。人们不明白这一点有多重要，他们低估了建立一个强大家族所需的时间、关怀和奉献。但对我来说，这就是一切发生的地方，所以我们把大部分时间都花在了这里。我想，如果你看看我们的家族企业，它应该是个性化与集体主义的结合。

延伸阅读

家族治理的基本价值观

虽然治理的途径多种多样，但积极治理家族的文化和价值观却有共同之处。要取得成功，家族文化必须透明、包容、着眼于未来和负责任。这与第 6 章中提到的家族企业文化的特质不谋而合。以下引自家族成员的话语说明了家族治理中出现的特质和价值观。

包容性：家族的统一声音

这是一个重要的价值观，它让我们在困难时期变得强大。在很多公司可能一蹶不振的时候，我们却已经能够创建各种流程……让人们有机会在这些会议上发表意见，并努力解决各种问题。他们对家族和企业都有投资。如果不成功，就会有很大的风险。我们也遇到过几次这样的情况，有些业务决策非常困难，我们的意见并不一致。在这种情况下，我们更多的是为我们是谁感到自豪，因为这会帮助我们渡过难关。

沟通和透明度

在领导力方面，与家族成员保持开放和双向透明的沟通渠道对我们的成功至关重要，因为只有这样才能确保家族成员之间的信任、和谐和相互支持。一旦企业与家族之间出现不信任和缺乏透明度的情况，我们就将失去那些希望继续成为股东的家族成员的支持。如果家族中经常出现这种情况，事情就会朝着不好的方向发展。

培养和招募家族人才

我们要发掘并支持崭露头角的人才，发现有兴趣了解企业的人（即使只是在家族所有权层面），或者是他们自己认为"我可能想在公司工作"的人。我们该如何培养这种兴趣呢？方法之一就是让他们参与家族理事会的工作，然后让他们了解企业，看看他们以后是否想做这样的工作。家族理事会每年会在董事会会议后召开四次会议。

能力和责任：对家族成员说"不"

董事会提名委员会由家族理事会和董事会成员组成。我曾担任提名委员会主席，所以对这些事情非常了解。人们会提出申请，如果你不给他们职位，我就必须告诉他们原因，而有些人对此并不满意。所以，我们一直在研究如何明确职位要求。你要尽量在职位描述中明确这一点，这样当人们申请时，他们就会明白我们需要的是具备社交媒体运营技能的年轻人。所以，当申请者被拒绝时，他们会听到"你并不适合这个职位"。提名委员会的所有成员都在为人们被拒绝后的感受和后果而纠结。我们还没有想好如何解决这个问题。

是什么点燃了共同治理的火花

家族中始终存在着基本的治理，但随着家族变得越来越复杂，治理必须变得更加明确、更具协作性和包容性。第一代已经有了自己的治理形式，但它是专制的：一两位财富创造者做出所有决定，没有监督或审查。当家族中仅有一个家庭时，治理可能仍然是非正式的，很少有明确的政策和角色。第二代家族成员人数更多，情况也更复杂，正如一位家族成员所说："我们经常说，创始一代的理念是'跟着我上山，不听我的就走开'。为了生存，第二代需要更多地学习如何以一种相互关联的方式开展工作。"第二代的兄弟姐妹一起长大，他们需要学会合作做出正确的决定，因为不再有一位德高望重的"父亲"来指导他们。

为了共同生存，第三代必须走得更远。第三代可能会面临企业日趋成熟、全球竞争日益激烈、对专业化管理的需求以及融资或出售的压力。这种不断变化的局面往往意味着那些按部就班做事的家族成员会面临挑战。家族必须建立一家专业化企业，同时也要寻找一位有觉悟、有能力、有责任心的管家。为此，家族要制定更加明确和详细的规则，让家族成员知道什么能做、什么不能做。

为了资助慈善事业，一个第四代家族意识到它需要一家盈利的企业。该家族从将企业视为家族践行价值观的场所，转变为将企业视为实施更伟大项目的载体。该家族的一位成员说：

我们的传统是公司存在的理由，这样我们的家族才能为慈善事业做出贡献。虽然销售额在增长，但利润依然平平。我们问："为什么我们没有那么多钱捐出去？这是怎么回事？"我们告诉老一辈，请他们看看我们是保留、出售还是重组企业。我们邀请所有的家族分支参与了讨论。很重要的一点是，投票必须一致通过，所有人都必须就下一步达成一致。从出售企业到上市，再到维持现状，我们都考虑过了。我们想做正确的事情，那就是为子孙后代维持这家企业。

制定明确的决策规则和政策似乎合情合理，但在一个不断发展壮大的家族中，一些家族成员最初可能无法理解其重要性，这就是必须进行教育的原因。如果他们不了解情况，新的家族成员就不会明白为什么要以某种方式行事。他们可能会对变革失去兴趣，甚至产生敌意：

> 要让每个人都理解更正式的治理流程的必要性是一个挑战。我的弟弟和我的母亲与家族企业没有什么联系。我母亲已经在董事会工作很长时间了，她想退休，远离工作，做一个享受天伦之乐的祖母，做她自己想做的事情。因此，如何将我们召集在一起，要求我们思考在第四代之前，我们如何让姻亲们参与进来，并确保我们有一个未来10年的计划，这一直是一个挑战。

很多家族会聘请顾问或咨询师。外部建议固然很重要，但家族成员仍必须了解情况并参与进来。他们可以得到好的建议，但不能将实现建议的责任推给别人。家族成员不应该依赖顾问，因为他们可能只对自己的利益负责。正如一位家族成员所说："作为一个家族，我们要选择做什么，什么时候要寻求外部帮助，这确实是一个挑战。外面的人做得越多，家族成员做得就越少。这就形成了一个循环。我希望我们的家族成员能更主动地去做这些需要我们花钱请别人做的事情。这让我很不舒服。"其他家族则明确表示，他们重视共同设计和实施治理。通过这样做，家族成员会参与进来，并与需要承担的工作产生情感联系。

重大业务转型可能会促使家族启动家族治理。在企业领导者就交易进行谈判时，家族企业的出售会改变家族成员的个人关系。失去传统家族企业会给家族成员和整个家族带来创伤。出售会导致家族成员失业，在家族决定如何处理其资产时会导致领导层变动。对于正在崛起的年轻一代来说，这是一个重大的治理项目。一位家族成员说：

> 20世纪80年代，我们卖掉了原来的公司。当时，第四代人都是二十几岁或三十几岁的年轻人，我们的父母年事已高。我们拥有所有这些资产，但在合并管理方面出现了一些问题和争论。我们参与其中，但并没有一个明确的家族策略。为了应对过渡期，老一辈召开了一系列全员会议。会议每两年举行一次，很少有第三代家族成员参加，所以主要是来自各地的年轻的第四

代。我们相互了解，就各种问题展开讨论，从最基本的谁是家族成员、谁不是家族成员，一直到重新定义我们的家族价值观。

向正式治理的过渡也可能是由老一代领导人的去世或退休引发的，他把所有人都照顾得很好，却没有培养继任者，也没有让人们知道他（通常）在做什么。如果之前这种情况没有被发现，那么在他离开后，家族就不得不重新思考如何行事。正如一位第五代继承人所说："我们正在重新审视家族办公室的管理和监督方式。这些工作多年来一直由族长负责，他有自己的一套方法，不想被改变。但我们就是否有必要改变，使其更符合每个人的需求进行了讨论。"

📄 **案例分享**

将治理纳入家族事务

有时候，家族在接受"治理"这个概念之前需要克服很多困难。像这样的家族可能会被动参与，任由问题产生，直到他们意识到治理对他们有所帮助。

当我们第一次召集家族各分支的代表时，我还是我们公司基金会董事会的一员。那是我们第一次有机会谈论我们想谈论的任何事情。大约15年前，我们从另一个家族企业聘请了一位非家族成员担任首席执行官。他说："你们需要一个家族治理体系。"他向基金会董事会宣布了这一消息，因为那是家族成员唯一的聚会场所。

没有人知道什么是家族治理或者它意味着什么。我是家族中唯一一个没有以某种方式参与其中的成员，我对自己没有给予回馈感到有点内疚。我的一个哥哥当时在企业工作，另一个哥哥是董事会成员，我妹妹的丈夫也在企业工作。我在基金会董事会任职，但不在企业工作。最初，我在董事会遇到了相当大的阻力，因为没有人理解家族治理的含义，也没有人认为有必要这样做。后来，当他们听说家族治理涉及成立一个家族理事会时，他们开始紧张起来，因为他们担心理事会将成为一个"影子"董事会，干扰企业的董事会。我做的第一件事就是去参加了一个教育项目，了解治理到底是什么。这将从召集所有家族成员、创建家族目录，以及让大家参加我们的第一次家族会议开始。

一路走来，我们遇到了巨大的挑战，因为董事会并不理解我们在做什么，他们认为我是一个煽动者，类似于工会的组织者，在组织群众。他们认为这是个坏主意。他们的观点是只要好好经营企业，与股东保持一定距离，一切就会变好的。股东的声音越少越好。因此对家族理事会来说，这是一个漫长的过程。首先，我们要让董事会相信我们不会干涉企业的运营，我们只是想为他们提供服务。

我们为我们的治理创建了一份家族宗旨声明：

- 建立一个相互联系和参与、尊重个人观点，并为实现共同目标而努力的社区；
- 促进家族内部以及家族与公司之间的沟通；
- 代表家族与董事会和管理层就共同感兴趣的项目开展合作；
- 培养强大且有效的领导力；
- 在家族、董事会和管理层中促进并提供继续教育；
- 坚持家族的价值观。

我们一直在向董事会和家人证明自己，不然他们不了解我们在做什么。家人们喜欢有发言权的想法。但他们会持怀疑态度，不明白为什么他们必须做某件事情。他们只想拿到红利，从未有过作为所有者的责任感。

如何在董事会和家族中获得合法性和可信度一直是一个挑战。家人们开始意识到："我的天哪，我们是这家公司的所有者。这是一个很重大的责任，我需要做一些事情来准备成为一个好的所有者。"第六代人参加了会议，这一直是会议的主题。现在这已经成为他们DNA的一部分。他们明白这是家族企业发展所必需的。第五代，也就是我们这些一开始就参与其中的人，一直觉得有必要做点什么来证明我们的存在，并不断解释我们为什么要这样做。而下一代，尤其是董事会成员，则会说："你们为什么要这样做？这没有必要。我们明白了，明白你在做什么了。"这只是我们如何继续前进的问题。

家族治理的基石

一个世代家族首先要确定一个界限，将相互关联的家族活动和商业活动区分开来。家族治理不同于企业治理，但两者有重叠之处。它们可以被视为共同发挥作用的两个支柱，每个支柱都有一个目的，我们的活动必须围绕这个目的来组织。我们在前几章中介绍了企业支柱以及企业治理的组织结构，而本章介绍的是家族支柱。随着家族的规模变得越来越庞大，拥有更多的人和资源，家族支柱能做的远不止监管企业资产和金融资产。正在成长的家族成员可以成为一股具有创造性的力量，为家族成员和更广泛的社区提供支持。这些活动与企业活动显然是分开进行的，如表 10–1 所示。

表 10–1　　　　　　　　"部落"家族与专业化企业治理

"部落"家族	专业化企业
家族大会和家族理事会	董事会和所有者委员会
发展个人关系	长期承诺
规范与家族办公室和财富的关系	耐心资本
建立家族信任	职业经理人
跨代参与	可选择非家族成员担任首席执行官
支持传统价值观	独立董事
管理家族财产	家族就业政策
歌颂丰富的历史	
开发人力资本	
共享慈善事业	

家族活动的领导者不同于家族企业的领导者。明智的家族会发现，它们的企业领导人有很多事情要做，他们不需要同时担任家族领导人。其他人也可以成为家族领导人。家族领导人和企业领导人各自管理不同的领域，共同支持和发展家族。

第二代在财富创造者的家庭中长大，自然而然地会在企业中发挥作用。但第三代可能并不了解家族企业需要什么或提供什么，甚至可能觉得自己不受欢迎。在他们的成长过程中，很多来自商业家族的年轻人都被明示或暗示要被动接受，不要问问题，他们被告知会有人照顾他们。第三代家族成员一直生活在家族财富、社会知名度和受尊重的现实中。虽然他们可能知道"爷爷"是一个和蔼可亲的人，但他们并不了解"爷爷"在建立家族企业方面所取得的巨大成就。他们知道家族拥有巨额财富，但可能对家族应该做什么或投资什么有不同的想法。他们的想法站得住脚吗？他们需要明确的方向，知道如何才能适当地参与其中。

年轻的"新生代"继承了家族财富，但他们可能没有太多的时间和精力。他们会问："如果我们可以在家族之外用我们的财富和获得的遗产做那么多大事，我们为什么还要在一起工作呢？"

要想让第四代及以后的几代人保持合作伙伴关系，世代家族就必须吸引每一位新生代家族成员贡献自己的才能、时间和精力。世代家族不仅仅期望每一代的新成员都能做出贡献并成为家族的一员，它们还利用治理来邀请这些新成员加入，并提供有吸引力的条件。这样的家族开始举行家族大会，并制订教育计划，使成员资格更有吸引力和意义。它们的目标是招募年轻的家族成员积极参与家族活动。

家族治理还规定了不想加入家族企业的家族成员如何离开并将股份卖回给家族（见第 5 章中关于"修剪"家族树的部分）。在每一代人中，都有一些家族成员不愿意迫于压力参与家族治理。在我们的研究中，几乎每一个家族都提供了退出机制，家族成员可以据此离开家族企业，并要求得到自己的资产份额（有明确的限制和指导原则）。正如詹姆斯·休斯所描述的那样，世代家族不再是一个由所有有血缘关系的成员组成的家族，而是一个成员主动选择在一起的亲缘家族。在继承财富的同时，亲缘家族中的家族成员必须积极"报名"成为由积极参与其中的家族成员组成的积极治理机构的"公民"，并为开发和利用他们所获得的财富增加新的想法和新的能量。

当所有家族成员都在企业工作时，他们每天都会保持联系，可以在政策和决策方面进行合作。当家族成员分散、人数增加，很多人没有直接参与时，治理可以让他们与家族企业建立联系，了解自己有机会做出贡献并成为领导者。当信托、受托人和家族顾问出现在家族和新生代之间时，家族成员必须创建自己的个人实体来确定自己的位置。家族治理为那些不是员工或董事会成员的家族成员提供了参与机会。

治理不是完成任务清单；相反，治理的所有要素都是相互关联的。例如，家族理事会需要确定目标、价值观和政策，这些构成了被称为家族宪章的共同家族协议的基础。家族理事会由大家族选出并代表大家族，大家族作为一个整体举行会议的过程被称为家族大会。因此，治理体系包括三个几乎普遍适用的组成部分：家族大会、家族理事会和以家族协议、家族宪章形式出现的协议。协议和家族理事会就像阴阳两极：如果没有协议，家族理事会就无法运作；而如果没有家族理事会和其他积极的家族聚会（如家族大会）来实现协议，协议就没有意义。接下来的两章将详细介绍这些实体。

很多家族认为，治理存在于概述它们如何持有和管理资产的协议和法律文件中。虽然这是治理的一个核心方面，但世代家族会在更大的背景下来看待治理，它们认为治理是由协议、活动、政策、实践和价值观组成的一个综合的、相互关联的体系。如果没有切实可行的途径将协议付诸行动，协议就几乎没有什么意义。它是一个社会系统，包含如图 10–1 所示的要素。

图 10–1　家族治理的要素

所有这些要素都是相互关联的。首先，治理体系必须提供透明度和信息的自由流动，因为人们如果看不到正在发生的事情，就无法进行监督或控制。透明度并不总是创始一代的想法。治理的开始伴随着定期共享以前保密的财务和业务信息。有了透明度，就必须在所有家族成员都遵守的文件中明确规定政策、做法和规则。这些协议由协同工作的家族理事会和董事会管理。这些实体和协议界定了界限和角色，明确区分了责任和义务，并规定了具有代表性的领导者如何对整个家族负责。除非上述五个元素全部具备，否则世代家族就无法有效运作。

拥有一家（或多家）强大且繁荣的企业的第二代或第三代家族意识到，除非家族主动采取行动，否则潜在的家族活动就不会发生。这种主动性可以来自大家族的任何成员，而不仅仅是来自正式的领导层。家族意识到，整个大家族的大会是保持联系、建立关系和解决问题所必需的，但对于决策或制定政策来说不是一种好方式。为此，他们需要一个规模更小、重点更突出的工作组。家族理事会由家族领导层召集，倾听所有家族成员的声音，以帮助家族确定共同要做的事情，建立家族基金会和家族理事会。由于家族人数不断增加，因此家族理事会逐渐成为一个代表其他人并对其他人负责的小型专职小组。

家族理事会允许家族处理家族事务，这些事务涉及企业监督、目标以及发展家族、人力和社会资本的资源。家族成员可能会错误地期望企业领导人来履行这些职责，但他们通常忙于其他事务，没有时间或动机来管理这些职责，因此这些职责就会被遗忘。结果可能是家族关系紧张、冲突不断，或者只是对一些重要的事情缺乏关注，例如评估下一代进入家族领导层的能力和决心。家族将成立一个家族理事会，以建立一个非商业机制来实现这一目标。我们将在第10章中对此进行探讨。

家族治理将家族事务与企业事务分开，后者会在平行的治理结构中得到处理。两者有很多重叠之处。正如我们将看到的那样，家族理事会虽然对企业没有正式权力，但其中可能有一些所有者和其他有影响力的家族成员。他们的价值观、关注点和声音对董事会来说都是重要信息。家族与企业联系的方式有很多种，有些是正式的，有些是非正式的，而治理则负责组织这些信息。

为了有效运作，家族理事会需要一份工作协议来确定其宗旨、价值观、政策和做法，以管理庞大的、多代同堂的家族企业。家族现在有多份协议，如信托文件、股东协议、公司章程和政策，所有这些都是家族企业的指导原则。但家族成员通常不会阅读这些文件，也不完全理解他们能做什么、不能做什么，或者各种财务事件将如何发生。这些文件提出的问题往往多于答案。

此外，虽然这些文件规定了规则和做法，但往往不包括指导家族的宗旨和价值观。这些文件还有很多漏洞。例如，文件中可能会提到有关所有权转让、投票或分配的规则，但对这些规则的不同解释可能会导致家族内部的冲突。起草一份详细的家族宪章、章程或协议，可以让家族就这些协议如何在实践中发挥作用做出明确的指示。这些问题包括谁来做决定、决定什么、如何运作、包括哪些人、谁来执行决定、如何支付这些人的报酬以及如何选择家族领导人。

 **延伸阅读**

日益普及的治理实践

在追求家族的财务、个人和社会目标的过程中，每一代人都会形成共同的做法。学术会议、商业会议以及家族企业顾问都提倡这些做法。我们的研究的一个主要问题是，成功的家族是否真的使用了这些做法，并将其成功归功于这些做法。之前的一项研究调查了 18 种做法在 200 个成功的多代同堂家族中的使用情况及其重要性。目前的研究发现，其中一些做法被报告为代际成功的因素。我们研究的重点是第三代以上的家族，这些发现弥补了之前研究的空白。

本次研究发现，这些做法在每一代人中都越来越重要。这些做法分为与家族政策、角色和决策有关的做法，以及与家族企业有关的做法。采用每种做法的家族数量随着世代的增加而大幅增加，直到第四代，几乎每个家族都采用这些做法，如表 10–2 和图 10–2 所示。

表 10–2		代代相传的家族实践的比例（%）			
	第二代	第三代	第三至第四代	第四代	第五代及之后
家族治理					
家族理事会	63	71	100	85	100
家族宪章	25	43	71	76	100
下一代的教育	13	43	71	75	100
退出政策	0	43	43	85	100
企业实践					
独立董事	25	71	85	96	100
非家庭成员首席执行官	25	28	43	25	100

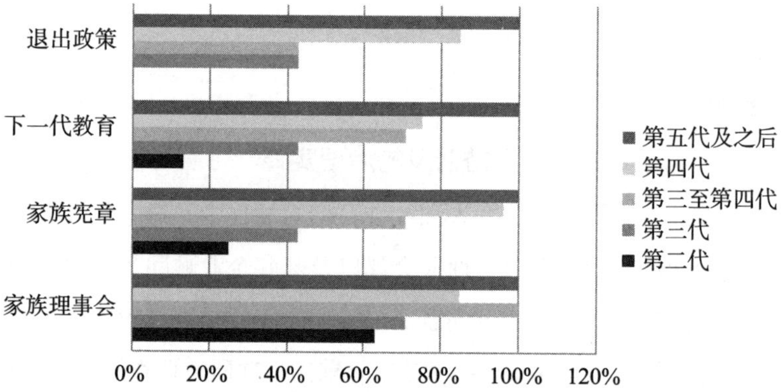

图 10–2　代代相传的家族治理实践

将家族与企业 / 所有权治理联系起来

　　家族与企业之间的联系应该是开放和流动的。家族成员是企业的主人，对企业有着很深的感情。他们可以通过访问、在那里工作或担任与各种家族企业相关的角色等方式融入企业。家族理事会和所有者团体的主要目的是将家族治理和企业治理联系起来，培养家族成员并帮助他们为履行相关职责做好准备。图 10-3 展示了治理的两大支柱（即家族和企业）之间的关系。

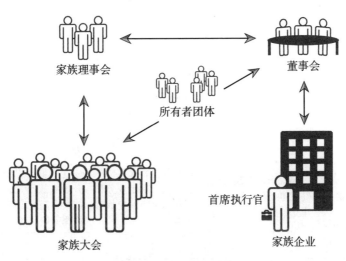

图 10-3　家族治理结构

家族理事会是与代表所有者的企业董事会平行的组织。但由于家族成员往往也是所有者，因此家族面临的现实是，尽管它们的治理结构是分开的，但这两个群体的成员却有重叠。家族理事会和家族治理的主要职能之一是管理与所有者的关系，而所有者则创建了董事会和其他监督机制。家族理事会和家族大会通过所有者委员会与企业和董事会联系在一起，也通过家族理事会与董事会之间的直接联系（通常是交叉代表）与企业和董事会联系在一起。

 延伸阅读

家族治理实体概述

我们在前几章中介绍了作为家族治理重要组成部分的家族大会、董事会和所有者委员会。在接下来的章节中，我们将探讨家族理事会，并介绍家族宪章。

表 10-3 展示了家族大会、家族理事会和所有者委员会这三个家族治理要素之间的差异。

表 10-3	家族大会、所有者委员会和家族理事会的比较		
	家族大会	**所有者委员会**	**家族理事会**
定义	召集所有家族成员	监督群体，以明确并维护所有者的利益	组织和开展共同的家族活动的代表实体
宗旨	建立社区，制定规则	确定意图和价值观，监督资产使用	组织和监督家族活动
开会时间	每年一次	每季度或者更短时间一次	每年几次
成员	所有家族成员	家族资产的所有者	投票选出或被选为代表家族成员的人
活动	一起玩乐，发起活动，确定价值观和政策，建立关系，提供培训	任命和监督家族资产董事会，确定业务和财务目标，制定战略愿景	成立委员会以组织和开展家族活动，向家族大会提出政策建议，协调家族活动

将家族治理与企业治理相结合

董事会和家族理事会在监督家族企业方面各司其职。两者之间的分界线是一个不断变化的目标，不是通过强制而是通过协商来设定和维持的。家族启动了一个高层建议和决策的循环，但最后又服从董事会。董事会听取家族的意见，做出艰难的选择，并向所有人解释为何做出这些选择。以下是一家进入第四代的制造业企业如何应对这种相互作用的故事：

我们正在尝试制定家族董事会成员的标准。我曾在其他一些董事会任职，所以对董事会的工作方式有所了解。我们还在制定关于更换四位家族董事会成员的标准。我们不打算快速达成目标，但我们需要确定标准，这样第五代人如果想加入董事会，就会知道他们应该怎样做。他们可以了解成为董事会成员意味着什么。当我进入董事会时，我根本不知道自己要做些什么。

在每次董事会会议上，我们都要听取家族理事会主席的总结报告。在家族理事会会议上，我们要听取董事会的报告。这些会议往往是背靠背举行的：

第一天召开董事会会议，第二天召开家族理事会会议。此外，我们还有一个家族关系小组委员会。之所以成立这个小组委员会，是因为我们的董事会主席希望我们重新审视我们的价值观。我首先回顾并更新了现在的家族价值观。

家族理事会主要做几件事。他们制定整个公司奉行的价值观，选举董事会成员，并培养鼓励治理的家族关系。家族大会每隔一年举行一次，任何人都可以自愿参加。我们鼓励参与，所以很多人都想参加。

当我进入董事会时，遴选和选举工作组正处于重大危机之中，家族成员对此叫苦不迭。我们需要在管理层中树立起家族威信。我们在四年内更换了两任首席执行官。我认为，现任首席执行官对公司不利。这导致家族出现了严重分裂，不过最终大家都同意了我的评价，他卸任了。下一任首席执行官做了一些好事，但也不符合公司或家族的价值观。这是一次非常艰难的转变，因为家族再次分裂。

最近，我们终于招聘到了一位好的首席执行官，但也出现了一些问题。如今，只有少数家族成员在公司工作。我们有 700 名员工，只有 3 名全职家族员工。因为其中一个是我哥哥，所以我可以从他那里听到员工的意见，但他不是高管，他和我表弟都不是高管。他们的存在可能有些棘手，因为我和我表弟在董事会中能听到在公司工作的家族成员的意见，但另外两位家族董事会成员没有这种联系。这是家族企业的复杂性的一种表现。

在家族理事会成立之初，家族与企业之间的联系的性质会经常被讨论：

我们新成立的家族理事会正在考虑的一个问题是，理事会在公司董事会中应该代表家族发挥什么作用。我们中的一些人认为，家族理事会的成员应该对我们的企业有所了解，这样当家族理事会表达家族的愿望或当董事会运作出现问题时，就会有一些了解情况的理事会成员站出来，他们的意见有一定的分量。

大多数家族理事会都有明确界定的职能，但如下所述，家族很容易将边界过度拓展至企业运营中：

家族大会每隔一年召开一次，制定整个公司奉行的价值观，选举董事会成员，建立家族关系并鼓励管理。任何人都可以自愿帮忙。因为我们鼓励管理和参与，很多人都想参与进来。但这也有其局限性，例如，我们最近就家族董事会成员的工资问题有些争议。家族理事会参与其中，试图分析董事会成员的薪酬。这是不合适的，因为他们没有经验。因此，董事会主席不得不收回成命并说："这些决定实际上是在董事会层面做出的。"这很好，我们必须保持清晰的角色定位。

这个家族意识到，家族成员，尤其是成长中的年轻人，往往并不完全了解所有权对应的责任。如果他们成为所有者或员工，他们的角色和责任是什么？如果他们希望成为所有者，但尚未成为所有者，又该怎么办呢？家族治理体系的主要任务之一就是帮助每位家族成员了解自己的角色。媒体报道中充斥着富有的家族如何干涉其家族企业的经营，导致企业失去价值甚至被迫出售的故事。了解家族成员的角色并制订明确的治理计划似乎有助于世代家族避免这种命运。

这就引出了家族企业与上市公司的一个重要区别。除了家族所有者，还有一些家族成员希望继承所有权，他们就是潜在的所有者。他们知道会发生这种情况，所以让他们了解企业和未来作为所有者的角色符合家族的利益。还有一些信托受益人，他们的商业决策由受托人做出；受托人对企业的未来和资产的使用有发言权。这些潜在的所有者和受益人对家族都很重要，他们会参与治理。家族治理通常包括关于企业的教育和交流，这些家族非所有者虽然不是正式的决策者，但也可以分享想法和建议。

家族理事会通常会通过共同会议，将家族所有者、准所有者和企业董事会之间的联系正式化。家族希望了解一些事情并为企业提出建议，而企业则希望了解家族在关键战略问题上的立场：

每次董事会会议都会由家族理事会主席做报告。她会出席董事会会议，并对正在做的事情进行总结报告。在家族理事会上，我们也有关于董事会会议的报告。

这两个会议通常是背靠背举行的。先召开董事会会议，第二天再召开家族理事会会议。我们也采取过另一种方式，即先召开家族理事会会议，然后再召开董事会会议，这两种方式各有利弊。设立家族关系常设小组委员会的公司并不多。这是因为我们的董事会主席希望我们重新审视家族的价值观。这促使我们开始审视和更新家族的价值观，以及他们希望在公司中如何体现这些价值观。

通常情况下，还有一个由家族所有者组成的治理实体，即所有者委员会。这个团体有几项职能有别于董事会。它包含的所有者可能人数众多，这些人无法全部进入董事会。如果家族拥有多家企业，这个委员会就显得尤为重要。例如，家族可能拥有一个牧场和一家上市社区银行，每家企业都有自己的董事会。家族还可能拥有一个家族办公室或一家包含多个业务组合的控股公司。所有者委员会作为一个伞式组织，负责确定和整合各个实体的目标和政策。它通常由作为实际所有者的家族成员（也可能是家族信托的受托人）组成，不包括外部董事。

正如我们所看到的，董事会通常有非家族成员独立董事，他们不是所有者，但他们的专业知识和智慧有助于指导企业的发展。这些董事希望了解家族所有者的目标和价值观，他们希望听到统一的声音。所有者委员会是家族统一目标、价值观和优先事项、解决冲突，然后以统一的声音在董事会会议上发言的地方。当家族所有者越来越多，需要向董事会分享他们所关心的问题时，除了董事会之外，还需要有所有者委员会。

家族理事会的一个重要职能是传达家族对企业的需求。家族企业的董事会经常会从不同的家族分支和个人那里听到不同的声音，他们希望得到一份明确的、说明家族对企业的期望和意图的声明。以下是一个家族如何向董事会阐明这一点的例子：

我们有一份为期 10 年的股东协议，然后我们再考虑续签或更新。公司章程指导公司的业务。家族理事会制定的首批文件之一是家族宪章，我们就此寻求了外部咨询指导。它从根本上介绍了我们作为一个家族的承诺、我们的核心价值观，以及我们作为一个家族在家族理事会中团结在一起的目的，并在家族理事会内部为家族设定了方向。最大的一个区别是，作为一个理事会，我们真正处理的是家族事务，而不是企业事务，所以如果我们讨论到"这真的是我们应该谈论的事情，还是仅仅是企业事务"，有人就会注意到这一点并说："等一下。我想我们快要越界了。如果需要，我们可以随时寻求澄清。"

在过去的三四年里，我们制订了一份所有者计划，这是家族理事会通过一个委员会制定的一份文件。我们每年都会将其提交给董事会，为董事会指明家族在企业利益方面的方向。我们发现这份计划非常有用，董事会也承认，他们也认为这份计划对了解公司的发展方向非常有用。它涉及我们可以接受的风险水平，甚至当我们谈到适度风险时，这对我们到底意味着什么。所有者计划每年都没有太大变化，但我们会根据董事会的反馈和他们向我们提出的问题对计划进行调整，以便让董事会更清楚地了解计划的内容。我认为这份文件对我们双方都很有价值。

治理的形式和组织水平在每一代中都会提高，以适应更大的家族和更复杂的家族企业：

家族理事会独立于董事会。家族理事会负责家族治理，它们与企业管理无关。董事会是企业的监督机构，尽管也有家族成员，但独立成员多于家族成员。这是完全不同的。董事会中的家族董事在会议上向家族理事会报告企业的情况，家族理事会主席向企业董事会报告家族理事会的情况，但家族理事会与企业经营完全无关。它们中都有十来位被称为选民的家族成员，每位家族理事会成员都会向自己的选民报告企业的情况。他们由家族而不是分支选举产生。

上述家族有四位协调员，分别负责教育、治理、沟通和年会。家族理事会主席表示："我可以明确地说，如果没有家族理事会和家族的团结，我们就不会有今天的企业。"

随着家族企业变得高度专业化，即将成为管家的家族成员在监督方面也必须变得更加专业。要在治理团队中任职，他们就需要具备一定的技能，需要做一定的工作。家族理事会为年轻的成员提供这种受教育的机会，并界定不同角色的资格。有时企业也会提供培训活动，如实习和研讨会等。

家族通过理事会对企业的发展方向有发言权（但不一定有投票权），但这些想法不会直接传达给企业。家族的声音可以通过所有者委员会或董事会传递。有些家族允许个别家族成员以非正式的方式提出意见，但家族治理通常会规定一个正式的流程，让家族向董事会传达其价值观和意图，正如下面这个家族所做的：

通过大量的教育，所有者们制定了一份书面文件，每年提交给董事会。家族理事会每年都会对这份文件进行审查。如果他们有一些地方需要改变的地方，或者董事会对某些事情有一些反对意见，他们就会重新考虑。这个过程试图尽可能清晰地划分股东希望在公司中承担的风险和回报参数。

我们将在接下来的章节中更详细地介绍家族理事会和家族宪章，它们是与家族企业董事会并行运作的家族治理要素。

在你的家族企业中采取行动

如果你的家族还没有考虑过治理问题，或者尝试过成立董事会或家族理事会但没有成功，或者已经开始了治理活动但觉得不尽如人意，那么本书提供了一系列你可以借鉴的可行途径和做法。治理是一个平台，让你的家族做好准备，发挥创造力，开发潜力，明智且富有成效地使用积累的财富。

世代家族勾勒出了一个你可能从未考虑过的家族发展方向。接受我们采访的很多家族都是在第三代开始发展治理的，但这样做永远不会太早。如果你是第二代，或者你已经取得了超出所有人预期的成功，那么家族治理可能还不是你未来计划的一部分。你可能正在与顾问合作投资或制订遗产计划或信托。我们建议你可以利用这个机会实现一个更大的目标：考虑你的家族和家族企业的未来，不是将其作为一项需要完成的任务，而是将其作为一个极好的共享机会，看看你的家族作为一个共同的跨代项目可以做些什么。这充满了可能性。

让家族参与进来的第一步是召开一次所有家族成员参加的家族会议，其目的不仅仅是社交。会议可以有一个主题，如慈善事业或讨论家族对未来的愿景。不同的家族想要接纳不同的人。有些家族一开始只邀请有血缘关系的家族成员；有些家族则从包容的价值观出发，如邀请配偶加入。会议的目标是进行良好的讨论，而不一定要做出任何决定，并创造一个安全和温馨的环境，让每个人都有发言权，并对自己是家族的一员感到自豪。如果第一次会议成功，家族就会决定再次开会，并开始创建一个有目的的家族社区。

要开始启动治理，你需要将你的家人团结起来，让老一辈和年轻一代一起考虑他们对未来的期望。有了你们所拥有的资源，你们能够想象的远不止现状。你们可以用两种心态来看待未来。首先，你们可以考虑随着人口的增加和代际跨越，你们需要做些什么来应对未来的挑战。其次，你们可以考虑自己可能会做什么、自己可以做什么，这些都是创造性的、拓展性的、值得你们一起拥有的。

作为一个家族，你们可以做些什么来向前迈进？我们认为，你们可以邀请家族中的新老两代人一起扪心自问："作为一个大家族，我们可以做些什么？"这不是一个只有一个答案的问题，而是邀请所有家族成员一起踏上旅程，考虑他们能一起做什么、想一起做什么，然后将它变成现实。建立家族理事会、定期召开家族大会、制定家族宪章都是相互关联的，也是非常重要的，因为它们将很多家族成员的美好愿望正式化并组织起来。

评估家族企业的最佳做法

这为你的家族提供了一个"快照"，以了解你在多大程度上参与了被认为对家族世代相传以及利用家族财富改变人们生活具有重要意义的实践活动。它侧重于三个领域的最佳做法：家族、家族企业和下一代的人力资本。这些做法是在过去10年的多个研究项目中总结出来的。你可以根据自己对家族的看法自行填写，也可以由几位家族成员填写并比较他们的回答。不同的家族成员在家族中的地位不同，对家族的看法也不同。

你可能会对家族中是否存在某种做法或未来是否需要这种做法意见不一致。这可能导致富有成效的讨论，而不是争论。你们的回答代表了你们对家族采用或需要采用每种做法的程度的看法。这为关于家族如何成长、发展，并为下一代的继承和管理的家族对话做好了准备。

如果你是家族顾问，那么你可以使用这一工具来评估优势领域和未来需要发展的领域。如果一些家族成员独立完成了这份清单，那他们可以在家族对话中比较他们的回答，探讨意见一致的方面，以及分数或看法不一致的地方。然后，作为一个家族，你们可以着手制定一份战略性家族路线图，设计并实施能让你的家族代代相传的做法。

多代同堂的家族企业的最佳实践

对于每种做法，请在"当前"一栏中以 0～3 分表示（0 = 我们的家族没有这样做；1 = 我们曾经讨论过；2 = 我们正在开始这样做；3 = 我们在家族中采用了这种做法），你认为你的家族目前在多大程度上采用了这种做法。在"未来"一栏中，请指出你认为在未来三至五年内，这种做法对你的家族发展这种做法的重要程度（0 = 非常低，3 = 非常高）。

表 10–4   评估家族企业的最佳实践

实践	当前	未来
途径 1：培育家族		
1.1 清晰、令人信服的家族目标和方向		
1.2 大家族相互了解的机会		
1.3 家族开放、信任和沟通的氛围		
1.4 作为家族理事会定期召开家族会议		
1.5 分享并尊重家族历史和传统		
1.6 共同参与家族慈善活动和社会活动		
途径 2：管理家族企业		
2.1 家族财富和企业发展战略计划		
2.2 指导每家企业的积极、多元化、有权力的董事会		
2.3 财务信息和商业决策的透明度		
2.4 明确和共享关于家族资产的股东协议		
2.5 支持多元化和创业的政策		
2.6 针对个人股东流动性的退出和分配政策		
途径 3：为下一代培养人力资本		
3.1 关于在家族企业工作的就业政策		
3.2 就家族资金和财富的价值观达成一致		
3.3 鼓励培养下一代的领导力并提供支持		
3.4 赋予个人寻求个人成就感和人生目标的能力		
3.5 参与家族治理活动的机会		
3.6 向年轻家族成员传授适合其年龄的理财技能		

第 11 章

家族理事会：开展家族工作

家族理事会是"执行"部门，代表所有家族成员，并开展家族治理工作。如果要在企业以外开展家族活动，由谁来实现？资金从哪里来？谁来做决定，谁来负责？参加家族大会的人太多，时间不够。如果大会对自己的理想有一个愿景，他们就会授权一组家族领导人去实现这个愿景。家族理事会包括家族中希望建设家族未来的"工蜂"。

在最初的两代人中，整个家族的人数不多，家族成员们可以围坐在一张餐桌旁，家族会议通常是非正式和无组织的。但随着家族成员的增加，家族需要更多的协调。组织家族会议和活动、为下一代做准备需要指定一小部分家族成员作为协调人。家族理事会是世代家族最不寻常的独有特征之一。如果我们将家族简单地视为联系松散的家庭的集合，就很难理解为什么需要家族理事会。一个家族真的需要一个社交委员会来组织家族活动吗？但世代家族更大，其中包含很多家庭，并且拥有很多功能。家族治理可以被理解为一个不断发展壮大的部落的政府或执行委员会，它有很多目标、企业和共同项目。

家族理事会最开始时是非正式的，随着家族越来越需要明确的政策和活动，家族理事会逐渐发展起来。例如，一位家族成员说："我们有很多家族成员，董事会中有八位。全家人会在董事会会议的前一晚共进晚餐，讨论所有的家族问题，谈论这些事情，这最终成了家族大会。我们稀里糊涂地就解决了社会需求、家族团结与和谐方面的问题，其中还涉及个人发展的内容，我认为这一点非常好。"在一次令人满意的家族谈话后，家族成员们会想下一步该怎么办？谁将负责实施他们的想法？一个积极负责的家族理事会应运而生。

家族理事会的成立标志着世代家族已经发展壮大，并拥有了若干共同资产。随着越来越多的人加入家族，共同的历史和价值观越来越少，家族治理使他们能够确定集体规则、政策和期望，并组织活动。它还能表达和支持共同的家族认同，在艰难时期和面对冲突时激发和维持家族的活力。

家族理事会的出现表明了家族与企业经营的明确分离。家族成员可以成为理事会的一员，可以分享与企业无关的意见和担忧。理事会的成员包括非所有者或在企业中不活跃的家族成员，理事会使他们能够拥有家族身份和参与家族活动，并了解企业的情况。

77% 的世代家族都成立了家族理事会，如图 11–1 所示。

你们有家族理事会吗

	第二代	第三代	第四代 及以后
有家族 理事会	8%	32%	60%

图 11–1　家族理事会的普遍程度及其发展时间

家族理事会是家族价值观、关系和意图与企业之间的桥梁。家族理事会提炼出家族的声音，并将其传递给董事会，这就是企业的监管机制。虽然家族治理不同于企业管理，但也有相似之处。例如，作为所有者的家族成员有他们希望传递给企业的价值观和目标。

家族企业必须遵守很多法律文件，如公司章程、股东协议和信托文件。

并不是所有家族成员都完全了解这些文件。家族理事会会帮助家族成员学习和理解这些文件，将其作为家族新老成员之间的协议。家族理事会是家族成员思考晦涩或难懂材料含义的地方。虽然家族理事会不能中止或违背现有协议，但其目的是帮助家族详细说明这些协议或提出修改这些协议的必要性。

家族理事会为家族发起了很多与家族企业经营没有直接关系的活动：

- 组织家族聚会、制定议程，并记录所做决定；
- 为家族安排教育活动，使家族成员成为有责任感、有能力、有担当的家族财富管家；
- 将家族成员聚在一起，根据价值观，讨论他们想用自己的财富做些什么，以及如何去做。通过理事会，家族可以执行共同的项目和倡议。理事会可以要求家族成员对自己的行为负责，还可以解决冲突，为家族行为设定标准。

家族理事会可以就出售企业、购买新企业和进行重大投资等商业选择进行探讨。虽然这些看似企业事务，但对家族也有影响。

家族理事会为家族成员提供了一个让他们在已有活动之外，发起和调整共同活动的场所。虽然法律文件与那些非正式但共同的家族政策或愿望之间存在巨大差异，但由于相互尊重和个人关切，家族理事会的观点因此会得到受托人、所有者和董事会成员的认真对待和重视。家族理事会帮助并服务于企业，使企业的运营更加透明，并为家族成员所用。尽管家族规模庞大，但家族理事会仍会使世代家族成为一个大家庭。它确保了家族关系的发展，确保了每个人都能感受到被公平对待和尊重，并有机会参与其中。它是世代家族的核心和灵魂。

家族理事会的出现

当家族变得过于庞大，而无法由家族大会进行直接指导时，以及当成员的复杂性和数量使家族活动更难以协调时，家族理事会就出现了。一位第三代家族领导人讲述了家族理事会如何应对成功企业所面临的挑战：

> 大约 15 年前，我们成立了家族理事会。最初，成员只有我的两个姐姐和我。在过去的五年里，我们的目标是让第四代参与进来，他们已经 40 多岁了。他们都不在企业工作。我们正试图让他们参与企业管理和家族管理。我们即将完成第一个家族战略计划，第四代已经为该计划提供了大部分意见。在培养家族成员和确保第四代参与我们的战略计划方面，我们的工作还在进行中。我们开始举行大家族聚会，让成员互动起来。我们谈论家族的开放性、信任和沟通，因为我们意识到这是我们团结一致、维护企业的唯一途径。我们在家族理事会中成立了一个传统委员会，试图正式确定并提供更多有关家族和企业历史的信息。我们并不热衷于慈善事业。几年前，我们曾讨论过是否要分享这些兴趣爱好，我们一致认为大家都有不同的方向，所以在某种程度上，我们确实分享了这些兴趣爱好，同时我们也分享了我们的差异。

> 如今，我们正在完成家族战略计划。我是董事会主席，但家族理事会的负责人将是第四代中的一员，我们还将任命一位第四代家族办公室主席，他将是家族理事会与企业之间的主要联络人。所以，这两项职责都不再由我承担，而是交给了下一代。这是他们进入企业治理领导层的垫脚石。这对于推动家族发展和将接力棒代代相传来说是一项伟大的成就。三分钟总结很容易，但对我们所有人来说都是一项艰巨的任务。

当大多数家族成员不再有机会在企业工作时，他们可能会失去联系，除非成立一个家族理事会来维持这种联系：

> 家族理事会为未受雇于公司或未以其他方式在公司工作的家族成员参与董事会提供了一个平台。我认为这至少有助于家族成员相互了解，因为我们每隔一年都会组织家族聚会等活动，偶尔也会组织其他活动。因此，第二代和第三代表亲之间就有了联系，否则他们就不会有这种联系，因为我们的很多家族成员分散在各地。家族理事会提供了一个参与的平台，也为股东们提供了一种转变管理理念的途径。

> 我们面临的挑战是明确界定家族、家族理事会、董事会和管理层的角色和界限。这很棘手，因为家族成员可以扮演其中任何一个角色。我刚进入董事会时，我们有董事会和管理层。两者都与家族和股东对立，有点瞧不起

他们。

现在，我们有了第一位家族理事会第五代主席，大家都意识到家族理事会是一个培养领导技能和学习更多管理知识的地方。我们希望开始发行一份通讯，刊登家族新闻和管理等方面的文章。现在，我们还有点摸不到头脑，但这样做一定会带来一些好处，也会让人产生管家意识。

另一位家族成员讲述了他家族的第三代如何发现了家族理事会的必要性：

只有爱是不够的。在家族企业中，即使所有人都相亲相爱并相互信任，企业本身也必须有一定的流程来确保问题得到解决，事情在企业层面上得到讨论。家族理事会就是一个例子。我们会讨论哪些企业事务是重要的。我们会问："我们的重大决策是什么？"然后再做出决定。这是一个过程。家族理事会的另一个议题涉及我们的社交生活和我们面临的其他问题。我们制定了一个协议，我们每个人都必须遵守的协议。我们试图找到可以借鉴的模式，但找不到，于是只能自己写。每隔几年，我们都会对其进行修改。

现有的机制使过渡过程很顺利。这些机制包括家族使命，也就是家族的信仰、他们希望员工信仰的东西，以及他们希望为公司、人民和整个社会做的事情。他们还制定了家族协议，也就是一系列规则，规定了对彼此的期望。他们每月都会召开一次执行委员会会议，讨论家族事务、沟通情况、每个人的领导能力如何、有何感受。不谈公事，只谈人际关系。这是他们保持沟通畅通的润滑剂。如果有矛盾就会说出来。

要让家族成员支持成立家族理事会并非易事。必须让他们清楚地意识到这样做的必要性，他们才会拿出资源并花时间来组织家族理事会。一个挺身而出并且看到家族理事会潜力的家族拥护者必须克服来自家族的阻力：

成立家族理事会的最大障碍是家族内部在成立家族理事会与否之间存在分歧。人们担心它会干扰企业的经营，而不是帮助企业增值。从那以后，大家达成了一致：它帮助企业增加了价值。偶尔也会有一些事情让他们争论到底是企业的问题还是家族的问题。但到目前为止，这是获得家族批准的最大障碍。大家对家族理事会的定位和作用存在很大分歧。因此，我们的章程对家族理事会的作用、董事会的作用、董事会与家族理事会之间的互动等都有明确规定。

虽然每个家族都会在商业活动和家族活动之间划定界限，但两者还是有重叠之处。家族理事会以不同的方式将自己与企业董事会和商业活动区分开来。一个拥有百年历史的东亚家族于 2004 年成立了家族理事会。该家族拥有一个家族办公室和很多企业：

我们的家族宪章规定，家族理事会的职责是维护愿景和使命宣言、确保管理，并作为家族与其商业利益之间的沟通纽带，同时鼓励通过家族主导的活动参与其中。2009 年，我们举行了 125 周年庆典。我们有年度大会、家族大会和家族晚宴，并鼓励家族成员出席和参与。家族理事会每季度召开一次会议，成员轮流承办会议，为表亲们提供一个相互了解和建立更密切关系的机会。

我们与美国其他一些家族理事会的不同之处可能在于，它不是一个凌驾于所有运营企业之上的伞式机构。它与企业并存，更像是一个发表观点和听取不同意见的平台。从更广泛的意义上讲，它使各种关系得以持续下去。

追溯到家族理事会成立之初，虽然它并不负责管理，但它对家族办公室的很多工作都有影响。随着时间的推移，随着专门的家族办公室董事会的成立，这种参与发生了变化。这样一来，提供给家族理事会的详细情况可能也生了变化，因为家族更有信心，家族办公室业务会得到适当的关注。随着 2010 年家族办公室董事会的成立，家族理事会所做的很大一部分工作就是从关注家族企业转向更多地关注家族事务。

那么议程是什么样的呢？家族理事会听取家族办公室、运营业务部门和基金会高管的介绍。家族理事会在家族资产、参与和教育方面发挥着作用，因此在任何时候，家族成员都在推进多项工作。家族理事会的一大作用是作为大家族的代表机构。我们希望并鼓励成员保持沟通渠道的畅通，因为这会增进家族成员之间的关系。

家族理事会以独特的形式发展。例如，下面介绍的是一个第四代大家族的双重家族理事会，这个家族拥有庞大的传统企业和很多投资：

我们家族有两个大的分支，分别是两个兄弟的后代。这两个分支都有专门的家族理事会，每个理事会有两代近 30 位成员。每个理事会为每位家族成员提供发言权，无论其是不是股东。理事会的目标是解决家族关注的任何问题、优先事项以及可能与企业有关或无关的项目。这样做是为了保持家族的凝聚力、相互沟通和相互分享。这也是为了传递有关家族企业以及如何成为有效股东的信息。每个家族理事会都有自己的委员会，主要负责治理、新企业、资产管理、家族活动和教育。其目的是促进个人和股东的发展，让每个人，无论是不是股东，都能在理事会中发出自己的声音。

我们的所有者委员会由来自两个家族理事会的所有股东组成。此外，我们还有一个由16岁以上的所有家族成员和其配偶组成的家族大会。这个综合委员会旨在为家族提供意义和目标，并为家族成员的教育和发展提供一个平台。因此，所有者委员会负责管理和领导家族的利益，而综合委员会则负责意义和目标以及教育和发展。还有一个历史委员会，负责保存有关家族的照片、视频和报刊文章。希望这些都能在未来得到很好的保存。

家族理事会通常是在传统企业被出售后成立的，因为家族成员决定，即使没有企业也要保持定期联系：

我越能让家族理事会掌控遗产和教育领域，就越能让家族办公室专注于投资，无论是遗产规划、会计还是税务。如果我们不被卷入属于某个理事会的领域，那么我们的效率会高很多。

现在，家族关系纯粹是经济关系。那是黏合剂。我的做法是将大家召集起来，召开家族会议。我们将它改名为家族聚会或家族静修，这样就没有那么沉重的感觉了。我们有三天的时间让大家享受在一起的时光，问题是如何让他们在分开时保持这种势头。这是一个挑战，因为所有人都喜欢这个活动，所有人都喜欢在一起，但我又回想起我父亲在无法安排下一次会议时的放弃。我现在生活的一部分就是在遇到这种情况时不放弃。

家族理事会一般会讨论家族成员在一起时想做什么。我们为什么在一起？去年我召集了一次会议，部分原因是出于一种挫败感。我说："让我们都坐下来，决定我们要做的不仅仅是集中我们的资产。"

如果我们想做任何其他的事情，想成为一个家族，而不仅仅是一群碰巧姓氏相同的人一起投资，我们该怎么办？我们开过一次为期一天的会议，所有人聚在一起说："好吧，我们想这样做，我们明白了目的。"但这次会议之后，直到下一次我们聚在一起时，我才知道大家做了什么。我在家族理事会中看到了这种态度，在这里，一家人聚在一起，决定他们想成为什么样的人，或者他们想成为什么样的家族。对我来说，挑战在于支持，但在决定这些事情时，我必须站在他们一边。我不能做家族办公室的人。

正如我们在这个高度分散的欧洲家族企业中所看到的那样，家族理事会包含很多灵活的部分以及家族成员的角色：

每个人都可以成为家族理事会成员，但他们出于不同的原因会加入不同的领域。例如，在一个分支中，他们一致同意："好吧，你去基金会，你去公司，你去家族办公室。"这是另一家大公司。你将看到的是 60 个人的角色，4 个在公司，4 个在基金会，16 个在家族理事会。我们还有一些家庭拥有一个管理其非企业事务的部门，它们的规模越来越大，最后你必须把它合并起来，安排董事、独立董事和不同的管理团队，我们有不同的负责人。

家族办公室和公司高管都有报酬，其他人都是志愿者。这样，我们就有机会召开家族企业会议和大会，邀请尚未成为股东的年轻一代参加。我们召开地区会议，将公司事务与家族办公室事务相结合。我们有一个盛大的滑雪周末，会邀请所有人参加。家族理事会一直在成立各种小组来做各种事情。例如，一个名为家族参与和发展小组的小组（其中包括一些姻亲），负责为第六代家族成员制订教育计划。第六代中的一些成员已经进入了家族理事会，所以这是我们第一次嗅到了代际更替的味道。就参与而言，这是一个复杂的结构，目前第五代中有一半的成员都参与进来了。

家族理事会的成员是流动的。在我所在的分支，除了我两个生活在海外的姐姐，第五代的每一位成员都是家族理事会成员，还有一些理事会成员是第六代成员。因为理事会的席位每两年轮换一次，所以最终，整个家族的成员都会轮换一遍。有些人会说："我不知道发生了什么，但我确定我一点儿也不感兴趣。"不是每个人都喜欢经商。我们投资的是你的潜力，但你的潜力可以在任何方面。你可以成为小提琴手，可以成为画家，不一定非要成为商人。当然，他们可能会进入基金会，基金会的服务期限更长。

到了第七代，情况就更加复杂了。我怀疑分支到那时可能会开始瓦解。四年前，我曾担任家族理事会主席。当时有一点交叉。家族理事会在我们的业务组合中发挥了作用。管理层会向家族理事会介绍关于新产品、投资组合权重的想法。我们不会对此进行表决。我们发现这会让人头疼，因为对于一些新手来说，投资组合管理有点复杂。但我认为，家族理事会最重要的作用是，人们能够在一起讨论问题、进行社交活动，而这在平时是做不到的。还有商业演讲，这很好。

在早期几代人中，家族领导人同时也是企业的董事长，甚至是首席执行官。当家族引入一位非家族成员担任首席执行官时，就是一个分水岭。在这种情况下，家族企业领导人通常会成为董事会主席。由一位非家族成员担任企业领导者就意味着家族理事会变得更加重要了。一个多代同堂的大家族建立了所谓的双主席治理制。家族主席介绍了她的角色及其演变过程：

家族主席基本上就是家族理事会主席。这是一种比较常见的结构。在此之前，我们有一个由家族成员组成的人力资源委员会，为家族主席提供建议。我们可以在一个类似家族理事会的结构中提出家族问题，但我们在2001年将其正式化了，因此它成了家族理事会和家族主席。家族主席和家族理事会的责任和作用是维护利益。

我是董事会成员。除了其他家族成员董事，我的工作是确保商业决策与家族价值观保持一致。我被要求调查这个家族对此的感受。之后我回到理事会，我们将成为家族成员的传声筒，并向家族提出想法。我和家族成员董事一样，是家族理事会和家族与董事会之间的沟通渠道。我还负责一些家族项目，包括大型年会。董事会为我分配了一些工作人员，而且家族理事会也成立了一个委员会帮助我做规划，这大约需要一年的时间。这是我们工作的一个重要部分，因为这是一个大型会议，而且总是很复杂。

📑 案例分享

管理家族企业集团

到了第四代，家族企业可能规模庞大，包括多个创造财富的实体。随着企业和家族的发展，治理能力必须与之相匹配，这不仅是作为企业的治理，而且与家族理事会的监督作用有关。这份报告详细介绍了一个家族为应对新挑战而调整其治理流程所采取的步骤：

家族理事会成立于13年前。在我们不了解原因的情况下，家族顾问让我们制定政策和流程、建立实体。我们在落实这些方面做得很好，但直到我们经历了成长的痛苦后，我们才开始理解治理的原因。

我们很幸运，在第三代还没到可以表达观点的时候就开始建立治理流程了。他们比现在小15岁，那时的他们只是听父母话的孩子，我们抢占了先机。我曾与其他家族交流过，这些家族的第三代年龄要大很多，更难理解家族的概念并获得信任。某些成员对治理心存疑虑。在这种情况下，第二代成员依然愿意互相信任，愿意将这种信任传递给下一代，但当我们试图实施治理时却失败了。

在整个过程中，年长的第三代成员密切配合。在 19 位第三代成员中，年龄最大的和年龄最小的相差 35 岁。年长的第三代成员参与其中是因为他们的父母希望他们参与其中。如果家族和企业都很重要，我们就必须确保下一代了解这一点——不仅了解企业，而且了解家族。我们明确的方向是，家族是最重要的。如果某些人因为某种原因不再是股东，那他们也仍然是家族的一员。

家族是企业、慈善事业和家族关系的保护伞。为此，我们成立了家族理事会。我们最初的尝试只是致力于家族和谐，对下一代进行教育，帮助他们成长。几年后，我们决定，如果这些企业对家族的发展如此重要，家族理事会就需要对此承担一定的责任。因此，我们对理事会进行了改组，纳入了对企业高层的监督，并启动了发展计划，即让下一代成员参与指导、管理（在某些情况下）和招聘等流程，以及在董事会任职。这一切都发生在我们家族理事会的第二次改组中。

过去，家族理事会有九位成员，其中两位是第二代成员，另外七位都是第三代成员。成员平均年龄为 65 岁，第二代成员中只有一位不到 65 岁，他从理事会成立就一直担任主席。15 年前，我和他开始了我们的家族团结和教育工作，但他认为我们应该更高效。家族理事会却不应该以包容性为代价提高效率。随着我们进入第三代家族理事会，我们的一个决定是，我们应该降低效率，提高包容性。这个家族理事会希望参与家族层面的每一个决定、每一个过程，而不是由主席负责，做所有的事情，然后家族理事会成员说："是的，这是个好主意。"主席的新职责是领导家族理事会完成他们所做的一切工作。我们希望建立问责制，这意味着要改变我们的流程、章程和工作委员会。现在有两位第四代成员加入了我们的家族委员。对他们来说，这是一个很好的学习机会。

我邀请六位理事会成员进行治理审查。我说："没有什么是神圣的。审查每一个委员会、每一个章程、每一项政策、每一个程序，看看这是不是我们在帮助下一代前进时应该做的正确的事情，因为作为理事会成员的你们将对此负责，而不是主席负责。"过去，主席提出政策和程序，大家都同意。我希望这个年轻的团队能够掌握主动权，审视和改变一切。

我们正在对章程进行重大修改。我们希望基本章程保持不变，但要改变我们的权限，将问责制纳入其中。我们需要确保理事会中有最优秀的人才。他们受过教育，知识渊博。我们正在为他们制订发展计划，使他们成为更好的家族领导人（我们有任期限制，所以他们只能任职六年）。当我们引入新人时，我们希望有一个好的指导计划。变革即将到来，因为下一代希望主导我们正在做的事情。

我们支持变革文化，支持"嘿，你们来接手吧"的态度。这将是你们的。你们需要将它变成为你们自己的东西，不断进化和发展是没有问题的。我们不一定要保持上一代人的样子。你们需要为此负责。"

反馈意见告诉我们，年长的第三代成员即使在任职期间也感到被剥夺了权利，因为这更像是对主席的决策和领导的反应过程。他所做的并没有错，但他的领导风格与下一代希望的不同。我们花了两年时间，试图在主席一职上实现这种转变。前任主席没有报酬，第二代不需要资金。但我们现在讨论是一个最终可能需要四分之三的时间来管理家族理事会和领导家族办公室的职位。这需要花费多少时间？你能让一个人在其他地方全职工作，却仍然是最好的家族领导人吗？我们决定将其作为一个有偿职位。我们建立了问责制，这将是我们章程中的一个重大变化。我们每年向家族理事会成员支付5000美元。如果他们的职责是做出决定并与家族沟通，他们就必须负责在48小时内回答问题。我们正试图制定衡量这些能力的标准，这样我作为主席就可以与他们一起工作，并且说："你们在这方面的能力有待提高，让我们来帮助你们。"

成立家族理事会

家族成员是务实的，他们希望了解成立家族理事会的具体细节，包括成员有哪些人、如何运作、多久开一次会、新会员如何加入等。虽然随着每一代需要管理的人员和资源越来越多，理事会的发展会有所不同，但我和我的研究团队发现，它们运作的一般原则有很多相似之处。

家族理事会通常每年会召开几次会议，这些会议大多数需要成员亲自参加，如图 11–2 所示。家族在成立家族理事会时可能会面临几个选择，包括选择成员、组织理事会和开展理事会活动。我们将在下文中逐一介绍。

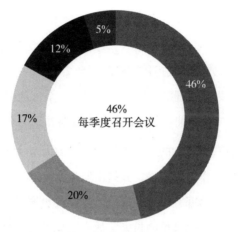

图 11–2　家族理事会召开会议的频率

选择家族理事会成员

如果有十几位家族成员，就不可能每个人都加入家族理事会。到了第三代，家族理事会开始挑选成员来"代表"其他成员。无论是年轻一代还是年长一代，抑或是年轻一代和年长一代共同提出成员人选，理事会都应该接受。由于理事会是为家族服务的，并且依靠家族志愿者的力量，因此它必须获得整个家族的参与和承诺。虽然企业可以有一个由主要所有者组成的较小的核心团队来经营企业，但理事会必须覆盖家族的所有世代、分支和年龄。即使企业是由一个人以自上而下的方式管理，家族理事会也可以具有协作性和包容性。试图从上而下实施家族治理的家族通常都不会成功。

在组织过程中，家族理事会可能需要每一两个月召开一次会议。在制定了使命、章程和会议形式并任命了委员会后，家族理事会可能会改为每季度召开一次会议或每年召开两次会议。家族理事会通常在董事会会议的前一天或后一天与董事会举行联席会议，以便互相交流和讨论共同关心的问题。每个实体都告诉对方自己在做什么，并提出涉及对方的问题。在第四代或第五代世代家族中，家族理事会可能与董事会具有平行和平等的地位，并发现自己在多个领域与企业协同工作，如下所述。

一位第四代家族领导人这样描述其家族理事会的构成："我们的家族大会有 36 个人，家族理事会有 12 个人，还有 4 个常设委员会主席——他们是这 12 个人中的一部分，而我担任家族理事会主席。"在这个家族中，年满 21 岁的人就有资格成为家族理事会成员，但在另一个家族中，年满 15 岁的人就能成为家族理事会成员，前提是他们做好了准备并证明自己已经准备好了。

家族理事会通常由更大的"立法"团体（即家族大会）组织，家族大会挑选家族理事会成员作为其代表，并提出家族活动和优先事项。家族股东或老一代最初可能会任命家族理事会成员，这些成员通常一开始都是或主要是老一代成员。但随着年轻成员的长大，他们也想参与进来。有些家族理事会让年轻人从志愿者做起，随着一群天生的领导者的出现，这种方法似乎很有效。大多数长期存在的家族理事会都有一个有效的任期限制政策，这导致很多家族成员轮流成为家族理事会成员。

家族理事会的规模从几位成员到十几位成员不等，成员可以由家族或其选区（家族中的分支、世代或角色）通过协商一致或选举选出。我们在本书中揭示了一个从分支代表到世代或全体推选理事会成员的发展过程。在第二代或第三代，代表通常从每个家族分支中选出。在第四代或第四代之后，理事会转为由不同类型的代表组成，如从世代或全体成员中选出。例如，一些理事会将一位代表定义为已婚家族成员，而另一位代表可能代表新生代。第二代分支成员的身份不如第一代分支成员那么重要。

到了第四代，一些分支的规模越来越大，分支制度经常让位于全体选举或代际群体选举：

我们的家族理事会有九个人。最初，它设立的目的是让五个分支都有代表，而且至少要有一位姻亲代表和一位新生代代表。每个分支都会选出自己的代表。由于一些分支没有向其成员说明，因此这些做法已经被人们遗忘了，理事会也不得不出面，说："我们没有这个分支的代表。让我们看看能否找个人来。"如果没有人站出来（其中一个分支就是这种情况），这就像是说："对不起。我们尽力了。没人愿意站出来。没关系。"我们仍然愿意尝试让所有分支都有代表参加。我们尽量将人数保持在九个人。这对我们来说似乎是个不错的数字。有足够的人来做事。我们从一开始就象征性地向理事会成员支付津贴，我知道我们是为数不多的愿意这样做的家族之一。

规模较小的家族往往由志愿者开展治理活动。随着工作变得越来越复杂或要求越来越高，家族就会意识到，那些走上领导岗位的人应该得到时间和精力的补偿。家族理事会可以开始为理事会主席或其成员提供报酬，也许不是按市场价格，而是象征性地表示"这是一项重要的工作"。此外，还出现了为家族理事会会议甚至家族大会支付费用的问题，因为有些家族成员必须长途跋涉去参加这些会议，年轻的家族成员必须为此请假。鼓励家族成员参与治理意味着要确保他们不会有被剥削的感觉。

由于家族理事会代表整个家族，因此它必须建立一个与家族其他成员定期沟通的流程。由于家族大会不经常举行，因此理事会通常会发送会议记录。在每位成员"代表"一个选区的家族中，该成员向选区报告。一些家族会采取家族分支或代际会议以及电话会议的形式。关键是家族理事会要启动双向沟通链，使理事会成为家族问题的积极关注者、发起者和回应者。家族理事会还将积极与企业联系。

随着时间的推移，一个家族面临的挑战是始终由同样几个人提供志愿服务。这种情况最初是可以接受的，但也可能形成一种让新人感觉不到被邀请或被鼓励前进的模式，而且最初的领导者也可能会倦怠。因此，家族会限制服务期限，鼓励不同的家族成员担任领导角色：

我们不希望任何一个人承担过多的角色。董事会中的家族成员理应能够胜任某些工作，但家族理事会可能也需要这样的成员。在理想世界中，有些人可能是一样的。但另一方面，你又想将权力分开，希望有独立的监督。因此，我们有一些人在企业中很活跃或一直很活跃，但他们只是少数。还有一些人，他们尽管没有在企业工作，但也能发挥自己的能力。我想说的是，家族理事会是由少数有能力的人推动，由更广泛的民主来监督的。

家族中一个可能被忽视的人才来源是已婚成员。为了避免冲突，很多家族禁止已婚家族成员担任某些职务。他们不能在企业工作，不能拥有任何所有权，不能进入董事会或家族理事会，甚至不能参加企业会议。这当然是限制冲突可能性的一种方式，但也限制了机会。在一些最成功的家族中，姻亲会作为董事会、家族理事会和管理层的领导者与家族成员并肩作战。一些家族虽然一开始就制定了限制亲缘参与的政策，但经过多年的发展，它们发现自己应该对这些家族成员给予信任和尊重。其他家族则从包容的价值观出发行事。

下面是一个为家族人才库增加价值的新家族成员的例子：

1992 年，我们成立了家族理事会，并在公司召开了多次年会。这让我们认识到定期聚会和定期互动的重要性，后来我们还意识到企业发展和集体决策机构透明度的重要性。他们在征集提名，我想尽可能地参与其中，以了解情况。对他们来说，选举一位非直系后代进入家族理事会是非常罕见的，也不符合他们的性格。我之所以能这样做，是因为我们已经建立了良好的关系和信任。

我们每年开一次会。随着需要讨论的话题越来越多，人们也越来越有兴趣，我们就改为每年开两次会。现在，我们每年开四次会，因为我们遇到了领导层继任和过渡问题，同时还有一位顾问帮助指导我们。在过去两年里，我们一直在关注这个问题。家族理事会有五个人，他们由家族大会提名和投票产生。家族大会通常在我们召开年会时举行。

组织家族理事会

家族理事会的运作和其他代表组织一样。家族理事会的首要任务是选出主席、确定议程，以及起草使命和优先事项。在最初的会议上，理事会成员确定理事会是什么、要做什么，以及理事会成员将如何完成任务。这些决定将被记录下来，成为家族宪章的核心内容。

使命和价值观

在家族理事会能够决定其运营方式和政策之前，它必须确定自己的使命，即它是谁，以及它要做什么。由于家族治理关系到如何使用来自企业创始人原始财富的家族资源，因此家族通常会首先陈述创始人传承下来的使命和价值观。这些通常更多的是关于企业而不是家族的，但大多数家族都会认同其想要发扬光大的创始一代的核心价值观和意图。家族治理通常从传统使命和价值观开始，第三代或更晚一代必须考虑这些使命和价值观，并将其应用于新的现实中。我们将在第 12 章中重点介绍家族宪章，并举例说明这些家族使命和价值观声明。

家族理事会通常有一份阐明其总体目标和意图的宗旨声明，以便：

• 在家族中建立跨代联系；

• 为商业和金融企业提供有组织的家族声音；

• 开发家族成员的人力资本；

• 作为一个家族在更广泛的社区中产生影响。

明确界定使命和价值观的过程对一个家族来说是非常个性化和有意义的过程。这通常包括几次大大小小的家族会议，家族成员在会上讨论如何定义每种价值观，以及他们希望家族为下一代做什么（也就是家族的使命）。虽然结果声明在外人看来可能平淡无奇，但它对家族内部成员来说却意义深远。

当家族成员了解了法律或信托文件、股东协议和商业政策时，他们可能会觉得其中有些内容不明确甚至不公平。家族理事会就成了家族成员考虑这些政策如何在家族生活中发挥作用，并就这些政策展开辩论，甚至对其进行调整以适应家族现实情况的地方。家族理事会必须就政策进行探讨，并与其他家族成员进行沟通，以获得其他家族成员的意见。这个过程既无法快速也不容易进行。

运作原则

宗旨明确后，家族理事会将制定运作原则和政策。这包括如何定义家族成员的资格、如何选择家族理事会成员、他们多久开一次会、他们做什么、他们的角色和责任是什么、家族治理工作的报酬是多少、如何做出决策、他们作为企业和企业董事会联络人的角色将如何发挥作用、家族就业政策将如何执行，以及将成立哪些小组委员会。

家族理事会会确定其工作内容，并将其纳入家族宪章。家族理事会的会议相当频繁，尤其是在刚成立的时候，通常每年召开三至四次会。家族理事会成员在拟定议程时通常会向整个家族征集意见。有些家族理事会与商业事务关系密切，特别是在家族经营企业、家族成员参与管理的情况下，而有些家族理事会的关系更为正式，因为这些家族已经出售了其传统企业，并拥有一个家族办公室或几家企业。正如一位第四代家族成员所说："因为我们是一个大家族，所以家族理事会由家族选出的九个人组成，任期三年。所以他们是以三年为一个周期轮换，也就是说你可以连任两届，然后你必须离开一年。"

一般来说，家族理事会会指定一些委员会来开展工作，这就为参与提供了更多的机会。每个委员会通常由一位家族理事会成员担任主席，其他家族成员或是被任命，或是自愿参加。一个家族有四个常设委员会开展工作，分别是教育委员会、医疗委员会、娱乐委员会和慈善委员会，每个委员会都由一位第三代叔父担任主席。另一个家族也有类似的委员会，分别是教育委员会、慈善委员会、家族关系委员会和治理委员会。这些委员会依次向家族理事会报告。第四代家族成员（有时是姻亲）可自愿加入其中任何一个委员会。

如果一个家族的成员分散在各地居住，要召集理事会的所有成员可能就会很困难。随着新兴技术的发展，家族开始使用电子通信技术来开展工作：

最初，我们更多的是面对面交流，但人们实在是太忙了，他们做不到经常见面。所以我们试着在网上开展很多工作。现在，家族理事会中有一个人非常擅长领导虚拟团队。她为家族理事会建了一个网站，这样很多家族成员和顾问就可以对文件提供反馈。很多工作都是在网上虚拟完成的。我们还在不断完善。我们正在尝试找到召集会议的最佳方式，无论是在线上还是通

过电话。我们正在变得更好。家族理事会的网站非常棒。现在，我们所有的
重要文件都可以在上面找到，所以无论谁接任理事会主席，一切都已准备
就绪。

开展家族理事会活动

家族理事会可以发起成员们认为有用或精彩的活动，并利用家族资源来
资助这些活动。家族理事会帮助家族发展人力资本、财务资本、关系资本、
社会资本和传承资本，并帮助家族确定和启动开发各种形式资本的活动。

一些家族利用家族理事会来记录家族和家族企业的历史，甚至记录其创
始人的丰功伟绩。例如，一位家族成员说："我们制作了一本有图片的家族
名录、一本家族手册和一本关于家族第一个百年的历史书，为我们的社区中
心及其博物馆的创建做出了贡献。"

家族理事会可以协调度假物业，策划节日聚会等活动。对于家族企业来
说，在家族理事会中开展这些活动非常重要，因为这样可以将家族活动与企
业活动区分开来。当家族企业上市或只有部分家族成员成为所有者时，这一
点尤为重要：

我们的家族理事会已经成立很长时间了，主要由第五代成员组成，他
们正在为领导人接班做准备。三个分支各有两位成员，因此有六位成员参与
选举主席。成立家族理事会主要是为了帮助策划家族活动和监督任何家族问
题。每个周末都会有一位家族成员去牧场。年初会制定一份牧场管理日历，
对时间进行合理分配。牧场有时会发生一些事，随着时间的推移，家族理事
会更多地承担了制定政策的职能，处理牧场中发生的事或调整狩猎准则、政
策，而较少涉及照顾家族。另一个需要注意的地方是，对家族理事会中的家
族成员来说，这可不是什么好玩的事。他们中有些人很年轻，甚至只有 20
岁。管理如此重要的资源可能会给他们带来很大压力。

家族理事会的一项重点工作是教育、培养新一代家族成员，帮助他们适
应适合自己的角色。对于世代家族来说，这一职能的重要性与日俱增。以下
是三个家族在这方面的做法。

1. 我们想出了一些新的方法来实现这一目标。其中之一是，我们成立了一个第五代委员会，这个委员会在董事会会议上占有一席之地，并向董事会报告。委员会的工作是代表我们这一代人，了解我们在想什么、想知道什么，并向董事会提出我们的问题，然后向董事会汇报。这是我们关于获得发言权和了解企业的一个想法。

2. 五年前，第四代的我们是二十五六岁的年轻人，而妈妈那一代已经六十多岁了。两代人都开始意识到，尽管我们还年轻，但他们希望将第四代拉进来，让我们参与治理和家族企业的经营。所以，他们扩大了家族理事会的规模，增加了三位由整个家族选出的家族成员。

3. 重要的事情是一代人的进入、我们期望继承人做什么、我们希望父母向孩子灌输的价值观以及家族在基金会项目中的作用。如果他们想参与进来，那么我们会为他们安排暑期工作，这样他们就可以打开视野，无论他们是高中生还是小学生。社区项目来自我们的基金会，我们会派一些孩子去医院或仁爱之家工作。

通过创建一个可以共享信息和公开决策的场所，并且有每个家庭或分支的代表出席，家族理事会可以让家族成员对家族资源是否得到公平分配更加放心。虽然信托文件和其他文件详细说明了资源的分配方式，但家族成员可能会对其产生误解或质疑。认为不公平是大型家族企业陷入困境的主要原因。受托人和董事会成员会经常与家族理事会成员会面，解释并澄清他们的工作。成立家族理事会可以让家族成员彼此更加信任，领导层的工作也会获得更多信任。家族理事会的一项重要职能是澄清和解释现有情况，并公开制定进一步的政策和标准来分配家族资源。这些政策和标准的范围很广，从确定治理活动的薪酬，到建议如何分配利润用于再投资和慈善事业，再到决定如何公平分配家族度假屋的时间或足球赛季票。

当家族成员在这些问题上甚至在个人关系上发生冲突时，家族理事会可以帮助调解或寻找资源来帮助他们。有一个家族成立了一个冲突解决委员会，负责处理家族成员的冲突，并帮助他们寻找合适的资源。这些资源可以提供给个人或两位有冲突的家族成员，甚至可以让整个理事会围绕一项政策的意义展开讨论。

家族中的冲突往往源于缺乏透明度而造成的恐惧和担忧。家族理事会允许家族与相关家族成员分享正在做的事情：

我们在分红政策上受到了质疑，但我们提供的数据显示，我们的政策非常好。我们证明了每位股东的分红随着时间的推移保持不变或有所增加。所以我们对家族成员说："如果你们想增加分红，你们就是从你们的孩子嘴里夺走食物。你们想让孩子们饿肚子吗？我的意思是，我认为这是一个解决这个问题的好方法。这样说的效果非常好。"

 延伸阅读

家族理事会的活动

家族理事会在很多领域制定政策和开展实践。每个家族都有自己的关注点，其中最常见的有以下几个方面。

1. **为家族成员发声**。家族成员需要一个可以提出问题、得到答案，以及了解如何参与家族活动的地方。

2. **未来的计划**。家族理事会可以展望未来，为家族发展及其各种治理要素制订战略计划。

3. **与家族企业的联系**。家族理事会中既有家族所有者，也有非所有者，家族理事会必须制定与企业董事会沟通的清晰流程，并了解企业情况。家族与企业有密切的联系，家族也依赖于企业的资源。通过家族理事会，家族可以对家族企业的经营方式和目标提出建议。

4. **家族传统和历史**。通过收集家族纪念品、图片和文件，以及采访家族长辈，家族理事会可以创建一部家族史，供不了解家族发展过程的新家族成员使用。

5. **培养下一代的能力**。家族理事会可以为家族成员制订培训计划，帮助他们学习如何扮演家族管家的角色，并为在家族和企业管理中担任成员或董事做好准备。

6. **分配家族资源**。家族理事会必须决定如何共享财务和其他资源，以及家族如何对未来进行再投资。

7. **解决冲突**。随着家族分化，对机会和公平的不同看法可能会导致深层次的情感冲突。家族理事会可以为家族提供一个调解机制，让这些不满情绪在公开之前得到宣泄，问题得到解决。

8. **家族社交网络**。家族之间的联系和家族所拥有的资源为建立家族网络提供了可能，家族网络通过其联系、信息、支持和其他人无法利用的杠杆作用为家族成员提供了共同的身份认同。

9. **公益**。家族理事会关注家族在社区、共享服务以及通过服务和慈善项目回馈社会方面的作用。

10. **共同家族资产的管理**。家族通常拥有度假屋，可以参加特殊社区、艺术和体育活动的机会，以及其他必须公平分配的资源。

有了家族理事会，世代家族就仍然是一个家族。家族理事会的活动使家族成员不再是商业伙伴，而是形成了一个有活力、有创造力的社区。虽然其中很多活动与企业无关，但它们使家族有可能在家族企业中发挥其独特的、以价值观为基础的作用。

在你的家族企业中采取行动

召开家族会议

家族理事会始于家族会议。如果家族成员决定定期举行会议，讨论共同关心的问题，那么他们已经开始组建家族理事会了。召开第一次家族会议是一项挑战。如果你打算建立家族理事会，这个会议就必须顺利进行。以下是召开会议的一些步骤。

1. **征得所有人同意召开会议**。家族长辈/领导人可能会焦虑或担心，所以需要与他们接触，帮助他们接受召开家族会议的想法。通常情况下，一位家族成员会因从其他家族、会议、文章或书中听到关于家族会议的想法而产生一些顾虑。如果你是希望召开会议的家族成员（或顾问），那么你可以从你的盟友，即最有可能同意召开会议的家族成员着手，让他们帮助你接触其他家族成员。为了召开会议，发起人必须让家族中的每个人都参与进来，除了一两位持怀疑态度的成员。

在得到家族领导人同意召开会议后，接下来的任务就是让其他家族成员参与进来。邀请选定的下一代成员参与规划过程，并要求他们与兄弟姐妹和其他家族成员沟通。这样做的目的是通过营造积极的环境和明确的期望来平息恐惧和担忧。

2. 有明确的目的和目标。根据当前的家族需求和挑战确定一项重大任务，有助于保持会议的可控性，克服家族从一个问题跳到另一个问题的倾向。它还能激发人们的参与热情。家族中的任何话题都会引发情感联系和联想。令人难以置信的是，如果有人说了一些让另一位家族成员不高兴的话，会议很快就会失去焦点。对于大多数家族来说，保持家族会议的正常进行是很困难的，尤其是当话题带有感情色彩时。

大多数家族会议（尤其是第一次家族会议）的目的是沟通，而不是做决定。很多家族成员可能会对开会感到焦虑，因为他们觉得做出超出自己"舒适区"的决定会有压力。如果清楚直接地说明会议的目的是互相了解，听听大家的想法，而不是做决定，与会者就会更放松。会议成功的一个结果是，家族对取得的成果感到满意，从而着手安排下一次会议。

3. 合作设计会议，明确期望。顾问不应该单独确定议程，也不应该只在家族长辈的帮助下确定议程。如果可能，召集人或顾问应该与代表不同的角色和世代的两三个人组成的指导委员会合作；反过来，指导委员会也应与所有家族成员进行沟通，讨论他们希望在家族会议中实现的目标。然后，委员会可以确定一个主题或重要任务，并制定一个议程，让家族成员知道会议的目的和将要讨论的内容。委员会还可以讨论邀请哪些人参加，如是否邀请姻亲参加，以及孩子是否应该参加（以及孩子的合适年龄）。

指导委员会可以与顾问一起开会，也可以单独开会。指导委员会对会议进行规划，定期向其他家族成员了解情况，与他们交流想法，并确定会议的日期、形式和议程。如果家族成员分散在不同地区居住，指导委员会可以通过电话会议开展工作，并与家族其他成员分享记录。委员会成员分享的越多，就越能吸引家族成员参与进来，并对会议做出承诺。事实上，通过共同努力，家族成员的沟通过程甚至在会议召开之前就已经开始了。

会议议程应该在会议召开之前提前写好并发给每个人。有时，还可以提前分享一些材料，如家族信托协议或祖父母的信件。此外，可以要求参会者做一些准备工作，如完成问卷调查或阅读文章等。

4. 明确形式和期望。必须就会议的环境、形式和参与期望做出决定。虽然会议有一些最佳实践，但每个家族的情况都不同。家族应从一开始就尽量照顾到每个人的关切。

邀请谁参加会议取决于会议主题。家族应尽量做到包容，因为家族中的每个人都对家族企业有所担忧和疑问。家族需要考虑是想让某些家族成员听到第一手信息，还是第二手信息。它们可以限制邀请谁参加会议，如排除已婚配偶，或者他们可能会在会议中排除这些话题。

家族应该选择一个让大家可以畅所欲言、不受干扰的时间和地点。会议通常在一个没有电子设备的区域召开。注意，第一次会议不应该是马拉松式的。这是让大家了解一些情况并分享自己感受和观点的机会。会议应该只持续半天或一天，因为更短的时间不足以让人们学习或分享。如果家族成员众多或可能会出现很多棘手的问题，我们就会建议与外部调解人合作。

5. 邀请参与者并收集信息。重要的是，每个人都必须清楚会议的目的以及日期和时间。与任何重要会议一样，每个人都应该有时间准备和回应。邀请函可以很好地说明会议目的、描述其重要性、定下基调以及指出需要准备和考虑的事项。

6. 营造"安全"的环境。人们需要心理上的安全感来建立信任，并以开放的方式参与。在人们感到舒适的地方召开家族会议，可以让他们真实、开放，不怕提出有冲突或有争议的观点。

营造安全空间有生理和心理两方面的因素。这类会议通常会在家族和办公室以外的地方举行。这个空间应该有窗户，光线充足，空气流通，视野开阔。可以是顾问会议室，也可以是会议中心。为了让人感觉舒适，会议室的布置应能让人与人之间有目光接触。一张会议桌或摆成半圆形的椅子就足够了。如果有十几个人，那么会议室可以安排一组圆桌，方便人数较少的小组进行讨论。

举行家族对话

家族理事会首先要召开家族会议，讨论一个重要的话题。它通常被定义为一种探索性对话，不会做出任何决定。会议应有明确的重点，通常由外部人员担任主持人。受邀的每个人都应了解会议目的，并就进行对话的基本规则达成一致。

1. 关于财富与价值观的对话。这是已创造财富的家族与下一代成员分享和探讨其价值观和关注点的对话。

这种会议让家族成员有机会讨论金钱的意义、他们的个人和家族目标，以及他们未来想要实现的目标。这不是一次决策会议，也不是制订遗产计划或采取行动的会议。这通常是家族成员第一次聚在一起集中讨论关于金钱和财富的问题。

这次会议的目的是让创造财富的老一辈与年轻一代相互理解。年轻一代将是财富的继承人，他们正在利用家族资源开辟自己的人生道路。讨论的内容远不止金融财富。通常，每一代人都会就自己的问题、担忧、目标和愿望进行交流。这些话题可能难以启齿，尤其是如果家族有不谈论金钱的习惯。

会议的目标是发现共同的家族价值观，并在此基础上开展合作。这不仅仅是关于父母和财富创造者的传统价值观，还涉及对年轻一代很重要的价值观。这些价值观会形成一个框架，供个人和家族就共同关心的领域做出决策。这个框架会使家族成员产生对家族行为的期望。

2. 关于所有权和继承的对话。家族长辈在会议上分享关于其财富和家族企业的基本信息、遗产计划和 / 或原则以及对未来的期望，同时了解未来继承人对未来的期望。

家族长辈不一定要分享他们计划的全部细节，但可以分享他们对下一代公平的看法，以及他们如何对待财富赠予问题。这些信息通常会引起下一代的提问、关注和反应。

这些会议可能会讨论家族企业、继承、孙辈、如何使用收入、慈善事业、捐赠以及继承带来的责任。讨论的目的是提高家族成员之间的透明度，预见问题，理解公平的含义和兄弟姐妹及其家庭的差异，并为未来做好计划。

3. 关于家族企业的未来的对话。这通常是一场艰难的对话，涉及家族企业的管理、控制和未来，以及财富创造者如何看待下一代的参与。

这类会议关注家族企业未来的选择、新家族成员的人生目标，以及下一代是否有意愿和技能管理和拥有家族企业等问题。在这方面，家族成员往往会有截然不同的观点和看法。

在了解彼此的观点后，家族成员必须决定：

- 家族成员如何参与企业？
- 谁对重大决策有发言权？
- 谁是企业董事会和管理团队的成员？
- 如何对待企业内外部的家族成员？

最终，会议将就家族企业的未来以及下一代如何掌控企业达成共识。如果有几个家族企业或家族办公室或基金会，也需要讨论与这些实体相关的类似问题。这不会是一次单独的对话，需要在一至三年的时间里举行一系列会议，才能做出决定并达成一致。

4. 关于棘手的问题或冲突的对话。当家族中出现严重问题或分歧时，需要召开一次解决问题的会议。这次会议可能涉及个人问题、财务挫折和公平问题。由于感情和情绪一触即发，因此需要一位熟练的主持（协调）人，并承诺召开几次会议来讨论问题，听取不同的观点，然后慢慢决定该怎么做。每个人都认为自己是对的，其他人是错的。这些分歧很容易导致诉讼、负面报道和进一步的伤害。顾问所面临的挑战是帮助家族决定如何在家族内部并在公众监督之外解决问题，以及在问题解决后，家族成员之间还能保持良好的关系。家族应该慢慢来，寻求帮助，并分步骤完成工作。

第12章

家族宪章：世代家族的治理文件

世代家族汇集了很多人以及一系列的商业和金融企业，可能有基金会、家族办公室、度假屋，并在社区中发挥重要作用，其影响往往是全球性的。家族可以有多个所有权协议和多个信托，每个信托都有一份管理文件；可以包含多个董事会、家族理事会和所有者小组；定期召开全体家族成员会议以及工作组和委员会会议，并为下一代提供教育计划。家族的核心是老一辈的价值观和使命宣言，这些价值观和使命宣言定义了家族的宗旨、身份和承诺。即使是那些身处中心位置的人也发现很难完全理解所有这些协议。

人们应该去哪里发现或寻找游戏规则，以及这个庞大实体的运作原则和实践呢？几乎所有的世代家族都会制定某种指导性文件，以明确阐述这些价值观、政策和做法。它向每个人明确清晰地表达了家族的所作所为、家族的主张以及家族和企业管理活动的组织方式。本章将探讨家族宪章的特征和发展过程。

家族宪章概述了家族成员应该遵循的共同政策和理念。每位成年家族成员作为签署人，都是詹姆斯·休斯所说的跨代契约的参与者。通过家族宪章类似于声称拥有一个有活力、有作为的社区的公民身份。伴随利益和特权而来的是所有家族成员都需要承担的责任。

家族宪章是一份由整个家族共同制定并同意的代际文件。它清楚明确地阐述了规范家族活动和资源使用的价值观、期望、原则、程序、活动和决策程序；法律协议、股东协议和信托协议都在其中得到了整合、总结和解释；规定了家族成员公民的角色期望（即权利和责任）。在家族发展、变化、适应新环境和克服冲突的过程中，它将家族组织起来并使其成为一个工作社区。

但它不仅仅是一个组织框架；它首先是一个行动号召，一个关于家族是谁、为什么要做生意以及代表什么的鼓舞人心的声明。它是一份私人文件，仅供家族使用。因此，虽然一些新加入的家族成员和顾问听说过这些文件，但他们并不经常能看到，因此很难想象它们的内容。

我们采访的家族成员表示，家族宪章最常在第三代出现，80% 以上的家族有正式的家族宪章，而其他家族则有类似的指导协议。家族宪章和指导性协议是一种全球现象，在每个国家都有同等程度的出现。虽然有些看起来和听起来像法律文件，但大多数更具启发性和个性化。家族宪章手册的页数从几页到 50 多页不等，通常包含家族照片和纪念品，如创始人的信件。我和我的研究团队收集了大约 20 个例子，本章就脱胎于此。

构成家族治理要素的工作组（即企业董事会、家族理事会和家族大会）的宗旨、政策和做法在这份总文件中得到了认可。这些宗旨、政策和做法可以是简单明了的，也可以是非常详细的。家族宪章和家族理事会是一枚硬币的两面，二者缺一不可，共同构成了治理。本章将解释如何制定家族宪章（一些家族称之为家族宪法或家族协议）以及家族宪章的内容。

世代家族会共同制定核心宗旨和价值观声明。虽然每个家族的声明都不同，但都有一些共同的主题和价值观。它由现有所有家族成员共同制定并达成共识。成年后的家族成员和通过婚姻加入的新成员都可以通过学习这份文件受益，并被要求签字。它构成了大家族的契约书，使大家族不仅仅是一个氏族或王朝，而是一个共同的家族企业。

家族宪章是一份不断发展的文件。它通常不是一份法律文件，而是一份个人的道德文件，其中的某些内容在法律股东文件中有所体现。每一代人都会借鉴上一代人的版本，修改或发展其家族宪章。每一代的成员通常会花费一年左右的时间来共同完成这项工作。

家族宪章定义了企业和家族的文化和组织方式

家族宪章往往预示或肯定了家族文化的深刻变革。在政治机构中，宪章标志着君主制的结束，并制定了一种明确权利和责任以及社区内部协作的新制度。对于一个家族来说，签署家族宪章意味着类似的转变，它肯定了家族已经从一种单一的、往往是封闭的、规则是随意的、隐蔽或含蓄的文化，转变成一种基于透明、对话和公开讨论的文化。这也标志着从单一专制的家族领导人向由所有家族成员参与的规则和义务约束的领导者转变。否则，如果一个人就能决定一切，那家族还需要什么家族宪章呢？宪章的制定反映了已经开始的文化变革，因为它正式承认变革正在开始。

家族宪章的通过呼应了签署《大宪章》（*Magna Carta*）等变革性社会事件，代表着家族文化风格由家长制向合作制的转变，如图12–1所示。正如我们所见，这种文化转变是困难的，而且往往充满冲突。编写家族宪章的过程为整合家族中不同的观点，并确定规则、做法和一个使其能够发展和适应的结构提供了平台。

图12–1　家族宪章如何改变家族文化

道德协议：法律文件的解释

每个世代家族都有很多法律文件，如股东和信托协议、遗嘱、遗产规划和公司章程。这些文件往往难以触及、难以理解、模棱两可，甚至已经过时或是为早期家族的发展设计的。随着家族成员长大成人并选择结婚对象，他们需要了解新家族是怎么回事。

家族成员发现，他们需要在最初的家族"契约"和传统的基础上继续前进，因为正是这些"契约"和传统成就了他们现在的生活和工作方式。为了制定家族宪章，家族成员需要做以下工作：

- 审查现有文件，并根据当前的实际情况进行更新；
- 通过明确阐述创始人为其继承人所倡导的价值观、意图和原则，界定家族诞生的背景；
- 定义运营实体，使协议可行、可操作、可决策，并处理出现的分歧。

这样做的结果就是通过主家族管理协议（即家族宪章）来实现治理。

在大多数情况下，家族宪章并不是法律文件，但是与法律文件一样，它们也是书面的、获得家族成员一致认可和签署的。它们通常被称为道德协议，因为家族成员相互关心，自愿接受它们。它们不会取代现有的法律协议或与现有的法律协议产生冲突；相反，它们将对现有的法律协议进行解释，帮助人们清楚地理解这些协议，并在协议内容不太清楚或未提及的部分对其进行详细阐述。

例如，度假房产可能有所有权协议，但家族必须为其维护、选择和购买家具、支付房产所有权和维护费用以及分配其使用权分配资金。每家公司都会雇用员工，但家族所有者可能会规定家族员工或高管的特殊资格。因此，家族最终可能会使用家族宪章来帮助家族成员理解、应用和处理法律协议，当然，他们也可以查阅原始文件。

家族宪章甚至看起来都不像法律文件，它们通常是由家族成员用个人语言为家族成员编写的。它们首先介绍价值观、愿景及使命，也就是家族的意义所在，然后具体说明家族将如何运作。接下来是关于家族政策、家族理事会和家族大会的组织、基金会、对企业的投入、就业、教育和家族会议的部分。法律协议对一些家族成员来说往往并不清晰或不公平，当家族考虑这些协议在实践中如何发挥作用时，需要对其进行解释或修改。

法律文件与具体实体相关联，通常不会解释其背后的指导目的或价值观。而且，一个家族可能有多个法律实体，每个实体都有自己的指导文件，这些文件之间没有联系，甚至可能相互矛盾。通过将家族视为一个整体，家族宪章将各种文件联系在一起，使家族能够将自己视为一个包含许多子实体的单一实体。它可以澄清或消除歧义和相互矛盾之处。它首先定义了整个世代家族的性质和目标，然后详细说明了不同的部分和实体，以及它们是如何结合在一起并相互联系的。

家族宪章颂扬家族的传统，激励家族成员积极参与家族治理，并使隐性协议透明化，为所有人共享。我和我的研究团队获得的家族宪章的范例中还有家族创始人、企业和豪宅的照片，以及早期的价值观和愿景声明。有一些还有讲述了创始人或长辈的经历及他们对未来的希望的信件或文件。这些往往会为年轻家族成员带来启示，让他们对家族起源有了新的尊重和理解。

家族宪章规定了家族成员资格的定义、家族成员的角色、家族大会和理事会的宗旨和活动，以及与家族和企业有关的活动。它以定义了家族的核心宗旨、使命、价值观和愿景的序言开始。起草这个开篇最具挑战性，也需要花费最长的时间。家族成员需要反思他们的传统和历史，也就是财富创造者的价值观和意图，并加入现在需要的新元素，以应对更多的新家族成员，他们有新的价值观，而且随着家族的成功及其商业和财富资源的增长，他们面临的环境也在不断变化。

当一些家族成员感到被轻视或没有受到公平对待时，每个家族都会经历一些冲突。如何定义公平是每个家族都会面临的挑战。家族宪章表达了家族遵循的原则和价值观，以及如何遵守这些原则和价值观。它帮助家族成员理解家族对公平的定义以及如何使分歧浮出水面并解决分歧。它往往是有争议和艰难的家族讨论的结果，由此产生的解决方案来之不易。

家族宪章是一份有效的、有生命力的文件，指导家族围绕其资产或工作定期进行互动。它可以通过文件中描述的流程进行修订和更新。制定家族宪章也可以是家族过渡到新的合作组织水平的过程的产物。例如，它可能会在家族出售其传统企业或创建家族办公室后对家族进行重组。随着第三代和后代家族成员的成长和结婚，家族可能需要编译家族宪章，以解释和澄清法定信托和企业协议。每个家族都有这样的协议，随着情况越来越复杂，这些协议需要被联系在一起。

家族宪章对家族有何作用

与所有治理活动一样，家族宪章可以为家族解决问题。它不仅基于法律或抽象的需要，还基于实际情况。一个欧洲第三代家族的一位成员解释了家族宪章是如何从家族理事会和家族大会的工作中演变而来的：

家族大会选举产生了一个按分支组织的家族理事会，该委员会有权做几件事：维护家族价值观，了解并保持与家族企业、教育、慈善事业的联系。四个分支各有4位成员，共16人，其中都是第五代人。

我们的家族宪章规定了家族价值观以及家族理事会和家族大会的权力。在你20岁生日的时候，你会收到一份宪章并在上面签字。宪章中列出了一系列价值观和行为准则。我们用它来重申公司的价值观，使之与家族价值观保持一致。我们从国外学到的一个经验是，随着家族的发展壮大，家族成员可能会对家族失去兴趣，除非有什么东西在支撑他们。通常，将人们与他们的企业联系在一起的是传统、历史或价值观。一旦失去了这些，企业就完了。他们会说："我们把企业卖了吧。我对它不感兴趣。我们已经失去兴趣了。"

家族治理体系不能由顾问创建，而必须由一个积极、忠诚和负责任的团队来创建。接受我们采访的几个家族指出，他们最初雇人为他们编写家族宪章或与单个家族领导人合作编写。他们往往会发现，这是用错误的方式做了正确的事情。每次这样做之后，家族成员都会拒绝或无视这份文件。这位第三代亚裔家族的长者有如下体会：

我们在周末进行了一次讨论，我以为这会让我们在某些方面达成共识。但是，当我提出一份由我们的顾问撰写、我发表了意见的家族宪章草案时，他们根本不接受。他们说："我们不需要这些。"他们不屑一顾，态度消极，基本上，他们觉得这是一个骗局。"这太正式、太严肃了。你以为我们是谁？"他们对此很不以为然，我也很失望。

如果一个小组开始起草家族宪章，那么这个小组需要定期回顾、放慢脚步或重新开始，并确保让其他家族成员参与到这个过程中来。这意味着，在起草家族宪章的过程中，作为企业所有者的家族领导人可以在家族中牵线搭桥，但他必须退后一步，与核心企业内外部的其他家族成员合作。家族宪章通常是在家族展望代际传承的过程中制定的，家族制定了规划前进道路的文件。有些人说，他们是在为未来的后代而不是现在的后代编写家族宪章。

我们采访的家族成员说，在家族内部得到积极认可的有效宪章，通常是由至少两代家族成员组成的具有代表性的工作组制定的：

我加入了一个名为家族理事会特别工作组的工作小组。我们会坐在一起研究其他家族宪章的例子。在一年半的时间里，我们每个月都开会讨论不同的政策和大纲。我们进行了大量的讨论和辩论。现在，我们有了一份已经被接受和批准的文件。在第一次家族大会上，家族成员投票选出了第一届家族理事会。到目前为止，这些成员一直很活跃。

另一个欧洲家族刚刚将其家族企业出售给了一个跨国企业集团。制定家族宪章是一个包容和进化的过程，为家族提供了一个重新定义自身并以新形式走到一起的机会。家族长者说：

所有者委员会制定了家族宪章，并不时地对其进行审查，必要时还可能根据需要进行修改。最初，愿景和价值观是从家族的发展史中演变而来的。我们认可并确定了我们最有感触的活动。我们共同制定了愿景。

我为家族宪章写了很多框架，然后我们在所有者委员会会议上一起对其进行了微调。我们会定期讨论，这花了好几年的时间。这不是一个五分钟就能完成的工作。制定的过程比最终文件更重要。它给了人们一个讨论和提出问题的机会，我们通过协商一致而不是投票来做出决定。虽然这花了一些时间，但我们因此得到了更好的支持。

由于家族宪章是家族和企业治理的"操作手册"，因此必须为家族成员提供一些指导和教育，让他们学会如何使用它，正如这位家族领导人所指出的那样：

首先，他们必须对所有权过程感兴趣。我们将我们的政策记录在所谓的家族理事会笔记本上。例如，我们有一项董事会培训政策，这是一项针对想加入董事会的人的培训计划。我们还有行为准则、利益冲突政策、决策政策、家族就业政策和家族贷款政策。我们的第四代制定了这些政策。他们耐心地坐着开会，看着我们对草案字斟句酌。好消息是，他们没有被拒之门外。在这段时间里，我们的目标是让他们积极参与治理和领导。我们发现了一些问题，也许这是他们应该感兴趣的东西。几年前，我们开始分配/分红，我们不仅让他们参与信托基金的财务讨论，还让他们参与企业的财务讨论。

我们每四年制订一次企业战略计划，其中包含分配政策。第四代成员对分配很感兴趣。因此，他们对企业的成功非常感兴趣，并承担起了企业治理的责任。通过公开财务情况和准备家族理事会政策，我们最终有了五位第四代成员，他们对自己的未来、传统和保护传统非常热心。尽管有些步骤和过程可能令人讨厌，但两代人都坚持了下来，最终取得了成功。

家族面临的一个挑战是如何保持家族宪章的可获得性和可用性。一种方法是在共享门户网站上发布家族宪章和其他家族信息。在一个分散的大家族中，这项新技术能让远在异地的家族成员保持积极的参与和联系：

门户网站由公司负责维护。最初，家族宪章是一份印刷文件，我们称之为家族指南或手册，上面有你想知道的关于我们的一切。现在，门户网站上有几个不同的选项卡。一个关于家族的选项卡展示了家族声明，以及家族员工的价值观声明、企业历史和历史时间表。我们有股东大会和电话会议的视频和信息。我们不断更新家族树和名录。我们有家族照片库，其中也有家族会议的照片。

我们为家族理事会设立了一个完整的选项卡，包括宗旨声明、理事会联系信息、家族会议信息、家族调查、财务、下一代计划和通讯（我们每年做两次通讯）等内容。我们还有一个关于企业中的家族的选项卡，其中有家族调查、家族成员的角色和责任。我们有介绍主要政策和流程以及暑期实习计划的选项卡。还有一个关于公司信息（公告、通讯、季度报告、董事、传记、治理、董事会委员会、主要联系人、公司概况和领导团队）的选项卡，以及一个"家族基金会"选项卡，包括政策、年度报告、董事、拨款和受助人。

家族宪章的要素

几乎每一部家族宪章都是以某种序言开始的，序言陈述了家族的宗旨和主张。这些序言通常是由家族的第一代或第二代成员撰写，可能由第三代成员修订，旨在提醒家族成员他们是谁，并号召他们参与家族成员共同做的所有事情。

家族宪章明确界定了董事会和管理层与非活跃股东之间往往模糊不清的界限。例如，一个家族的公司章程规定了要设立一个董事顾问董事会和一个正式的董事会。该章程详细规定了顾问委员会的作用以及家族成员的参与方式，这被视为家族股东了解和影响企业，以及处理他们的担忧和分歧的正式途径。家族成员需要遵守一些参与要求。

家族宪章通过界定每个家族实体的目的和地位，并明确它们之间重叠的性质，将家族治理与企业治理区分开来。世代家族的经验是，家族宪章必须由家族成员共同制定，并由所有成员积极遵守。

家族宪章通常会对家族企业和投资利润的分配政策做出解释。这些策略通常深藏在信托文件中，可能不会与每个人分享，也可能不为每个人所知。家族成员需要知道这些政策的内容、管理方式以及随着时间的推移可能发生的变化。这些政策明确了家族成员可以从家族财富中得到什么。虽然这些决策是由信托公司和董事会做出的，但如果家族成员不清楚标准，无法自由表达他们的偏好和愿望，就很容易产生冲突。一些家族成员可能会觉得协议不公平，或者在企业工作的家族成员能从利润再投资中获益，而有其他选择的家族成员却不能。

一个亚洲家族的成员介绍了其家族宪章是如何明确规定家族政策的：

2004 年，我们的公司上市了。因此，所有权结构必须更加清晰，因为我们必须非常、非常透明。我们需要一个治理结构来管理家族和企业，并制定如何管理家族财富的政策。我说："我们认为家族应该支付教育费用，但标准是什么呢？"孩子们应该坐商务舱，还是坐经济舱？他们在旅行时是住宿舍，还是住酒店？如果我们给他们买车，标准是什么？我们看到我们的标准正在被家族成员滥用。有些人让孩子坐商务舱，给他们买宝马车上学。我感觉到，在教育方面，家族会支付教育费用，家族也会支付医疗费用，但如果有人生病了，那支付什么才是正确的？有人生病了，一些朋友说："你需要吃这种一只要 10 000 美元的甲鱼。"随着家族的发展，如果你没有一个合适的结构，那么你就会开始滥用某些政策。有些人会说："我不知道这是一种福利。我怎么从来没领过？"还有人会说："为什么我不能做这个？"你开始有更多的姻亲，你开始有更多的孩子。

我们设计了整个家族的治理政策和流程，并分配了利益。例如，我们有支持孩子上学的政策。我们说，好吧，每所大学都会告诉我们学费和生活费，而我们提供的不仅仅是学费。我们制定了一个标准。如果你去美国，这就是我们要支付的费用；如果你去英国，这就是我们要支付的费用；如果你留在中国香港，这就是我们要支付的费用。然后我们开始确定要给你什么样的车。然后我们说，如果你的平均学分绩点（GPA）没有达到 3.5，你就没有车，你就只能坐经济舱。

家族宪章可以详细规定特殊的家族活动。例如，其中可以有一个关于慈善事业和社会投资的章节，概述家族对社区和环境的价值观，以指导家族的投资和商业行为，以及对社区做出贡献的政策。这些社会价值观展现了家族如何分配其社会资本对新生代来说越来越重要，因为他们要决定自己如何参与家族活动。

家族宪章中的另一个重要部分是家族如何处理冲突和分歧。它可以明确规定适用于每个人的公平原则。随着家族的发展，关于什么是公平或如何适用规则的冲突是维持家族联系和治理的最大风险因素。家族如何处理重大冲突，既不会将争论公开化，也不会对家族企业造成负面影响？家族宪章明确规定了出现分歧时的处理方式。一些家族已经开始尝试成立一个司法机构，以配合家族理事会和家族大会的立法职能以及企业管理团队的行政职能。它们成立了类似长老理事会的机构，其职责是倾听冲突各方的意见，并引导他们找到共同点，或者在冲突无法解决时行使退出权。

家族的核心是一个社区。家族宪章的作用是组织社区活动，使其能够维持秩序、激励和明确贡献，并创造性地发起新的活动来扩大家族资本。

● **延伸阅读** ────────

家族宪章大纲

鉴于家族在生物学上的必然性和维持企业创始人传统价值观的愿望所带来的共同挑战，我和我的研究团队在全球各地的家族组织中发现了很多共同内容，这并不出乎意料。以下我概述了一些家族宪章中的共同内容。

第一部分 核心宗旨：家族对企业和自身的愿景／使命／价值观

这一部分叙述了家族和家族企业的宗旨以及建立治理结构的原因，通常由整个家族共同起草，在几代人中发挥作用，包括以下内容：

- 长辈的遗书或声明；
- 家族起源和历史；
- 家族价值观和使命；
- 企业价值观和使命；
- 关于家族对企业和家族投资的期望声明；
- 关于家族为何开始明确治理之旅的声明；
- 家族行为准则。

第二部分 家族企业组织与政策概述

这一部分界定了家族拥有企业的原因，并指出家族如何与这些企业建立联系。它可以概述股东大会的运作和政策，以及家族企业的价值观、意图和回报预期。它还明确了家族成员如何以员工身份参与各种家族企业和建立新的企业：

- 家族的期望和与企业的关系；
- 所有者委员会及其作用；
- 董事会的组成；
- 确定企业感兴趣的领域和价值观；
- 家族成员在企业中的就业政策；
- 家族对建立新企业的资助和支持。

第三部分 治理结构与法律结构

这一部分清楚地概述了约束和组织家族的法律结构和财务结构，以及这些结构在实践中是如何运作的。这一部分通常取材于股东协议和公司章程，但编写这一部分是为了阐明家族如何组织、股东如何参与以及信托如何运作。这一部分有助于每位家族成员了解资源如何分配、如何决策以及他们可以期待什么的规则：

- 股东的角色以及董事会和受托人的任命；
- 信托和股东协议的作用；
- 向股东分配资金；
- 所有权转让；
- 审查和修改章程部分内容的指导原则。

第四部分 家族理事会与家族大会：使命、组织、职责

这一部分概述了家族会议、家族大会和家族理事会的家族治理结构。它解释了理事会的工作，以及家族如何开会、决策和基于其使命和价值观进行实践，包括以下内容：

- 理事会的宗旨和活动；
- 家族大会何时举行和做什么；
- 理事会的宗旨和成员；
- 投票和决定；
- 主席团成员和委员会；
- 对下一代家族成员的教育和支持。

第五部分 慈善事业与社会使命

这一部分介绍了家族如何定义其在社区中的角色和回馈社会的价值观，并付诸行动，包括以下内容：

- 家族基金会或其他慈善活动；
- 关于家族捐赠的决定；
- 社会价值观和社会事业。

撰写家族宪章

撰写家族宪章从现有的法律文件开始。起草者要认真阅读这些文件并做出解读，以便家族成员清楚地了解。这比想象的要困难得多，而且在家族成员完全理解每份协议的含义和机制并达成一致之前，起草者往往要拿出几份草案。然后，起草者会研究家族理事会和其他运营实体（如基金会或家族办公室）制定的非正式政策和活动。家族宪章有几个部分，例如，家族价值观、理事会的活动、企业治理、信托协议、慈善活动和基金会等实体。

家族宪章是若干单独协议的合并和扩展，这些协议是由家族理事会、所有者委员会、信托和董事会创建的。家族宪章是整个家族使用的统一文件。家族领导人可能会开始起草一份家族宪章，但他们很快就会发现有很多理由需要让其他家族成员参与进来。他们需要知道自己在想什么、有什么期望和担忧。那些制定了最有用、最被接受的家族宪章的家族说，制定家族宪章的过程具有包容性，家族在一年或更长的时间里起草了数份草案。家族宪章借鉴了很多文件（如法律协议和股东协议），并对它们在实践中的使用进行了扩展。通过查找并仔细阅读这些文件，起草者能够为家族成员解读这些文件，这往往会导致需要澄清甚至修改。

家族宪章和其所定义的机构（即家族理事会和家族大会）哪个先开始？我们采访的家族报告称，这些要素是并行发展的。有时，家族成员开始见面并撰写一份声明，说明他们是谁以及他们在做什么。所以，家族宪章是由这个自我创建的小组起草的。还有一些时候，家族领导人开始撰写家族宪章，但他们很快就会发现需要让其他人也参与进来，共同考虑他们对未来的期望。

这不是律师或顾问能做到的。家族成员在阅读和思考现有协议时会产生疑问、找到差距、认识到新情况，矛盾也会出现。不同的家族成员，尤其是年轻一代的成员，对协议的看法不同，提出的问题也不同。要制定一部所有人都能接受的家族宪章，每个人就必须提出意见和问题。

家族宪章不会永远有效。随着新一届家族领导人的出现，有进取心的家族的每一代都会面临重大变化。家族宪章开始时往往是一份简短的文件，只有几页的价值观和政策，然后每一代成员都会增加新的内容。在新一代之后，家族宪章会增加政策以及家族历史和传统，它可以发展成为一部小型的家族史。

随着家族面临新的挑战，旧的规则和政策被重新评估，家族宪章也在不断演变。这里有一个关于演变的故事。

第一版只针对第二代家族成员。这是一份三页纸的文件，他们在上面写下了作为兄弟和股东可以做或不可以做的事情。这很简单，但他们将其付诸实践了。让我吃惊的是，他们都有很强的个性，所以他们一起花了近三年的时间来制定这部家族宪章。起初，他们要将家族、企业和所有权分离开来，所以他们做了很多简单的事情。例如，股东的妻子不能开自己的车来公司修车；不能让园丁在自己的家里工作。他们每个人都可以有一辆公司的车。

去年，我们签署了由第二代和第三代家族成员共同制定的第二部家族宪章。它涵盖了我们所有五大家族控股公司。每家控股公司的工作组将提名一人代表该公司参加制定家族宪章工作组。新家族宪章从 3 页增加到 40 多页。

我认为规则也是成长的。这很神奇，因为我们的家族宪章中有很多我们可能用不到的政策，我们希望永远用不到。例如，如果有人想离开家族企业，想出售他的股份，我们该怎么做，我们该如何支付这笔费用？现在，我们有了第三代、第四代家族成员都能理解并接受的所有小规则。例如，现在企业不能再向所有股东赠送汽车了，所以我们认为这项福利只针对第二代。

使命与价值观：行动号召

与法律文件不同，家族宪章以对家族的宗旨、原则和价值观的陈述开始。其形式是向家族成员发出的关于家族和家族企业性质的鼓舞人心的号召。对于家族成员来说，参与确定他们作为世代家族的一部分所共有的使命和价值观的核心声明尤为重要，正如以下这个家族所报告的：

家族中的一个小组承担了这项任务。制定使命宣言和价值观用了大约一年的时间。这个委员会将一些东西汇总在一起，然后发给整个家族，说："给我们你的意见。你们怎么看？"我们通过发送一封电子邮件开始了价值观的制定流程，要求每个人"写下你的价值观，你认为我们的使命、愿景和价值观应该包括哪些内容"。你可以想象，有 20 多人提供建议，我们有多少价值观。但我们还是采纳了，因为我们觉得每个人都有发言权很重要。

家族宪章来自同一个小组。我收集了其他家族宪章的范例，形成了一个模板。委员会负责填空。一旦我们觉得家族宪章的格式可以确定了，我们就在家族大会的年度商业会议上与整个家族分享，他们会提出修改建议。我们再次修改并分享，得到了热烈的赞同。

当一个家族成为一个包括后代在内的多家庭部落时，它可以借鉴每个人的个人价值观和使命来创建一个共同的使命宣言：

我们提出了一个家族使命宣言，它是由我们所有人的个人使命宣言演变而来的。这是家族理事会开展的活动之一。每个人都提出了自己的个人使命。在此基础上，我们制定了一个集体价值观列表，即我们的价值观，然后是集体使命。我们在家族理事会上确定了一个家族就业框架，然后向各运营公司寻求反馈，并稍做调整，以确保其与各公司的人力资源政策相关联。

一个南美家族强调价值观对其共同生活的指导作用：

在社区和彼此相处中，每位家族成员都清楚地认识到一套指导他们个人和商业交易的价值观。他们每个人都认为，这些价值观是他们不断取得成功的基础。这些价值观在行动中得到了清晰和明确的体现，而不仅仅是空谈。对定义核心价值观的密切关注来自研究哲学和商业的家族传统。

另一个家族在一年中召开了六次家族会议，起草了一部家族宪章。该家族的宪章和使命宣言是由两代人共同制定的：第二代家族首席执行官和他的两个姐妹（其中一个也在家族企业工作），以及他们 11 位第三代后代中的 9 个成年人（年龄从 20 多岁到 40 多岁不等）。他们的家族宪章以使命宣言开始：

我们是一个家族，致力于让我们的成员和后代成为有责任感、受过良好教育的公民，他们能够践行职业道德，为当地社区和整个世界做出建设性贡献。

我们鼓励每位成员发展和使用有助于提高其自尊和独立性的合适的技能。

鉴于我们的企业具有公共性质，我们敦促家族成员采用健康、个人满意的生活方式，并在最大限度上保护家族隐私。

我们敦促家族成员继续以谨慎的投资为导向，并从长远角度考虑投资结果，以便我们创始人的所有后代都能享受他们所建立的基金会带来的好处。

我们相信，清晰、建设性的沟通是我们作为一个家族取得长期成功的核心。我们鼓励大家努力促进和谐、培养幽默感、树立积极的人生观，在享受当下的同时平衡长远考虑，并加强家族成员之间的沟通、关爱和友好关系。

在这份使命宣言之后，还有关于家族就业和成立家族企业咨询委员会的具体指导方针。尽管家族首席执行官作为控股股东掌管着企业，但家族成员都签署了协议。现在，他已将董事长和首席执行官的角色交给了下一代，同时继续担任董事会成员。

案例分享

家族价值观声明

每部家族宪章都包含家族所代表并传授给每一代人的核心价值观。这些价值观往往是针对家族成员的，传达了创始人希望家族企业延续下去的意图。以下摘录了六个不同的世代家族的价值观声明。

1. 我们每天开门的原因是我的父亲和母亲教导我们的，以及他们的祖父母教导他们的，这就是你的家族企业：它的存在是为了让社区变得更美好，让家人更亲密、更幸福。如果它不能提供这些东西，你就只是在原地打转。我们的家族企业是一种将家人团聚在一起，为大家带来机会和快乐的工具。

2. 我们的曾祖父将这些价值观传给了他的儿子们，他们继承了这个梦想：教堂、学校教育和社区。

3. 尊敬上帝并帮助人们在追求卓越的过程中发展。这是我们企业发展壮大的基础。

　　4. 创建一个对社会有价值的社区。

　　5. 诚信或道德诚信和管理。这就是我们，我们认同这一点。如果你去问我们所有 258 位股东我们的核心价值观是什么，99% 的人都能告诉你。

　　6. 我们家族四代人所坚持的价值观是诚信、专业教育、非物质的家族合作、尊重每位家族成员的不同技能、自由选择进入家族企业以及社区服务。

　　为什么确定使命和价值观对一个商业家族如此重要？家族的价值观和使命是由创始人和第二代传承下来的。虽然第三代的成员希望尊重这一传统，但他们面临着维持企业和家族生存和发展的新挑战。他们可能会觉得某些价值观需要有不同的含义，或者发现使命和价值观主要是关于企业的，他们需要将其调整和延伸至家族治理的新领域。新一代可能会有新的价值观和原则想要加入家族。如前几章所述，我们需要将这些"根和翼"、传统和创新整合起来。例如，一些新生代希望将可持续发展或社会责任融入他们的业务或投资中。因此，确定使命和价值观的过程是一个深度合作的过程，涉及几代人之间的协商。

　　价值观的新旧版本之间有时会存在一种创造性的紧张关系。一些家族要求第三代成员在进入领导层时采用他们这一代人的原则。有一个家族让第二代的长辈在第三代成员开会开始制定家族宪章之前给他们写"遗书"。然后，第三代成员可以自由表达他们自己的重新诠释，甚至将家族带向新的方向。

　　一个在全球范围发展的第四代家族发现，制定家族宪章让整个家族对企业有了不同的看法：

　　将企业与家族分离使家族叙事发生了变化。我们逐渐对我们是谁以及我们在做什么（不仅仅是企业）形成了一种新的叙事方式。这很难。我们该怎么做？我首先从与我的兄弟姐妹一起工作开始。但当我们把他们的孩子也包括进来时，第四代已经有30人了。我向他们提议："虽然我们没有一起长大，但是你们愿意一起变老吗？"这就是邀请。

因为我们生活在世界的不同地方，我们都有自己的生活方式。我们每个季度都会聚在一起聊上几天，三年后，我说："我们需要与这个家族划清界限了。"我们讨论了起草家族宪章的倡议，其中包括整个家族，这样从上一代到下一代就已经有了一致性和理解。

我的三个兄弟姐妹早年一起长大，但现在彼此相距甚远，制定家族宪章让他们能够更紧密地团结在一起。从世代相传的角度来看，让父权一代改变他们的方式是不可能的。这取决于这一代（四五十岁的人）和他们的孩子（20多岁的人，一直在国外留学）说："是的，我们知道公司治理或家族宪章的概念。"所以，我认为人们对这些概念的认识和接受程度在不断提高。

行为准则：鼓励相互尊重的沟通和行为

与价值观声明密切相关的是行为准则，它将价值观与家族成员应采取的行为和沟通方式联系起来。随着新的家族成员长大成人，以及其他人通过婚姻进入家族，行为准则就会解释，作为家族成员，必须要有一些明确的行为标准，这些标准将可能带来相应的好处。

必须记住的是，世代家族首先是家族。旧有的沟通模式和对过去伤害的回忆往往会在互动中不经意地显现出来。当遇到压力时，一个人往往会退回到过去幼稚的行为，尤其是当他们与家人相处时。虽然一套规则并不能强制人们进行相互尊重的沟通，但它能明确说明人们的期望，有时还与家族成员如何挑战不当行为的规定相关联。世代家族发现，行为准则为要求家族成员克服坏习惯、放下旧的轻视和怨恨提供了一个共同的基础。

以下是一份家族行为准则：

我们希望在家族体系中保持传统价值观，但要根据不断变化的商业环境对这些价值观进行调整。和睦相处是守则的一个关键点，要保持高尚的道德标准、诚实和价值观，然后培养和加强彼此间和家族中的信任纽带。然后，要认识到家族的持续安全和成长来自勤奋、主动和节俭，接受、尊重并遵循协商一致做出的决定；在道德、教育和职业方面给予每个人最大的机会，使他们为家族和自己发展；让年长的成员能够在其选择的国家居住或退休。一共有 18 条"原则"，这只是其中一部分。

在一个纷争不断或分裂的家族中，行为准则提供了一些规定了如何处理情感或困难问题，并明确了家族如何共同行动的准则。它定义了一个安全的空间，一种即使在有压力和冲突的情况下，家族也能互动的方式。家族必须确认，该准则是一种愿望，有些人可能会觉得难以遵守，但将其写下来，家族成员就可以相互监督对方的行为，并要求对方承担责任。

一位欧洲家族领导人回忆说："家族制定了一套规则来解决冲突，并在所有者群体中建立团结。这套行为准则为所有家族成员制定了积极的行为标准。它还将转化为一套价值观和指导方针，供非家族成员管理者为其企业文化定调。"

在另一个由几个兄弟姐妹组成的第三代家族中，不同性别之间以及在企业内外工作的人之间存在大量冲突和竞争。他们发现，在发展家族治理的过程中，这种趋势正在传递给他们的孩子。他们召集了一个特别工作组，来确定家族成员在互动中渴望遵循的标准。这些行为准则并没有结束冲突，却为他们制定了一些有用且实用的行为标准，他们可以共同遵循：

行为准则旨在促进所有家族成员之间的和谐与团结，帮助家族实现其最高目标。

1. 我们努力保持对祖先、目前为信托基金创造财富的人以及所有家族成员的感激之情。

2. 我们努力相互支持和感谢。

3. 当他人发言时，我们渴望倾听，并等待轮到自己时再发言。

4. 我们的目标是保持轻松愉快的心情，尽最大努力保持愉快、相互尊重和富有成效的气氛。

5. 我们要尊重不同意见的存在，承认很少有事情是完全非黑即白、非对即错、非好即坏的。我们知道，达成共识可能需要时间。

6. 我们努力私下解决家族和家族企业的冲突，而不在客户、员工、顾客或顾问面前争吵。

7. 在努力寻求理解时，我们重视相互尊重的沟通。如有需要，我们会尽量安排会面，确定会面日期和时限，并做好准备，倾听对方的意见，尽最大努力就和平解决问题达成共识。在轮到自己发言之前，先回想并确认自己听到的对方的发言，这样做会很有帮助。

8. 当冲突发生时，我们要试着认识并承认自己的感受，然后休息一下，直到我们能够保持冷静并再次努力解决问题。

9. 我们决不要在背后说任何人的坏话，而是要直接与那些和我们有不同意见的人说话。

10. 我们知道，指责和责备并不是开启对话的有效方式。我们希望以尊重的态度对待彼此。我们渴望被倾听，并努力保持好奇心。

11. 我们认识到，家族理事会开发了工具和资源来帮助解决家族内部冲突。我们努力让家族理事会提供的工具和资源发挥其最大作用。

12. 我们要为自己的行为和错误负责。我们尝试将错误作为学习工具，并反思和承认错误。

13. 在提供帮助或建议时，我们要先进行询问，以确认是否受欢迎。

14. 我们尽一切努力遵守已达成的协议。我们的目标是不单方面修改协议；相反，我们会与相关人员一起修改。

15. 我们尽一切努力履行时间承诺，按时完成任务，准时参加预定的会议和活动，并做好参与的准备。

16. 当我们过度投入时间或精力时，我们会尽力承认。如果我们需要减轻自己的责任，我们会主动说出来并寻求帮助。如果我们不再承担某项责任，我们希望允许他人按照他们认为合适的方式进行。

17. 我们尽最大努力对自己的行为和决定负责。

与使命和价值观一样，行为准则也要经过几代人的协商。随着家族将新成员纳入管理，这使他们能够就负责任的行为达成一致并分享期望。例如，有几个家族提到有必要明确说明家族信息保密的含义。家族成员在公共场合的行为也包括在这些准则中。一个家族明确指出，家族成员不得出现在当地新闻和社交媒体上。其他家族则明确规定家族成员何时以及如何评论与家族相关的商业问题。

📖 **案例分享**

团结在共同的价值观和目标之下的家族

在我和我的研究团队收集的很多家族宪章范例中，有一个特别突出。这是一份非常详尽、令人回味的价值观和宗旨声明，其中包含了我们研究的世代家族所表达的许多核心价值观和家族企业要素。这是一个家族，其企业经过 100 多年的发展壮大，已经成为一个由一系列相互关联的家族信托基金所拥有的全球企业集团。为了明确共同的价值观和做法，家族成员制作了这份文件。

致第四代和第五代家族成员

宗旨

作为第四代家族成员，我们的使命是发展企业，继承家族传统，成为一个多元化而又团结的所有者家族。

我们有幸出生在一个多代同堂的家族企业，这家企业由我们的曾祖父在大约 100 年前创立。每一代人都为企业付出了多年的汗水、进行了多次再投资。将其打造成一家成功的公司，将成为我们这一代人的责任。

正如我们的前辈一样，我们的职责是作为公司负责任的管理者，优先考虑对企业及其所有利益相关者最有利的事情，而不是对某个人最有利的事情。为此，我们商定了以下原则、共同目标和价值观，这些原则、共同目标和价值观体现了我们今后的行为方式。

我们认识到，我们都是有着不同思维方式的独一无二的个体，因此本文件将成为我们的指路明灯，提醒我们关注我们共同的价值观和承诺，这样我们就能一起做出具有挑战性的决策，解决分歧，推动企业取得更大的成功。

我们同意遵循这些原则生活和行动，对自己和对方负责，我们共同的目标是为公司、所有者和所有利益相关者谋求最大利益。

传统

我们的目标是尊重家族的传统，并通过延续其历史上以员工为本的文化和前几代人所体现的价值观来保护家族传统。作为一个家族企业，紧密的家族关系为我们的成功做出了贡献。随着家族规模的扩大和人员的分散，我们需要注重培养我们的家族纽带。

价值观

我们的曾祖父母、外祖父母和父母以服务、公平和诚信为原则，建立了一家发展稳定且有信誉的企业。这些原则为公司及其所有者赢得了员工、客户、商业伙伴和社区的尊重和忠诚。这为企业带来了直接的好处。我们承诺恪守这些价值观，包括以下几点。

1. **管理**。我们不认为自己是家族企业的绝对所有者；相反，我们将其视为一种我们受托管理的代际资源。家族企业的价值不是一代人创造的，我们认为它应该惠及不止一代的所有利益相关者。

2. **待人如己**。这是一条黄金法则。同理心将指导我们与其他所有者、员工和其他利益相关者的交往。

3. **谦逊**。保持谦卑，对我们所拥有的一切心存感激，但永远不要忘记随之而来的责任。

4. **诚信**。诚实守信。始终做正确的事，即使在没人注意的时候。

5. **坦诚**。以尊重的态度进行沟通，但不要因此而不敢直接讨论棘手或令人不舒服的问题。

6. **勤奋**。永远不要低估智慧和勤奋的价值。要愿意"撸起袖子加油干"以完成工作。

7. **为长远考虑**。做出有利于公司长远发展的决定，即使这些决定比较困难。要有耐心，不要被短期利益所困扰。

8. **以身作则**。成为价值观的终极榜样。激励员工和公司做出我们希望看到的行为和行动。

目标

我们的目标是实现企业的盈利增长和继承家族传统。我们认识到，这两件事并不相互排斥，尽管在某些情况下，其中一件事可能会优先于另一件事。

利润和利益相关者的重要性

我们认识到，盈利是我们成功的关键。盈利能力来自员工的努力、有效的管理、合理的战略以及股东的耐心资本。

成立公司最初的目标可能只是让家人过上更好的生活，但我们认识到，公司的成功和规模意味着我们应该追求的不仅仅是股东利润这一单一目标。公司是数千名员工（及其家人）的生计来源，他们对公司的成功至关重要。如果没有盈利能力，我们关于利益相关者和家族传统的目标就将无法实现。

因此，尽管我们以盈利为目标，并通过盈利实现我们的目标，但盈利并不是我们唯一的目标。公司的存在不仅仅是为了盈利或改善员工的生活，而是为了实现这两个目标。

为了做到这一点，我们要记住，为了长期盈利，往往需要牺牲短期利益。我们还要注意，有时领导者需要做出一些虽然会对利益相关者造成负面影响，但有助于企业长期盈利和长远发展的决策，这最终符合利益相关者的最佳利益。

所有者和企业

我们立志成为一个体现企业价值观的家族和所有权集团。所有者应该是企业的动力来源，而不是阻碍。我们已经看到第三代是如何受到信任和尊重，以及如何激励员工的。家族所有者可以提升个人魅力，激励员工全力以赴。我们的目标是成为能让员工发挥最大潜能的所有者。

要做到这一点，我们就要体现出那些成就公司性格和成功的特质，如谦逊、勤奋、以身作则和长期心态。这些品格应该成为我们的生活方式，而不能只是在方便时采用或抛弃。

角色

我们的家族企业要想取得成功，就必须保持所有权与管理权有所区别。我们认为，在所有权从第三代向第四代转移的过程中，这一点尤为重要。

所有者负责选择董事会，董事会将监督公司的治理和管理。

管理层负责制定和执行企业战略，并按照董事会制定的政策和目标运营企业。管理层的角色应该通过经验和资历来获得。无论是家族企业还是非家族企业，企业都必须设法留住最优秀的管理层。

所有者应该支持并信任管理者，管理者应秉承与所有者一致的价值观，并有能力实现预期目标。

所有者通过提供耐心资本和支持利润再投资，为企业的发展和多元化做出贡献。所有者有责任为董事会选择最佳代表，无论他们是直系亲属、大家族成员还是非家族成员。

股东身份并没有赋予所有者决定企业日常管理事务的权利。董事或员工的身份也不会让某个人比其他人更像所有者。

所有者委托董事会和管理层指导企业的战略、管理和运营，因此应谨慎行事，不要扰乱董事会或管理层。

作为董事或员工，以及拥有额外决策权和信息访问权的所有者，更有责任成为值得信赖的人，并为所有所有者的利益着想，而不仅仅是为自己着想。

我们将谨慎对待各种形式的权利，无论是认为公司只为自己致富而存在的所有者，还是认为管理角色赋予了自己凌驾于其他所有者之上的企业所有权的所有者。

在所有事情上，我们都将遵循黄金法则，对待那些处于不同角色的人，就像我们处于他们的位置时希望他人对待我们一样。

所有者的生活和企业

所有权既带来好处，也带来责任。有时，私人生活与企业生活并不容易区分。我们对企业的责任对我们的个人生活提出了要求，即要求我们将周末、晚上、节假日和其他个人时间投入企业，并使我们受到更高水平的公众关注和监督。然而，企业也改善了我们的生活，为父母和受雇所有者提供了生计，为教育提供了资金，并不时分配企业收益。

我们将努力实现生活与家族集体价值观（如谦逊、努力工作和感恩）之间的平衡，同时认识到个人的个性、价值观、抱负、政治信仰和其他观点将是多种多样的。我们的生活可能会受到企业的影响，但不应被企业所主宰。

我们认识到，关于在哪里居住、在哪里工作以及如何投票的决定是非常个人化的，不应受到家族压力的影响。但我们有义务认识到我们的行为对公司的影响。

然而我们也认识到，我们发表的观点、我们的财产和我们的经历会对家族和企业产生影响，而我们往往对此毫不知情。因此，我们要谨慎行事，避免炫富，特别是在社交媒体上。

我们要认识到，善意、通情达理的人在这些问题上也会有不同意见，当我们意见不一致时，我们要理解和接受。

如果我们觉得自己做出了不合理的牺牲，我们会直言不讳，以免怨恨日积月累。

处理冲突

我们相信，保持健康的家族关系至关重要，我们承诺不会让企业中发生的事情损害我们之间的关系。很多家族企业都毁于所有者之间的冲突。按照我们的价值观生活将有助于我们避免分歧，但我们仍应期待分歧和冲突。

我们相信，一个拥有不同观点的团队要比容易受群体思维影响的单一文化更有效。我们将坦诚相待，理性而坦诚地表达我们的不同观点，真正做到尊重他人、倾听不同意见、达成共识、妥协，并尊重我们不同意的决策结果。

在试图辩论或者劝阻他人之前，我们会先试着理解他人的观点，我们会考虑自己错了的可能性。我们会努力避免所有者的自负影响决策。

我们会接受不同意见，但不容忍冲突。我们会接受差异，但不制造分裂。我们会牢记，团结与和谐是脆弱的，但对我们的成功至关重要。

我们将尽早解决冲突，以避免冲突随着时间的推移而恶化。

我们将避免将孤立的分歧升级为派系冲突，并在看到这种迹象时进行干预。

当我们确实存在分歧时，我们会直接与当事人沟通。在与当事人沟通之前，我们会尽量避免让其他家族成员卷入分歧。我们会避免成为他人的传声筒，而转向冲突对象。我们会让彼此负责任地做到这一点，这很重要，因为这对我们这个家族来说并不是自然而然的。

直接、坦率的沟通很重要，但持续的沟通也很重要。

我们看重隐私和作为一个团结集体的价值，但在适当的时候，我们会请第三方调解人参与，因为我们认识到，和谐和解决冲突比隐私和自尊更重要。在发生冲突时，我们将作为一个团体努力解决冲突，而不是让一个人单独处理冲突。

承诺

我们有幸参与其中，但公司的生存永远无法得到保障。

我们相信，这些目标和价值观成就了我们迄今为止的成功，它们对于一个成功的家族企业的永续经营至关重要。我们有责任将其发扬光大。

我们每个人都同意牢记这些原则，按照这些原则行事和生活，并让彼此对它们负责。这是我们作为所有者的庄严约定，对此我们绝不会自满。

这是我们承诺维护和铭记的共同目标、价值观和原则的体现。

家族宪章是一项了不起的成就。但无论采取何种形式，一个家族要成为世代家族，就必须有一个有意义的使命和存在目的，规定行为并制定政策和实践来指导自己。世代家族不仅仅是一种意图，它还是一个可以实现家族很多目标和目的的复杂载体。在每一代的参与下，它都会变得更加复杂。家族宪章的不断进化是使世代家族实现跨代繁荣的一种方式。

家族宪章不是一个产品，也不是家族可以起草然后实施的东西。正如我们从世代家族的例子中了解到的，它是在家族设计其治理过程中不断演变和发展的。它不是在此之前或之后发生的，而是与之同时发生的。除了编纂和解释家族法律和商业文件，家族宪章是一项共同的活动，通过下一代的参与，激励和邀请他们参与其中。它生动地展示了如何做到这一点，以及承担管理角色的好处和责任。家族宪章还有助于家族找到解决分歧和冲突的正确方法，并整合家族中出现的各种活动和风险。如果没有家族宪章，家族可能就会面临工作目标不一致的风险，无法团结一致并继续取得长期成功。

在你的家族企业中采取行动

家族宪章是许多家族活动的成果，这些活动可以单独进行，但最终会汇集在一起形成代际指南，即家族宪章。以下是一些有助于制定家族宪章的重要活动。

遗书（或视频）

老一辈有很多智慧可以分享，这些智慧通常会反映在他们的行为中，但它们并不为后辈所知或对后辈有用。家族长辈可以通过书信或视频的形式与新一代分享他们的学习成果和期望。这非常令人感动，尤其是在他们去世后，那些对他们略有了解或根本不了解他们的年轻人观看这些视频时。这也为信托文件中可能枯燥的期望或指示增添了活力和情感表达。这些文字通常被写入家族宪章的序言或开头。

寻找法律文件的意义和实用性

法律协议、公司章程、信托文件和股东协议往往只存在于家族或律师的办公室中。人们认为这些文件既神秘又无关紧要，而实际上它们是家族组织的基础，应该向每一代新成员介绍这些文件的内容，并使顾问和家族成员有机会了解和熟悉这些文件。这种介绍通常会在起草家族宪章之前进行，人们通常会在这个过程中提出一些问题和模糊不清的地方，必须加以解决。很多家族分歧和不公平感的产生都是因为年轻的家族成员不了解和理解这些协议。在审查和理解协议后，家族聚会可以确定向顾问或家族领导人提出的问题，以及需要进一步发展的领域。

召开家族"制宪会议"

制定家族宪章不是一个一步到位的过程，家族宪章也不是顾问可以起草的东西。顾问可以提供帮助，但它只能由一个代表家族主要声音的机构制定。它与家族理事会或其他家族治理程序的启动没有区别或不同；相反，它更应被视为新的家族理事会或家族大会的首批活动之一或这些组织的开始。

这一过程可以从召集家族成员召开家族大会并介绍制定家族宪章的性质和原因开始。它旨在明确指导家族企业的价值观、规则和实践。这项工作由一组代表每个分支、主要群体和每代人的家族成员完成，其中包括年长的领导者。这个小组由四至八位家族成员组成，负责收集现有文件，并开始上述制定家族宪章的过程。他们希望与家族成员面对面交流，分享草案和想法。在共同完成工作后，他们将召开一次大型家族会议，仔细地阅读和审议家族宪章。这可能需要召开几次会议。

首先，你们可以从全局开始，即家族的使命、宗旨和价值观。然后，你们可以开会讨论每个主要家族实体（即家族理事会、董事会和其他企业）的性质，以及它们是如何组织的。这个过程不是一蹴而就的，通常需要召开大大小小的会议，直到形成可行的草案。最后，你们可以在一年的时间里使用和测试该草案，再重新审议，并进行中期修正。

家族宪章起草完成后，定期对其进行审查并制定修改程序是很重要的。没有定期更新的家族宪章是站不住脚的。

第四部分

家族的新生代：维系未来

第 13 章

释放新生代的潜能：如何培养有能力的接班人

几乎每一个世代家族都有一个特点，那就是深入、持续、积极地参与培养后代的技能和奉献精神。它们意识到，这些年轻人是它们最重要的资源，但这些年轻人并不会自发地成长为优秀的管理者。虽然他们在家族企业中拥有一个至关重要的、独特的机会，但要很好地利用这个机会，就需要参与、投资和积极的措施。家族长辈意识到，财富可能会对他们的后代产生负面影响，所以他们深思熟虑地投资于很多项目和实践。本章首先介绍了富有的年轻人普遍面临的挑战，然后探讨了父母和世代家族如何为他们的企业培养有能力、有责任心的管家。

每个家族，无论富裕与否，都面临着将孩子培养成社会有用之才的艰巨挑战。但正如有言：获得更多的人，理应奉献更多，一个拥有很多共同资产的富裕家族面临着更多的挑战。由于一个这样家族的年轻成员可能要对庞大而复杂的金融和商业实体负责，因此他们必须学习那些没那么幸运的人从未接触过的技能。他们还需要学习和接受家族关于工作、负责任的行为、生活方式、金钱、传承和社会责任的价值观。

世代家族会教育下一代，让他们为照顾自己的资产做好准备，并利用他们所获得的自由和机会做出重要贡献。任何一个家族都不希望自己创造了巨额财富，却让子女变得懒惰、浪费和喜欢不劳而获。世代家族希望培养年轻的家族成员的品格，而且它们希望这种品格在不受胁迫的情况下得到发展。我们来看看这些家族是如何积极、明确地做到这一点的。

这些家族认为，一位负责任的继承人应具备以下品质：

- 从事受他人重视的、富有成效的职业，这些职业是自己关注并已熟练掌握所需技能的；

- 家族资产的知情所有者（或准所有者）；

- 恪守家族价值观并参与家族治理的优秀家族公民。

要应对这一挑战，不仅要有良好的意愿，还要设计一个有严格支出规则的信托。世代家族采取的家族发展实践可能比创建一家成功的企业更耗费时间和精力，要求也更高。这可能就是这样的家族非常少的原因。

经济和商业上的成功为后代开辟了新的道路。老一代人会从长远的角度考虑未来，其中一个重要因素就是让他们的子女和继承人过上好日子。正如美国开国元勋约翰·亚当斯（John Adams）在写给妻子的信中所说，这一直是富裕家族关注的问题：

我必须学习政治和战争，这样我的儿子们就可以自由地学习数学和哲学。我的儿子们应该学习数学和哲学、地理、自然历史、造船、航海、商业和农业，以便让他们的孩子有机会学习绘画、诗歌、音乐、建筑、雕塑、戏剧和瓷器。

这封信强调了这样一个事实，即老一代人可能会为他们的子女设想一个与单纯继承家族事业截然不同的未来。在他们看来，家族的成功为他们的子女提供了更丰富的机会，这些机会并不是所有人都能得到的。

但是，面对未来无限的可能，他们的子女可能会感觉难以抉择。除了技能之外，他们还需要发现人生目标，并在家族传统价值观的基础上形成自己的人生价值观。每一代父母都希望能够控制财富对子女的积极影响。然而事实上，控制是有限的，他们只能寄希望于影响子女、为子女树立榜样，并与子女共同探讨未来。我们将在本章的最后一节中探讨世代家族如何开展为下一代营造积极这种氛围的活动。每当新一代成为领导者时，他们的父母都会展示出自己在实现这一目标方面取得的成功。

我们进行的研究的核心发现之一是，世代家族注重通过积极投入家族资源来培养子女的技能和承诺，从而为他们创造机会并鼓励他们的发展。一位第三代家族领导人认为：

你必须花时间开发每位成员的潜能。人们不了解教育的重要性，也低估了建立一个强大家族所需要的时间、关怀和奉献。但对我来说，一切都发生在家族中，所以我们大部分时间都用在了这方面。我们的家族企业就是个性化和集体主义的结合。

一位亚洲家族领导人解释了这个"项目"的方方面面：

至关重要的事情是新一代的进入、我们希望继承人做什么、我们希望父母向孩子们灌输的价值观、我们希望家族在各种事务中发挥的作用，以及我们希望获得参与基础项目的机会。如果他们想参与进来，那么我们会提供暑期工作，孩子们可以利用这个机会开阔视野，无论他们是在上高中还是上小学。我们有社区项目，会派一些孩子去医院或仁爱之家工作。我们会让他们了解我们认为重要的商业活动。

世代家族提到了培养下一代的几个原因：

- 让接班人维持和监督家族资产，明智地使用这些资产，同时成为下一代的管家；
- 利用家族资源开发每个人的潜能；
- 培养一批接班人，让他们秉持家族所遵循的价值观，继承家族传统，经营利润丰厚、富有生产力的企业。

没有传统企业或大量共有资产的家族，则在核心家族内部私下培养有能力的后代，帮助他们做好准备走上自己的人生道路。世代家族的情况也是如此，但它们面临另一个问题：考虑到共同的资源，世代家族需要有责任心和有能力的家族成员为后代管理这些资源。因此，它们必须向继任者传授更多的技能，培养继任者作为财富管家的敏感性，否则这些继任者就有可能因疏忽或不称职而失去财富。他们需要学习的财务技能要比编制预算或平衡收支表复杂得多。因此，世代家族经常将这种教育作为一项家族集体活动来开展。

许多世代家族还认为，这种发展的主要责任属于每个家庭。正如一位领导者所说："不同的家庭对应该为人们提供多少信息、对金钱和消费的态度，以及孩子应该拥有或不应该拥有什么有着不同的看法。因此，这些事情更多地留给了每个家庭或分支自己处理。"大家族则在价值观和品格的基础上，通过每个人都同意的家族活动，为家族事业增加特定的技能和承诺。

我的同事吉姆·格鲁伯曼（Jim Grubman）和我曾介绍了一个家族的创富历程。财富创造者通常出身贫寒，可谓财富体验和使用的新移民。正如我们在第4章中所说，他们是白手起家的，他们还记得获得财富所付出的努力：艰苦的工作、个人的主动性、个人的动力和高度的自律。

他们的子孙出生在家族富裕的环境中。他们是家族财富的原住民，财富始终是他们生活的一部分，他们成长在财富的世界中，财富左右着他们的日常生活。但他们也意识到，这些财富并不是他们创造的。由于不知道财富从何而来，因此他们常常担心如果没有这些财富，自己该怎么办。他们听父母说，他们应该准备好走自己的路，但由于他们从小衣食无忧，因此这实际上意味着规划更多的是理论而不是现实。他们体验到的是焦虑，而不是方向。

当父母展望他们希望孩子学习的东西时，他们往往会强调独立行动的技能，而这些技能对他们来说非常有用。他们的孩子必须学会自力更生，能够自己创造生活。父母的初衷令人钦佩，但他们对下一代需求的了解并不全面。除了学习如何在事业和人际关系中找到自己的方向，世代家族的年轻家族成员还需要学习与家族资产和财富相关的其他知识。

由于他们的家族是由信托和共同的金融实体联系在一起的，因此他们必须学习监督和管理这些资产的技能，学习如何与兄弟姐妹、表兄弟姐妹和配偶和谐共处。继承财富并不意味着一个人有能力明智地使用财富，他必须学会谨慎使用财富。家族中的年轻成员需要协作和团队导向的技能来监督、管理和增加家族资本。他们必须了解成为一位负责任的家族管家意味着什么，并共同努力实现这一目标。

年轻家族成员的成长之路

继承财富：目的是什么

一位家族领导人说："一切都是为了钱。"虽然很多家族长辈都持有这种观点，但大多数世代家族都认为这种观点是有局限性和短视的。虽然金钱在下一代家族成员的人生选择中占有重要地位，但家族的延续也取决于各种形式的家族资本的发展。金钱本身不足以让家族成员为彼此奉献。他们需要一个令人信服的目标，将自己从个人生活中抽离出来，投身于家族企业。

经济回报不仅是为了眼前的享受，也是为了子孙后代的持续发展，以及用于基于价值观的事业。家族成员必须在当前和未来的需求之间、消费和服务之间取得平衡。

通过保持几代人的团结和利润再投资，家族企业能够保持规模和盈利。财富本身不是目标，财富的价值在于它能让个人和家族做什么，以及个人和家族如何使用它。这是家族成员共同决定的事情。在某个时候，往往是在新一代的倡议下，家族成员开始互相询问这些财富的用途。

一个百年南亚家族拥有 450 位家族成员，一位年轻的继承人这样说：

前 80 年，我们基本上是在生存和积累财富。现在，我们的情况非常好：现金流更多，红利更高。随着财富的增加，年轻一代处理财富的方式可能会发生变化，所以我们必须非常清楚这些财富是如何分配的，以及我们如何在所有这些看似成功的事情中坚持我们的价值观。

随着共同活动和家族的基础设施越来越多，在富裕家族中长大的年轻人不禁会对家族财富产生疑问，他们想知道：

- 他们在生活中可以期待什么；
- 使用和受益于家族资源的规则；
- 家族企业是什么及其运作方式；
- 他们可能期待在企业和家族中扮演的角色；
- 要维持这些财富，他们需要做些什么。

家族可以通过积极的方式来引导这种好奇心，并提供答案，这样年轻的继承人就能够继续他们的生活，并做出明智的相关决定。

正如我们在第 2 章中所说，家族财富还包括人力、关系、社会和精神资本。这些形式的资本可以比原有的金融财富持续更长时间。此外，发展非金融资本还能为家族增添意义和共同目的。

对世代家族而言，制定和确认其各种家族企业和财富的价值观和目标是它们工作的重中之重。家族可以采用让新生代参与其中的方式，努力解决"我们的金融财富将用于何处"等问题。共同的价值观和使命是十分必要的，这样，随着新成员的出生和结婚而加入家族，家族成员会同意或调整他们正在一起做的事情。

由于家族成员众多，过上安逸生活的期望可能不再现实，但孩子们不应该是最后明白这一点的人。除了全球有闲阶层中的极少数（但非常显眼的）成员，第四代或第五代家族继承人可以期待一笔不错的"生活方式补贴"来补充他们的收入，例如，使他们能够以较低的工资从事一份有价值的工作，但又不至于完全不工作。一位家族继承人说：

> 家族财富能够让我过上轻松舒适的生活，并且供孩子们上大学。我的孩子们也是这样看待家族财富的。我儿子有自己的生意，我给了他很多支持，但他知道这种支持来自我们的家族企业，家族成员肯定也知道这一点。这就是我们的成功之处。不仅如此，我们的家族事业仍在不断发展。

家族不能指望在富裕环境中长大的孩子能理解这些限制，而必须帮助他们避免对家族金融财富不切实际的低估或高估。这些孩子可能对最后通牒反应迟钝，他们需要父母的警告和积极指导，让他们为未来成为管家做好准备。

家族有不同的财富分配方式，每种方式都深深影响着新生代的心态、动力和发展。南欧、中东和南美等地区的家族在传统文化的影响下，会为每位家族成员提供津贴或定期分配（通常按年龄分配）。在我们的研究中，只有少数传统家族采用这种方式，而且其家族成员都表示这种方式会适得其反。当收入与所有权或家族参与无关时，收入的存在就会给人传递一种信息，即后代不需要做什么就有资格获得收入。这使得家族组织更加困难。大多数世代家族都会将遗产分给各个家庭，即使遗产由信托所有，而且每个家庭或家族分支都会以自己的方式分配遗产。因此，一个传统家族可以有多种继承方式。

第一代财富创造者通常会创建一套复杂的金融结构（信托、控股公司和基金会），这个结构形成了每一代人的现实。正如一位社会学研究者所观察到的：

> 在代际衰老和过渡的过程中，家族必须在其财产的组织中创造一个卓越的、具有控制力的自我版本，以实现组织的一致性，从而保持其名字的神秘性，并确保其在社会环境中继续行使贵族职能。这种一致性与其说来自其成员对共同血统的承诺，不如说来自法律的适用性和受托人的责任。受托人的主要职责是保护创始人的传统免受人心涣散的家族争吵的影响。

这些安排可以被视为一种从严到松的连续控制。一端是目的信托，它只能以明确规定的方式使用资源。中间是可以使用的资金池，有规则和限制，通常由一位非家族成员受托人管理。一些继承控制较为宽松，但资产的表决权被指定给一位家族领导人。另一端，没有控制权，家族所有者可以自由决定如何共同使用他们的财富。

因此，在继承人和家族财富之间还有信托和金融实体以及家族顾问，所有这些都是继承人必须了解、接受、驾驭并最终监督的。在了解这种法律结构后，年轻人可能会感到自己被低估或不被信任，例如，当他们被赋予的是一个权力或影响力有限的受益人角色时。成功的家族必须提供培训，使这种关系和谐、令人满意，也可以寻找允许更多灵活性的方法。每位年轻的家族成员都必须了解这些选择，并学会如何以一种互惠的方式与它们相处，而这种方式可能并不是一目了然的。通过理解、协商和参与，这些年轻的家族成员可能会发现最初并不明显的灵活之处。为了避免争吵和冲突，家族必须建立友爱关系，并承诺共同努力，使家族财富服务于家族目标。

富裕家族中的养育和性格培养

父母的首要责任是培养有生产力的成年人。如果家族也是一个经济单位，那么家族通常会培养子女在家族企业中履行责任。世代家族的成员表示，如果家族拥有大量财富，这项任务就会变得更加艰巨。财富可能具有诱惑力，它深深地影响着孩子们如何成长，影响着他们如何认识到财富不仅仅是让他们变得特别和舒适的东西。家族必须传授价值观，让孩子们明白自己有责任成为财富的管理者，确保财富得到合理使用。

另一个挑战是，富有的孩子在成长过程中会有一种特殊感，这种感觉有时会让他们觉得财富使他们比其他人更好，这就是所谓的权力。与之相反的是，维护财富并使其增值的服务意识和责任被称为管家精神。特权家庭的目标是帮助其子女从享受权利转变为承担管家责任。本章探讨了这一努力的两个方面：第一，父母在子女上大学之前的积极作用；第二，年轻人发展个人身份的历程。第一阶段是家族积极参与、教导和学习的黄金时间；随后是逐渐放手的时期，因为年轻人要完成高等教育，并开始他们的第一次工作经历。

父母应在价值观方面树立榜样，并教导子女承担责任，即使他们并没有意识到自己在这样做。他们可以在家族对话中传递关于财富和生活中什么重要、什么不重要的"信息"。例如，一位年轻女性自豪地向父亲展示了她在一个服务项目中工作赚来的第一份薪水。她父亲的回答是："你为什么要工作？你不需要工作。"这句话对她的影响是，她对工作总是隐约感到内疚，因为她从需要钱的人那里拿走了钱。

大多数世代家族都报告说，它们成功地向后代（如果不是大多数的话）传递了这样的信息：如果"金鹅"停止生蛋，他们就必须培养职业道德和照顾自己的能力：

> 我们关注的是家族成员想做什么。我们鼓励家族成员，明确地告诉他们："你们可以从企业获得支票。如果你不想在家族企业工作，没关系，但去做点什么吧！了解你想做什么，然后就去努力做吧！"这样他们就学会了生存技能，因为我们不知道如果财富耗尽会发生什么。

年轻人根据父母传递给他们的信息和父母做出的榜样形成价值观。他们可能会了解到，一个人的价值是由他有多少钱来衡量的，或者有钱人会做或不会做某些事情。这些信息可能是有意识的，也可能是无意识的。

金钱对青少年来说有很多含义。孩子们对金钱从哪里来特别好奇，因为它非常抽象，非常神奇。他们必须知道，有些人没有漂亮的房子和学校。他们的经验可能是，当你想要钱的时候，你只需要在自动取款机前停下来取一些钱。当孩子们独自出去工作或度假时，父母可能会用钱当作奖励或送他们礼物，让他们明白金钱只能勉强代替爱和参与。

我们采访的家族成员表示，他们家族对财富的价值观源于家族内部的参与和榜样，而不是政策和规则。下面是一个南美家族的一位成员讲述的他们（父母）如何影响子女的故事。

我培养我的孩子成为领导者，并遵循家族的价值观。他们在很小的时候就开始和我们一起工作。我们和他们一起去参加体育活动，在我生命中的每一天，我都与每个孩子交谈。每天晚上，我们都会聊聊天。这其中有两件非常重要的事情。一个是沟通能力。我们都有很好的沟通能力。沟通并不是从他们开始工作才开始的，而是从他们四五岁吃早餐时或打篮球时开始的。我们尽量每晚一起吃饭。每个星期天，我们都会去教堂，我认为这样做强化了家族价值观。我的妻子很棒，她是首席情感官。当你给人们安全感和足够的爱并尊重他们时，他们就会有安全感。人们之所以会焦虑、紧张或担心，是因为他们没有得到足够的爱。

这些价值观传递给了孩子们。我和妻子坚持要让他们接受最好的教育。我想，如果我们的孩子不想学习，我们就不得不强迫他们。但我们真的努力培养他们，让他们在学校表现出色。他们在这里上的都是最好的学校，但每年夏天，我们都会送他们去美国参加暑期课程。由于我祖父从来没有机会接受良好的教育，因此他经常告诉我："我告诉过你父亲，我不会把我的遗产给他。我要留给他和你的叔叔阿姨们的唯一一样东西就是教育。这是任何人都无法夺走的唯一遗产。"这是一个非常好的信息。

他让他的孩子们认识到，尽管他们生活在一个富裕的社区，但他们不会拥有其他孩子所拥有的一切。虽然他们的家庭比大多数同龄人的家庭富裕，但他的孩子却被教导消费时不能大手大脚。

孩子们通过做家务和帮助做家务来学习工作。如果有家族企业或家族办公室，那他们可以去帮忙，体验工作。这也可能是他们第一次获得报酬。通过参观家族企业和了解工作是如何做的，他们可以直观地看到家族传统的由来，并想象自己可能的未来。同样，如果整个家族共同参与社区服务工作，孩子们就会了解其他文化，以及这个世界上一些人经常面对而另一些人没有机会面对的挑战。这是一堂很难的道德课。

"我们知道空手要钱不好，因为它阻止了孩子们成为最好的自己。我不希望我们的孩子也这样，"一个多代同堂大家族中的一个分支的族长说，"我非常清楚，我希望我的孩子们能自食其力。"这种愿望反过来又促使她和她的丈夫与家族中的其他分支积极合作，建立了一个强大的家族组织，为他们的孩子引入了一种截然不同的卓越文化。

对于一个富裕家族来说，分享家族价值观、讨论金钱和财富是一个至关重要的任务。一位南美家族继承人介绍了他的家族如何建立起一种"反文化"，挑战同龄人中普遍存在的物质主义，这对他们来说是很难学到的一课：

我注意到很多孩子很早就开始学习打马球、驾驶游艇和开跑车。我们没有这样做。他们得到的第一辆车是沃尔沃。没有游艇，也没有马球。我们要学的是好好学习，帮助邻居，关爱家人。当我们在学校的朋友买了一辆高级的新自行车时，我妈妈会说："没必要。你可以买一辆简单的自行车，它也能骑。"他们从不与人攀比。所以，如果别人有车，我们就有自行车。如果别人有耐克，我们就有匡威。从这个意义上说，钱并不重要。直到我们长大，我们才开始讨论这个问题。我们学会了适度理财，学会了节约金钱。不要放纵自己。

我记得我有一个用纸糊的存钱罐。每天，他们会给我们75美分或1美元，让我们买可乐或糖果。我从来没买过可乐或糖果。我每天都把钱存起来，放在存钱罐里，不知过了多少年。就这样，我存了将近2000美元。然后我买了股票。我那时大概十四五岁，我对父亲说："你给我买点股票吧！"于是，他给我买了一些股票，现在我还持有着。我还收集汽车贴纸，在学校卖掉。用这些钱，我和邻居们一起买了一个槌球游戏，并且组成了一个槌球联盟。

长期存在的家族财富所面临的一个挑战是其成功的副产品。经过几代人的努力，家族形成了价值观，并且树立了服务社区的公众形象，以及充满活力和成功的企业形象。外界看到的是繁荣和服务。下一代家族成员从这种看法中受益，他们感受到尊重，拥有社会地位，但有时也会招来嫉妒。

年轻的家族成员可能需要帮助来应对这种公众看法：

在价值观方面，我一直在强调我们为什么要聚在一起。在我的家族中，除了我们自己，很少有人与这笔财富有关系。我们不是洛克菲勒家族。我们都生活在这样一个事实中：人们认为我们有私人飞机，过着奢华的生活，但我们没有。我们只是比大多数朋友过得好，所以我们很幸运。没有人愿意抱怨有钱或随之而来的问题，所以你不知道该如何讨论这个问题，也不知道该与谁讨论。通过聚在一起，我们获得了一个可以谈论这个问题的舒适空间。我们需要以这种方式相互依靠，分享经验和想法。如果这个问题发生在我们的孩子身上，我们该如何解决？我们都是小白鼠。

虽然"家族"很富有，但成员个人可能无法控制或获得这些财富。外界可能认为他们很富有，但作为个人，他们感到自己受到限制，经济能力有限。这可能会让他们感到焦虑和不安。当有人向他们借钱或希望他们总是为晚餐买单时，他们会有何反应？几位继承人提到了不让同龄人知道自己家族财富的重要性；一位家族成员在进入大学时改了名字，这样他就不会与他父母的慷慨捐赠联系在一起。

世界各地的家族在财富方面都有一个共同的特点：他们不谈论财富，或者很少谈论财富。很多世代家族都经历过对子女隐瞒财富所带来的不信任和无能。他们开始学习（通常是经过一番挣扎）如何与子女谈论金钱、财富和继承权。很少有家族从一开始就这样做。第二代或第三代领导人、非家族成员领导人或顾问可以引导家族成员进行这种对话。我们采访的一个家族在第一次尝试家族讨论时遇到了困难，但在再次尝试后取得了成功。

如果家族不允许孩子们谈论金钱和财富，孩子们的感受和挣扎可能将无处安放，他们可能会做出有违自己初衷的人生选择。有几位家族成员谈到，他们隐约对有钱有一种负罪感。一位家族成员说："我没有赚到钱，所以我觉得这些财富并不是真正属于我。"虽然家族财富能带来很多好处，但富裕家族的成员始终能意识到继承财富的双刃性。年轻人需要指导来处理这些复杂的感受，而这种指导最好在私下讨论中进行。

世代家族会定期见面，谈论金钱和财富，这与不谈论这个话题的大多数家族，甚至是富裕家族，形成了强烈的对比。父母会回忆关于未来的谈话。他们会尽量采取轻松的方式，让下一代参与进来，同时也为下一代成员确立了明确的价值观和期望。

解释家族财富的意义和用途是很困难的，这需要高度的参与和付出。下面是一个欧洲家族族长的例子。他与他的两个儿子定期开会，他们一起打拼事业：

现在公司的规模还很小，可以非正式地这样做，但我们意识到将来必须更正式。我和我的儿子们（第三代到第四代）在过去的 10 年里已经就转型问题召开了正式会议。每年两次，我们 24 小时坐在一起。我们称之为"你好吗会议"。我们以正式的方式就将为下一代做什么样的事情交换意见。这就像一个商业家族会议。我们在我家就是这样做的。

基本问题是：公司总体情况如何？你们最关心的是什么？怎样才能让对方更开心？我们会看看你喜欢什么，不喜欢什么，哪里出了问题，或者我怎样做才能让你更开心？我会犯错，你也会犯错，你每周都会犯错，你必须接受自己的现状。你无法改变这一点，但你认识到了这一点很好，这样你就会尽量避免这些负面的事情。

是什么导致父母和孩子开始交谈？可能是一场危机、突然或过早的死亡、一笔意外之财或损失。也可能是年轻家族成员提出的一个问题。父母要么敞开心扉，要么闭口不谈。

父母和子女之间很难畅所欲言、坦诚相待。其中一个原因是，年轻人会觉得父母在寻找特定的回答，他们所问的问题都有隐藏的目的。因此，为了进行家族对话，并表达他们愿意倾听子女想法的意愿，父母必须提出更多问题，而不是陈述自己的观点。父母必须清楚地表明，他们想听到孩子的回答，而不是打断他们。如果他们只得到一个字的答案，他们就会温和地继续追问。这就是所谓的抱着探究的态度，而不是倡导的态度。虽然父母确实都有自己的计划和观点，但先从年轻人那里了解他们的想法和感受，也是家族对话获得成功的一个途径。

灌输价值观很少是一个正式的过程；相反，父母会通过自己的行动树立榜样。然而，一些传统家族也会主动与子女就家族财富的意义进行专门的对话。这样做似乎没有固定的年龄。大多数家族采用循序渐进的对话方式，即在不同年龄段适当地分享信息和传授技巧。一位现任家族理事会主席的继承人说："我们讨论过幸福的来源，拥有和睦的家庭、可靠的朋友、美味的食物，快乐的学校生活……这些都是实实在在的东西，你可以随时调用。"

在崇尚消费的外部环境中，大多数几代人都很成功的家族都培养了一种精打细算的消费理念，并对家族支出进行限制。灌输这种理念需要父母的共同努力。这个在多个国家拥有悠久历史的第六代家族体现了以下价值观：

我们的价值观集中体现在努力以节俭的方式生活，尽量不滥用家族财富，并尊重他人。我们在相对年轻的时候就得到了相对适度的数额。我听说过其他一些家族，家族成员在 18 岁时就有了一个信托基金，里面有数百万美元的资金。对我们来说，重要的是不能这样做，因为这样做会给后代带来重大问题。

延伸阅读

家族期望继承人拥有的价值观

令人惊讶的是，我和我的研究团队发现，世界各地的传统家族希望子女拥有的价值观非常相似。

- **慷慨**：年轻人应该回馈社会。
- **尊重**：年轻人应该重视各种财富背景的人。
- **职业道德和技能**：年轻人应该有能力自己赚钱，找到自己喜欢并能获得成功的工作。
- **自尊**：年轻人必须学会在财富之外发现自己的价值。
- **财务素养**：年轻人应学会如何理财。

> - **对财富负责**：年轻人不应被财富宠坏，应该明白财富只是一种工具，而不是目的。
> - **节俭**：年轻人应谨慎消费。
> - **自豪**：年轻人应珍惜财富带来的机会。

这里所述的努力主要是为这些价值观的形成营造一种家族氛围。正如一个欧洲家族的第三代家族领导人所说，创始一代的价值观具有影响力：

红利并不是我们真正赚来的。上几代人创建了这家公司，付出了很多艰辛的努力，所以我们需要负责任地、明智地使用分给我们的钱，而不是挥霍无度。我们热衷于慈善事业，生活简朴，就像创建了这家公司的我的祖父和祖母一样。他们选择住在他们已经住了50年的砖瓦房里，而没有决定将其换成豪宅。他们对自己所拥有的一切感到幸福、满足和满意，并将钱花在其他方面，无论是带家人和朋友去旅行，还是去参加文化活动。不要把自己所拥有的一切视为理所当然，而要将其用于教育和长期价值。

祖父母（长辈）可以成为强大的老师和榜样。他们令人尊敬的经历以及与孙辈的特殊关系，让他们能够共享特殊的家族传统：

每年夏天，孩子们都会在没有父母陪伴的情况下和我们住两个星期，这是我们作为祖父母向下一代回馈我们的一些价值观、传承我们的一些传统，并培育这段历史和这些传统的机会。每隔五年，我们家族都会举行一个重要的仪式。我们会盛装出席。从孩子五岁开始，我们会在乡下别墅的院子里为他们种一棵树。当他们十岁时，他们会得到一个宝箱，里面装满了家族的所有历史、影像资料和手工艺品。

 延伸阅读

金钱价值观教育的三个盒子工具

价值观教育很早就应从家里开始。一些家族提到的一个工具是"三个盒子"。当孩子第一次得到零花钱时，他或她会被要求将钱分别放到三个盒子里：一个用于消费，一个用于储蓄，一个用于给别人。对于年幼的孩子来说，这种区分刚开始很难理解，但一旦学会，这个原则就将对其一生产生持久的影响。

以下是一位家长对采用这种活动及其影响的描述。

我们的孩子是在一个推崇"获得更多的人，理应奉献更多"这种理念的家族中长大的。我们从他们大概四岁的时候就开始了。他们有三个罐子，分别是零花钱罐、存钱罐和捐赠罐。他们必须将零花钱分成三份，分别放进不同的罐子里。通过学校活动、教堂等，他们很小就开始将捐赠罐中的钱捐出来。多年来，每当我们做出重大贡献时，我们都会请家族成员来。他们参加了许多慈善活动和仪式。我们有一份管理协议，你必须在公司外工作两年才能来公司。大学毕业后，我儿子去了非营利机构为美国而教（Teach For America）工作，帮助那些处境非常困难的孩子。

下面是另一种说法。

很多人都在想："我的孩子现在才 10 岁。在他 18 岁之前，没必要教他什么吧？"但我认为真正的答案可以追溯到他们四五岁的时候。我们采用了三个存钱罐的想法。我们每周都会给孩子们零花钱，但他们必须记得向我们要零花钱，这是一个小转变，很少有人这样做。实际上，他们有一定的责任去要零花钱并记住，这样零花钱就不会像红利支票一样每年都会出现。我们给他们三个硬币，他们就有三个存钱罐，一个上面写着"消费"，一个上面写着"储蓄"，还有一个上面写着"慈善"。每周，他们都会往每个存钱罐里投一枚硬币。这将带来很好的学习机会和教学机会。所以，如果电视上播出了关于森林大火的新闻，孩子们认为有些人的房子被烧毁了，这很糟糕，那么我们就会说："让我们用你的'慈善'存钱罐里的一些钱，去帮助那些需要帮助的人吧。"他们打开存钱罐一看，里面有 10 美元，然后再决定捐多少钱。我们会告诉他们："如果你把钱给了这个人，你就没有钱再给其他人了。"他们在很小的时候就开始考虑这些不同的问题，这对他们来说是很自然的。

他们懂得了金钱的价值。我孩子的一些朋友不知道一辆车的价格是 1000 美元还是 100 万美元。但在他们的"消费"存钱罐里有一定数量的钱，那么当你们逛商店时，孩子们总是说"我想要这个乐高"或"我想要那个玩具"，讨论就可以回到"你的消费存钱罐里有多少钱"。孩子会说"我有 10 美元"。那么，如果你必须要买，那个 50 美元的乐高盒子看起来就不怎么样了，是不是？

我的孩子们决定在路边开个商店，出售他们能拿到的任何东西，无论是花园里的石头、鲜花、棕榈叶、纸飞机，还是他们能做的任何东西。他们竖起牌子，说是为了慈善事业，拦住街上的行人。他们乐在其中，乐此不疲，还赚了一大笔钱。然后我们会讨论如何花这笔钱。你可以说："你可以为一个家庭买 1 只羊，或者买 20 只鸡，或者买一些果树。"然后你们会讨论哪些东西能用得更久，哪些东西最有益。这一切都会引起热烈的讨论，我希望孩子们从小就养成这种习惯。

培养财富之子的身份认同感

即使有父母的支持和参与，在富裕家族中长大的年轻人也必须发展出独立于家族的积极的自我认同。虽然有很多年轻人崇尚物质、有权有势、被"宠坏"，甚至自我毁灭和迷失的例子，但我们研究的一些家族表示，家庭长辈对下一代进行基于价值观的参与式投资，是对这种倾向的有力反击。这种投资从家庭开始，然后扩展到在家族企业背景长大的表亲的大家族"社区"。大家族通过提供美好社区的成员资格来强化这一信息，这个社区有着共同的事业，并致力于积极的社会价值观。成员有回报，但也有责任。为了准备加入大家族企业，成为一名管家，年轻人首先要培养个人的目标感和能力，从而在家族企业中发挥积极作用。

对年轻人来说，财富的标志无处不在。这强化了他们的"特殊"感，影响了他们对未来的期望、选择和担忧。这种成长经历可能会为继承人提供一种不寻常的自由来定义自己。但是，同样的自由和特权也使他们在做出正确选择和对自己的财富感到满意时变得更加复杂，因为在这个世界上，继承了财富的人可能觉得自己会被那些因拥有较少财富而憎恨他们的人看不起。年轻的继承人将金钱和财富融入自己的工作、个人关系和生活选择的方式形成了财富认同。

在知道自己的生活得到了补贴后，这些年轻人如何在众多可能性中激励自己，并选择自己的生活？生活在父母的阴影下，他们想知道自己能做些什么才能变得有意义和重要。如果将财富花在毫无意义、自我否定或破坏性的追求上，就会失去财富带来的机会。如果继承人不确定财富对他们意味着什么、他们想用它做什么或者它如何融入他们的生活，财富就会成为困惑的根源。他们会发现自己一会儿做这个，一会儿做那个，没有足够的动力坚持做任何事情。

钱本身不是问题，问题在于财富带来的地位和认同感可能会让他们有权力感，但也有可能让他们产生被禁锢和孤立的感觉。拥有和继承金钱对年轻人的核心身份会产生显著的影响，即影响他们如何看待自己以及他人如何看待自己的信念和价值观。继承人可能会有负罪感，或者觉得自己不配得到这些礼物，从而使他们更难培养自己的身份认同感。身份认同感的培养并不完全来自父母的教导。然而，作为大家族一员的经历会对他们的成长历程起到不可估量的作用。

如今，富有的继承人是在一个"镀金的贫民窟"中长大的，在那里，他们遇到的大多是与自己相似的人。由于受到保护，因此他们没有太多的生活经历，也没有太多机会管理自己的事务。他们不会独自外出，甚至不会独自玩耍。"直升机"式的父母监视着他们的一举一动，并为他们安排好每一项活动，几乎不给他们留出自我探索的空间。

尽管他们拥有财富，但他们的人生经历却因此受到限制。进入大学后，他们可能会第一次独立生活、与别人共享空间，并在没有人提醒的情况下准时到达目的地。他们可能会遇到与自己不同的人，并向他们学习。他们可能会拓展自己的视野，也可能被困在其他继承人的圈子里。他们需要做好准备，去走自己的路。

这一成长历程可以被描述为一个三角形（如图 13-1 所示），父母和年轻人都要参与其中。

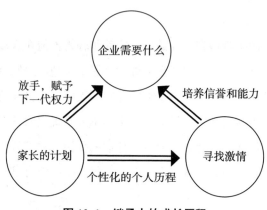

图 13-1　继承人的成长历程

年轻人可以通过父母的言传身教学习，也可以通过大家族的活动学习。但年轻人必须通过踏上个人旅程（大学、旅行、人际关系、工作）来培养个人认同感、能力、自信心和使命感。随着这段旅程的展开，年轻人会以各种方式回到家族，参加家族大会和其他家族活动。这种内 / 外 / 回归模式需要长辈的支持。

一些做法可以帮助世代家族中的年轻人走好这条路。首先，长辈要放手让年轻人找到自己的方向。长辈可以鼓励年轻人独立创业，可以在教育或旅行等方面给予他们适当的支持，但不要太多，以至于他们不去做一些自己应该做的事情。尤其重要的是，让他们在家族之外找到第一份工作，这份工作不是给他们的，而是他们必须自己完成。其次，父母的期望应该是明确的，尽量不要传递对年轻人的选择表示不赞成的信息。对于那些对某些方向有强烈看法的父母来说，这可能会很难做到。

年轻人希望他们的家人对他们所做的事情感兴趣并给予支持，他们希望父母对自己的选择少一些批评和干预。随着孩子逐渐走向成熟，父母可以对他们表示赞赏，但应减少直接控制。父母应该克制自己用金钱来控制选择和行为的欲望。当年轻人感觉到他们身后有资源支持时，他们也应该独立自主，甚至自食其力，这样他们才能得到最好的发展。家族应就可以从家族得到什么以及期望年轻人做什么作为回报达成明确的约定。如果对什么是自己的、什么不是自己的规定不明确，那么信托和金钱就会成为一个问题。

许多年轻人说，困难的经历促使他们学习和成长。如果他们不奋斗，他们就无法进步。因此，父母如果是拯救者，或者支持孩子逃避困难的后果，就会阻碍他们学习。当危机或困难导致年轻人挣扎时，在身份认同的发展过程中就会出现一种常见的发展序列，这种序列会遵循"英雄之旅"的路线，即一个人开始寻找某样东西，遇到一些挫折和困难，在外界的帮助下克服困难，最终获得包括成就感、个人认同和人生目标在内的奖赏。身份认同发展可以被视为一段经历艰难教训和克服困难的个人旅程，最终当年轻人回到家族时，他们获得了公开的成就和公众的认可。

在富裕环境中长大的年轻人生活在一个安全、受保护、富足和受关注的茧中，这被称为"纯真"状态。在这种状态中，他们感到自己是特别的、无所不能的，似乎没有什么事情会发生在他们身上。然后，也许在他们走出家族的最初旅程中发生了一些事情，如自己的失败、不愉快的人际关系或挑战，这意味着他们不能依赖父母或金钱，而必须自己解决问题。他们受到了伤害和困扰，这让他们开始学习、反思，并接受现实。他们可能不得不克服不良的习惯。在这样做的过程中，他们会自己培养出自信、自我接纳和目标感。

对父母来说，焦虑和对孩子最好的期望会将他们从任何困难中解救出来，从而形成一种相互依赖的循环，让孩子知道父母会一直在他们身边照顾他们。当父母发现自己年幼的孩子遇到麻烦或受到伤害时，他们必须能够给予孩子积极而严厉的爱（即情感上的支持），同时告诉孩子，必须在没有父母无限资源的情况下解决问题。父母必须先学习这一课。

家长的参与在这个阶段很棘手。家长应设法与孩子保持定期联系，就孩子的某些（而不是所有）经历提供建议，但要注意给予支持和提出问题，而不是说教或告诉孩子该怎么做。支持并不一定意味着解决问题或进行干预。利用自己的手段为孩子铺平上大学或就业的路几乎总是适得其反。对于习惯于直接施加影响和采取行动的家长来说，这一阶段的支持可能很难学会。这样的家长不习惯于扮演这种间接的角色。

从自己的人生旅途中走过来的年轻人会产生强烈的自我意识，准备好参与家族事业。他们带着自己的成功经验和一整套技能回到家族中，时刻准备着为家族贡献自己的力量。

学习商业知识和工作技能

家族通常期望并要求家族成员工作，但工作的定义是灵活的。正如一位家族领导人所说："我们对工作有要求，但我们对工资没有要求，所以如果有人选择自己的终身职业是某个慈善机构的志愿者协调员，我们也会认为那就是工作。"

另一个家族创建了其所谓的激情项目，即邀请每位年轻的家族成员在家族的资助下创建一家企业或开发一个项目，做他／她热衷的事情。其目的是让年轻人展现自己的毅力和能力，并让相关社区以某种方式认可他／她的工作。这些项目（如艺术或社会服务项目）不一定有报酬，但如果这些年轻人向社区证明了自己的价值，家族就会支持这些项目。

关于家族企业的教育可以以非正式的方式进行，这对培养期望值和关注职业目标很重要。一位有很多亲戚、但这些亲戚分散居住的中东家族成员回忆说：

我从五六岁开始就被拉着去开会。如果周末有会议，即使我在度假，也会被拉去参加。其次，家里总是有商务客人。总是有家族成员住在家里，侄子、叔叔或出差的人。我们和我的祖父住在一起，所以我父亲和我祖父之间，或者我父亲和他来访的兄弟之间总是有话说。你不禁会听到他们的谈话内容，虽然后来你才明白。你被动地听到并参与其中了。

财富为新生代提供了特殊的机会，让他们可以追求有价值的职业方向。一位家族长辈注意到一位年轻的家族成员（年轻女性）在音乐方面表现出的天赋，在她不知情的情况下，这位长辈要求信托基金投资一件正在被拍卖的稀有乐器。这是对一件珍贵古董的良好投资，也是对一位特殊人才的支持。这位年轻的家族成员后来在世界各地教学和演奏。还有一些家族表示，当家族成员表现出特殊的动机或能力时，它们会对其人力资本进行投资。

新生代的技能

世代家族表示，大量的家族财富对下一代成员来说既是巨大的挑战，也是机遇。在家族成员追求自己人生道路的同时，多种可能形式的共同家族资本也为他们带来了一些诱人的机会。除了传统的企业和投资，还有可能创建新的企业。继承人可以从上代人的赠予中获得个人利益之外的利益。家族慈善事业也带来了服务机会。但要发挥作用，每位继承人都必须发展专业技能，并做出个人承诺，成为一名管家（即使在追求自己的人生道路时也是如此）。

传统家族的新生代需要哪些技能和能力？由于家族企业在家族精神中的地位举足轻重，因此可以通过三种主要形式培养年轻人的领导力。

企业。到了第二代和第三代，家族中出现了能够在企业工作的接班人（无论是担任高管还是进入董事会）。到了第三代，家族往往已经出售了传统企业，或转型为以所有者身份监管企业，并由非家族成员担任领导者来指导公司发展。如果有家族办公室或大量投资，董事会成员、受托人或资产管理人的角色就需要不同类型的家族领导人。

家族。到了第三代，许多家庭组成了大家族，历代家族成员必须发挥积极作用，维持家族联系，促进合作关系和共同的家族活动，以团结、激励和教育大家族的成员。为了做到这一点，家族必须发展合作和关系技能。

社区。家族资源通过部分支持服务事业以及发起慈善项目和社会创业项目，为服务于更广泛的社区提供了很多机会。

每项工作都很复杂，要求很高，而世代家族的人才储备有限。家族必须采取措施，通过教育、指导、激励和邀请下一代中最有才华的人担任领导职务，让每个人都能获得最大的收益。

有些家族的成员居住得比较分散，第三代或第四代成员在这些家庭中长大，除非他们积极参与，否则他们可能彼此不认识，也可能觉得自己与家族传统或家族企业没有关系。为了作为一个整体发挥作用，世代家族必须在每一代新成员中更新其作为家族企业的共同身份，将它们的众多家庭联系在一起。

正如我们所看到的，世代家族不包括所有的血亲后代。在年轻人和新配偶加入的同时，家庭和家族分支可能退出共同实体。每位成员和整个家族都必须形成积极的身份认同，找到未来作为合作伙伴的理由。家族努力的方向是利用家族资源来激励和关注越来越多的家族成员。世代相传意味着下一代不会满足于过去的成功，而是致力于做更多的事情。例如，下一代可能会将企业带向新的方向，可能会在社会投资和创业等领域有所作为，以体现家族的价值观。

在某些时候，新一代的每位成员都必须做出选择，要么致力于整个家族的未来，要么退出家族，走自己的路。世代家族提供了向大家族说"不"的机会。在每一代人中，有些人可能会借此机会走自己的路。到了第三代，家族中可能会有很多小股东；有些人会乐于出售他们的股份，以自己的方式使用资金。为了确保未来的稳健发展，家族必须招募他们加入，并且必须给这些年轻人一个充分的理由，让他们承诺作为合作伙伴共同发展。

伟大的家族将其新生代视为未来的领导者，并对他们进行培训，培养他们的个人技能和专业技能。培养下一代家族领导人的领导能力并非易事。具备所有这些素质的人听起来就像超级英雄！这看起来像是企业领导力培养计划的愿望清单，而事实也正是如此。我们通过研究发现，所有的努力，从个人学习到共同教育和培养计划，都是为了培养这种水平的领导者，他们的角色是家族的管家。这些对下一代的殷切期望可能会鼓舞人心，但也可能会让人不知所措。关键是要制订能提供适度挑战的计划。

培养良好的职业道德

在培养新生代的过程中，几乎每一个世代家族都认同的一点是，希望未来的领导人具有良好的职业道德，即使他们从事的是社会服务工作，也要热衷于能有所作为的事情，并成为这方面行家里手。世代家族想方设法地鼓励他们。

下面是一位第三代父亲关于培养工作价值观的叙述：

我姐姐出生在一间小公寓里，我出生在一栋漂亮的房子里，我妹妹在一栋更好的房子里长大。我们都从我爸爸和叔叔身上看到了令人难以置信的职业道德。而我面临的一大挑战是，如何让我的孩子知道我工作有多努力。

我清楚地记得，我的爸爸工作很拼命。他一周有六天从早上 6 点一直工作到晚上 10 点。星期天他会睡到七八点。我也是这样做的。在家族办公室工作的好处之一就是我可以每天送孩子去学校。我没有错过任何一场比赛。我的孩子如何看待这种职业道德？这是我爸爸从未有过的挣扎之一。他就是这么做的。我们这一代人希望能为此努力，希望能有好的答案，这样下一代人就能更自在地享受财富。不是说我们不自在，而是我觉得我们正在学习如何做到这一点。我爸爸无法教我如何生来富有。

家族成员必须相互依赖，教会年轻人与财富相伴的价值观。我们这一代人之所以为此努力，是因为我们亲眼看到、亲身经历了，而且现在财富属于我们了。我必须想想办法确保我的孩子们有强烈的职业道德，或者理解金钱的价值。我从一份有六位数工资的营销工作换成了教师工作，虽然工资只有 2.8 万美元，但我仍然过着曼哈顿六位数工资的营销人员的生活。这对大多数人来说并不现实。如何消除这种差距，让孩子们理解呢？重要的是，我们要教育孩子，并与他们相互依赖。这就是家族的作用。我明白我对我侄女的责任，但她可能不明白这一点。我必须以某种方式介入，因为我认为她们的母亲在这方面做得不好。

一些家长指出，他们在孩子从大学过渡到第一次工作经历时特别积极。有了家族财富的缓冲，期待继承家族企业或在家族企业中工作的年轻人在早期的工作中可能会缺少奋斗和从逆境中学习的动力。事实上，摆脱逆境可能是一种新的体验，正如下面这位家族成员所说：

父母帮助他们度过学业结束和大学毕业后的第一年这些关键阶段。我认为他们的关键阶段是大学毕业后的第一份工作。他们最好从某个地方起步，尽管这并不容易或不令人愉快。我们两个女儿都在有趣的公司找到了第一份工作，但老板都很糟糕。她们学到了在现实世界中生活的宝贵经验。她们没有在那些工作岗位上待很长时间，但当你刚开始工作时，你就必须着手从最底层做起。有些家族成员认为，他们不需要这么做，可以跳过大学毕业后的第一阶段，但我不这样认为，我就没有。最开始，我作为一名年轻的研究生工程师在一个公共工程项目中工作。从大学的狂欢和玩乐过渡到现实世界，你往往要从一份相当糟糕的工作开始。他们将从一份非常基础的工作开始，而且这份工作的薪水也不会很高。

一位第二代的长辈在总结自己这一代人的工作时，对下一代提出了如下愿景：

我希望下一代能够将我们是谁、我们从哪里来仅仅作为他们将成为谁的背景。无论是职位还是收入，他们都没有权力感。我希望他们将其视为自己根基的一部分，并为此感到高兴。我们会给他们一点时间和空间，让他们成为出色的股东和所有者。我不想为下一代设限，谁知道会发生什么呢？当我们将财富具体化时，我们这代人要做理性的事情。在适当的时候，这将是下一代的机会。

我希望他们能够作为一个整体发挥作用，使他们能够避免默认"让我们停止这样做，因为我们彼此不了解，无法一起工作，但让我们就我们作为一个家族现在的去向做出明智的决定"。我认为这样做是有价值的，因为作为一个人和一个家族，知道自己从哪里来是件好事。有一种认同感和联系感给人们打下了良好的生活基础，让他们知道好生活是从哪里来的。我总是说，我们并不特别，只是很幸运。如果你很幸运，那么衡量你成功与否的标准就是你如何利用幸运。换句话说，尽你所能做到最好，不要无所事事。众所周知，继承人的通病是常常低估自己的潜力，因为继承的资本允许他们这样做。大多数人都很懒惰。我希望这只是这个家族中的少数情况，他们会继续享受生活，活得充实。我们不需要传承十代，我们只需要做好自己的事情，看看会发生什么。

教育计划

新生代成员究竟如何学习和发展他们为家族服务所需的技能？由于家族的规模及其作为商业家族的特殊需求，规模较大、寿命较长的家族经常会根据其实际情况，制订适合自己的教育技能发展计划。这些计划不仅仅是分享信息，更重要的是培养在家族企业各方面发挥领导作用的能力。家族成员会向新生代成员传授成为家族企业高效管理者应具备的技能，如领导技能、人际关系技能、财务技能和商业技能。这些技能不是他们在高等教育中能获得的，或者即使他们获得了，家族企业的特殊性也使学习这些技能成为教育的补充。

家族教育计划侧重于培养沟通等人际交往技能，可以类似于体验式企业培训，但受训者是家族成员。与企业高管一样，年轻人也要学习如何更有效地开展团队合作，应对（兄弟姐妹之间的）竞争，避免家族冲突。一位家族成员说：

在过去的10年里，我们在自我发展、领导力、了解自我和基本创业实践等众多主题上开展了适合不同年龄段的活动。我们仔细审视了这10年来进行的每一次收购。我们每年与他们一起正式审查两次我们的财务状况。他们仔细查看了我们的纳税申报表，还参加了新产品发布、新轮换、盛大开业和场地扩建等活动。在他们14岁时，我们就开始讨论，如果他们想要一辆车，就必须靠自己（比如当救生员或者去割草）赚到5000美元。

我们还为青少年设计了暑期体验项目，让他们花时间参与财务、IT、人力资源战略规划、人力资源和小型企业的活动。他们中的一些人回到自己的公司后，在他们特别感兴趣的领域工作。进入大学后，他们对商业世界的复杂性和机遇有着不同寻常的深刻理解。我将这些称为丰富的窗口。一个年轻人可以在成年人的环境中，观察并研究一家由四个业务单元组成的企业的内部运作。

上述家族任命了一位家族成员担任全职的家族关系经理，负责监督数百位家族成员的人力资本发展。这位家族成员说：

父母需要确保他们在餐桌上谈论的是愿景和价值观，这是关键。一旦孩子长大，变得好奇，我们就会与全家人一起做一系列事情。我们从孩子12岁开始，将他们从 12 岁到 20 岁进行分类。我们希望一些 20 岁的孩子成为一些 12 岁孩子的导师。我们每年为这个年龄段的孩子举行两到三次活动，我们称这些活动为堂亲聚会。教育与我们做什么无关，而与我们是谁有关。你将这些孩子聚在一起，让他们互相介绍，有人会说："嘿，我认识你，你在科学课上坐在我旁边。我都不知道我们是亲戚。"

教育计划通常针对不同年龄段的孩子。年龄较小的儿童和青少年会参加游戏化的活动，如寻宝游戏或绘制家族树。有一个家族用"generage"这个词来指年龄相仿的家族成员，而不分辈分，他们为不同年龄段的家族成员分别制订了计划。

另一个家族举行了一个财务技能研讨会，最初面向 21 岁以上的家族成员。第一年的主题是如何纳税。第二年的主题是预算。更年轻的家族成员表示有兴趣，所以他们将年龄降低到了 18 岁。参加活动的家族成员就更多了。第三年的主题是投资，他们将年龄降低到了 15 岁，参加的人数最多。这个家族有家族参与的传统，但年轻成员的兴趣令他们印象深刻。他们开始增加未来家族领导人的人数。

延伸阅读

新生代需要具备的能力

世代家族已经创建了蓬勃发展的企业，拥有了巨额财富。家族成员对子女的期望也同样广泛，他们希望子女做好准备，追求自己的理想，或为家族企业和社会做出贡献。基于对一些家族的采访，我和我的研究团队总结出了新生代需要具备的一系列能力，这些能力是这些家族的教育和发展计划所追求的理想能力。

- **品格**：道德敏感性。
- **能力**：财务和管理 / 所有权技能。
- **承诺 / 关怀**：管理；作为家族一分子的生产力；好伙伴。
- **联系 / 社区**：相互信任和个人承诺。
- **协作 / 妥协**：有取有舍的合作能力。

- **沟通 / 透明度**：共享信息和对家族企业的理解。

- **可变性 / 应变能力**：适应和改变的能力。

- **好奇心 / 创造力**：寻找和发现新的可能性的能力。

为了确保家族企业的未来，世代家族需要在每一代新人中培养继承人，使他们成为有能力的管家，致力于实现家族的目标，秉持家族的价值观，并准备好、愿意和能够承担起这一使命。由于家族企业分工复杂、对员工要求高，因此新生代成员都必须培养积极的个人认同感，树立积极的人生目标，并想方设法地为整个家族企业服务。虽然在每个家族中，有些人无法实现这一目标，但家族希望营造一种氛围，让许多人甚至大多数人都实现这一目标。每个家族的父母都有这种承诺，家族集体制订补充计划和活动来推进这些目标的实现。

世代家族的父母必须学会如何积极参与这些活动，同时逐渐减少控制。我们将在第 14 章中进一步探讨世代家族如何邀请新生代成员了解家族企业并参与其中。

在你的家族企业中采取行动

制订个人发展计划

当年轻的家族成员完成大学和研究生学业，并为他们的职业生涯做好准备时，制订个人和职业发展计划是很有帮助的。许多书籍和资源都可以在这方面提供帮助。制订和管理个人发展计划是集中精力实现个人成长的一个方法。为了对自己的未来负起个人责任，该计划应该包含以下要素。

- 评估你的技能和能力。
- 你想 / 需要学什么？
- 如何学习？
- 你需要哪些准备和经验来培养自己的能力？

- 你将如何评估自己在这些方面的能力？

- 走出家族特权的保护。

- 离开家，通过工作、旅行和教育去发现更广阔的世界。

- 养活自己。

- 承担风险，努力学习如何克服逆境。

- 寻找导师、向导或教练。

- 寻找有经验并能支持和指导你的前辈。

- 谁是最好的导师？在哪里可以找到他们？

- 建立信誉。

- 你向家人传递的信息中最重要的是什么？

- 兴趣、能力和信誉之间有什么区别？

- 别人如何知道你能做什么？你如何为自己增值？

- 如何提高你在家族和家族企业中的信誉？

- 你的学习和角色发展计划是什么？

- 为了胜任这一角色，我需要学习什么？

财富信息

我们之前提供了一些工具，用于进行有关金钱和财富的家族对话。这种对话可以在每对父母和每个孩子之间一对一地进行，它不是一次活动，而是一个持续的过程。当年轻人选择大学或寻找第一份工作时，家族对话会有所帮助。当他们在外地上大学时，定期的家族电话或探访可以为他们提供支持，同时也为他们管理自己的生活留出私人空间。关于支持和帮助的家族协议可以是这些对话的一部分。

什么是家族"协议"

对于每位年轻家族成员来说，一个经常被忽略的关键问题是："我能从家族中得到什么资源、支持和帮助，仅仅因为我出生在这个家族？"这种支持也可能是有条件的，那就是承担某些责任、拥有某些价值观或以某种方式行事。作为一个完整的家族，或者在个别谈话中，每位年轻的家族成员都应该能够了解他或她可以期待什么以及条件是什么。

在这种对话中，必须有一些交流。年轻人在成长过程中往往会对公平和他们被告知的事情抱有某种期望。家族必须明确现实，但也要愿意从年轻人的角度倾听情况。

通常情况下，这可以通过跨代家族会议，而不是单独的会议来实现，这样就可以清楚地了解每个人的期望是相似的还是不同的。

评估基本的金钱和财富管理技能

家族教育计划通常会向年轻人传授核心的理财技能。这些技能对所有年轻人都很重要，但由于这些年轻人有望成为家族财富的管家，因此家族会将这些技能一起传授给家族成员。这些技能包括如何：

- 对财富泰然处之；
- 在个人关系中谈论财富；
- 管理个人财富；
- 与顾问合作；
- 储蓄；
- 记录金钱的去向；
- 获得与自身价值相符的报酬；
- 明智消费；
- 按照预算生活；
- 投资；
- 处理信贷；
- 用金钱改变世界。

每位年轻的家族成员都可以在上述清单上勾选自己已经学会的技能和希望得到进一步帮助的技能。全家可以一起完成这项工作，并将结果作为制订家族教育计划和为个人提供辅导的参考。

第 14 章

家族是跨代学习社区

一位年轻的第三代家族成员出生在一个富裕且成功的家族。她长大后几乎不认识那些住在不同城市的表亲。她为以母亲的姓氏命名的企业感到自豪，但无论是她的表亲还是家族企业对她来说都有一定的陌生感。虽然她的父母和兄弟姐妹是她的精神支柱，但她从未认真考虑过在家族企业中担任任何特定角色。这并不是说她没有能力，只是她没有认真考虑过而已。

当她快要上高中时，大家族举行了第一次年度家族聚会。她和表亲们一起度过了快乐的时光，在相处的过程中，她发现自己与他们有很多共同之处。她在了解了家族传统企业的历史和新家族办公室的职能后萌生了一个想法：也许她可以学习商业，最终在销售和市场营销方面发挥作用。然后，她和表亲们一起参加了一个关于预算、家庭开支和信用卡的短期课程，这些都是她从未思考过的话题，因为她的父母为她支付了一切费用。她喜欢夏季会议，并自愿加入委员会，筹划明年的会议。这就是一个第三代家族为下一代创造继承家族产业的机会的方式。

通过与大家族中的成员一起学习，她意识到了新的机会，并找到了参与其世代家族事务的可能途径。我们在第13章中介绍了家族成员成年后身份认同和价值观的个人发展，在本章中，我们将继续探讨世代家族利用其集体资源将家族成员聚集在一起学习和成长的特殊方式。家族大会和聚会不仅有趣，能让人们相互了解，还是各种教育和学习活动的源泉。

大家族部落以举办这样的活动为荣，因为家族成员可以在一起学习如何在培养下一代的能力和责任方面投入时间和精力。我们来看看他们都做了什么以及是如何做的。

培养和教育新生代是单个家庭和大家族的双重责任。首先是单个家庭内部的非正式学习，我们在第 13 章中已经提到过。大型家族企业因其需求和责任的规模和复杂性而需要更多的指导。所以，到了第三代，大家族承担起创建共同事业的重任，由家族成员自发组成的教育委员会或特别工作组负责协调。该委员会或工作组通常从家族理事会中发展出来，有时会并入家族理事会管理。

虽然委员会可以这样任命成员，但没有人可以强加承诺。大多数家族都会鼓励家族成员自愿加入。教育委员会通常由不止一代人组成，其主要任务是制定课程、利用资源、寻找场地以及让家族成员参加。家族会聘请外部顾问，并经常请家族办公室高管提供帮助。有些家族会付费聘请一位家族成员担任教育计划的协调人。这些活动通常会作为我们在第 9 章中介绍的家族大会的一部分。

下一代的活动

大家族活动包括以下内容，我们将在此一一介绍：

- 跨代聚会；
- 企业 / 财务情况说明会；
- 指导和职业发展；
- 初级董事会。

跨代聚会

当大家族聚在一起，并将自己定义为一个利益共同体时，关系的建立和教育就开始了。到了第三代，世代家族中包含了分支、家庭和分散居住的家族成员，这些家族成员彼此并不太了解。家族必须从一群有血缘关系的亲属中产生聚在一起的积极愿望，并就家族的集体身份和共同活动达成共识。否则，分裂的力量会破坏家族的共同传统。

建立大家族关系往往始于年轻人和青少年的暑期聚会，正如这位家族成员所说：

> 因为他们住在全国各地，所以每年夏天我们都会为青少年举行一次聚会。去年夏天是第三次举行这样的活动，我们整个家族团聚了。在那之前的夏天，我的女儿和女婿（他们是第四代）在我们家的小木屋里举行了青少年聚会，有15位青少年参加了那次聚会。我作为厨师一直待在那里。即使住在不同的地方，他们在见面后也立刻成了朋友。

这些简单的聚会如何促进个人发展？新生代的成员们见了面，并探索他们的共同传统是如何将他们聚在一起的，然后他们会考虑是否要一起工作，而且或许会对未来的可能性感到兴奋。随着联系越来越频繁，社区意识越来越强，他们开始发挥领导作用，并让老一辈参与到他们对未来的构想中来。

20世纪之交，美国的富裕家族经常举行家族夏令营，为全家人提供野外活动场所。如今，许多传统家族仍保持着这一传统。当一个家族不再以传统企业为中心时，它通常会投资于一处能容纳整个大家族的房产。这处房产在作为度假屋的同时，也是共同的家族场所，其中的文物和空间会为年轻人留下特殊的回忆，这有助于培养他们超越特定核心家族的身份认同。它是由创始人传承下来的，是一个充满传统气息的老宅。

下一代计划不是自发产生的，它们起源于某位家族成员成为发起人或推动者。这个人可以来自任何一代，可以是：

- 倡导为下一代制订积极计划的家族长辈，也许是祖父母；
- 看到家族其他分支面临共同挑战的父母；
- 希望更好地相互了解，并希望家族能举行他们这一代人可以参与的会议的一位或多位年轻的家族成员。

一个欧洲家族的第四代（经第三代长辈同意）在其家族基金会负责人的带领下，开始每两年举行一次为期数天的此类会议。这个家族的第四代大约有40人，他们的年龄从10岁到40岁不等，居住在六个国家。这个家族拥有共同的传统、一个由非家族成员首席执行官管理的家族办公室、大量的投资以及一个非常公开和广泛的慈善项目。一位家族成员说，第四代的目标是确立他们的身份，讨论他们的问题。他们中的一些人彼此并不太熟悉。他们成立了家族治理委员会、慈善委员会和教育委员会，以培养自己成为家族的下一代领导人。一个共同的愿景应运而生，这也是他们致力于将家族团结延续到下一代的基础。

大家族聚会往往有两代以上的成员参加。如今，随着预期寿命的延长，家族可能包含三代甚至四代成年人。领导权、责任和治理权的传承不是一代传给另一代，而是跨越两代或更多代，它可能涉及不同世代在复杂的权力和责任安排中分享领导权。这不是一个单一的事件，而是一个不断发展的过程。

这些代际活动的一个主要特点是分享和讲述家族故事。他们会邀请年长的家族成员讲述自己的经历，家族成员则使用绘画、写作、视频和社交媒体来记录这些故事。年轻人通过共同的传统发展为一个群体，他们能够在传统的基础上重新展望未来。

大家族聚会使新生代成员能够决定他们是否愿意成为合作伙伴，如果愿意，他们将以何种形式参与。正如这个家族所描述的那样，这是百年家族的基本组成部分：

每两年，我们这一代人（第三代）都会聚在一起。第四代的孩子们会互相认识。我们会讨论谁是家族成员，一直到家族价值观。到场的人很多，所以肯定有真正的需求。

我们总是选择好地方，如山区或海滩。13 位第三代成员中有四五位在组织这件事。我们的出席率非常高。我们讨论了向第三代董事会成员的过渡、作为家族办公室企业应该做什么以及我们应该如何管理投资等话题。

家族的控制权尚未从一代传给下一代。第二代控制着房地产，仍然是控股公司的大股东。主动权来自我们这一代人的向上推动，而不是第二代人所说的他们已经准备好传承了。

我们这一代人更有创业精神，会更直接地表达自己的想法。我主张我们应对这些资产进行内部投资管理。我们花了 15 年时间才完成这一转变。我们讨论了控股公司董事会的结构，四个家族分支是否应该各有一位代表，是否应该有一位家族成员副董事长和一位非家族成员副董事长。所有这些治理安排都在逐渐发生变化。我们仔细考虑了谁应该在什么时候取代谁。第二代到第三代的过渡历时 10 年。

有几个家族提到了祖父母如何很好地扮演这个角色。有一个家族实施了所谓的祖父母项目，请祖父母教育和指导孙辈。祖父母从企业退休，现在希望与孙辈分享他们的经验，分享他们作为导师所掌握的知识，并向孙辈学习技术等方面的知识：

祖父母度假营是在与一个拥有自己的企业的印度家族会面后建立的。它们都是私营企业，在世界各地都有生意。如何让孙辈一起工作？我们必须确保他们共享同样的资源，因为他们是要一起工作的人。我们解雇了表亲一代。除非他们在年轻的时候就相互了解，否则他们永远无法一起工作。

家族会议和家族资源的可用性（如家族办公室）能产生具体的行动计划。例如，一个第五代家族为年轻人提供了以下三种参与途径：

- 工厂参观和商业活动；
- 参与家族理事会或委员会；
- 申请成为家族独立董事会的股东观察员。

到了第三代，老一代成员对下一代发号施令的权力有限，他们必须采取一种更具邀请性和合作性的态度让子女参与进来，正如一位家族成员所说：

现在是第五代试图把第六代拉进来，而老一辈说"你们应该团结在一起"的权威性已经不复存在了。当你的表亲们分散在各地时，他们会说"虽然我很喜欢和你聊天，但我得坐飞机回家了，我的孩子还在上学"之类的话。但如果祖父还在，你的资深伙伴又是伟大的商业领袖，这就是非常强大的资源。而我们不再有这样的机会了，这是我父亲那一代人失去的机会。

传统社会可能会举行一些仪式来纪念重要的里程碑事件。在这些仪式上，个体因融入新的团体、获得新的角色和地位而被欢迎。正式参与家族治理就是这样一种转变，这种转变对世代家族和个人都具有重要意义。一些家族会举行正式的仪式来纪念这种转变，正如一位家族成员所说：

我们会邀请年满 18 岁的家族成员参加年会。我们围绕传统和入会仪式做了充足的工作，包括邀请年轻的家族成员参加仪式。第四代的所有新成员都可以参加年会。如果你出生在这个家族，当你年满 18 岁时，我们就会邀请你成为企业的一员。我们会举行一个仪式来介绍你，让年轻的家族成员与来自不同家族分支的老一辈导师结成对子。我们的导师项目喜忧参半，但我认为这个想法非常好，有助于建立各代人和各分支之间的关系。导师会向家族（企业）介绍新加入的第四代家族成员，他会收到一枚戒指，这枚戒指是我们所有人在年满 18 岁时都会收到的。它就像一个九连环，代表着家族的六个分支都生活在一起。这是一个很美妙的象征。

我的大伯父总会讲西部拓荒者的故事，以及他们在乘坐篷车旅行时如何将帽子扔到小溪对岸的故事。将帽子扔过小溪表明了他们跨越小溪的执着和决心，因为在老西部地区，帽子是一件大事，你可不想失去你的帽子。你会得到一枚戒指和一顶牛仔帽，然后我们会找到一条小溪，并且确保你必须能穿过。这其中有很多象征意义和联系，这种入会仪式对年轻人来说非常有价值。被邀请加入，而且有所有家族成员在那里欢迎你可是一件大事。在你亮相之前，家族办公室会为你提供投资和业务方面的信息。这是对我的支持，也是对家庭的欢迎。

共同的服务活动提供了另一种途径，让那些在富裕环境中长大、可能对此感到不安或矛盾的年轻人专注于回馈社会，帮助他们在新一代中建立进一步合作的基础：

这个过程让家族成员产生了凝聚力，这有助于我们在未来团结在一起。每个人都参与其中，这意味着他们更加认同。这就是它比一两个人创造的东西更有可能存活下去的另一个原因。如果其他人没有参与其中，它就不会对更多的家族成员产生同样的吸引力。而且，更大的家族没有任何观点来评论，甚至无法识别整个计划中隐藏的问题。这是我们之间距离遥远和缺乏沟通造成的，这很难解决。尽管听起来我们做的一切都很正确，但要真正做到正确还有很多挑战。关键是要让每个人都参与进来。

了解企业的过程可以是积极的、体验式的，尤其是对于年轻的家族成员而言。一家农场和食品零售商以独特的方式使其第四代年轻成员成为"家族大使"，正如一位家族成员所说：

> 我们制定了一项店铺拜访政策，作为第四代家族成员，我们为他们提供名片。我们的流程使他们能够以家族大使的身份拜访店铺。实际上，我们会给他们一点补偿。只要他们愿意，就可以选择这样做。公司有股东，他们有一笔旅行基金，所以我们鼓励他们参加食品展或家族企业会议。在食品展上，他们从小就可以在展台上与人见面，与爷爷、爸爸、妈妈一起逛展，学着如何做生意。

家族学习还包括教育旅行。例如，有一个家族开展了所谓的亚洲项目，跨代家族小组在几个月的时间里一起旅行，学习社会投资知识。从那时起，他们的学习对企业的扩张和慈善事业的发展都产生了影响，而慈善事业的中心则不再是他们自己的家族社区。在这些考察中，家族成员对人类需求和社会项目有了深刻的情感体验，他们还一起思考为自己的家庭采纳哪些项目。

新生代成员不仅仅是传统的守护者。世代家族认识到，它们必须注重适应和变革，而不是安于现状。下面是一位第三代家族领导人关于教导第四代重视未来的必要性的讲述：

> 在为家族工作时，我一直试图向他们传达的一个理念是，你必须像建筑师一样考虑工序。你要想清楚最终的结果应该是什么样的，然后倒推如何去实现它。一位建筑师正在画一栋漂亮的建筑，但你永远不会从"嘿，让我们看看电线、管道和水泥"开始。

第四代之后，家族更加分散，甚至与其分支的联系也更少。这些家族的一项重要发展活动是以世代为单位聚在一起。通过与长辈分开活动，他们可以轻松地发展彼此的联系。他们经常会发现，传承让他们有许多共同之处，如他们有共同的价值观等。他们也发现彼此喜欢对方。

作为代际社区聚在一起为他们提供了向长辈提出要求的机会。作为千禧一代，他们看待世界的方式很特别。在了解了家族传统和价值观后，他们会提出问题、顾虑或要求。一些家族成员说，在年轻一代聚会之后，年轻一代的成员开始愿意与长辈分享他们的担忧。他们通过作为一个群体而不是单独分享，回避了被单独挑出有问题的风险；相反，作为一个统一的代际群体，他们获得了信任，家族成员认为应该认真倾听他们的想法。

随着家族社交和教育活动与企业的监督和治理活动逐渐分离，家族可以轻松地变得更具包容性。例如，家族会讨论如何更充分地接纳已婚配偶。有一个家族在制定了明确、正式的治理流程后逐渐向更具包容性的方向发展：

在我们表亲的夏令营中，我们决定不举行业务会议。我们五个分支都是和父母一起长大的。每逢感恩节和复活节，我们都会与祖父母团聚。饭后，祖父会把他的孩子们都叫到另一个房间，关上门，将他们的配偶和孩子们留在外面。家族的其他成员从未参加过这样的活动。第三代成员说："我们不喜欢这种将配偶分开的做法，配偶需要参与进来。"我们已经做出了改变，但我们也希望确保我们作为一个家族所做的一切并不都是严格意义上的生意，我们希望确保自己还有社交时间。我们有一个为期两天的家族大会，主要是开会，还有另一个时间是在牧场上进行严格意义上的社交。我们希望分享牧场在环保、护理和管理方面的工作以及我们正在做的所有事情。我们不想在那个时候举行正式会议。我们让大家聚在一起，只是为了享受彼此相处的乐趣。

企业 / 财务情况说明会

传统意义上，家族企业的领导者和受托人不愿意与家族受益人和新生代分享信息。长辈们虽然有"照顾"年轻一代的传统，但并不认为年轻一代需要了解信息。这种家长式的模式在世界各地都很常见。但接受我们采访的家族成员发现，这种传统并不能很好地促进下一代的发展和参与。如果年轻人不了解情况，那么他们如何学习传统？如何为可能在企业就业或参与其他家族活动做好准备？如何为作为所有者 / 管家监督资产或为共同的家族活动做出贡献（往往是无偿的）做好准备？我们所采访的世代家族都会举行某种形式的年度商业会议，邀请各年龄段的家族成员参加，并向商业领袖和金融领袖学习。

这些年度会议的内容可以是传统的一两个小时的商业数据和图表展示，但许多家族都已经找到了更加精细和更具互动性的方式。一个家族拥有一家大型企业，其家族成员说："我们编制了一份内容非常详细的年度报告，与上市公司的报告没有什么不同，我们将其分发给所有家族股东。首席执行官和首席财务官每半年向所有股东介绍一次情况。我们有一个内容相当详细的地区会议。在结构性资本方面，我们将大部分利润作为股息分配，但如果人们想再投资，我们也有股息再投资计划。"

会议内容包括参观企业、家族办公室或基金会，以及与关键员工谈话。这些参观活动的互动性越来越强，其特点不仅仅是提供信息。正如一位家族成员所说："这些活动包括参观公司农场、工厂、商业中心和博物馆，这样就有了大量的实践活动，与公司的实际情况产生互动。"

家族企业教育不是简单地由长辈"传递"知识给年轻一代，它结合了长辈的领导方式和年轻一代的积极参与，正如一位家族成员所说：

拥有一个致力于家族教育的家族至关重要。家族内部需要有一位推动者。在早期，我们举办了关于了解性格类型、沟通技巧和财务问题的研讨会。利用外部资源来提供一些课程会带来巨大的不同，因为如果你想一次性开发这些东西，那是非常耗时的。几年前，我们开发了一个长期课程，内容是我们希望孩子们学到的东西。然后，我们研究了这些内容，确定了我们认为对孩子们在一个共同的空间或地点一起学习有意义的内容。我们还确定了那些我们认为最好在家族分支中教授和学习的内容。

教育的一部分是学习那些非商业家族没有的活动和角色。情况说明会阐明了在企业工作和作为企业所有者之间的区别。所有者拥有某些权利，其他权利则委托给董事会成员。员工在企业工作并领取工资，但不一定对监督或企业政策有发言权。家族成员可以是员工，也可以是所有者，或者两者兼而有之。这可能会令人非常困惑，尤其是对于第一次接触这个概念的年轻人来说。情况说明会明确了所有者、管理者、董事会成员、受托人和家族理事会成员的角色。例如，有一个家族为家族信托的潜在受托人制订了培训计划。这个家族有几十个这样的信托，每个信托都需要继任受托人。该家族想要任命家族成员作为受托人，但要做到这一点，这些年轻的家族成员就需要学习如何担任受托人。

另一个第四代家族开设了一个内容丰富的企业领导力课程，让刚刚成年的家族成员和已婚家族成员了解复杂的家族企业。一位家族成员说：

这是一个为期七周的暑期班课程，每周上一次课，我们公司的人都会来上课，讲述他们的职责范围、他们的工作以及他们的经历。年轻的家族成员是来了解企业的，我们希望这能为他们上大学做好准备，让他们知道自己想做什么。结束这个暑期班课程后，你可以花一周的时间在企业中跟着别人学习，对你听到的东西进行更深入的研究，以更好地了解企业。我们称这个过程为生产团队体验，他们会与企业中的人一起工作。有些员工在公司里与他们一起工作。我们对他们说："告诉他们你是谁，受过什么教育。告诉他们你面临的挑战，只说你在部门里做了什么。让他为生活做一点准备。"这也是我们在孩子们来到这里之前介绍他们的另一种方式。

很多家族都会举行会议，让家族所有者和一些准所有者提出问题和交流想法。家族也会举行一些时间较长的讲座，让年轻的家族成员（有时也包括刚结婚的人）了解家族及其各种企业。在大型企业中，这些会议可能会持续数日。会议的透明度通常很高，因为家族意识到，只有向新生代通报情况，他们才会感觉自己与家族有联系。他们通常会要求参加会议的人明白，会上分享的内容是保密的，不能透露给家族以外的人。他们将下一代视为未来的所有者和领导者，并对他们进行相应的教育。

家族会议的互动性（即分享信息以及家族成员表达关切或分歧）有助于家族建立解决冲突的机制。随着家族成员更深入地了解彼此并分享价值观和经验，他们之间的关爱和信任也在不断加深，这使得他们能够谈论甚至解决出现的分歧。正如一位家族成员所说：

10年前，我们一年一度的家族会议充满了冲突和压力，这确实是一种负担。我们开始实施一种处理矛盾的关系或应对不满家族成员的过程，我们称这个过程为特别小组流程。在这个过程中，我们会遇到一个问题，而这个问题在过去可能会引起争论或挑战。我们没有让这成为我们的模式，而是愿意花时间回答这个问题。如果不是需要在10分钟内给出回答，那么我们实际上会深入了解很多历史情况，了解当事人的担忧或抱怨，以及支持我们正在研究的任何问题的现行政策或流程。例如，我们遇到的一个问题是为什么分红政策是这样的，每个人都知道，这其实是"为什么我没有拿到更多的钱"的问题。我们没有忽略这个问题，而是花了一年时间来回答以下问题：我们为什么要分红？我们如何确定分红的多少？公司能否在目前的政策下保持增长？家族能否在目前的政策下保持增长？我们花了六年时间才解决了所有主要问题，并证明我们愿意认真对待并解决人们的担忧，而不是让这些担忧演变成家族冲突。如今，我们在实施任何变革时都会采用这个流程。这是我们在家族中采取的真正重大举措之一。通过特别小组流程，我们建立了工作关系，并在这些工作关系中建立了友谊。

家族教育不仅与生意有关，有些家族也会举行关于自然资源或可持续发展等主题的研讨会。当几位成员被一部新小说打动时，一个家族邀请了小说的作者与他们共度一天。这些特殊的学习活动之所以能够开展，是因为家族承诺利用其资源进行共同学习。

这些活动需要投入大量的时间、精力和金钱。一些家族成员说，他们不断从年轻参与者及其父母那里得到关于这些活动的价值的反馈。他们的目标是接受教育，不仅在企业工作，而且在治理中发挥负责任的领导作用，如担任董事会、家族理事会或家族委员会的成员。一位家族成员说：

现在我们家族的规模更大了，更多的人参与到教育和技能培养项目中，这些技能使他们成为董事会成员。董事会随着我们业务的变化也发生了变化，要监督更复杂的投资项目，这就需要董事会成员了解更多的东西，具备更丰富的商业经验。而过去，它只是由家族成员组成的董事会，他们只是因为是家族成员而成为董事。

下一代计划的最高价值在于，它正在培养一批人，让他们了解我们的工作、家族理事会的组织结构和家族的历史。他们正在接受教育，了解我们为什么了不起、我们为什么需要继续保持我们的身份，接受与我们这样的家族联系在一起的价值观和情感。下一代计划正在激励下一代家族成员接过旗帜，继续前进。

随着家族的分化，家族成员的生活中出现了很多相互竞争的因素，家族在思考如何促进家族成员参与共同的家族活动。这位第五代家族领导人说：

有几件事鼓励人们来参加活动。他们的孩子现在正在与表亲们建立关系，而这个项目是围绕 0～13 岁的孩子开展的，他们会恳求父母参与其中。我们有时会听到父母说他们并不是真的想去，但孩子们非常渴望与表亲们接触。他们不仅可能让处于家族边缘的父母来参加活动，还建立了彼此的联系，这样当他们进入董事会、家族理事会或任何他们想加入的地方时，他们已经建立了关系并了解了彼此。

多年来，越来越多的家族成员选择加入。许多家族会支付费用和差旅费，有些家族甚至会报销误工费或保姆费。我们的理念是，如果这是一个为家族服务的活动，那么自力更生者应该得到时间和费用上的补偿。如果有100 位家族成员，这可能会花费不菲，家族必须考虑清楚这对家族的好处是什么。许多人认为这是他们想做的事情。

📄 案例分享

家族学院

美国一个即将迈入第二个世纪的家族开展了一些家族活动，这些活动体现了培养联系紧密、有能力、有责任感的新兴一代的复杂性：

我们为高中生和大学生提供了非常广泛的实习机会。我们有一个辅导计划。16 岁的孩子要参加会议，会有一位家族导师（父母除外）与他们一起参加年会。他们与导师在一年中见几次面，导师会为他们解答问题。我们创办了一年一度的家族学院活动，为 4～15 岁的孩子提供教育。家族理事会与公司一起制定年会的议程，我们从制造部门和房地产部门获得报告。通过教育委员会和家族理事会的协调人，我们有了未来几年的主题循环。

我们是一家全球性公司。我们在海外拥有土地和航运分公司。我们会听取有关发展情况的报告，并与参加年会的公司员工和董事会一起开展有趣的活动。我们家族中有人会制作视频，向家人介绍家族成员和他们所做的事情。随着我们对彼此的了解加深，我们之间的互动也越来越多，看到分支的解散真的很有趣。一开始，我们甚至不知道彼此是谁，所以了解家人的活动之一就是摆放印有家族树图案的餐垫。我们会四处走动，试图弄清楚每个人的位置。年轻的孩子们绘制了一个约 37 米长的家族树图案，每个人都有自己的位置。我们每年都会拍照，每隔五年更新一次。每个人都可以看到自己和其他人的位置。我们刚开始举行大型年会时有 110 人参加。刚开始时，人们都是各自坐在自己的小核心家庭中。现在，大家都散开了。

我们听到有人说他们不知道如何阅读财务报告。首席财务官和我就"如何阅读财务报告"组织了一次会议。我们有一个主题周期，今年的主题是财务。我们问，你如何向一个五岁的孩子传授企业财务知识？每年，孩子们都会制作一些东西。第一年，他们制作了冰箱贴。他们发挥自己的想象力，做了鸟巢和书包。年龄最大的成员担任首席执行官、首席财务官、首席运营官，因为每个人都必须是高管。他们扮演这些角色，并组成跨年龄的制作团队，因为我们的成员从 5 到 14 岁都有。在盛大的晚宴上，他们会出售自己制作的东西。第二天，他们会清点前一天赚到的钱。我们为他们开设了一个银行账户。他们向公司借钱购买物资，然后必须偿还。他们计算出留存收益，然后提取一定比例捐给慈善机构。他们会向大人们提交财务报告，他们会学到各种各样的知识。看孩子们使用外币总是很有趣。第一年，他们只是将它忽略不计，我说："不，你不能把它算作 1 美元。这不是 1 美元。你们得去查外汇。那是什么？让我们演示给你们看。"所以他们现在知道了外币兑换。

指导和职业发展

指导是让年轻的家族成员与资历较深的家族成员结成对子，由后者指导他们发展技能。这位资历较深的家族成员是一个值得信赖、不带偏见的人，年轻的家族成员可以向其坦诚自己的误解和焦虑。导师可以是另一位家族成员、独立董事会成员、非家族成员高管，或是该家族的朋友社区的成员。指导可以以在家族企业工作为目标，但有些家族也会为那些处于职业生涯初期、正在考虑多种选择的人提供指导，正如这位家族理事会的年轻领导人所说：

我们的第四代现在已经到了准备暑期工作和暑期实习的年龄，他们已经是高中三年级或四年级的学生，准备上大学了。我们制订了导师计划，并且提供暑期工作的机会。我们一直致力于为第四代创造机会，让他们在 15 岁时就能在企业工作或接触企业。我们还一直在关注如何让第四代了解企业，了解他们是企业的一部分，了解他们出生的环境，并与他们讨论财富、管理和做人的问题。我们正在努力改进传递家族价值观的方式。

指导和职业发展有双重目的，既有助于为个人选择的职业做好准备，也有助于培养合格的家族成员担任兼职治理角色。这些计划还有一个额外的好处，即参与这些工作可以建立彼此的联系，了解家族正在做的事情。它们还为新生代成员提供了大好机会，让他们为家族、社会和企业使命做出贡献，并向家族其他成员展示自己的领导能力。一些长辈表示，他们从新生代家族成员参与家族教育和家族会议的情况及其做出的贡献中发现了值得招入麾下的家族人才。

指导可以是非正式的，也可以是正式的。它可以从一个家族中非正式地开始：

每个月，我们都会和三个孩子聚在一起聊聊天，只是为了了解情况，看看不同的业务活动是否在有序进行。我们每年会有两次完整的聚会，通常在某个地方，大约一天到一天半的时间。我们没有住在一起，我们会聚在一起，包括家族的所有成员及其配偶和子女。

指导是家族可以为读高中的家族成员提供的一个特殊机会，让他们为迎接职业选择的挑战做好准备。一位家族成员说：

我们尝试与每个 20 多岁的孩子见面并建立联系。我们有一个团队，名为家族可持续发展团队。我们的目标只是了解他们，了解他们在高中做什么、他们的人生目标是什么、他们长大后想做什么，以及他们想去哪里上学。与此同时，我们也指导他们在商业领域有哪些选择。我们试图在他们的大学生涯期间或进入商界之前就与他们建立联系，因为有很多孩子会申请我们企业的职位。有孩子来找我，其中一个拥有景观设计学位，另一个拥有音乐和历史学位。我说："我们可能不需要这些技能。"如果他们在其他地方找不到工作，我们就是他们最后的雇主。我们不希望这种情况发生。如果他们对我们的企业感兴趣，我们就要确保他们在来这里之前接受正确的教育。

年轻的家族成员可能会觉得自己没有资格。他们可能会担心自己是否符合要求，可能需要他人的支持来做出有效的职业和生活选择。这种支持可以来自家族内部，也可以来自家族外部。这位家族成员开始在家族企业工作时，就如何培养自信心在网络上向同龄人寻求支持："我认为这更重要。我真的能做到吗？当然，在这里工作让人压力很大，我有时彻夜不眠。我需要平静地对待整件事。是的，这是可能且可行的，我知道这是一件大事。即使有了这些支持，即使你想这样做，这也是一个相当大的挑战。"

当被问及他（或她）的父亲是否对他们有信心时，这位家族成员回答说：

是的。我认为加入家族企业网络很有帮助，因为你总是以为你是世界上唯一一个拥有如此疯狂的家族的人，但还有很多人更疯狂。我们经常说，如果有人退休或我父亲退休，他要在自由市场上寻找继任者，那你不会被选中。因为这种差距，你会有一种"我能行，因为我有技能，我准备好了"的感觉。

提供职业发展指导并不意味着就业就有保障。仅仅是家族企业的亲属并不足以胜任专业工作。但是经过一些培训，年轻的家族成员可以在家族治理或服务中发挥作用。他们的冒险需要很强的能力，即使是志愿者也不例外。由于所需的技能在某种程度上是家族企业所独有的，因此不容易在普通教育中习得。

通过跨家庭的相互了解和共处，家族成员可以了解到其他家庭中年长家族成员的技能和兴趣，并能够轻松地向他们寻求帮助。因此，除了父母和兄弟姐妹之外，他们还可以求助表亲、叔伯婶婶和其他长辈。这就是我们所说的关系资本。我们采访的一位家族成员提到，其家族成员几乎在所有大学都可以找到他们认识的在校学生；这个网络可能对了解学校的情况有所帮助。

一些家族会聘用非家族董事会成员作为家族成员在企业中的导师。一位在一个第六代大家族中管理家族办公室的家族成员提到，年轻的家族成员经常来与他进行非正式的交流。一位家族领导人表示，他将 60% 的时间用于指导，每周与十几位在企业中担任不同职务的家族成员会面，每人一小时。

指导和职业发展既发生在单个家庭内部，也发生在大家族内部。一些父母会主动与孩子谈论就业问题，帮助他们制定职业规划。这在传统家族中很重要，因为每个年轻人都需要考虑如何参与家族企业的重要问题，无论是作为员工还是参与治理。长辈们会帮助子女进入或不进入家族企业，并将这个机会与在家族基金会工作或在治理委员会任职的其他机会进行比较。其他家族则通过制订一个完整的家族计划来实现这一目标。

职业发展可以成为家族会议的重点，让年轻一代有机会向年长一代学习。一位家族成员说：

有一次，我们让下一代规划一个议程，结果他们创建了一个流程，让第四代的不同成员讲述我们的职业生涯故事。第五代在房间的一边，第四代在房间的另一边。关于在职业生涯的某些阶段哪些事情是有帮助的，大家进行了有趣的对话。这是一种非正式的方式。尤其是处于职业生涯这一阶段的人，很难参与所有这些家族治理工作。现在，几乎所有的第五代成员都有丰富的职业生涯。

世代家族会积极地帮助下一代为在董事会、家族治理（如家族理事会）或家族基金会中担任角色做好准备。在第一代和第二代家族中，董事会可能包括所有或大部分家族成员。然而，随着企业和家族的发展壮大，董事会中开始出现独立的非家族成员专业人士，家族董事会成员本身在财务监督、战略规划和业务发展方面也需要更高水平的专业技能。家族必须为未来的董事会成员培养这些技能，而不是让大股东等着轮到他们任职。成为董事会成员是家族所有者的责任，而不是权利。

随着越来越多的人参与治理，下一代成员必须学会共同决策。很多家族不希望对政策进行正式投票，而是希望达成共识。这很难实现，因为达成共识需要真正的妥协和倾听他人意见。一位第四代家族领导人说，这对正在崛起的第五代来说非常困难：

领导者正在崛起，但每个人都害怕将权力交给别人，因为我们看到了父母的遭遇，我们不想这种事情发生在自己身上。也许你的出发点是好的，但如果有人误解了你的想法，你可能会永远失去这个人的信任。而你也失去了信誉，因为在家族中，事情并不总是很顺利。事情必须达成一致才能奏效，这很耗费时间。如果你不寻求共识，你就会失败；51% 是不够的。不久前，我们有机会在牧场安装水设备。不是为了水权，而是抽水，将水出售给各种钻井活动，这本可以成为一个巨大的收入来源。但由于它被视为不同寻常之事，因此存在相关风险，无法实现。如何解决这个问题？绝对没有简单的方法。如果有，就不会有这么多书了。

另一个家族在如何培养下一代领导人方面的做法更具体。通过记录各种家族治理角色所需的能力，该家族将其教育计划的目标定位在培养这些技能上。作为一项投资，教育计划要像其业务一样对结果负责。该家族的一位成员说：

> 我们概述了对家族中每个角色的期望。我们对家族大会的期望为我们提供了一个基准，即我们如何提高第五代的能力，使他们成为才能出众的家族成员。我们还阐明了对家族理事会角色的期望。我们的家族理事会有 12 个人，每季度召开一次会议。我们将他们视为企业的领导者和最活跃的家族成员。在我们的治理模式中，我们有常设委员会，每个常设委员会由四个人负责。我们为所有这些委员会制定了预期目标，并与课程开发人员合作制订教育计划。
>
> 培养一个人有多种不同的方式。我们提供课程、教练和指导，我们还提供评估，让人们了解自己的基本能力。我们有一个发展教育委员会，帮助个人根据自己的目标制订发展计划。我们还有一个评估流程，能够衡量个人是否成功实现了这些期望，以及他们还需要哪些支持才能实现这些期望。在我们家族的发展过程中，我们是经过深思熟虑的。我们家族一致认为，这对我们继续成为好管家，并随着时间的推移成长为我们需要成为的管家至关重要。现在这是一个持续的过程，因为当家族企业实现其目标时，它还会有另一个目标，而这也是我们不断前进的目标。

延伸阅读

家族发展的路线图

图 14-1 来自一个拥有 100 多个家族所有者的家族，其中很多人在不同的家族企业中工作。这张图概述了家族成员在成长过程中开始表

现出兴趣和展现出能力时，家族为他们提供的一系列发展活动。提供
这些活动的目的是让他们考虑自己是否有意愿和能力在家族企业中发
挥作用，如果有，就相应地规划自己的发展之路。

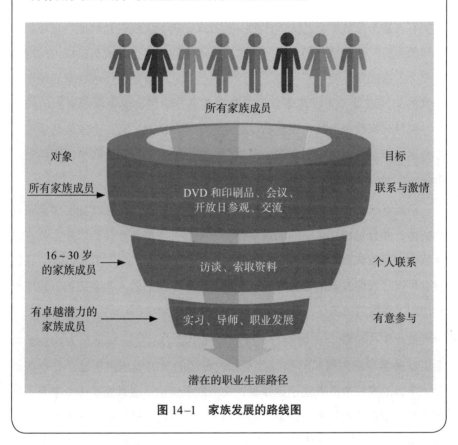

图 14-1　家族发展的路线图

初级董事会

让年轻的家族成员做好在各种家族董事会中任职的准备至关重要，这些
董事会负责监督和发展他们的各种企业。董事会成员资格虽然对所有者开
放，但只保留给最有能力的人，包括非家族成员独立董事。要想在董事会任
职，家族成员就必须了解这一角色并为此做好准备。他们可以通过观察董事
会的行动来做到这一点。

一些家族已经制订了计划，让年轻的家族成员初步体验治理工作。他们可以了解需要做些什么，并决定自己将来是否要从事这项工作。初级董事会有多种形式。一些家族会挑选那些看起来有兴趣、有能力的年轻人，让他们在董事会会议上担任观察员。其他家族则向志愿者开放这个小组，认为这是发掘有兴趣为家族服务的人才库的一种方式。这不仅仅是针对那些想在企业工作的人。一些家族成员需要成为董事会或家族理事会的成员，成为治理的一部分。这些角色吸引了一些正在读研究生、从事其他工作或在家照顾年幼子女的家族成员。初级董事会可以旁听董事会会议，也可以召开自己的会议，包括与家族企业的主要成员讨论企业的经营情况。有一个家族每季度举办一次关于企业未来发展方向的研讨会，愿意通过阅读报告和参考资料做好准备的人都可以参加。

初级董事会是参与家族领导的一个切入点。一些传统家族拥有多家企业和实体，并分别成立了不同的董事会。一个拥有大型基金会和家族办公室的家族会在家族成员 14 岁时就邀请他们开始观察学习。家族领导人说："我们没有可以让人们参观的家族农场或工厂。所以在他们进入大学之前，我们希望他们了解我们的工作，这就是我们要做的。"

世代家族可能会让表示有兴趣和展现出能力的年轻成员加入这些董事会。这种参与的效果是将信息共享和教育转向学以致用。通过参与这些活动，年轻的家族成员既能学到知识，又能展示所学。通过接手一个项目，例如监督一项慈善投资或帮助家族拥有的一家小公司，他们在家族中有了良好的记录。家族可以从这些候选人挑选下一代成员加入各种董事会和委员会。

家族的新生代成员有责任为家族服务

家族教育计划的目标是培养有能力、有头脑和有道德的一代管理者，让他们做好准备并致力于继承家族企业。新一代成员有望为继承家族传统做出贡献，发展多种形式的家族资本，并在世界上留下自己的印记。

家族中的每个年轻人都有机会走出自己的人生之路。父母会这样教导他们的孩子:"找到你喜欢做的事。准备好并培养技能去做一些能支持和吸引你的事情。"对于世代家族的成员来说也是如此。尽管世代家族的共同活动以及商业和服务活动可以提供很多东西,但继承人总是可以自立门户,而且很多继承人都是这样做的。然而,世代家族还有额外的潜力。新生代成员也有机会为家族服务。下面将介绍家族中这些特殊机会的"召唤",这些机会在那些在世代家族中成长起来的年轻人的人生选择和发展道路上发挥着重要作用。

世代家族会发出家族或社区服务邀请,以吸引那些准备好、有意愿并且有能力参与其中的人。保持家族企业的强大和活力需要每一代人不断提高技能水平。随着商业环境和家族的变化,每一代人都希望接班人具有创新能力。教育计划的作用不仅在于让下一代成员做好准备,还在于传递信息,号召他们在家族及其多家企业中发挥创造性作用。

长辈只能为新生代创造一个充满机遇的环境。作为回应,新生代的每位成员都会选择成为其中的一员。千禧一代是在一个全球互联的网络世界中接受教育和成长起来的。他们在财富中成长,形成了做有意义之事的价值观。如果他们加入家族企业,那他们通常不会只是为了纪念过去和履行义务(尽管这对他们来说可能很重要),而是为了做一些在其他地方做不到的事情。他们希望在家族企业中留下自己的印记,同时他们也尊重传统的价值观和做法。他们随时可以选择走自己的路,脱离家族。加入家族就是承诺放弃部分自由,以换取成为共同传统和未来成功的一部分。

家族教育和发展工作不会强迫新一代为家族服务。但是,通过为他们提供服务的机会和"召唤",家族可以吸引这些年轻人参与进来。世代家族可以为新生代提供两种独特的"召唤":

- 为家族和家族企业服务的召唤;
- 服务社会和世界的召唤。

当一个家族的新生代有足够多的人响应召唤,挺身而出成为家族的领导人时,这个家族就取得了最终的成功。

我们的"提议"是,作为世代家族的一员,新生代成员可以做出非凡的成就。发展和教育过程展示了已经做了什么、这些年轻人如何做出贡献、未来可能做什么以及角色的要求。每个人都必须做出积极的选择来响应号召，而每个人都有不同的方式。但是，如果家族没有为他／她提供资源和机会，让他／她成为伟大事业的一部分，他／她就无法做出这种选择。我们现在来看看新生代如何响应机会的召唤。只有新生代挺身而出，家族才能代代相传。

选择加入家族企业

新生代成员必须做好为家族服务的准备。家族面临的更大挑战是培养年轻人的能力和愿望（即技能和意愿），以担任各种家族和家族企业的领导角色。所有这些挑战都落在了年轻家族成员的身上。

在世界许多地方，人们都希望新生代中能有一位家族接班人。但随着越来越多的家族从更广阔的角度来看待家族领导力需求，这种期望正在消失。世代家族将共同的一代人的能力视为一种集体资源，一些家族成员在企业、家族和家族慈善事业中的不同领导岗位上崭露头角。下一代的众多成员希望了解如何培养领导能力以及他们将如何得到认可。

在全球范围内，提拔长子的传统期望正在被一种期望所取代，即新一代的每位成员都将自己选择候选人。领导者就是从这个自我定义的群体中选出来的。一位长者说：

我不想让我的孩子觉得有义务在这里工作。他们当然需要感受到所有权带来的责任，无论他们是套现还是拥有一切，这种责任都是存在的。他们需要学会承担生活中的责任。至于他们参与的程度，我不想去指手画脚，甚至不想有预期。我只希望他们能够自由地追求自己喜欢的东西，过上最好的生活。

人们普遍认为，任何年轻的家族成员都不应该有被迫成为合作伙伴的感觉。正如一位家族成员所说，他们应该有自由选择的权力，来选择自己在家族财产方面的角色，甚至可以结束伙伴关系。信托的形成使这一问题变得更加复杂，因为信托会在一代人或两代人的时间里将他们联系在一起。但到了第三代或第四代，我们所采访的世代家族都有一种机制来"解放"持不同意见的家族成员。这种退出政策是解决潜在冲突的方法，否则这些冲突可能会束缚家族，使家族难以作为一个统一的企业运营。在知道自己可以随时离开后，有时家族成员会同意留下来，看看他们能一起取得什么成就。

大多数家族都希望自己的成年子女去寻找财富。在世代家族中，财富已经存在，这既是挑战，也是机遇。我和我的团队所做的研究让我们意识到，传统家族中的新生代成员必须决定他们希望如何积极、直接地参与家族及其企业事务。家族教育为他们做出明智的选择提供了基础。

这并不是一个单一的选择，而是一种现实，当他们成为有责任心、有生产力的成年人时，这个现实始终摆在他们面前。我们发现他们在回答以下问题时，做出了与家族有关的人生选择：

- 我如何负责任地利用家族财富？
- 我将如何融入家族及其企业并参与相关事务？
- 我会发起或参与家族支持的慈善和社区事业吗？
- 我会在家族企业的某些方面担任领导角色吗？

要考虑是否加入家族企业或在多大程度上参与治理，每位年轻的家族成员都必须先在家族之外度过一段时间。在我们的研究中，年轻人独自外出工作是家族最常提及的早期发展步骤之一。在没有危机的情况下，大多数家族都不鼓励家族成员过早进入企业。一位家族成员说：

我认为那些成功的人在他们长大成人、上大学的阶段，尤其是在经商时就已经走出了家门。他们走出家族，独立生活，做自己的事，找到自己的朋友，搬出小镇。我所有的侄子和侄女所都做过的最重要的事情之一，也是我希望我女儿做的，就是让她从别人那里领几年薪水，让她对现实世界有所准备。

只有少数家族成员可以受雇于各种家族企业，家族希望挑选出最有能力、最合适以及准备好服务的人。大多数第三代和后来的接班人都会利用教育和社会关系的优势来发展独立的事业。他们的事业往往得益于家族的资助，这些资助使他们能够以低于市场价的价格从事自己感兴趣的工作。一位家族成员说：

在我的家族中，一位家族成员成立了自己的音乐厂牌，并且正在经营。另一位家族成员创建了自己的非营利组织，还有一位家族成员正在筹建一个更大的非营利组织。许多人之所以能够投身慈善事业，是因为他们有灵活的计划和视角，可以做自己想做的事情，并追求激情。

在家族和个人发展过程中学到的经验有助于培养个人能力，明确人生方向。面对如此多的可能性，新生代成员需要有人来发现和引导他们。一位家族成员说：

我们最大的创意就是努力为后代寻找机会。与其说这是一个实际的机会，不如说这是一个智力上的机会。我们有十几个 16 岁到 26 岁的第五代家族成员，他们的父母（我也是其中之一，因为我有一个 11 岁的孩子）觉得非常有必要为他们寻找发展机会。我们不是要帮他们挑选工作或买下他们喜欢的企业，我们是想让他们知道，他们有一个重要的生活工具，可以让他们过上更好的生活。家族企业为第四代提供了一些资源，第五代的年轻孩子们将其视为一个有意义的机会。

作为获得特殊机会的回报，每个年轻人都被含蓄地要求在家族中树立威信和展示能力。家族成员身份增加了生活和职业选择的压力，却从未使这些选择变得容易。一位与其同代人一起进入企业领导层的第五代成员说：

当我开始工作时，我陷入了困境。要进入我们的家族企业，你就必须积累一些经验，比如创建一家企业等。随着你能力的展现，你的责任也会越来越大。我在外面的一家私募基金工作了几年，然后又回到了家族企业。回来后，我发现我们的大型全球企业中很少有年轻一代参与其中。于是，我告诉经营这些生意的叔叔，我也想参与其中。我作为下一代加入了公司。

我在这些企业工作了 15 年了，我叔叔还在，他现在 70 多岁了。我已经证明了自己，建立了自己的信誉。在上一次执行委员会会议上，我告诉他们："最近几次会议他都缺席了，而我成功地主持了会议。"所以对于一项具体的业务，我会说："我已经做过了，也许是时候让我做了，如果我遗漏了什么，你可以在之后补充。"他真的说："好吧。"在第二次会议上，他退后一步说："你来主持吧。"这并不容易，因为这些人不喜欢放手。你必须推他们一把。如果他们觉得舒服，他们就会退后一步，虽然他们还是偶尔插手。但那家企业的首席执行官去世了。新上任的首席执行官得到消息，知道我是推动公司发展的人，所以他现在直接给我打电话。这种转变经历了 15 年，并非一蹴而就。

为家族和企业服务

出生于商业家族，就有机会在其中一家传统企业或其他家族企业（如家族办公室或家族基金会）工作。任何家族成员的职业选择都深受父母和亲戚的正面榜样的影响。如果父母是演员、政治家、工匠、教师、律师或农民，那么孩子就会理解这些职业的价值观，并非正式地了解这些职业。此外，在该行业或职业中拥有人脉也能使继承人在可能的工作或职业生涯中建立良好的人际关系。进入最好的学校、获得最好的实习机会、能够结识"合适"的人都是成为世代家族一员的优势。

每个世代家族都在不断改造自己，组建新的企业和社会企业，并更新或出售其传统企业。新生代成员必须成为变革的领导者，并对未来充满创造力。

一些世代家族会由非家族成员担任首席执行官，并为新生代成员提供以下机会：

- 在公司或家族办公室董事会任职；
- 在治理委员会和特别工作组任职；
- 创办新企业；
- 担任家族社会企业的志愿者、员工或董事会成员。

新生代成员获得邀请的条件是，特定的年轻人必须具备专业资格和技能，这些专业资格和技能使他们在大型、复杂和专业化的企业中具有竞争力。几乎每个家族都有正式的，或至少是明确但非正式的就业规则。家族规定了进入家族企业的资格、背景和准备标准。随着每一代家族成员人数的增加，职位竞争变得越来越激烈，要求也越来越高。

我们采访的家族成员揭示了下一代成员受雇于家族企业的四种途径。

- **企业领导人邀请他们加入。**有前途的年轻人在企业之外取得了有目共睹的成功，家族积极招募他们。

- **他们可以要求加入。**他们必须提出申请，并得到家族领导人和非家族领导人的认可。他们通常以较低的级别加入，期望随着能力的展现而得到晋升。

- **他们"一见钟情"。**他们加入企业是为了方便，但后来发现在企业工作很舒服，就留下了。

- **他们是被"拉"进来的。**这是意料之中的事，他们只是加入而已。在我们的研究中，只有极少数家族采取了这种途径。

到目前为止，前两种途径是最常见的，因为到了第三代，企业已经变得如此庞大和复杂，只有那些表现出色的人才能找到立足之地。

进入企业可能不是一次性选择，而是伴随家族不断发展的一次次抉择。在企业工作是一个机会，工作的终点不一定是成为企业领导者，但确实意味着承担责任，正如一位家族成员所说：

我告诉我侄子："无论你是留在我们这里还是去别的地方，我教你的一切都会让你变得非常有竞争力。在未来的某个时刻，我会对你说，'是时候签下你的名字了'。但在此之前，你可以自由来去，想留下就留下。"无论他是否留在企业里，他都可以是那个继续前进的人。他不需要在村里工作，每年回来参加四次会议，并了解村里的情况即可。所以我还没有要求他承诺当村主任。

在企业或家族治理部门工作不一定要在职业生涯早期就决定。有几个家族的家族理事会（负责监督许多家庭和复杂的家族企业）发展得很好，家族成员会在他们年长时招募领导者。一些成为家族领导人的女性提到，她们先是抚养自己的孩子，然后慢慢才参与到家族领导工作中。现在，她们到了可以为家族"服务"的人生阶段，而家族成员也非常看重她们的专长。这位家族领导人在从事了非营利组织管理工作并养育了她的孩子后，被召唤为家族服务：

这是一份全职工作。我每天都在工作，但家族成员找到我，鼓励我考虑［家族理事会主席的工作］。我曾做了五年的法务助理，所以我既有政治背景，又有在非营利组织工作过的背景。我对家族的看法是，你永远不会希望我去管理企业，但我认为家族就像一个非营利组织。它更像是一个非营利实体。当我开始考虑自己的资历时，一些堂兄弟说："你很适合做这个，你人缘很好，担任过领导，而且善于社交。"我列了个提纲，与家人聊了聊。这是我人生中的好时机。当时，我正要成为空巢老人。就这样，我来到了这里。

当选是一个相当艰难的过程。这不仅仅是一个电话，说"我们认为你是一个很棒的候选人，我们希望你能成为家族主席"。我必须参加面试，必须参加考试。我有点惊讶自己能来到这里，这太不可思议了。这有时令人望而生畏，因为你希望能够与人沟通。与家人沟通很重要，但是有很多不同性格的人和群体。

准备成为家族领导人与成为企业领导人不同，这需要个人技能和能力，也就是所谓的情商。由于个人关系和历史渊源，为家族企业工作需要具备与家族所有者沟通并积极听取不同意见的能力。如果进入的企业不是自己的家族所有，这些技能可能就不那么重要了。家族领导人必须学习传统的商业技能以及处理家族关系的"情商"技能。

成功的家族都表示，随着企业规模越来越大、业务越来越复杂，或者随着家族从企业经营者转变为金融或家族办公室模式，每一代的准入门槛（资格要求）都会越来越高。如果新生代成员想进入家族企业，他们就必须成为合格的专业人士，光靠露面是不行的。

一些家族表示，当家族撤换不合格或表现不佳的家族管理者时会遇到困难。对一些家族来说，从家族中的任何人都可以经营企业的模式转变为家族管理者必须具备资格并对企业负责的模式是痛苦的，这导致了家族分支之间的冲突。一位家族成员报告说，在解雇一位家族领导人，并由另一位非家族成员首席执行官接替他的过程中发生了严重的冲突。由于这位家族领导人是一位重要的家族成员，并且拥有企业的大部分股份，因此需要下一代的积极干预，才能帮助这位家族成员缓解愤怒和伤心。

另一个变化是，虽然就业和企业领导职位只对少数人开放，但很多非雇佣关系领导职位会对家族所有者开放，即在董事会、家族治理体系或慈善事业中任职。到了第三代，年轻的家族成员希望担任治理角色为家族服务，而不是主要作为员工。其中一些角色是自愿和无偿的，而另一些角色则有一定的报酬。与受雇角色一样，这些职位也需要资质和一定的技能。

有一个家族决定不让家族成员在企业工作，希望新生代参与治理，这在第三代以后的家族中很常见。该家族的一位成员说：

> 我们不允许家族成员在公司担任管理职务。因此，在公司董事会、家族理事会和家族基金会董事会中，大多数席位都是家族席位。如今，第四代成员占据了这些席位，第三代成员占据了少数席位。管理层非常专业，没有家族员工。我们确实为家族成员提供了在公司实习和定期工作的机会。所以，我们有机会，但也有挑战，因为我们并不经常在办公室碰面，也不总是一起出差。

一些家族为在企业工作的家族领导人设置了特殊的角色。美国一家第五代企业拥有多家公司，为家族员工建立了广泛的支持网络，制定了清晰的职业发展流程。有24位家族成员在企业工作，他们可以晋升，但企业文化明确规定，非家族成员高管不得让位给资质较差的家族成员。这个家族每年都会为家族员工及其配偶举办一次见面会，会议的重点是增进感情，并讨论兼顾家庭和事业的压力。家族成员的行为、反馈、晋升和困难都有一个特定的流程，所有这些流程都是为了避免将家族问题和冲突转移到企业中。家族"人力资本"经理说："企业不是为家族服务的。"

本章和其他章节介绍了家族共同活动的广度和深度。通过这些活动，世代家族可以通过家族学习计划来实现其最重要资源（即后代人力资本）的成长和发展：

- 将各代家族成员聚集在一起，确定他们作为一个家族的身份以及他们想一起做的事情；
- 分享信息，传授关于家族传统和家族企业的知识；
- 为新生代制订教育计划，让他们共同学习和成长；
- 为个人制订技能和职业生涯发展计划，并指导执行。

这些活动共同构成了世代家族的独特特征。除了非正式的家族聚会和关系之外，家族企业必须积极努力，让每一代家族成员参与、发展并融入各种家族企业。

在企业就业并不是每一代家族成员所能指望的；相反，家族需要的是有准备、有能力以及接受并践行家族价值观中的人，以及在教育、社会、服务、治理和家族发展等活动中长期致力于为家族服务的人。

在你的家族企业中采取行动

确定了解家族企业的途径和活动

正如我们所看到的，世代家族提供了很多直接了解家族企业的途径。这些机会与你成长和发展的不同时期息息相关。

以下是一些可以为成长中的新生代家族成员设计的家族活动。重要的是，这些活动要有明确的内容，清楚地表达需求和责任。你们应将这些活动安排为可以在人生的不同时期利用的机会，并逐步深入参与。

- **参观家族企业**。参观并感受家族企业，与主要员工、领导和顾问会面和交谈。

- **实习**。在求学期间有机会在家族企业工作。可以是高中或大学期间的暑期工作或兼职项目，也可以是更长、更正规的学习经历。这既是一个确定自己是否想在家族企业工作以及工作内容的机会，也是一个了解自己以便在治理中发挥作用的途径。

- **学徒期**。在短时间内集中学习多种技能，家族成员的目的是学习专业知识或技能，为进一步发展奠定基础。家族企业往往可以在年轻人必须决定在家族企业的某个部门从事某项工作或发挥作用之前为他们提供这样的机会。

- **导师制**。一位顾问，有时是家族企业的领导者或顾问，就职业生涯以及如何准备和开始职业生涯提供意见、建议和支持。有时这是在家族企业内部学习和为机会做准备的方式。导师并不评估或评价表现，而是提供看不见的支持。

第 15 章

家族慈善：平衡根基和羽翼

在离开企业领导层或出售传统企业后，每一代新成员都必须找到继续团结在一起的理由。什么样的具有创造性的目的才足够有意义，让他们不辞辛劳地参加会议、统一愿景并一起工作？赚更多的钱并不能成为他们的动力；他们关心的是如何利用家族积累的财富。这些财富不仅能丰富他们的生活，还能为世界带来有意义的改变。

这是通过家族的社会使命、对更广泛的社区利益的承诺来实现的。家族财富使他们能够进行重大的社会变革。通过共同关注卫生设施、医疗保健、教育和工作以及自然环境的未来等社会问题，年轻人能够将消费抛在脑后，甚至摆脱对拥有这些财富的愧疚，为重要的社会变革付出努力。虽然这一直是财富责任（贵族义务）的一部分，但 21 世纪所带来的挑战甚至让最不关心政治的家族也参与其中。

家族慈善和社会承诺是我们采访的每一个全球世代家族的核心。它为那些可能不认同金融或商业活动的年轻家族成员提供了一个了解这些活动的意义和参与其中的途径。由于维持财富所需的人越来越少，因此回馈是维持家族联系和身份认同的一个途径，也是在原本分散的大家族中团结在一起的理由。

世代家族通过发展根基和丰满羽翼而蓬勃发展：它们以自己的价值观和历史为根基，同时又对变革和创新持开放态度，这使它们得以蓬勃发展。通过举行商业活动和慈善活动，几代人创造了社会影响，建立了良好的公民声誉。他们勇于承担公民责任，并通过作为捐赠人分享财富和资源的方式向公众宣传家族的核心价值观和宗旨。

服务社会

年轻人与家族的联系不仅在于他们期望继承的财富和拥有的东西；相反，他们之所以决定投入时间和精力为家族服务，是因为他们有机会在大家族的集体活动中体现自己的个人价值。到了第三代，世代家族已经开始将大部分精力放在创造财富之外。家族已经很好地完成了财富积累。现在，"我们的财富用来做什么"这个问题有了新的紧迫性。家族会为新生代提供参与家族慈善事业的机会，并发起兼具商业价值和社会价值的新活动（如社会创业）。从孩子们的三个存钱罐开始，家族成员现在可以参与成年人的捐赠活动，为社区和世界带来改变。

如今，许多年轻人都致力于社会创新、可持续发展和服务社区。当然，这些价值观往往是前几代人所共有的，但每一代人践行这些价值观的方式却各不相同。一代人为当地社区的服务项目提供帮助，而下一代则希望帮助全球难民。新生代成员希望家族成员能倾听他们的想法，并承诺为实现社会目标而采取行动。他们希望看到家族财富被负责任地使用，从而带来改变，而且他们对如何做到这一点有具体的想法。

年轻人被共同的家族慈善事业所吸引有以下几个原因。

- 家族拥有改变现状的资源和网络，家族成员一起行动比单独行动更具影响力。
- 家族受到尊重和关注，家族成员可以提供受社区重视的服务，表明他们不仅仅是信托基金的受益者。
- 由于家族的财富，家族成员能够在非营利组织或工作岗位上发挥作用，这些组织和工作虽然会做一些好事，但收入不高。
- 新生代成员与同代人有个人联系，他们喜欢一起工作。他们会通过做一些有价值、特别和具体的事情来建立代际社区。

对社会资本的兴趣增加吸引并激励着新生代。一位家族成员说：

我在新生代成员的身上看到，没有什么能真正让他们团结起来。最初，我们开始让家族成员在家族会议上讨论慈善事业和共同计划。我们问："你是做什么的？为什么这会让你感到兴奋？你找到了哪些组织？"这演变成了大家想做集体慈善。在那次会议上，我们提出了如何通过我们的慈善事业部门协调捐赠的参数，并任命了一位首席慈善官，他将是一名兼职员工，承担相应的责任并制定具体的指导方针。

像这样的家族发现，通过将重点转向慈善事业和社会使命，它们支持在其他领域对家族财富进行负责任的管理。

世代家族将回馈视为培养健康的下一代成员的关键因素，这些下一代成员根基稳固，具备丰满自己羽翼的能力，既能为家族企业增值，又能作为世界公民为世界做出积极贡献。正如前几章所述，年轻人在财富的责任与好运的意义和责任之间挣扎，他们期待家族帮助他们找到积极的选择来使用他们的财富并奉献他们的一生。

一位掌管家族办公室的家族领导人表达了这种态度的自然性，这与我们采访的许多家族如出一辙：

上几代人赚了很多钱，他们也回馈了很多钱。所以，这是一种经久不衰的家族价值观——我们一直有一个基金会，我们一直都在为社区做贡献。在我们所有的年会上，我们都会通过社区服务项目在家族内部强化这一价值观。

神经科学家和积极心理学家都强调感恩对个人和家族的好处，他们将感恩与幸福、乐观和更健康联系在一起。对大脑进行的研究表明，心存感激会带来更多的同理心和利他主义，并在健康和幸福方面带来实实在在的好处。研究人员得出的结论是："给予比接受更有福。"懂得感恩和奉献的家族更有可能培育出健康的企业和幸福的家族，并代代相传。

世代家族提醒我们，日常微小的慈善行为非常重要。有一个家族是这样说的：匿名为一个去面试的贫困年轻人赠送一套新西装或工作服绝非小事，因为这可能会确保整个家族的未来，是摆脱贫困的决定性一步。我们所采访的大多数家族仍立足于当地社区，并意识到了仅从数字角度看待慈善事业的危险性。这些家族的成员提醒我们，对个人的影响可能来自对当地情况的了解和对时机的把握，而回报则无法直接用捐赠多少来衡量。

慈善事业的道德责任

许多世代家族认为，它们有道德责任和社会责任将一部分财富用于行善。一位受访者说："慈善精神是整个家族的关键组成部分，以确保我们永远不会忘记我们从哪里来以及回馈是解决这个难题的关键，在某种程度上，这不仅是一个机会，而且是一种家族义务。"许多家族通过讨论家族捐赠的必要性，更强烈地表达了这种情感。一位亚洲企业集团的领导人指出："这是我们 DNA 的一部分，是我们工作的一部分。"另一位受访者解释说："我们所有人基本上都被灌输了这样的思想，那就是获得更多的人，理应奉献更多。因此，我们希望用一定比例的红利来帮助社区、帮助世界，做一些事情，一些小事，让世界变得更美好一些。"或者，正如另一位家族成员所言："这样做是因为这样做是正确的。"

对于那些不希望自己的孩子长大后有权有势、过着不劳而获、过度奢侈生活的世代家族来说，这一点尤为重要。随着老一辈将家族价值观传承下去，他们鼓励下一代将慈善事业视为一种将其价值观付诸行动的方式，并找到一种比自己的欲望更强烈的使命感。一位受访者这样说道："慈善事业是自私自利最有效的解药之一。如果你想的是你能为别人做什么，你就不会专注于你能得到什么。"这个家族给每位成员一份创始人的遗嘱，这份遗嘱概述了他的理念，并告诉他的后代，如果他们想快乐，就应该考虑能为别人做些什么，但如果他们想痛苦，就应该专注于他们认为别人欠他们的东西。

家族慈善基金会让下一代能够尊重、掌握并实践前几代人传承下来的价值观。一位受访者说："这是我们想为父母留下的财富，感谢他们为我们、为公司、为社区所做的一切。"这个家族齐心协力，选择了源自他们父母和祖父母价值观的使命。这位受访者接着说："我们希望延续父母开创的精神，即我们几代人的慈善精神，这使我们能够在多个领域有所作为。"随着世代家族的成长，慈善捐赠为下一代参与社会影响提供了具体的机会。研究表明，父母乐善好施的子女更有可能乐善好施，这表明这种态度确实会代代相传。

我们所采访的一些美国家族的成员解释说，慈善事业使他们在企业出售或不再由家族经营后仍能保持团结。非美国家族企业的领导者表达了这样的愿望，对一些人来说，这是无可争议的愿望，即他们的子女将加入并最终经营一个家族企业或整个企业。在这些有望由下一代经营企业或家族办公室的家族中，慈善事业可以成为培养管理和领导技能的工具，而无须像在企业中那样接受严格的审查和更全面的绩效评估。作为一个教育机会，慈善事业提供了一个真正的平台，让新生代成员通过将价值观付诸行动、履行信托责任和施展领导技能来学习和实践。

家族慈善事业有助于在家族内部建立更深层次的联系，强化关系。当家族成员一起工作时，价值观会得到传承，并加强家族成员的亲和力，因为他们会感觉到强烈的一致性和目标感。捐赠提供了跨代和跨分支合作的机会。家族的身份和意义不仅仅在于创造财富，它表达了奉献和社会责任的价值观，以建立一种超越企业的更大的家族认同。这使家族成员有更多的机会参与家族事业，并随着家族的壮大而相互了解。一位受访者说："我祖父母建立的基金会是一座真正的桥梁，不仅联结了我父亲和他的姐姐和兄弟，而且联结了我父亲的两个侄女和侄子。"

新旧慈善事业之争：更具战略性的合作方式

一提到家族基金会，人们可能就会想到安德鲁·卡内基（Andrew Carnegie）、约翰·戴维森·洛克菲勒（John Davison Rockefeller）和亨利·福特（Henry Ford），以及近几年的威廉·休利特（William Hewlett）、戴维·帕卡德（David Packard）、比尔·盖茨（Bill Gates）和沃伦·巴菲特（Warren Buffett）。美国之所以在慈善事业方面占据主导地位，部分原因在于其良好的法律和政治环境，长期以来，美国通过税收减免政策促进私人慈善事业的发展。另一个原因是美国基金会较早实现了专业化，他们比非美国同行更早地接受了商业沟通和营销。很少有非美国基金会登上新闻头条，尽管这种情况已经开始改变。我们采访的全球世代家族都有着深厚的慈善承诺。

21 世纪的年轻慈善家与早期工业时代的慈善家在规模、年龄、地点和参与程度方面有着共同的特征。大多数差异在于程度而非性质。19 世纪和 20 世纪早期的慈善家以创建强大的基金会来巩固其遗产而闻名。大约 120 年前，安德鲁·卡内基宣布捐出自己的大部分财产，并向其他富豪发出挑战，要求他们也这样做，认为这是他们义不容辞的责任。2010 年成立的捐赠誓言（the Giving Pledge）基金会与卡内基的做法如出一辙。

正如罗恩·彻诺（Ron Chernow）指出的那样，人们对早期慈善家到晚年才捐赠，而新慈善家很早就开始捐赠的印象需要更细致的了解。例如，比尔·盖茨现在至少因其慈善事业和创办微软公司而闻名。然而早在 1998 年，彻诺就报道说，盖茨说他要再等 10 ~ 12 年才会捐出他的财产，因为他仍然忙于生意。彻诺指出，相比之下，洛克菲勒 40 多岁时帮助创办了现在的史贝尔曼学院（Spelman College）；50 多岁时，他创办了芝加哥大学（The University of Chicago）；60 多岁时，他创办了现在的洛克菲勒大学（The Rockefeller University）。彻诺说："我认为，这对盖茨来说是一种警示，或者说是一种启发。洛克菲勒是一位虔诚的教徒，从 10 多岁时候就开始缴纳什一税。他不是那种将慈善事业推迟到晚年才做的人。"

家族出于感恩和自身利益的双重考虑，为企业创立地所在的社区提供捐助。家族成员希望且有能力让自己的家乡变得更好。他们还想感谢那些帮助家族繁荣发展和创造财富的人们。

新慈善家和他们创办的公司一样，出生在一个更加全球化的世界，大千世界的问题以前所未有的方式影响着他们。他们不再生活在单一的社区，家族成员也在许多地方生活过。这是这一代世代家族的一个主要区别。在许多情况下，随着家族财富的增长以及商业活动向国内和国际的拓展，他们会转向国家和全球事业。今天的新慈善家，如金融巨头沃伦·巴菲特和科技巨头比尔·盖茨，是由数字世界中不断缩小的边界和对"天生的全球企业"（即从一开始就进行跨国贸易的企业）的熟悉所塑造的。这些家族基金会从一开始就被全球性问题所吸引。以盖茨基金会为例，它一开始就迅速关注政府无法解决的全球性"棘手"问题，如发达社会和欠发达社会的卫生、教育和妇女赋权问题。

今天的超级慈善家对他们的捐赠和社会影响有着具体、直接和详细的愿景。美国老牌基金会早已实现了专业化。老一代基金会招募的员工具有专业的捐助者参与、市场营销和项目管理背景，而新一代领导者则包括社会企业家和影响力投资者。

在我们的研究中，第一代超级慈善家与世代家族之间的另一个不同之处在于传统和可持续性。目前，一些慈善家有时会避免创建永久性基金会，而是允许捐赠者不仅使用基金会的收益，还可以使用基金会的资本，并且不介意在下一代解散基金会。这样，他们就可以不受阻碍地集中捐赠，以产生更深远、更直接的影响。巨额捐赠可以改变一个城市的面貌、一个社区的能源使用、我们的食物种类和种植方式，或者某种疾病的发病率。然而，我们采访的世代家族会利用慈善事业来促进它们的传承，并希望它们的基金会能够永久和可持续发展。这些家族还倾向于更严格地控制资金，放弃无条件的重复捐赠。他们希望有能力评估资金的使用情况，并重申对受赠者的控制，因此有更多的投资是由家族提供种子资金，但接下来就得靠组织内部的收入来维持了。新的资金将用于新的活动，条件是先前的资助要取得积极成果。新旧慈善事业的第四个，也是最后一个不同之处在于，这一代慈善家所采用的是更为合作的方式。

让下一代围绕道德、声誉和教育目标共同奋斗

到了第三代，家族新一代的创业精神和社会承诺从传统的公司和投资转向创建将家族价值观延伸至社区的项目。这是一种个人行为——它为年轻人提供了一条有意义的人生道路，也为家族与其所在社区分享财富提供了一种

方式。当家族成员分散到不同的地方生活时，他们可以通过发展具有三重底线（人、地球和利润）的新企业或符合各国法律规定的社会企业来回忆和重新审视自己的初心。当家族不再参与甚至出售其传统企业时，这一点尤为重要。围绕"我们是谁"和"我们为什么做企业"所阐述的强烈使命感是家族慈善事业的驱动力。

通过慈善事业将家族核心价值观传递给下一代，是世代家族反复出现的目标，也是衡量其成功与否的标准。一位家族成员说：

> 我认为，成功来自传承（年轻一代）成长过程中形成的一些价值观，这些价值观不一定与家族传统有关，但在以某种有意义的方式为社会做出贡献方面，是价值观的一部分，如成为一位好的家族成员，成为一个好公民。采取什么形式并不重要，重要的是家族价值观的平衡。如果你将这些价值观传递给你的孩子，这将对他们的生活有所帮助。

> 如果能让他们带着求知欲完成学业、在生活中获得快乐、乐于帮助他人，或者只是成为对社会有用的人，这就是成功。这不一定是头等大事。只要他们在做自己喜欢的事情，汲取我们认为对人们有帮助的价值观，并将其传递给他们的子女，我认为这就是一件好事。

通过家族基金会，财富创造者可以对子孙后代进行教育，向他们传递价值观，并培养他们的使命感。在 21 世纪的美国，许多新财富的创造者担心财富对其子女的影响，以及继承父母对家族企业的期望所带来的负担。许多科技界的亿万富翁公开表示，他们希望子女继承的是他们的创业精神，而不是他们自己创建的企业。

要知道他们是否会说到做到还为时过早。但许多美国富豪正在培养他们的子女管理家族基金会，而不是为创造家族财富的企业服务。例如，沃伦·巴菲特决定不给子女留下巨额财产，只提供教育费用和房子。尽管如此，他的三个孩子还是经营着大型基金会。最大的两个孩子——苏珊和霍华德，管理着以他们母亲的名义成立的家族基金会，并拥有自己的基金会。小儿子彼得是一位屡获殊荣的音乐家，他和妻子共同主持 NoVo 基金会。同样，20 世纪 80 年代科技界亿万富翁的子女更倾向于参与家族慈善事业，而不是把他们父母的公司变成家族企业。

家族基金会会帮助下一代为家族及其慈善使命服务。一名受访者说："年轻人面临的一个障碍是，他们认为自己并不能为慈善事业做出贡献，而事实上恰恰相反，他们拥有令人难以置信的技能，只是需要被唤醒和承认，有时他们自己并没有发现。"

下面这个慈善家族致力于培养自己的下一代，这不仅是将家族价值观代代相传的一种方式，也是因为老一代认识到了新一代的价值所在：

我们家族的下一代——这些20多岁的年轻人，在更加多元化的社会中成长，他们接触了不同程度的多元化，舒适度和接纳度也不同。我们的项目本身确实让他们比我更早地接触到了这些机会。年轻人对这项工作的看法，对正义原则和公平原则的看法令我深受鼓舞。

他们有不同的生活经历，他们以不同的方式看待技术，并利用技术来推动社会变革。他们以一种鼓舞人心的方式来实现它，并将继续推动我们改变和发展自己的工作方式。他们敢于自己动手，他们更愿意自省，而这项工作就需要这样。我认为老一代人可能没有，或者在某些情况下或某些家族中有更多的不适感，但年轻的一代会说，如果你想实现社会正义，如果你想真正践行真正的种族平等，你就必须抛开自己的隐性偏见，必须了解你在学校里没有学到的历史。

这说明慈善事业、社会变革或系统变革工作中的战略必须是适应性的，而不是线性的。这也是我们在这个过程中引入新的声音，并让我们大家族中的其他人参与进来的方式。我们必须以开放的态度去适应，去接受新的想法，去接受我们以前不曾有过的不同观点。这种适应性、这项工作的迭代性以及我们彼此接触的方式必须结合在一起，必须是整体性的。

捐赠圈与通过慈善事业寻求个人身份认同

在富裕家族中长大的年轻人经常会有矛盾感，包括困惑、内疚，甚至为别人拥有如此之少而自己却拥有如此之多而感到羞愧。20世纪70年代，除了对自己的财富感到内疚和困惑之外，富裕家族的后代还为自己的价值观与父母的价值观有很大的不同而挣扎。在大学里，他们开始反思社会正义和变革的必要性。当他们的同龄人发现他们的财富时，他们可能会被当场指责，甚至被指责助长了不公正和其他社会问题。同样，今天的年轻人常常在父母的价值观、个人价值观和同龄人的价值观之间徘徊。

20 世纪 70 年代，一些年轻的继承人开始组织一些团体，想弄清楚他们与家族财富的关系，以及如何以积极的方式为社会变革做出贡献。在美国西海岸，一个这样的团体组织了先锋公共基金会（Vanguard Public Foundation）。东海岸很快也成立了 Haymarket 基金会。第三个团体是在科罗拉多州成立的 Threshold 基金会，它是对一封信的回应，这封信邀请了 50 位既拥有个人财富又致力于减少生态破坏和人类苦难的年轻人。这些年轻人围绕"万物有灵，万物相互关联，所有生命都是神圣的"这一价值主张，成立了一个公共基金会和一个提供支持的社区。这个基金会既是人们可以讨论其价值观和个人财富目标的地方，也是他们可以向其捐款的基金会。

如今，Threshold 基金会仍在招募成员加入其网络，并为许多全球性组织提供资助。在保密的私密环境中进行个人聚会和交流以及共同捐赠的模式已经被一些新成立的组织采用，如 NEXUS，该组织致力于为财富社区和社会企业家搭建桥梁。目前，NEXUS 已在 40 多个国家设立了分会，并有超过 15 个不同的工作团队专注于各个领域的变革。

这些组织与家族基金会有两点不同。首先，它们在家族之外开展工作，由志同道合、年龄相仿的人组成。其次，它们提供了一个平台，让成员们分享在富裕家族中成长所面临的困境和挑战，并提供同伴的支持，帮助成员们积极思考，消除对传统和个人价值的情感矛盾。

这些组织帮助年轻人发出自己的声音，并与他们将继承的家族财富建立积极的关系。个人支持、学习和社区意识往往使新生代成员有能力回到家族中，讨论社会问题，并为家族慈善事业提出新的方法和方向。

一个相关但略有不同的网络是全球慈善家族协会（Global Philanthropists Circle，GPC）。GPC 的起源可以追溯到这些先驱网络，同样也是由大型家族企业的新生代推动的。GPC 的成员来自全球 33 个国家的 100 多个家族，他们每年至少捐赠 100 万美元。GPC 旨在通过定期举办活动，将慈善家以及商界、民间社会和政府领导人聚集在一起，从而使他们的影响力超越家族成员的影响力。他们认为，合作会成倍地增强影响力。

与NEXUS一样，GPC的使命也是集思广益、开展教育、分享最佳实践，并围绕社会转型和社会正义建立合作伙伴关系。它将具有相似价值观、使命和目标的成员联系在一起，鼓励他们组建兴趣小组并制订联合计划。它还鼓励分享和学习。家族接待小组实地考察，展示他们正在做什么，分享经验教训，并接受反馈。最近的一次访问是由一个在中国工作了30多年的法国家族接待的，他们向参与者展示了他们的工作，并为参与者提供了一个机会，在增进彼此感情的同时讨论自己的工作。

GPC的工作往往同时涉及影响力投资和慈善事业，这为年轻成员提供了一个机会，使他们能够全面地、连续地看待这些事情，而不是将其视为独立的活动。GPC成员认识到，社会变革需要营利性项目和非营利性项目的结合。重要的是开发自我维持的项目，使他们更加努力。家族基金会将通过捐赠、贷款和投资为这些项目提供种子资金。

GPC会议还为年轻的、仍在读大学的继承人提供了机会，使他们能够以家族和个人捐赠者的双重身份发展积极而复杂的身份。该组织的高级顾问詹娜·梁（Jenna Liang）说，在该组织的很多谈话中，下一代家族成员都表示，在他们的家族中，即使谈及捐赠，他们也不能谈钱。这些继承人正试图将自己从享有特权的年轻人转变为推动变革的人。GPC将帮助他们探索个人目标，找到在家族之外奉献自己的金钱和个人时间的方法，并以个人身份有所作为。梁说：

这个针对14~17岁青少年的项目是关于旅程、了解制度的历史、揭示制度为何不适用于我们社会中的每个人的。为什么会这样？又是从哪里来的？从历史上看，想想我们国家的种族和种族主义，思考拥有一定的权力和特权意味着什么。我们家族中的年轻人在接受"特权"这个概念时遇到了真正的挑战。在我们的定义中，特权并不一定指经济财富，当然也有一定程度的特权，但我们没有从财富的创始人和慈善事业的创始人那里代代相传的遗产。虽然有一系列的信托基金，但它们在第四代就停止了。所以，第五代、第六代，取决于你的家族如何处理这些财务问题，我们中的很多人都没有这种继承权或特权。但只要是捐赠者就有特权。

那么，对于年轻人来说，拥有这些权力和特权意味着什么呢？他们并不喜欢这样，也不喜欢以这种方式为人所知。我们需要做大量的工作来解读和调和这一点，并找到他们如何利用自己的特权来产生影响和社会效益的方法，而这一切都需要包容各种不同的观点。

这些未来的领导者回到家族后，会感到有能力与老一辈分享他们的学习历程，并在企业、家族办公室或基金会中应用他们的个人价值观。

慈善事业是一种共同的家族活动

发现什么对家族成员最重要，并就如何战略性地创造家族希望实现的变化达成共识是很有启发性的。这为家族成员提供了支持，使他们愿意投入时间和资源。在我们采访的一个家族中，每年的捐赠由五个分支分担。尽管每个分支都可以自由地做出自己的捐赠决定，但家族还是会召开会议，讨论每个分支的捐赠方向和理由。这可以让家族成员了解其他成员的价值所在以及他们的捐赠方向。家族成员对其他成员的捐赠方向感到兴奋，并集中资源支持一个家族分支的选择。

新生代和女性在慈善决策方面的影响力越来越大，这促使人们开始思考如何以最佳方式推动解决最大的社会问题，而不仅仅是简单地开支票或提供赠款。对我们采访的很多家族来说，奉献时间而不仅仅是金钱是非常重要的。这不仅是家族生活和传承其价值观的一种方式，而且是利用慈善事业增进家族亲情和联系的一个机会，正如以下两个家族所说的那样。

1. 在战争期间，我们全家齐心协力，凑钱给士兵们买礼物。年纪小一点的孩子画画和写信。全家人一起参与。

2. 当我们开会时，我们在当地做一些志愿者服务，比如粉刷避难所，或者做一些不只是给别人一张支票，而是真正让家族成员去做的事情，他们喜欢这样做。这非常有价值。

这些引述表述了奉献时间和金钱的经历，这些经历将家族成员紧密联系在一起，创造了终生难忘的回忆。

有些家族会一起度假，为世界各地的社区项目提供帮助。据一个家族回忆，两代人一起去了中国，其中有些人只有 10 岁出头。他们看到了中国在发展初期面临的社会挑战。这次旅行成为这个家族学习的试金石，帮助他们确定了全球慈善事业的重点。一位家族成员说："我们尝试让家族成员参与社区服务项目。我们在帮助别人的同时，也通过并肩工作与其他家族成员建立了关系。"

一家人齐心协力做好事，尤其是在自己所在的社区做好事，是一种强有力的双赢，不仅能使服务对象受益，而且能使整个家族受益，加深家族关系，让家族成员体会到为世界带来积极变化的快乐。家族通过合作，将资金捐赠和时间捐赠相结合，其慈善事业的影响力呈指数级增长，家族内部的关系越来越紧密。这对新生代成员的影响尤为显著，使他们有能力为世界带来积极的变化，也有能力为家族做出积极的贡献。

世代家族参与慈善事业是为了对世界产生积极的影响、建立家族关系以及教育下一代。上述三个动机都是令人钦佩的，但在优先顺序和重点方面可能会相互竞争。家族基金会的主要目的在于既要服务于使命，又要作为家族联系和教育的载体，这是一个相当大的挑战。最终，必须有一个目的是首要的，从而指导基金会的运作。家族成员必须明确基金会的战略使命及其主要目的，以实现跨代的可持续发展。

另一个家族基金会的主席也表述了其家族通过慈善事业所承担的类似责任：

第五代和第六代对我们自己以及我们必须在内部开展的工作进行了另一个层面的尽职调查。并不是许多家族或基金会的成员都能说："我们做了种族平等培训和检查。我们关注了社会公正和所有不同的原则，我们做了一些 DEI[①] 工作，我们自我感觉良好，所以我们很棒。"但这并不是我们这样做的原因。所以弄清楚"为什么"至关重要。因为"为什么"是为我们的使命服

---

① DEI 代表的是 diversity（多元化）、equity（公平）和 inclusion（包容）三个英文单词。

务的。"为什么"是为了在美国建设更加公正和可持续发展的社区。这是公众的信任。我并不是一个享有特权的人，我只是捐了很多钱。这是我获得的最高水平的公众信任。我认为，我们的董事会和我们大家族以这些方式参与其中，非常非常认真地认为，这是通过不同的战略，为促进正义和公平以及履行我们的使命服务。

下一代正在目标、实践和多样性方面为慈善治理增加新的内容。《华尔街日报》（*Wall Street Journal*）最近的一篇文章解释道：

> 随着年轻一代（主要是千禧一代和 X 一代）加入并改变其家族基金会，代际冲突正在发生。这些年轻的董事会成员带来了关于基金会运作方式的新想法。很多人希望增加透明度，并使用新技术。他们对具有社会责任感的投资很感兴趣，与他们的长辈相比，他们往往更愿意与受资助者打交道。

治理对于通过高度参与来实现可持续发展至关重要。慈善事业也不例外。当家族第一次成立基金会时，家族成员似乎最初只关注两个问题中的一个，即我们要捐赠什么或者我们要如何投资我们的资产？虽然这两个问题都非常重要，但一位基金会负责人认为，有一个经常被忽视的问题需要首先关注。

人们很少从治理和参与开始。谁会参与其中？他们如何参与？无论是通过经验、资格还是其他方式，我们希望看到什么样的人参加会议？我们对参加会议的人员在承诺和时间方面有何期望？我们如何确保治理得到关注？

有趣的是，我的工作告诉我，如果治理得到了重视，其他两件事往往就会进展顺利。如果你能很好地说明谁参加会议、他们为什么参加会议，以及他们应该做什么，他们就会做出很好的捐赠选择，他们就会对其投资做出明智的选择。他们的投资将反映出其计划实现什么目标，他们的捐赠选择将反映出这种差异、他们的价值观，以及他们作为一个家族的历史。

我与捐赠者打交道的经验是，他们中的很多人都被与家人一起开展这项工作的理念所深深吸引，但是他们从未真正告诉过家人自己为何会被深深吸引。因此，你可能会出于责任感、义务感或对父母的尊敬而让家人参加会议，但你从来没有和家人坐下来聊聊，告诉他们这就是你们来参加会议的原因。

一个拥有 400 多位家族成员的第七代家族企业将其基金会作为促进家族参与的一个机会。一位家族成员说：

我们有很多人有兴趣参与家族企业，但只有这么多机会可以让人们参与。很明显，家族成员越来越难以进入董事会，因为你必须具备一定的商业才能才能够进入董事会。曾有一位家族成员写了一份建议书，希望在我们的基金会内部创建一个家族计划，方法是创建四个不同的重点领域，由家族成员商定资金的去向。但在每个领域，都会有一个由家族成员组成的志愿委员会。

他们参加会议的费用由基金会支付，但他们的时间是自愿付出的，每个受资助的咨询委员会大约有 10 个人，每年开三次会。他们有一个更大的董事会，负责监督资金的选择。

这个建议将家族企业中可以担任领导职务的家族成员人数从 10 人增加到了 70 人。他们每年都会举行会议，保持联系并共聚一堂：

我们创建了这个实体，让我们这样的大家族能够坚持一种价值观（这种价值观是我们家族结构的重要组成部分），并让更多人参与进来，否则他们只是来开会，不会发挥多大作用。

良好的治理需要知识和技能。一位受访者解释说，通过慈善事业增强家族联系的做法可能会适得其反，因为达成共识需要时间：

我们已经问过下一代是否有兴趣参与，但我认为他们并不愿意参与，虽然我们做这样的事已经有一段时间了：我们可以直接给你 500 美元，但是如果你与你的兄弟姐妹一起工作，你可以得到 1000 美元，如果你与你的表亲一起工作，你们每个人都会得到 1500 美元。我们试图通过这种方式让他们合作。事实证明，这是一项艰巨的工作，所以实际效果并不理想。让人们参与到这些事情中很难，可能是因为他们觉得自己不够格，或者是这些问题太大、太令人生畏，尽管它们会对社会和利益产生巨大影响。

因为已经有了这么多的协商和共同的财务责任，所以当在捐赠问题上出现分歧时，有些家庭不想再与亲戚进行更多的协商了。他们决定将慈善资源进行分配，做出个人捐赠选择。

我的叔叔说："我不相信我们会有更多的工作，这可真让人头疼。我不想花更多的时间去做这样的事情。"我的父母说："我们已经在为自己的慈善事业尽心尽力了。我们不确定这是否值得我们一起。"整件事就这样不了了之了。但遗憾的是，我的家人既没有看到合作能为家族带来的积极利益，也没有看到在企业内部制定明智的慈善政策能为企业带来的利益。

与发展一家欣欣向荣的企业一样，创建一个成功的家族基金会也不是一件简单的事情，需要领导力、战略规划和合作。一位家族成员表示，许多人并没有意识到建立有效的多代捐赠的基础设施是多么耗时：

慈善事业绝不是让家族成员参与其中的灵丹妙药，无论是慈善事业还是价值观，甚至是培养他们日后的责任感、加入企业董事会，等等。要想取得成功，还有很多其他环节必须准备到位。我只是觉得，这常常被说成"你只需要这样做，让他们加入慈善委员会，给他们一些钱让他们捐出去"。要想成功，还有很多事情要做。我认为这是一种误解，认为慈善事业是让人们参与其中的关键方式。如果方法得当，这当然是可行的，但是要成功做到这一点，比任何人想象的都要困难。

如果没有良好的治理结构，如果不愿意理解新生代成员所面临的时间限制，这些目标可能就会落空。一位受访者说：

我们扩大了慈善事业，将下一代也包括进来。我们开始尝试让人们承担一些责任。我们发现，他们表现出了很大的兴趣，他们认为自己想承担责任，但当他们回到现实生活中时，这种情况往往不会发生。

或者正如另一个家族的成员的反映：

由于年龄跨度很大，一些年龄较小的孩子很难做到这一点，因此年长的第三代成员会加入冒险行列。尽管他们认为这是一项很棒的工作，但要抽出时间聚在一起真的很难，因为每个人都在上学，或者他们有了新工作，他们都有工作，无法抽出时间来见面。

在现代社会，每个人都很忙，所以能够成功吸引新生代的家族需要认识到年轻成员在组建其家庭和开始其职业生涯时所受到的限制，从而制定战略，使他们更容易参与其中。其中一些解决办法包括召开线上会议，以及在需要面对面会议时提供儿童保育服务。

📑 **案例分享**

辛西娅和乔治·米切尔基金会：由创始人的印记和
价值观驱动的三代家族基金会

辛西娅和乔治·米切尔基金会（Cynthia and George Mitchell Foundation）是家族基金会植根于家族价值观并将其传授给后代的一个例子。该基金会是一个以使命为导向的第三代家族基金会，致力于为家族发源地美国得克萨斯州的人类和环境问题寻求创新、可持续的解决方案。

乔治·米切尔（George Mitchell）2013年去世后，其家人在一份声明中说："他的故事是典型的美式故事。他从小家境贫寒，但终其一生，他都坚信要回馈使他获得成功的社区，并帮助那些努力发挥自身潜能的弱势群体……人们将永远铭记他，因为他以无限的决心（多次与质疑和反对抗争）不墨守成规（专注于可能实现的目标），以实现自己的愿景。"

乔治·米切尔长期支持家乡加尔维斯顿的经济振兴，并对自然科学和可持续发展有着浓厚的兴趣。随着他们在能源行业的财富不断增长，米切尔和妻子辛西娅与家人们分享了一个愿景，即他们创造的大部分财富应致力于让世界变得更加友好和可持续发展，并于2011年签署了捐赠承诺。自1978年成立以来，辛西娅和乔治·米切尔基金会已发放或承诺发放了超过4亿美元的赠款。

目前，基金会的董事会由12位成员组成，其中包括米切尔家族的两代成员。新一代成员通过家族基金会传承了乔治·米切尔生前所信奉的价值观和他的兴趣，并在清洁能源、土地保护、可持续发展教育、页岩可持续发展和水资源等领域提供资助。

凯瑟琳·洛伦茨（Katherine Lorenz）是乔治·米切尔和辛西娅的孙女，也是慈善研究所的前副所长，她于2011年当选家族基金会的主席。她回顾了基金会的历史和宗旨：

我的祖父母创办了这个基金会。直到我祖父母晚年，基金会才开始成为一个真正的家族基金会。当时，我的姑姑领导着基金会，她聘请了顾问，带领我们进行了长达一年的战略规划，所有 25 岁以上的家族成员、第二代和第三代的直系后代（包括 10 个子女和 27 个孙辈）都参与其中。这是我们一起做慈善事业最令人惊叹的地方。首先，我们投票决定了我们希望首先关注的问题。

然后，我们召开了两次会议，邀请专家就以下问题发表演讲：问题是什么？机会有哪些？挑战有哪些？需求是什么？其他慈善家在做什么？在这个过程中，我们从有 15 种声音讨论我们应该如何解决清洁能源问题，到有一个明确的方向，这是基于我们正在学习的事实。当你们一起学习时，你们就会从相同的角度出发思考如何前进。

对于我们这些不了解清洁能源问题的人来说，这是一次绝佳的学习机会。我们中的大多数人都不了解。虽然我们可能知道一些事情或有一点热情，但我们在一起学到了很多东西。这也提高了我们对如何产生影响力的认识，让我们思考如何以一种我们都知情并能够共同做出决定的方式来推进资助工作。所以我们继续一起学习，这已成为我们基金会的标志之一。我们每年至少进行一次这样的学习。

可持续发展对我祖父来说很重要，所以我们开展了一次关于可持续发展的学习活动，了解我祖父对可持续发展的看法以及他关心的问题。我们有他的视频，并与他交谈，但对我们来说，可持续发展对我们的未来意味着什么？我们希望基金会如何关注这个问题？这在很大程度上是为了了解他们及其价值观。我们还在加尔维斯顿举办了一个研讨会，根据我祖母真正关心的事情，探讨了我们在哪些方面最具影响力，答案是社会问题。然后我们讨论了如何将他们的价值观付诸实践。

这些经历真的很奇妙，尤其是对于一些不认识我祖父母的年轻人来说。这是一种与他们的驱动力和他们所关心的事情联系起来，然后将它们付诸实践的方式。我认为这些都很有力量，因为这与传承，与为什么我们这样做，与为什么他们建立这个基金会有关。它帮助我们共享价值观。

很多家人已不住在得克萨斯州了，但我们仍然致力于在那里开展工作。家人们会遇到爱好、兴趣和地域不同的问题。很难让家人一起工作，也很难让他们对一个不再熟悉的地域感到兴奋。我认为这将影响到我们的下一代，但即使许多第二代不住在得克萨斯州，他们也仍有非常清晰的地域感，并希望在那里工作。

我们还做了一件事，我强烈推荐。我们有很多文件和视频以及我祖父母的书面资料。我们有祖父母在 1993 年录制的一段音频，讲述了他们对基金会的期望。我的祖父于 2013 年去世，在他去世之前，我们录制了一些视频，内容涉及他们对基金会的期望，这些视频在帮助指导未来发展方面发挥了作用。

这真的很重要，因为我们能够重新审视他们所说的愿望。我们经常在学习时播放这些视频，所以我们经常说要看看这个问题，看看我们的祖父母是怎么想的，看看他们是如何谈论这个问题的，我们就是这样走到今天的，现在我们将继续关注这些问题。我认为，将历史带入我们的生活是非常重要的，这样我们才能感觉到自己与历史的联系。

我们并不总是同意他们的想法，但总有一种感觉是，我们想努力做他们想做的事，而不是"现在我们说了算，算了吧"。我们有一种强烈的感觉，这是他们的遗产——我们是按照他们的意愿来行事的。

米切尔家族强调了家族会议在重申共同归属感、建立家族感和分享价值观方面的重要性。世代家族不仅利用家族会议来讨论商业问题和财富管理，还将其作为一种围绕社会影响交流当前目标和所采取的行动，以及邀请下一代参与和领导未来的计划的方式。这也是一个发现痛点的机会。例如，我们采访的一些家族希望引入更好的社会影响力衡量标准，却苦于金融部门提供的衡量标准过于复杂。

 案例分享

社区发展基金会

随着新生代的崛起，家族越来越多地参与到慈善事业中来。一些家族成员很高兴能共同参与一些大型项目，而这些项目只有在家族企业及其创造的财富的支持下才有可能顺利完成。虽然他们仍然是参与所有权的管家，但他们的精力都用在了慈善和社区项目上，这些项目可能会为几位尽职尽责的家族成员的职业生涯带来帮助。下面是一个南美家族的例子。

我们的慈善基金会是我的曾祖母和她的孩子们在50年前创立的。如今，基金会的工作重点和战略已经发生了变化。最近，在我完成第六年（即第二个三年）任期后，我将从董事会卸任。基金会的最长任期是六年。最近，我们重新调整了战略重点，将重点放在促进教育的项目上，以提高劳动力的包容性，并促进创新和参与。

这些项目包括向残疾人推广和教授技能的项目，也包括希望改变监管框架，为企业雇用残疾人制定激励措施，并让企业了解残疾人还有其他优势，可以非常有效地利用这些优势的项目。这是我们与美洲开发银行（Inter-American Development Bank）合作开展的项目的一个例子。其他项目侧重于教师培训，目的是培养更优秀的教师，提高教育质量。还有一些项目是关于公民参与的，通过收集和发布与城市相关的指标，帮助提高地方政府管理城市的透明度。这些指标涉及安全、空气和水的质量、教育质量、流动性以及市民对城市发展方向的看法，是在改善还是在恶化？

当地市长办公室会对这些结果负责，并举办研讨会和公开论坛。在这些论坛上，我们展示数据并发起讨论，与民选官员围绕我们发现的趋势开展理想的讨论，并制定指标。这是我们15年前开始实施的一个项目，我们已经在我们国家九个城市复制了这个项目。在所有项目中，我们都寻求建立联盟。我们不会单独开展任何一个项目。我们不仅提供资金，还从我们的团队中挑选有能力的人，帮助构建项目，并参与董事会，为这些项目引入其他私人和公共资助者以及当地和国际的捐助者。当实验或项目取得良好效果时，我们会将其推广至国内其他地区，或利用这些经验和教训来影响公共政策。

我们努力实现的目标意义深远。我们努力缩小项目的范围。之前，我们在卫生、教育、公民参与和促进创业发展方面开展工作。今天，我们试图将范围缩小一些，但它仍意义深远、目标远大。我认为它是我们国家最受认可的基金会之一，不仅因为它历史最悠久，还因为它在方法和合作项目上具有创新性。

我们的首席执行官会组织实地考察，参观不同的项目。所有家族成员都可以参加。虽然不是每个人都会参加，但只要参加了，就会觉得收获颇丰。

在农村地区，我们帮助农民和农村社区成员更有效地组织起来，无论是为了小公司的生产目的还是为了社会项目。这个项目名为聚焦（Focus）。我们的执行董事会组织一次探访活动，让家族成员与该计划的受益人见面，倾听他们的心声，了解为什么要给予他们关注和支持。这个项目为这些人提供的工具和资源改变了他们的生活，也改变了他们的游戏规则。

家族成员用了两天时间走访了这些农村地区。这让他们受益匪浅，因为很少有家族成员会独自前往这些地区探访，因为我们亲眼看见了金融和人力资本基金会对个人生活的影响。我们为不同城市中最具创新性的社会活动颁奖，这些活动可以是营利性的，也可以是非营利性的，由社会企业家领导，或为社区创造福祉。

在年度活动中，我们会重点介绍最高奖项的获奖者，这也让家人亲眼看到这些参赛者的另一种经历。例如，在一次颁奖仪式后，我们去拜访了其中一位获奖者。他是一位垃圾车司机，在城市中收入较高的地区收垃圾时，他意识到许多书被扔掉了，而书籍在他所在的社区中是多么地稀缺。于是，他开始收集这些书，并在自己的客厅成立了一个公共图书馆，创建了一个他所在社区没有的公共图书馆。我们去参观了他家和他的客厅图书馆，他还添置了电脑，孩子们放学后可以去那里做作业、研究和学习。这是其中一位获奖者的例子。

类似的情况也发生在基金会董事会，董事会正在进一步重组，以实现专业化。结果，第三代的几位成员让位给了第四代成员。第三代成员大量退出董事会的情况是重组的结果，也是我们为提高不同董事会的治理效率而举办的研讨会的结果。与家族成员的公开对话和有组织的讨论促成了这些变化。

随着时间的推移，为了维持一个由家族财富和资源管理者组成的家族部落，家族会通过不断扩大参与范围来发展。为了保持其积累的大量财富并合理使用这些财富，世代家族会为每一代人建立一个复杂的参与和活动网络。只有少数家族决定这样做，而其他家族即使拥有巨额财富，也会选择将财富分割成小部分的方式。每个家庭都走上了不同的道路，大家族的重要性也随之减弱。在每一代人中，都有许多家族成员各奔东西。而那些没有走上这条路的家族则能够积累巨额财富，并利用这些财富产生巨大的影响。它们的社会使命在全球各个角落发挥着巨大的作用。

在你的家族企业中采取行动

家族成员共同参与服务和慈善事业

对话、价值观和目标看似抽象。世代家族会将社会影响视为一种共同的、个人的家族活动。家族不应只考虑为社会影响和慈善事业捐款，而应考虑家族成员参与的积极方式。家族成员可以一起做一些事情，也可以自己开展与社会影响力相关的活动，并将这些活动与家人分享。

以下是一些家族常用的参与方式。

共享服务项目。在家族大会或家族理事会会议上，所有家族成员可以花一些时间参与服务项目并了解相关信息。在参与之后，家族可以做出贡献，家族成员也可以决定继续自己的服务工作。

社会影响之旅。在家族度假时，家族成员可以确保参观社会影响项目，以了解人类需求和社区如何应对这些需求。他们可以参观能源可持续发展项目或社区发展项目。这是一个学习和了解家族财富如何对世界产生影响的机会。

分享经验。可以鼓励家族成员作为志愿者参与服务项目。他们可以在家族会议上介绍自己的经验，甚至建议家族为这些项目做出贡献。他们还可以成为志愿者，参与家族支持的项目，让家族成员直接了解他们的努力是如何产生影响的。

第 16 章

对家族企业经济和社会前景的思考

读者往往会在读完研究报告后退一步问："那又怎样？"这些故事很有趣，共同点也很明显，但读者可能并不拥有如此先进的企业，或主要为第一代和第二代家族提供建议，他们可能会想，这些结论到底能带来什么。

我相信，我们的研究对其他希望发展和维持家族企业的家族具有重要意义，对这些家族的顾问也大有裨益。这些故事对非家族企业也有借鉴意义，因为它们也在努力创造一致性、服务于社会价值观并适应变化。我将在本章中分享这些故事带来的一些启示，并提出一些任何商业家族都可以牢记于心的观点。

未来的全球背景

我们的研究始于对全球家族企业是公民社会的核心社会基石这一认识。在一个没有人情味的世界里，家族企业以人际关系和价值观为基础，并将其转化为适合商业世界的价值观，为商业的无序世界增添了必要的人情味。经久不衰的家族企业为各国经济增添了力量、一致性、关怀和持续的生产力。正因如此，它们的经验为上市的非家族企业提供了一种宝贵的替代模式。

我们的研究记录了这些家族在商业成功之外的诸多贡献。这些家族对社区及其长期忠诚的员工、供应商和客户产生了深远的影响。商业家族构成了许多国家的经济基础，对这些国家的发展至关重要。它们的家族性质使它们代表着持久、卓越和积极的东西，受到广泛尊重。它们利用自己的资源来培养和成就未来的领导者，让他们能够继承传统。商业家族以价值观为基础，其价值观往往与利润一样重要。

多代同堂的家族提供了一种财富创造模式，这种模式有别于追求自身利益、注重短期利润和激烈竞争的传统模式。商业家族很好地玩转了私营企业的游戏，但它们是在以价值观为基础的传承中成长并保持盈利的，这种传承将它们的成功与其他家族的成功联系在一起。这种模式对上市的非家族企业有很多借鉴意义。

当我们寻找长寿企业时，全球范围内的企业大多是家族企业。上市公司似乎不具备这样的弹性和适应性。与非家族企业相比，它们有许多独特且有影响力的品质。有了家族的掌舵，即使企业不断以新的形式出现，并培养出新一代领导层，企业也能保持同一个愿景，坚守同一套价值观。以价值观为基础的企业不仅能实现盈利，还能实现其他社会目标。由于这样的企业着眼于长远的未来，并且有能力进行资源再投资，因此家族经常会考虑其社区甚至世界所期望的未来，并利用企业来帮助实现这一愿景。

家族企业是躲避全球动荡的安全避难所，也为有所作为提供了机会

要想在几代人中取得成功，家族企业就必须发展、培养，最重要的是招募新一代成员，并让他们成为负责任的所有者/管理者。下一代可以随时决定不继续经营企业，也可以在没有成功能力的情况下继续经营企业。世代家族会看到其下一代决定继续经营企业（尽管总有一些家族成员选择退出家族或退出家族企业）。是什么吸引了下一代成员？

家族成员引用了一捆棍子的寓言：一根棍子很容易折断，但如果将它们捆成一捆，就几乎不可能折断。家族成员就是这样看待他们团结的家族的。他们认为，他们可以一起做一些自己做不到的特别的事情。他们看到了家族传承的价值，并选择继续团结在一起。他们愿意接受挑战。

尽管面临许多挑战，但他们决定继续经营企业的另一个原因是，家族提

供了一个安全的避风港，一个躲避全球不稳定的避难所。家族成员值得信赖，因为他们血脉相连，拥有共同的传统和遗产。当国家和全球经济变得不稳定时，家族企业提供了一个让家族成员感到舒适、被接受并能有所作为的地方。在这种全球环境下，家族通过保持团结来发展治理并维持其统一性和一致性。家族的传统、技能和能力构成了企业的可持续竞争优势。

许多媒体关注的焦点是财富对年轻人的不良影响，这些年轻人被视为奢侈品的过度消费者和不尊重他人需求或价值观的有权有势者。在采访和观察中，我和我的研究团队看到了更多关于责任、关爱和尊重他人以及贡献而非消费等价值观的教育、示范和传承的证据。维持家族财富包括限制消费和企业增长。年轻的家族成员如何在其家族中增值、创新并成为有能力的专业人士，为我们提供了一种积极的财富继承观。

正如这本书所展示的，世代家族的特点不仅是生意兴隆或拥有好的资产组合，而且是投资于下一代、新生代发展和培养的有效途径。家族从其资源中为多种形式的教育、指导、发展和共同学习拨出资金。家族成员组成了一个学习社区，他们遵循自己的意愿，创造了一个可以实现共同学习的引擎。

 延伸阅读

实现世代相传的关键做法

以下简要回顾了世代家族企业的目标和愿望，以及实现这些目标的方法。

1. 保持家族企业的成功：

- 将家族事务和企业事务分开，并在每个领域有效开展工作；
- 聘请专业的非家族成员担任领导者（这通常发生在第三代）；
- 为想在企业工作的家族成员设定严格的条件；
- 对公司进行再投资，而不是获取短期利润；
- 在做决策时考虑长远未来；
- 鼓励领导者放手，重新思考他们正在做的事；

- 对新想法和新战略保持开放态度。

2. 在企业中坚持家族愿景和价值观：

- 聘请理解并支持家族价值观的专业人士；
- 成立家族理事会或类似团体，为领导者提供指导并维护家族价值观；
- 向后代灌输家族价值观；
- 考虑所有利益相关者，即家族成员、员工、股东、客户和社区；
- 在做出商业决策时，考虑企业对国家和世界的影响。

3. 保持家族在企业中的利益：

- 保持企业运营的透明度；
- 为每一代新成员提供参与的机会和途径；
- 创建家族训练营和初级董事会，让年轻成员参与其中；
- 举行年度会议，让成员了解企业的经营情况，并讨论未来事宜。

世代家族会有下一代吗

家族企业不可能永远存在。虽然它可以在一两代人的时间里阻止分裂、分化或解散，但随着时间的推移，大家族变得过于庞大，无法作为一个统一的商业实体维持下去。于是，大家族就会分裂成更小的家庭或住户单位，或者分配其财富，让每个人都能创造自己的未来。

我是否期望我们采访的世代家族能够世代延续？我的印象是，虽然这些家族已经成功地延续了三代或更多代，但许多家族不可能作为统一的家族实体再延续一代人的时间。随着家族成员数量的增加，不同发展道路的压力和所有者的数量导致它们分解成更小的单位。个体家庭将退出，企业将被出售。家族有许多机会考虑不同的方向，我认为媒体将出售或分拆的企业描述成失败的企业是错误的。一个庞大的企业组合为数百位家族后代提供了价值观的传承、个人发展的支持、美好的共同历史，以及做出自己的贡献和开辟自己道路的机会，无论如何都不能被视为失败。世代家族企业是一些独特而执着的家族做出的选择，但这种选择并不适合其他许多家族。

在几代人的成功之后，每个世代家族都要问自己："我们还要继续吗？"这取决于下一代的意愿，以及家族各种企业的实力和质量。但关键在于下一代的意愿。是否有一个群体已经做好准备，选择准备好、愿意并能够接过接力棒？经过几代人的努力，如果答案是否定的，这既不是罪过，也不是失败。

即使不能作为一个统一的家族部落存活下来，这些家族的传统也将从这些家族继承人的价值观、他们的新企业以及他们在世界上扮演的角色中体现出来。在他们的家族之外，我们将看到家族在作为一个正式的实体结束之前，培养出新一代的管理者和贡献者，它的影响可能会超过其生命周期。

谁能从本书中获益

我们的研究为处于创业初期的家族提供了许多启示。非家族企业也可以借鉴世代家族的智慧。虽然大多数企业都不是家族企业，但在管理者和员工中营造一种"家族感"是可能的。当员工认为自己受到公平对待并参与决策过程时，就会产生这种感觉。家族企业习惯于尽可能多地听取家族成员和其他利益相关者的意见。非家族企业也可以这样做。虽然它们可能没有家族成员，但它们可以从同样多的其他利益相关者那里获得意见。

我们所研究的世代家族创建并维持着极其成功的企业，历经几代人的努力，这些企业仍在盈利并不断发展壮大。它们之所以能取得这样的成功，并不是因为它们注重短期利润，而是因为它们着眼长远，关心公司的所有利益相关者。这与当前强调不择手段地增加利润和提高公司股价的做法形成了鲜明对比。

我希望，这些非常罕见、特殊和独特的家族企业的故事能够丰富我们对企业如何在多代人的努力下生存和发展的理解。

最后，我和我的研究团队要感谢那些与我们分享经验的家族及其成员，并祝愿他们有一个美好的未来。他们是我们的老师，向我们展示了企业如何在取得成功的同时，还能关注利益相关者的福祉以及社区和地球的未来。他们帮助我们理解企业如何能够从更广阔的角度看待其目的，而不仅仅是从经济收益的角度。我希望世代家族不仅可以成为其他渴望长寿的家族的榜样，也可以成为整个商界的榜样，向我们周围一些比较狭隘的观点提出挑战。

在你的家族企业中采取行动

除了介绍我们的研究之外，每章最后都有一部分内容介绍如何将所学知识应用于发展中的家族企业。顾问或家族成员可以利用这些活动来帮助家族研究如何将该章节的内容运用到自己的活动中。

家族自我评估

你可以对自己的家族企业进行评估（如果你是顾问，那么你可以建议家族自我评估），并考虑如何带领你的家族走上这条路。以下是10个行动步骤，任何希望世代传承的传统家族都可以采用。

1. 你的家族已经在商业上取得了成功，并创造了家族财富。现在，作为一个家族，你们需要**决定如何将这笔财富用于最高和最好的目的**。你可以选择将部分财富投资于我们在本书中介绍的任务，从而创建一个世代家族。这种选择意味着你将为这项任务投入时间、精力和资源，并让所有家族成员都参与进来。

2. **参与进来，确保这不是一项可以外包给别人的任务**。就像为孩子们制定家族价值观声明或制订财务知识计划一样简单。这些都很重要，但只能作为更大的家族共同项目的一部分。这必须由你与其他家族成员共同努力来完成。

3. **通过每个家庭和子女的共同努力，让新生代为家族财富做好准备**。作为一个家族，你们可以讨论拥有特权意味着什么，以及如何利用财富给家族带来特殊优势。你们可以以身作则，一起做一些能够强化家族价值观的事情，比如提供服务或者过简朴的生活。

4. 向前迈出的重要一步是**召开一次或多次跨代家族会议，讨论下一代的未来之路**。第一次会议应精心策划，持续足够长的时间，让大家互相了解，了解家族和家族企业的历史，并讨论未来的愿景。

5. **制定清晰明确的大家族价值观、愿景和使命宣言**。这表达了你们作为一个大家族想要共同实现的目标，并阐述了你们将如何实现这些目标。价值观应足够明确，以指导行为；愿景和使命应足够清晰具体，以指导决策。作为一个大家族，家族可能有自己的价值观、愿景和使命，也可能有企业和其他组织（如家族基金会）的价值观、愿景和使命。但随着每一代长大成人，你们必须重新诠释价值观，必须不断完善以及更新愿景和使命。

6. **酌情分阶段向新生代宣传各种家族企业的历史、性质和结构，并对他们进行教育**。新生代成员应了解家族信托、企业、慈善事业，最重要的是，如果他们选择积极参与，就应了解他们对家族的义务和责任。

7. **支持每个人积极制定个人和职业发展的人生规划**。对来自富裕家族的年轻人来说，这可能是一项艰巨的任务。家族应认识到这对某些人来说并不容易，并在这些年轻人长大成人后提供支持和资源，帮助他们开始自己的生活，并决定是否愿意以各种角色积极参与家族事务。

8. **召集新生代成员，让他们有机会决定自己的未来，以及以何种方式参与家族企业**。他们应该互相了解，并主动选择成为家族伙伴，一起工作。

9. **成立一个积极的工作组和组织，为下一代的教育和培养制订计划，并提供充足的家族资金**。这个工作组或委员会的工作通常与家族理事会和其他家族治理活动相结合。

10. **为下一代制定明确的目标和标准，并每年评估他们是否达成了这些目标、达到了这些标准**。了解人们的想法有助于家族成员预测并讨论分歧，而不是将这些潜在的冲突隐藏起来。这样做还能帮助你们评估你们是如何朝着共同目标前进的。

家族（和顾问）可以使用的工具

以下是我们开发的一些实用工具，以帮助家族走上成为世代家族之路。每种工具都能帮助家族了解自己，并开始讨论如何成为世代家族。家族可以自行使用这些工具，也可以与顾问一起使用。

确定个人、家族和企业价值观

价值观边缘流程（values edge process）用价值观卡片作为工具，帮助个人、夫妻、家庭或团队定义个人价值观金字塔，然后共同创建家族或团队价值观声明。它利用主人翁精神、自我表达、传统、关系、内在发展、生活方式和社交七个价值观类别模型，帮助个人和家族探索与个人动机和生活选择相关的价值观。个人价值观金字塔如图 A–1 所示。

每种工具都包括一副价值观卡片，以及用于将价值观转换为展示卡的彩色贴纸，展示卡可以将每个人的价值观金字塔以可见的形式保存下来，还可以作为名片佩戴。通过分享排列在彩色金字塔中的个人价值观，家族或工作团队的成员可以轻松体验到他们之间的相同点和不同点。它包括一本《引导者手册》，用于指导价值观探索会议，其中可能包括探索个人价值观，以及

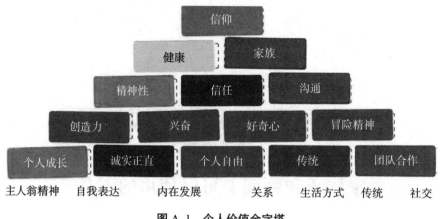

图 A-1　个人价值金字塔

确定团队或家族价值观。

这些卡片的使用为探索个人价值观异同增加了具体性和有理有据的模式，然后应将它们整合到团队或家族价值观的共同声明中。他们可以比较传统价值观和当前价值观，或当前价值观和期望的未来价值观，并以个人、家庭或工作团队为单位制订行动计划。

家族企业评估工具（FEAT®）

对于拥有企业或其他多代人共同投资的家族来说，驾驭复杂的局面可能是一段极具挑战的过程。家族企业评估工具（family enterprise assessment tool，FEAT®）是一种在线评估工具，可以帮助共同经营企业的多代家族了解其家族动态和企业现状。FEAT®使家族能够匿名收集每位家族成员的看法，并得出可衡量的结果。

家族可能会发现很难谈论这些问题，甚至很难找到问题所在。FEAT®可以帮助家族了解其优势、机会和差异。FEAT®是一项包含 50 个问题的调查，由家族中的每位成员参与，就家族和家族企业成功运作的 10 个方面提供反馈。每份家族报告都提供了详细的信息，可以帮助家族进行有效的沟通、建立信任以及制定策略、政策和实践，以便作为跨代团队有效地开展工作，如图 A–2 所示。

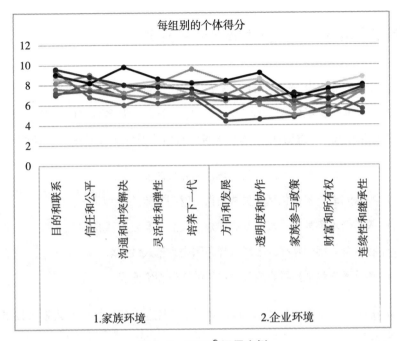

图 A–2　FEAT® 运用实例

FEAT® 的主要特征

FEAT® 主要有以下特征：

- 用户友好，全天候在线访问，可在台式机或移动设备上使用；

- 25 项关于家族动态和 25 项关于家庭企业的陈述，提供可衡量的结果；

- 比较家族成员对 10 个关键能力领域（从治理到培养下一代，再到财富和所有权）的看法；

- 比较不同家族的人口统计学特征，如性别、血缘关系与婚姻关系、辈分、所有权和家族分支等；

- 可供独立家族或可信赖的家族顾问购买。

该工具是与 Premier Growth 公司的卡罗琳·贝利（Caroline Bailey）合作

开发的。

家族资产负债表：衡量家族企业的资本

家族资产负债表™ 是一种在线工具，用于量化家族的人力资本、财务资本、教育资本、关系资本、社会资本和传承资本。大多数家族只关注财务资本的保护和增长。未能衡量和增长五种定性资本是家族没落的主要原因。

- 人力资本指的是家族成员培养性格和技能的能力。
- 财务和教育资本包括家族成员做出财务决策的能力。
- 关系资本指家族成员在家族中建立关爱和有效关系的能力。
- 社会资本指的是在社区或世界范围内为他人做好事。
- 传承资本包括指导家族长期决策的愿景和价值观。

家族资产负债表量化了有时难以用语言表达，却是每个家族繁荣发展的核心内容。

北京阅想时代文化发展有限责任公司为中国人民大学出版社有限公司下属的商业新知事业部，致力于经管类优秀出版物（外版书为主）的策划及出版，主要涉及经济管理、金融、投资理财、心理学、成功励志、生活等出版领域，下设"阅想·商业""阅想·财富""阅想·新知""阅想·心理""阅想·生活"以及"阅想·人文"等多条产品线，致力于为国内商业人士提供涵盖先进、前沿的管理理念和思想的专业类图书和趋势类图书，同时也为满足商业人士的内心诉求，打造一系列提倡心理和生活健康的心理学图书和生活管理类图书。

《〈证券分析〉前传：格雷厄姆投资思想与证券分析方法》

- 价值投资思想的溯源之作，领略价值投资之父格雷厄姆的投资智慧之光。
- 36 篇文章全面展示传奇投资者格雷厄姆关于价值投资和证券分析的早期方法。
- 每一位追求财富长期增长、学习价值投资的必读书。

《资产配置的艺术（第 2 版）》

- 投资者必读的华尔街资产配置圣经。
- 学习资产配置的入门经典。
- 华尔街四大金融大师——巴顿·M.比格斯、伯顿·马尔基尔、查尔斯·D.埃利斯、赛思·A.卡拉曼联袂推荐。